SOBRE
MIS PASOS

CUAUHTÉMOC CÁRDENAS SOBRE MIS PASOS

AGUILAR

AGUILAR

Sobre mis pasos
© Cuauhtémoc Cárdenas, 2010

De esta edición:
D. R. © Santillana Ediciones Generales, S. A. de C. V., 2010
Av. Universidad 767, Col. del Valle,
03100, México, D. F.

La fotografías que aparecen en este libro pertenecen al archivo personal del
ingeniero Cuauhtémoc Cárdenas, excepto las indicadas en los pliegos a color,
que pertenecen a la revista *Proceso*.

Primera edición: noviembre de 2010

ISBN: 978-607-11-0732-9

D. R. © Diseño de cubierta: Carolina González
D. R. © Formación de interiores: Óscar Levi

Impreso en México

CÓMO SE HICIERON Y EL POR QUÉ DE ESTAS NOTAS

Me parece que es tiempo, quizá con retardo, a juicio de varios amigos, de dar mi visión sobre algunos acontecimientos de la vida política que he vivido o de otros que, sin haber participado en ellos, he conocido. Son muchos años en los que he tenido oportunidad de saber o de participar en hechos de la vida pública que de distinta manera han marcado la vida del país y, evidentemente, la mía.

Me interesa que lo que a continuación relato lo conozcan los muchos que, en un momento u otro, han compartido conmigo ideales, aspiraciones, luchas, inquietudes, o celebrado logros y participado en los hechos mismos, quienes tendrán desde luego sus propias versiones. Que lo conozcan mis nietos, Cuauhtémoc Cárdenas Ruano (31 de julio de 1999) y Lázaro Cárdenas Coffigny (20 de septiembre de 1999). Que conozcan todo Mayra, Virginia y Pablo, y lo repasen Celeste, Lázaro, Cuauhtémoc y Camila, quienes además de su comprensión, plena solidaridad y tolerancia, me han brindado cariño permanente, y han entendido mejor que nadie que las luchas en las que hemos participado fueron largas, más de lo que los cinco, al lanzarnos a ellas de diferentes maneras cada uno pero coincidiendo en objetivos, pensamos que serían; lo importante es que todos, en ningún momento, hemos caído en desánimo y ellos han constituido para mí el más firme apoyo y la más sabia y acertada orientación.

En las páginas que siguen encontrarán recuerdos, anécdotas, pláticas, en algunos casos una especie de crónica de hechos vividos o que he conocido por voces de otros, y transcripciones de notas que en su momento hice para mí, de discursos y pláticas públicas, que permiten ilustrar con más precisión lo que se dijo, se percibió o se propuso en momentos determinados. Algo, pues, de lo que vi, de lo que directamente viví y que considero ha tenido relación con mi participación en la actividad pública, en general con las formas de hacer política o mi conocimiento de estas cuestiones.

No se trata de una autobiografía, para lo que le faltaría mucho a este texto. Quedan fuera los acontecimientos de la vida familiar y de todos los días, los sentimientos frente a personas o cuestiones que he guardado para mí; quedan fuera tramos importantes del tiempo y referencias a sucesos que a otros pueden parecer trascendentes, respecto a los cuales con seguridad tengo una apreciación distinta.

El texto que a continuación se presenta tiene su propia historia. Es el resultado de varios intentos por llegar a algo parecido, llevados a cabo desde hace por lo menos una década y que no cristalizaron. Lo que aquí relato parte de la invitación que me hizo Vicente Herrasti, de Editorial Aguilar, a principios del 2005, para escribir mi autobiografía. Empezamos una serie de conversaciones, con largas horas de grabación, que él se encargó de transcribir y que yo he revisado. Las transcripciones, muy bien logradas, por cierto, las revisé varias veces, eliminé y agregué. De todo lo revisado y releído consideré que debía centrarme en mi participación en las cuestiones políticas. En un momento dado creí que tenía un texto publicable. Al releerlo me pareció que aún no estaba listo. Se quedó guardado varios años, en los que Patricia Mazón, quien substituyó a Vicente Herrasti en Editorial Aguilar, cuidadosa y cordialmente me ha reiterado el interés por publicar estas notas.

Han revisado este texto Celeste, Lázaro, Cuate, Camila, Carlos Lavore, Jorge Martínez y Almaraz *El Chale*, Salvador Nava, Luis Prieto y Leonel Durán, de quienes recibí valiosas observaciones y sugerencias.

Durante los primeros meses de este año 2010, por invitación de Harley Shaiken, Director del Centro de Estudios Latinoamericanos, impartí un curso en la Universidad de California, en Berkeley, donde tuve la oportunidad de revisar lo que tenía ya avanzado de este texto. Lo he concluido en estos últimos meses en la ciudad de México.

México, D. F., 10 de julio de 2010.

A MANERA DE INTRODUCCIÓN

En las notas que a continuación presento, como lo señalé, me refiero a las actividades que he desarrollado vinculadas a la política, a la que llegué y en la que me mantengo por vocación e inclinaciones propias. Mi formación se ha dado por influencias del medio en que me he desenvuelto; por estudios, lecturas y trato con personas que se mueven o se movieron en ámbitos muy diversos; por las oportunidades que he tenido de recorrer el país, encontrarme con su gente, sus regiones, problemas y potencialidades, por las oportunidades también de viajar hacia otras tierras.

Sin duda, la influencia más importante de lo que ahora soy y de lo que he hecho, la he recibido del ejemplo de cómo condujeron sus vidas mis padres, Lázaro Cárdenas y Amalia Solórzano, ejemplos decisivos en mi formación en todos los órdenes; y los consejos más sensatos, siempre cariñosos, con la mayor sensibilidad para proceder con congruencia y tropezar lo menos posible en el devenir de mi vida, los he recibido de Celeste y de nuestros hijos, Lázaro, Cuauhtémoc y Camila.

Reitero, las influencias para ser y hacer han sido muchas, algunas muy directas, otras me indujeron a profundizar en el conocimiento de las personas mismas, de movimientos sociales, de hechos históricos, de potencialidades de recursos, de analizar opciones antes de tomar una decisión; otras, en un momento dado dieron una visión particular sobre algún hecho específico o abrieron la relación o despertaron la inquietud hacia otros ámbitos de actividad o de interés. Esas influencias y algo que haya puesto de mi propia cosecha, están en los aciertos que pueda tener. Las fallas, los errores, los atribuyo a mis particulares visiones y capacidades.

Siendo niño, en mis primeros años de vida, empecé a conocer los valores que movían a mi padre, lo que representaban, su dimensión humana y su proyección política y social. Mi madre complementó ese conocimiento, pues además de ser esposa, compañera y amiga, lo admiraba y se identificaba con él por su patriotismo, sus ideas altruistas, su vocación de servicio, su entrega a los demás, su bonhomía. Esos sentimientos me los transmitió con pláticas y en el trato de todos los días. La congruencia de mi padre entre lo que decía y hacía la fui viendo, entendiendo y valorando más, a partir de la estrecha convivencia. La trascendencia y proyección de su obra, las ideas y principios que regían su conducta, lo hecho a lo largo de la vida, lo aprecié desde muy temprano y desde entonces marcaron indeleblemente mis ideas, convicciones y compromisos.

Mi madre, sin duda, me marcó porque compartía los ideales de mi padre, porque se constituyó en eje de la vida familiar, no sólo de quienes formábamos el núcleo más íntimo, sino de la familia ampliada hacia arriba, hacia abajo y en lo horizontal, incluyendo a varias amistades cercanas, dispuesta siempre a escuchar, a dar su opinión cuando se le pedía, a ayudar en lo posible.

En el curso del tiempo he tenido oportunidad de conocer y tratar a mucha gente, algunos como niño y joven, otros como adulto, en el ámbito familiar, en la actividad profesional, en la política, en México y en el extranjero. En casa, la convivencia cotidiana con mis padres y con mi hermana Alicia, fue fundamental para cimentar el núcleo y la identidad familiares. Por casa ha pasado gente de la República Española, desde los Niños de Morelia hasta dirigentes políticos y combatientes destacados, personalidades también de otros exilios, gente de la Revolución, campesinos e intelectuales.

Recuerdo cómo le insistí a mi padre, poco antes de iniciar la preparatoria y en los primeros años de ingeniería, en visitar a la tribu kikapoo, en El Nacimiento, en Múzquiz, Coahuila, a donde llegamos después de un largo recorrido por carretera, cruzando medio país; y, años después, para recorrer el Ferrocarril del Sureste, cuya construcción se inició durante su gestión presidencial, pues tenía gran interés, además del ferrocarril mismo, en conocer los ríos Grijalva y Usumacinta, los más caudalosos del país, así como las zonas arqueológicas de la región. Acompañándolo, varios años más tarde, visité La Laguna, comarca en la que se realizaron los primeros repartos agrarios de tierras de alta productividad; el Yaqui, donde después de mucho tiempo de no visitar Sonora se encontró con la Tribu, a la que durante su gobierno se le restituyeron las tierras que le habían sido arrebatadas y por siglos reclamó; con él también recorrí por primera vez la zona de Madera, en Chihuahua, en la que se había producido, meses antes de nuestra visita, un levantamiento armado, provocado por el despojo de tierras y la desatención a problemas agrarios y sociales de las comunidades de la región.

Mi paso por la universidad se dio en una época relativamente tranquila, en la que sólo registro un movimiento importante, no relacionado directamente con la universidad, pero en el que participamos muchos universitarios: la protesta contra la intervención de los Estados Unidos en Guatemala, en 1954, que apoyando a mercenarios logró el derrocamiento del régimen democrático de Jacobo Árbenz.

Mis primeros acercamientos con la política fueron en calidad de observador interesado, muy lejos de una participación electoral y de la militancia partidaria, que llegaron más tarde.

El Círculo de Estudios Mexicanos y el Movimiento de Liberación Nacional, que surgió al dar cumplimiento a las resoluciones de la Conferencia Latinoamericana por la Soberanía Nacional, la

Emancipación Económica y la Paz, me dieron oportunidad de tejer las que bien puedo llamar mis primeras relaciones políticas. Me parece importante señalar que éstas nada tenían que ver con cuestiones partidarias ni electorales, pues éstas son sólo una parte, y no siempre la más importante, de la actividad política.

La planeación y el desarrollo regional, que han estado en mi interés profesional, me llevaron, sobre todo mediante la Sociedad Interamericana de Planificación (SIAP), a acercarme a América Latina y establecer relaciones de amistad, fundadas en intereses mutuos, con destacados profesionales, principalmente del sur del continente.

Las influencias para ser y hacer me han llegado también de las oportunidades de tratar con gente de diferentes regiones del país, ya sea haciendo trabajos de carácter profesional, como los estudios de la cuenca del río Balsas y del río Verde y la costa de Oaxaca, o la construcción de la presa de La Villita (José María Morelos), en la zona de la desembocadura del Balsas, en los límites de Michoacán y Guerrero, donde residí varios años con Celeste y Lázaro y Cuate pasaron sus primeros años; o en la promoción del Movimiento de Liberación Nacional, la Corriente Democrática, la Subsecretaría Forestal o las campañas políticas, que me dieron la oportunidad de ir por toda la República, de recorrer palmo a palmo Michoacán, tratar gente muy diversa y conocer de problemas y potencialidades, de los que hubiera sido difícil enterarse en otras circunstancias.

En todas estas actividades, he tenido la fortuna de ser parte de equipos de trabajo. Los logros alcanzados se deben principalmente al esfuerzo colectivo y en aquellos casos en los que me ha tocado jugar un papel destacado para alcanzarlos, agradezco, por todo lo que se considere que se ha hecho bien, a los valiosos y dedicados colaboradores con los que he contado.

En las notas que siguen se verán encuentros y reencuentros, relaciones y amistades nacidas de la afinidad de ideales, de la política y de otras actividades que directa o indirectamente han influido en la realización del día a día; que han sido, por otro lado, decisivas para modelar lo que he hecho y lo que soy. Seguramente, con las relaciones actuales y las que vayan surgiendo, será lo que haga y lo que sea en los años que están por delante, pues la formación es un proceso continuo de modelado, producto del acontecer en el curso del tiempo.

1

LAS PRIMERAS ANDANZAS

Las elecciones de 1952

Ingeniería, la Escuela Nacional de Ingenieros en mi tiempo, estaba alejada de las demás escuelas de la Universidad y se mantenía ajena a las discusiones y movimientos externos, ya fueran sociales, políticos o incluso culturales. A pesar de que los primeros años de la carrera coincidieron con una campaña electoral, Ingeniería parecía no enterarse de lo que sucedía fuera de sus muros. Debo decir, por otra parte, que durante los cinco años en que cursé la carrera, no hubo ningún conflicto, ninguna huelga estudiantil, ningún problema que alterara la vida de la escuela o de la universidad.

Aunque en la escuela era escasa o nula la discusión política, yo daba seguimiento a las campañas políticas en la prensa y en las pláticas de todos los días, que se intensificaron justamente cuando empezaba mis estudios universitarios. Fui un espectador de aquel proceso electoral, que se dio antes de tener edad para ser considerado ciudadano, pues la Constitución establecía entonces que se alcanzaba la ciudadanía a los 21 años o, a los 18, si se estaba casado. Tenía simpatía por el general Miguel Henríquez y por su candidatura, aunque, a diferencia de versiones de distintas personas y de algunas publicaciones sobre el tema, más allá de expresar esa simpatía en el seno de la familia y con amigos, nunca participé en ningún acto público para apoyar o promover su candidatura. Invitaciones de algunos conocidos no faltaron, pero conocía la postura y decisión de mi padre al concluir su periodo presidencial de no tener participación alguna en cuestiones electorales, y sabía que cualquier presencia pública de mi parte en un acto de campaña se tomaría como una participación no mía sino de él, aunque no fuera el caso.

Recuerdo que en algún momento de la campaña se empezó a discutir la posibilidad de tener una candidatura de unidad de la oposición revolucionaria, en lo que manifestaban estar de acuerdo los candidatos Miguel Henríquez de la Federación de Partidos del Pueblo Mexicano, Vicente Lombardo Toledano del Partido Popular y el general Cándido Aguilar del Partido de la Revolución. Esa iniciativa la apoyaban también el Partido Constitucionalista Mexicano, del que formaban parte varios diputados constituyentes de 1917, entre ellos el general Francisco J. Múgica y el licenciado Ignacio Ramos Praslow, el Partido Comunista, cuyo Secretario General era Dionisio Encina, y el Partido Obrero Campesino de México, entre cuyos dirigentes se contaban Valentín Campa y Alberto Lumbreras.

Escuché de amigos, en aquellos días, que en las discusiones sobre quién podría ser el candidato de unificación, al dificultarse llegar a un acuerdo, Lombardo planteó que no fuera ninguno de los candidatos hasta ese momento en campaña, proponiendo que se postulara como candidato de la unidad a Alejandro Carrillo, miembro del Partido Popular, candidato a senador por el Distrito Federal, que había renunciado poco antes como Secretario General del Departamento del Distrito Federal y a quien nadie había propuesto, dentro ni fuera de su partido, como posible candidato presidencial. La propuesta constituía en realidad una forma de bloquear la candidatura de la oposición que se presentaba con la mayor fortaleza, un acto de esquirolaje, que acabó por romper la posibilidad de que en torno a la candidatura más fuerte se unificaran las demás.

La candidatura que sin duda había levantado mayores apoyos populares, que había estimulado un proceso de organización política, era la del general Henríquez, con quien mucha gente consideraba podría darse una vuelta efectiva de la política alemanista a una política con contenido revolucionario. En esas condiciones y haciendo un análisis objetivo de la situación política, era difícil pensar que el candidato de unidad pudiera ser otro distinto al general Henríquez.

Al final no hubo acuerdo. Lombardo decidió mantener su candidatura. Los demás partidos y el general Cándido Aguilar, que declinó su condición de candidato, mantuvieron su compromiso con la candidatura de unidad.

Mi padre, por su parte, de acuerdo con su convicción política, se mantuvo ajeno a la cuestión electoral y al margen de las campañas de los diferentes candidatos, casi todos amigos suyos, varios de ellos colaboradores durante su gestión, aunque, como lo consigna en sus *Apuntes*,[1] en distintas ocasiones se reunió con uno o con otro, cuando alguno tuvo interés en cambiar impresiones con él. A ninguno ofreció su apoyo y con ninguno se comprometió. Ya en medio de las campañas, a pocos meses de las elecciones, consideró necesario hacer una aclaración a versiones de prensa que le atribuían expresiones contrarias a alguno de los candidatos. Declaró en esa ocasión:

En mi criterio no cabe la amistad vergonzante y por ello declaro que soy amigo personal del señor general Miguel Henríquez, como lo soy del señor licenciado Vicente Lombardo Toledano, del señor Adolfo Ruiz Cortines y del señor general

---

[1] Lázaro Cárdenas, *Apuntes*, Universidad Nacional Autónoma de México, México, 1972. (En 2003 la obra fue reeditada como coedición de la Universidad Nacional Autónoma de México y el Centro de Estudios de la Revolución Mexicana Lázaro Cárdenas, A. C.)

Cándido Aguilar, candidatos a la presidencia de la República, y cuya amistad no me autoriza para juzgar de la actuación política de ninguno de ellos.

El día de las elecciones la ciudad de México estuvo aparentemente tranquila, aunque, al igual que en el resto del país, hubo un gran alarde de fuerza por parte del gobierno. En la tarde, a sabiendas de que no podían conocerse aún los resultados, los diarios vespertinos daban como victorioso al candidato oficial. Al día siguiente los periódicos anunciaron el triunfo oficial y al mismo tiempo, aunque dando una importancia menor a la noticia, informaron también que el general Henríquez se declaraba igualmente ganador.

Unos días antes de las votaciones, el Partido Constitucionalista había convocado al *Mitin de la victoria*, que tendría lugar en la Alameda, para el día siguiente a las elecciones, 7 de julio. Tenía curiosidad e interés por asomarme a ese mitin y con Horacio Tenorio, ingeniero agrónomo que actuaba en la política en Michoacán, casado con una prima de mi madre, con el que a pesar de la diferencia de edades y más allá del parentesco llevé una muy cercana amistad, nos pusimos de acuerdo para ir a la Alameda. Era ya por la tarde, empezaba a obscurecer, cuando circulando por la avenida Hidalgo vimos que venía sobre nosotros una nube de gas lacrimógeno que nos impidió avanzar. Nos desviamos, no era posible ya seguir adelante y regresamos.

Al día siguiente la prensa daba cuenta de enfrentamientos entre los manifestantes y la policía. Se publicaron en todos los periódicos fotografías de granaderos golpeando a la gente y de policía montada cargando contra los asistentes al mitin. Corrían versiones de centenares de heridos, muertos y detenidos. En relación con los acontecimientos de ese día, años después Francisco (Paco) Martínez de la Vega platicaba que iba en auto acompañando al general Henríquez, cuando, en las cercanías de la Alameda, se cruzaron con el general Federico Amaya, que comandaba la brigada mecanizada —tanquetas y carros artillados—, encargada de contener y en su caso reprimir a los manifestantes, quien se presentó cuadrándose frente al general Henríquez. Le preguntó si tenía alguna orden que darle, a lo que, según Paco, Henríquez respondió: "Sólo te encargo, Federico, que no les pegues muy duro a mis muchachos", cuando, reflexionaba Paco, ésa hubiera sido, en las circunstancias políticas que se vivían al día siguiente de aquellas elecciones, la oportunidad de sumar al general Amaya y a su brigada al apoyo del movimiento henriquista. Comentaba Paco que en ese momento había faltado visión o decisión al general y, viendo retrospectivamente, creo que tenía razón.

En los días que siguieron a las elecciones, en los que las informaciones del gobierno daban un triunfo contundente al candidato oficial, aun cuando eran muy numerosos los reportes de violencia y de todo tipo de maniobras de la gente del gobierno contra la oposición el día de los comicios, empezaron a correr versiones de que los henriquistas no aceptaban el resultado oficial y el general Henríquez convocaría a un levantamiento armado para imponer respeto al voto de los ciudadanos. En aquel momento llegué a creer que, efectivamente, el general Henríquez llamaría a quienes lo habían apoyado a rechazar el resultado oficial de las elecciones y que por la vía de la fuerza tomaría el poder, pensando que el gobierno de Alemán, por sus políticas antiagraristas y antiobreras, por la corrupción de la que públicamente se le acusaba, carecería de la fuerza para oponerse a un movimiento como el que podía desencadenarse. Henríquez contaba con el apoyo de sectores populares muy amplios, con cuadros políticos con arraigo entre la gente por todo el país y contaba —lo que podía ser definitivo en un movimiento contra el gobierno— con la simpatía de una parte substancial del ejército y sus altos mandos. Se hablaba de acopios de armas en distintos lugares del país, que había comisionados de

Henríquez para levantar distintas regiones y que si no era un día, al siguiente se haría el llamado a rebelarse. Empezó a correr el tiempo, pasaban las semanas y los meses, y empezó a tenerse la impresión de que Henríquez estaba jugando a que era presidente electo, pues no tomaba ninguna decisión; se calificaron las elecciones de senadores y diputados, ninguna posición ganada se reconoció a los henriquistas; tomó posesión el nuevo gobierno, aflojaron hasta desaparecer las presiones del gobierno sobre los negocios de Jorge Henríquez, hermano del general y cabeza financiera de su campaña, y el levantamiento nunca llegó.

Pienso que el general Henríquez, quien desde antes de aceptar su candidatura y a lo largo de la campaña se reunió en diferentes ocasiones con mi padre —que le había reiterado su inalterable decisión de no participar en cuestiones de política electoral—, creía firmemente que al final, si las cosas se ponían mal para él, mi padre intervendría y tendría capacidad para ponerlas a su favor. En un mensaje que dirigió a los egresados de las escuelas para hijos de trabajadores[2] en una reunión celebrada en 1957, dijo mi padre al respecto:

> El ciudadano general Henríquez es un caballero, antes que soldado y político, y él podrá decir si hubo de mi parte compromiso para lanzarme como propagandista de su candidatura o de promotor ante las autoridades de entonces. Ni de ayer, ni hoy somos propagandistas de nadie y sin embargo pasaremos como responsables de la nueva sucesión presidencial, aunque no lo queramos; así es nuestro medio político.

---

[2] Las Escuelas para hijos de los trabajadores fue un sistema de internados, de educación media y media superior, creado durante el gobierno de Lázaro Cárdenas.

Frente a este pronunciamiento público, sólo hubo silencio del general Henríquez.

Después de las elecciones, según lo consignó en sus *Apuntes*,[3] fueron muy pocas las ocasiones en que mi padre se encontró con el general Henríquez. Éste, en su fuero interno, estoy cierto de que nunca aceptó ni entendió que mi padre no se la jugara por él. Nunca se dio cuenta de lo que otros veían con toda claridad: que en el henriquismo había por lo menos dos grupos bien diferenciados. Uno, el de quienes efectivamente se identificaban con la ideología y la causa de la Revolución, entre los que destacaba el general Múgica; otro, el de la gente de negocios, que encabezaba su hermano menor Jorge, de influencia determinante en la campaña, en el partido y de una influencia decisiva sobre su propio hermano mayor; y, al final de cuentas, el que había sido el más influyente en la conducción de la campaña y del movimiento postelectoral, pudiendo anticiparse que, de llegar al gobierno, sería el que más pesaría sobre éste. La amistad fue entonces enfriándose, hasta que se extinguió. La última vez que conversaron fue en mayo de 1953, ocasión en la que el general Henríquez pidió encontrarse con mi padre y le comentó que se había entrevistado con el presidente Ruiz Cortines para pedirle que dejaran de hostilizar a sus partidarios. De lejos se vieron meses después, en el sepelio del general Francisco J. Múgica.

El golpe de Estado en Guatemala

A mediados de 1954, cuando cursaba el cuarto año de la carrera, tuvo lugar otra intervención norteamericana en Latinoamérica, esa vez en Guatemala, de manera violenta y haciendo uso de armas

---

[3] Lázaro Cárdenas, *Op cit.*

puestas en manos de mercenarios. El gobierno guatemalteco, encabezado por el coronel Jacobo Árbenz, elegido democráticamente, había comenzado a realizar una reforma agraria que afectó tierras propiedad de United Fruit Company, empresa bananera de Estados Unidos. Ésta había acaparado grandes extensiones de tierra en toda Centroamérica, despojando violentamente en muchos casos a las comunidades o a los campesinos de sus posesiones de siglos y constituyéndose en el apoyo, al mismo tiempo que se beneficiaba, de las dictaduras de la región. El presidente de Estados Unidos, el general Eisenhower, y su secretario de Estado, John Foster Dulles, organizaron un golpe de Estado poniendo al frente de un grupo de mercenarios al coronel Carlos Castillo Armas, en ese momento retirado del servicio activo. Esos acontecimientos sacudieron profundamente a América Latina. Fue una intervención evidente, en la que para nada se ocultó la mano del gobierno norteamericano, que desde tiempo atrás había hostilizado al régimen de Árbenz en el contexto de la Guerra Fría. Se le acusaba, sin base alguna, de ser comunista por haber puesto en marcha una reforma agraria, permitir un régimen de libertades políticas y haber expedido leyes de protección a los trabajadores.

Días antes que se produjera el levantamiento encabezado por Castillo Armas, hubo indicios que desde Nicaragua y Honduras se preparaba un ataque contra el gobierno revolucionario de Guatemala. Al darse a conocer en la prensa el levantamiento de los mercenarios contra el gobierno legítimo de nuestro vecino del sur, cuatro amigos nos citamos en la Embajada de Guatemala para ofrecer nuestro apoyo al gobierno, en aquello que se creyera conveniente pudiéramos ayudar.

Llegamos Janitzio Múgica, Julio Argüelles, Heberto Castillo y yo. Nos recibió Luis Cardoza y Aragón, consejero de la Embajada, quien nos confirmó las noticias del ataque que se habían divulgado por la prensa y la radio. Después de darle a conocer el motivo de nuestra visita, que ya imaginaba, nos dijo que en ese momento lo más importante sería llevar a cabo todo esfuerzo posible para mover la opinión pública mexicana, haciéndole conocer lo que en realidad estaba sucediendo en Guatemala y pudiera así influirse en la generación apoyos a la Revolución y al gobierno constitucional de su país.

En la plática, Cardoza y Aragón dijo que con el ataque mercenario patrocinado por el gobierno norteamericano había muerto definitivamente la política del buen vecino auspiciada desde los tiempos de Franklin D. Roosevelt y que ya podía llevarse una corona luctuosa a la Embajada de los Estados Unidos en su memoria. Nos dijo también que tenía conocimiento de que esa tarde se reunirían varios grupos estudiantiles en la cafetería central de Ciudad Universitaria y posiblemente fuera conveniente nuestra presencia en esa reunión. Quedamos de estar en contacto con él y de tenerlo al tanto de lo que hiciéramos respecto a los acontecimientos en Guatemala.

La cafetería central, la única que había en esos primeros años de la Ciudad Universitaria, era el sitio de reunión de los estudiantes de todas las escuelas. Janitzio, Julio y yo llegamos a la cafetería alrededor de las siete de la noche. Varios compañeros universitarios, por su parte, nos habían buscado y dejado recado en casa para que asistiéramos a la reunión. Encontramos delegaciones de casi todas las escuelas de la Universidad. La junta se inició dirigida por Manuel Scorza, peruano, estudiante de Filosofía, que al poco tiempo sería conocido como un destacado escritor, exiliado en ese tiempo en México, a donde había llegado procedente de Argentina. Representantes de cada delegación estudiantil hicieron uso de la palabra. De la Escuela de Ingenieros estábamos solamente Julio y yo.

En la escuela no nos habíamos reunido previamente para discutir sobre la invasión, ni se había formado ningún comité. Suponíamos que con nuestra posición simpatizaban algunos compañeros, principalmente los miembros de la Asociación Progresista de Estudiantes de Ingeniería, entre los que se contaban, que yo recuerde, Arturo Flores, Jorge Nájera, Agustín Cacho Anaya, compañeros de ingeniería civil del mismo año que nosotros, quienes pertenecían o estaban muy cercanos al Partido Popular. En la reunión, Julio y yo decidimos asumir la representación de quienes en la Escuela de Ingenieros simpatizaban con la causa de Guatemala, que bien a bien no sabíamos quienes ni cuantos podrían ser.

Al llegar el turno a la delegación de Ingeniería para hacer uso de la palabra, me levanté y propuse (recordando nuestra conversación con Luis Cardoza y Aragón) que el primer acto del comité universitario, cuya constitución se estaba proponiendo y discutiendo, fuera depositar en la Embajada norteamericana una corona mortuoria en memoria de la política rooseveltiana de la buena vecindad. La propuesta se aprobó. Al término de la junta se acordó que al día siguiente representantes de las distintas delegaciones universitarias se reunieran en el aula Jacinto Pallares de la Facultad de Derecho, para elegir a la directiva del Comité Universitario contra la Intervención Extranjera en Guatemala y plantear un programa de actividades.

Los mismos tres amigos que habíamos estado la noche anterior en la Ciudad Universitaria llegamos alrededor de las 11 a la Facultad de Derecho. Había reunidos cincuenta o sesenta muchachos. Presidía Manuel Scorza. Se acordó designar la directiva del comité. Salvador Trillo, estudiante de leyes originario de La Piedad, Michoacán, se propuso a sí mismo para encabezar el comité; otros asistentes me propusieron a mí. Se me designó presidente y como integrantes también del comité fueron elegidos Janitzio, estudiante de Derecho, como encargado de prensa y propaganda; Leonel Durán, de Antropología, de organización; Nicolás Molina Flores, maestro de la Preparatoria 1, de relaciones; y Luz Ofelia

Guardiola, de Economía, de finanzas. Julio, por su parte, quedó con la representación de Ingeniería.

Concluyó la reunión y había que empezar, de inmediato, a dar cumplimiento a los acuerdos de la asamblea del día anterior. El primero, llevar la corona a la embajada americana. Convinimos en que para evitar posibles problemas, sólo la directiva recién designada participara en dar cumplimiento a ese acuerdo. Otros compañeros quedaron encargados de avisar a la prensa que el Comité Universitario se había constituido y de enviar telegramas informando de lo mismo y solicitando apoyos para el gobierno de Guatemala al presidente de la República, y de protesta al presidente Eisenhower y al secretario de Estado Foster Dulles.

Salimos de la Facultad de Derecho los recién elegidos y unos cuantos compañeros más, los que apretados viajamos en la camioneta que yo manejaba, y nos dirigimos a la avenida Hidalgo, a las afueras del Panteón de San Fernando, para comprar un par de coronas. Pedimos les pusieran listones con la leyenda EN MEMORIA DE LA POLÍTICA DE BUENA VECINDAD. Con las coronas en el toldo de la camioneta nos dirigimos a la embajada. Por otro lado, Luis Prieto fue encargado de ir a varios periódicos para informar de nuestras actividades. Por su parte y a iniciativa propia, Manuel Scorza empezó a llamar por teléfono a los propios periódicos, diciendo que "millares y millares de estudiantes" marchaban hacia la Embajada de Estados Unidos para protestar por el golpe de Estado en Guatemala. Con esos avisos, cuando llegamos a la embajada, entonces en la esquina de Reforma y Lafragua donde descendimos de la camioneta, nos esperaba ya un denso enjambre de reporteros y fotógrafos.

En la planta baja del edificio había, y aún se encuentra, un restaurante de la cadena *Sanborn's*. Hallamos ahí una escalera recargada en la marquesina, seguramente dejada por alguien que hacía limpieza, y por ella trepó Julio con una corona. En ese mismo momento salió por una ventana un empleado de la embajada que empezó a forcejear y a jalonearse con él, tratando de arrebatarle la corona que llevaba. Forcejeos de un lado y otro, calificativos altisonantes de Julio al empleado, fotografías al por mayor.

Al ver los jaloneos en la marquesina, empezó a reunirse gente y el montón de periodistas y fotógrafos. Habrían pasado unos diez minutos cuando llegaron veinte o treinta agentes de la Policía Federal de Seguridad, cuyas oficinas estaban a dos cuadras de la Embajada. Se llevaron una de las coronas, la que no se había subido aún a la marquesina; la otra logró meterla el funcionario americano a la Embajada. Calmadamente nos retiramos.

Los periódicos de esa tarde, el *Extra* y *El Gráfico*, daban la noticia con grandes titulares y publicaban fotografías de nuestra presencia frente a la embajada.

Se había cumplido la finalidad de hacer del conocimiento público la protesta de los universitarios por la intervención norteamericana en Guatemala y dar a conocer la formación del Comité Universitario.

Había que seguir con otras actividades: organizar actos públicos, informar y buscar la incorporación de otras escuelas y organizaciones estudiantiles, en fin, lograr todos los apoyos posibles en favor del gobierno legítimo de Guatemala.

Uno de los actos previstos era izar la bandera guatemalteca en Ciudad Universitaria. La bandera nos fue entregada por el embajador Alvarado en el edificio de Humanidades, de donde la llevamos al asta que se encuentra en la explanada frente al edificio de Rectoría. Ahí se izó junto a la mexicana y ondeó quizá sólo ese día, el mismo día en que se anunció la caída del gobierno de Árbenz.

Antes de eso, durante una semana o diez días quizá, el comité trabajó con intensidad: boletines de prensa, reuniones con grupos diversos, etcétera. Al mismo tiempo, una fuerte reacción macartista se desencadenó en la prensa contra el movimiento estudiantil:

ataques furiosos en *Zócalo*, dirigido por Alfredo Kawage Ramia, que nos dedicó varias primeras planas: "Rojetes...", "Nichito y Moquito..." (Nichito: Janitzio, Moquito: yo). En *Excélsior* Tomás Perrín escribió algo así como "Janitzio Múgica, Cuauhtémoc Cárdenas, Juan Pérez ¿qué nombre tan raro este último, no?".

Todas las noches teníamos reuniones en la Escuela Normal Superior, en San Cosme. Empezaban a las siete u ocho y se prolongaban hasta la una o dos de la mañana, para revisar lo hecho y planear las actividades del día siguiente.

La incorporación al movimiento de la Federación Estudiantil Universitaria (FEU), que presidía Luis Alcázar, no fue fácil. Alcázar, indeciso, dudaba en sumarse a la defensa de Guatemala. Varios dirigentes de la FEU eran decididos partidarios de nuestra causa, como Santiago Wilson. Otros, opositores furibundos, como Jenaro Vázquez Colmenares, quien sostenía que para que la Federación definiera una posición era necesario que una caravana marchara hasta Guatemala para verificar de manera directa, en el terreno mismo de los hechos, si eran ciertas las noticias del ataque mercenario. Finalmente, a regañadientes, la FEU se sumó formalmente al comité, aunque no desarrolló un trabajo real en favor del movimiento, en parte por indecisión y falta de compromiso de sus principales dirigentes, en parte porque ya para entonces era sólo un cascarón burocrático que carecía de una base estudiantil amplia y activa.

Buscando sumar al mayor número de organizaciones posible, una tarde Janitzio, Julio y yo buscamos al licenciado Alejandro Carrillo, en ese tiempo dirigente del Partido Popular (PP). Le pedimos nos presentara con los dirigentes de la Federación Nacional de Estudiantes Técnicos (FNET), miembros del PP, para invitarlos a incorporarse a nuestra lucha. La FNET agrupaba a estudiantes del Politécnico.

Nos entrevistamos con ellos en Santo Tomás.[4] Les dijimos, entre otras cosas, que el Comité Universitario se había transformado en un Comité Estudiantil, al incorporarse la Escuela Nacional de Antropología, la Normal y la Normal Superior, y que sería muy importante la participación de los politécnicos. Dijeron estar de acuerdo con el rechazo a la intervención extranjera en Guatemala, que ellos ya habían realizado un acto en el Monumento a la Revolución en el que habían fijado su posición y no creían necesario hacer nada más. En el fondo, lo que sucedía es que en esos días estaba en trámite el registro del partido y sus dirigentes, encabezados por Vicente Lombardo Toledano, no querían causar la más mínima perturbación al gobierno, que sin duda tenía encima las presiones de la campaña anticomunista del Departamento de Estado. La FNET no se integró al Comité Estudiantil, pero muchos estudiantes y maestros politécnicos participaron en el movimiento.

Otro de los actos públicos que se había acordado realizar era una manifestación que partiera de la Plaza de Santo Domingo, recorriera 5 de mayo y Avenida Juárez hasta el Caballito y de ahí regresara por la misma Avenida Juárez, siguiera por Madero y terminara con un mitin en el Zócalo. Cuando estábamos en los últimos preparativos de ese acto, llegó la noticia de la renuncia del presidente Árbenz, su substitución por el coronel Carlos Enrique Díaz, quien duró nada en la presidencia, y la formación de un triunvirato de coroneles dominado por Castillo Armas, quien tenía tras de sí al Departamento de Estado y a la United Fruit. Se decidió, de todas maneras, llevar a cabo los actos previstos.

La noche anterior al día fijado para realizar la manifestación llegó a casa un recado, no sé por qué conducto —seguramente mi madre fue quien me lo dio, pero no he podido recordar quien

---

[4] Sede principal entonces del Instituto Politécnico Nacional.

habló en esa ocasión con ella—, diciendo que el presidente de la República vería con agrado que no se efectuara la manifestación convocada, a la que se esperaba acudirían no sólo estudiantes, sino también miembros de otras organizaciones políticas y sociales. Ese mismo recado llegó de modo directo a la mañana siguiente, la del día de la manifestación; el conducto para dármelo fue el ingeniero César Martino, amigo y ex colaborador de mi padre, amigo mío también, quien llegó a casa, donde se encontraban también Julio y Janitzio. No nos fue fácil, a ninguno de los tres jóvenes estudiantes de entonces, desatender una petición que se nos decía venía del presidente. Le dijimos al ingeniero Martino que no podíamos suspender la marcha y el mitin, para dar satisfacción al Presidente; la única manera de que no asistiéramos sería que nos detuvieran, a lo que no nos opondríamos. Nos contestó que eso no era posible y entonces, simplemente, seguimos adelante.

Llegó la hora del inicio de nuestra reunión en la Plaza de Santo Domingo. Pocos estudiantes y defensores de la causa. Muchos agentes policíacos. Habló por parte del Comité Universitario Raymundo Ramos, estudiante de Filosofía. Conforme fueron dándose los discursos fue acercándose gente, pero todavía había dudas acerca de si se emprendía la marcha o no. Hubo consultas entre los miembros del Comité, se consultó además con Diego Rivera, con el profesor Juan Pablo Sainz, del Comité Mexicano por la Paz, y se decidió arrancar la marcha.

Conforme avanzábamos alejándonos de Santo Domingo y recorríamos 5 de mayo, se fue sumando gente. Al llegar frente al edificio del Banco de México la marcha ocupaba todo lo ancho de la calle y no menos de unas ocho cuadras. Frida Kahlo iba en silla de ruedas empujada por Luis Prieto, Heberto Castillo marchaba con una pierna enyesada. Llegamos por Avenida Juárez hasta el Caballito, donde dio vuelta la marcha y al pasar frente al Hotel del Prado aumentaron los gritos de *¡yankees go home!* Desde el hotel, algunos turistas con cara de susto disparaban sus cámaras al ver pasar el contingente. Finalmente la manifestación llegó al Zócalo, donde se quemó una imagen del Tío Sam. Terminó la marcha y terminó la vida del Comité Universitario contra la Intervención Extranjera en Guatemala. Fue la primera actividad política en la que directamente participé, muy importante para mí por la definición que implicó, por los muchos amigos que hice en ese corto movimiento, con muchos de los cuales —como Luis Prieto y Leonel Durán— sigo coincidiendo hasta ahora en nuestra visión de México y en la actividad política.

La Orden de la Santísima Trinidad

Los acontecimientos de Guatemala coincidieron con la visita oficial que hizo a México, Haile Selassie, el Negus, emperador de Etiopía. Su visita tenía, entre otras finalidades, agradecer personalmente a mi padre el apoyo que el gobierno de México había brindado a su país en 1935, cuando fue invadido por los ejércitos de Mussolini. En ese entonces, el representante de México fue el único que protestó en la Sociedad de las Naciones por la invasión italiana de Etiopía, con la pretensión de recrear el imperio romano en el Mediterráneo. Al término de la Segunda Guerra Mundial, tras la victoria de los aliados, los italianos fueron expulsados de Etiopía y Haile Selassie fue reinstalado en el trono. En 1954, Selassie realizó una visita de Estado a México para agradecer el apoyo a su país y había anunciado la intención de condecorar a mi padre con la Orden de la Santísima Trinidad, que quería imponerle personalmente.

Mi padre fue siempre reacio a recibir reconocimientos por su actividad pública y en este caso mantenía esa misma actitud, que quiero pensar era reforzada por no querer recibir la condecoración del emperador, de las manos de un monarca absoluto, que si bien había defendido la independencia de su patria y combatido al invasor italiano en condiciones de franca desventaja, no había realizado reformas sociales y políticas en su país; en él subsistía, en pleno siglo XX y después del triunfo aliado en la Segunda Guerra Mundial, la esclavitud y un Estado medieval, se mantenía en el atraso y era explotado por una insaciable y numerosa familia real.

Mi padre se encontraba desde hacía varias semanas en Michoacán (yo no lo había visto desde días antes de que empezara el movimiento estudiantil en protesta por la invasión de Guatemala. Aunque tenía la certeza de estar haciendo lo debido, no dejaba de tener mis dudas de cómo tomaría él mi participación en el movimiento). Nos había dejado sentir en casa que no tenía intención de acudir a la ciudad de México para encontrarse con el emperador. Éste, por su lado, había hecho saber al gobierno mexicano que no se iría del país sin haberse reunido con mi padre, quien al enterarse de esa decisión viajó a la capital para entrevistarse con él. La cita se fijó para el día de la partida del emperador, que sería un día después de haberse dado a conocer la noticia de la caída del gobierno de Árbenz, a las siete o siete y media de la mañana, en el departamento que ocupaba en el Hotel del Prado. Mi padre había llegado a México la noche anterior, ya tarde. Yo llegué a casa más tarde que él, después de una de nuestras largas reuniones en la Normal Superior. Me encontré con el recado de que lo acompañara por la mañana a su encuentro con el Negus.

Después de recibir la condecoración de la Santísima Trinidad y despedirse del emperador, regresamos a casa a desayunar. Estábamos en la mesa varias personas: mis padres, Horacio Tenorio, Nacho Acosta,[5] no recuerdo quiénes más, cuando llegaron Janitzio y Julio. Mi padre, dirigiéndose a los tres, sólo nos preguntó cómo

---

[5] Licenciado Ignacio Acosta Lagunes.

nos había ido. Contestamos un tanto mosqueados, relatándole en líneas generales lo que habíamos estado haciendo en esos días y le dijimos que teníamos que retirarnos porque íbamos a Ciudad Universitaria a recibir la bandera de Guatemala, que izaríamos en la explanada de la Rectoría. El que no haya habido mayor comentario de su parte, no sólo nos tranquilizó sino que nos dio confianza de que habíamos estado procediendo correctamente.

Ése fue el último acto de importancia que se realizó en México respecto a los acontecimientos de Guatemala. Cayó el gobierno de Jacobo Árbenz, quien se exilió por corto tiempo en México. A los pocos días de su llegada, fueron a casa a comer él, su esposa, el coronel Carlos Enrique Díaz, que lo substituyó fugazmente en la presidencia, y varios amigos de la familia. Recuerdo a Árbenz como un hombre con mucha presencia de ánimo, dispuesto a seguir en la lucha.

Macartismo[6]

No acababa de pasar el asunto de Guatemala, cuando se soltó una serie de fuertes ataques a mi padre: del general Miguel Henríquez, quien publicó un documento de corte anticomunista, en el que, entre otras cosas, calificaba al gobierno de Ruiz Cortines de comunista y se ofrecía, en las circunstancias de aquel momento, como el Castillo Armas de México; en los periódicos de la Cadena García Valseca publicaron un desplegado anónimo titulado "Tepalcatepec barril sin fondo", cargado de infundios, en el que

---

[6] Macartismo: corriente política anticomunista, propiciadora de la cacería de brujas, que toma su nombre del senador norteamericano Joseph R. McCarthy, que en la década de 1950 se convirtió en persecutor de los elementos progresistas de su país e influyó fuertemente en las políticas represivas y persecutorias de la llamada Guerra Fría, instrumentada por los Estados Unidos.

se atacaba a mi padre por su gestión al frente de la Comisión del Tepalcatepec,[7] señalando, entre otras cosas, que en los proyectos de la cuenca se había efectuado un gasto excesivo, dando incluso una cifra que resultaba varias veces superior a la real, que su gobierno había dejado una situación de quiebra al siguiente, que el reparto agrario había desquiciado la producción y más cosas por el estilo, que reprodujeron otras publicaciones, y después de varios días de ataques, la Presidencia de la República consideró necesario de manera oficial rechazar las imputaciones que se hacían a mi padre; y otros ataques de distintas procedencias, que se lanzaban contra mi padre también por haber acudido a montar una guardia en el Palacio de Bellas Artes ante el féretro de Frida Kahlo, cubierto por un estandarte del Partido Comunista, al que ella pertenecía. Falleció en esos días, poco después de la marcha contra la intervención en Guatemala. Yo lo acompañé a Bellas Artes y al sepelio de Frida en el Panteón de Dolores. Haberla velado en Bellas Artes desató además fuertes ataques contra el director del INBA, el escritor Andrés Iduarte, quien se vio forzado a renunciar a su cargo. Eran los días del macartismo recalcitrante y toda ocasión era buena para atacar.

20° Aniversario del reparto de tierras en La Laguna

A principios de octubre de 1956 acompañé a mi padre a La Laguna. Lo habían invitado grupos campesinos para asistir a las celebraciones del 20° Aniversario del reparto agrario en la comarca. Durante varios días visitamos ejidos de Durango y Coahuila, des-

---

[7] Comisión del Tepalcatepec, organismo dependiente de la Secretaría de Recursos Hidráulicos, creado en 1947, para impulsar el desarrollo de la cuenca del río Tepalcatepec, afluente del río Balsas, que comprende partes de los Estados de Michoacán y Jalisco.

de temprano en la mañana hasta bien entrada la noche. En todas partes muestras de cariño y reconocimiento para él; grupos de ejidatarios salían con sus banderas al borde de los caminos por donde debía pasar; en muchos casos también niños de las escuelas con sus maestros, para invitarlo a que los visitara en sus pueblos y escuelas.

En la época del reparto y en los años anteriores a éste, el algodón de la comarca lagunera constituía una de las principales exportaciones y consecuentemente una de las principales fuentes de ingreso de divisas para el país; con el argumento de que la entrega de las haciendas a los campesinos provocaría una caída en la producción, ningún gobierno anterior, a pesar de las fuertes demandas campesinas, se había atrevido a afectar a las haciendas y ponerlas en manos de los trabajadores agrícolas demandantes de tierras de acuerdo con la ley.

El reparto de tierras de las haciendas de La Laguna, efectuado en 1936, estableció el precedente que podían entregarse a campesinos tierras de alta productividad, sin que declinara la producción, a condición de que los campesinos contaran con los apoyos necesarios, equivalentes a aquellos con los que contaban los hacendados, tanto en el orden político como de crédito, maquinaria agrícola y organización en su calidad de productores, que es como exitosamente se manejó la zona agrícola de La Laguna en los años inmediatos posteriores al reparto.

La realización de la reforma agraria en La Laguna fue el paso que dio confianza y fuerza a la decisión del gobierno de repartir los latifundios constituidos en el Yaqui, en el valle de Mexicali, en Lombardía y Nueva Italia en Michoacán, en la región cañera de Sinaloa, el Soconusco en Chiapas, zonas, al igual que la de La Laguna, de alta productividad agrícola.

El Yaqui

En abril de 1957, pocas semanas después de obtener mi título de ingeniero civil, realizó mi padre una visita a la Tribu Yaqui. En Vícam se encontró por primera vez, después de muchos años de no haber visitado la región, con un grupo numeroso de integrantes de la Tribu y sus autoridades tradicionales.

Durante su gobierno se restituyeron las tierras de los yaquis y se decretó que el cincuenta por ciento de las aguas almacenadas en la Presa de la Angostura, sobre el río Bavispe, afluente del Yaqui —cuya construcción se inició en su gobierno—, se destinara al riego de esas tierras, lo que a pesar de gestiones y más gestiones de la Tribu por más de ocho décadas, no se cumple todavía. En esa nueva visita a Sonora se encontró con un grupo empobrecido, explotado por intervenciones e intromisiones distintas de funcionarios federales y estatales. Seguramente los recuerdos de su actuación en la zona durante la Revolución, las disposiciones que tomó desde la presidencia en favor de la Tribu, desvirtuadas por los regímenes posteriores, y mil recuerdos más, hicieron que cuando se vio frente a los yaquis, a los que sentía como parte de sí mismo, lo llenaran de dolor y por unos momentos se le cerró la garganta y se le rasaron los ojos. Eso constituyó una de las impresiones más fuertes que yo haya recibido de él, quien como nadie sabía controlar sus emociones. Por largo rato sentí un apretado nudo en la garganta.

26 de julio

Hacia finales de julio de 1959 viajamos a Cuba, a donde mi padre fue invitado para participar en las celebraciones del 26 de julio, las primeras que llevaría a cabo el gobierno revolucionario, para conmemorar el asalto al cuartel Moncada con sólo unos meses de haber tomado el poder.

Las relaciones entre mi padre y los revolucionarios cubanos se remontaban a varios años atrás. Él había intervenido en 1956 ante el presidente Ruiz Cortines para solicitarle no se expulsara de México a un grupo de jóvenes cubanos, entre los que se contaba Fidel Castro, que habían estado encarcelados en su país y encontrándose asilados en México, fueron detenidos por la Secretaría de Gobernación, a lo que el Presidente accedió. Posteriormente, cuando los revolucionarios luchaban ya contra el ejército de Batista, Luis Suárez, periodista de la revista *Siempre!*, oficial del ejército de la República Española, nacionalizado mexicano de años atrás, amigo de la casa, trajo a mi padre una carta manuscrita de Fidel, a quien había entrevistado en la Sierra Maestra. En ella agradecía la ayuda que mi padre había prestado al grupo de revolucionarios perseguidos en México y lo reconocía, asentando en aquella carta:

> Eternamente le agradeceremos la nobilísima atención que nos dispensó cuando fuimos perseguidos en México, gracias a lo cual hoy estamos cumpliendo nuestro deber con Cuba. Por eso, entre los pocos hombres a cuyas puertas puede tocar con esperanzas ese pueblo que se inmola por su libertad, a unas millas de México, está usted.

Muy poco tiempo después del triunfo revolucionario, llegaron a México representantes del nuevo gobierno a los que mi padre recibió (y me tocó estar presente). Llevaban la encomienda de invitarlo a las celebraciones que preparaban para el 26 de julio y mencionaron, entre otras cosas, cómo se estaba impulsando la reforma agraria.

Salimos para La Habana el 25 de julio, alrededor del medio día. Por la mañana de ese mismo día, mi padre había acudido a presentar sus condolencias a la familia del licenciado Narciso Bassols, que se había accidentado y fallecido el día anterior: firme y limpio revolucionario, hombre de ideas avanzadas, secretario de Hacienda en el primer gabinete de mi padre, embajador de México durante su gobierno ante la Liga de las Naciones y en Francia.

Acompañando a mi padre a Cuba iban también el licenciado Alejandro Carrillo, el doctor Lauro Ortega, Horacio Tenorio, Ignacio Acosta y César Buenrostro. El avión en el que viajábamos a La Habana iba repleto de mexicanos, entre ellos Jacobo Zabludovsky, articulista entonces de la revista *Siempre!*, quien entrevistó a mi padre en pleno vuelo.

Raúl Castro esperaba a mi padre al pie de la escalerilla del avión. Nos hospedaron en el anteriormente llamado "Hotel Hilton", rebautizado ya como "Habana Libre". El 26 por la tarde asistimos a la multitudinaria concentración que tuvo lugar frente al monumento a Martí. A mi padre y a mí nos acomodaron en la tribuna principal y cuando poco después llegó Fidel, se sentó entre los dos. Fue entonces cuando lo conocí y por primera vez lo saludé. En ese momento era el jefe de una revolución triunfante, cabeza de un grupo de jóvenes que no dudó en tomar toda clase de riesgos, incluso el de sus vidas, para liberar a su patria de la dictadura. No era cualquier cosa para mí estar junto a él en ese momento, era una distinción, un orgullo y me resultaba curioso ver cómo se comportaba frente a esos cientos de miles concentrados en aquella gran explanada para los que él constituía el centro de atención.

Me impresionó mucho y recuerdo muy vivamente la emoción que le causaba ver la enorme concentración, una multitud entusiasmada, gente de todo el país y entre ella miles de campesinos beneficiarios de la reforma agraria que empezaba, con sombreros de palma y el ala del frente levantada en la que lucían el emblema rojo y negro del Movimiento 26 de julio, con sus machetes de cortadores de caña. Llegaron a La Habana para celebrar y habían sido alojados en los hogares de la gente de la ciudad. Fidel estaba feliz, con la dicha —así me pareció— que en un niño produce lo inesperado, algo que lo asombra. La multitud dejaba ver, por otro lado, el profundo arraigo popular que había alcanzado la Revolución en pocos meses. Mi padre habló en esa ocasión. Al día siguiente asistimos al desfile del Ejército Revolucionario, todos barbudos, como se decían ellos, con banderitas con los colores del Movimiento 26 de julio en sus sombreros, unos trepados en tanques, otros a caballo y a pie. En la tribuna estuvimos junto a Camilo Cienfuegos, a quien de hecho sólo vi, pues no hubo oportunidad de cambiar impresiones con él mientras se desarrollaba el desfile. Y al tercer día, el regreso a México.

Con Fidel, desde entonces, me he reunido en distintas ocasiones, cuando he visitado su país con diferentes motivos: congresos, en algunos viajes a Cuba con la familia y en las visitas que hizo a México en 1994 y en el 2000, en que lo recibió mi madre, con un grupo de amigos, en la casa de Andes.[8] Me impresiona la cantidad y variedad de información que maneja con soltura sobre los temas más diversos: economía, biotecnología, el partido, los programas del gobierno. Está bien familiarizado con la gente encargada de los diferentes proyectos y bien enterado de lo que sucede en México, de nuestros movimientos políticos, de quién es quién. Es bien sabido que puede pasar horas y horas conversando y que es usual que sus pláticas se prolonguen hasta las madrugadas, como he podido constatarlo en varias ocasiones.

A Raúl también he tenido la oportunidad de tratarlo, con menos formalidad y con más cercanía que a Fidel, de encontrarme

---

[8] A lo largo de este texto hago numerosas referencias a la casa y a la oficina de Andes, casa en la que viví con mis padres desde 1955 hasta que me casé, en 1963; ahí, al dejar el gobierno de Michoacán, en septiembre de 1986, establecí mi oficina, que ocupé durante los tiempos de la Corriente Democrática, de mi paso por la dirección del PRD, y en la cual, hasta la fecha, atiendo diversos asuntos de trabajo.

con él, con Vilma y sus hijos en distintas ocasiones. Es una persona que, al igual que Fidel, tiene una amplia información sobre los temas más diversos. Es impresionante el conocimiento que tiene de la gente del ejército, sabe quién es quién, inclusive entre aquellos de bajas graduaciones, con los que tiene un trato cercano y familiar. Fue él quien entregó a mi madre la Condecoración Playa Girón, concedida post-mórtem a mi padre por el gobierno cubano.

El Comité de Estudios de la Cuenca del Río Balsas

En marzo o abril de 1959, no lo tengo claro y no he encontrado una referencia que me permita precisar la fecha, el gobernador del Estado de México, doctor Gustavo Baz, invitó a mi padre a recorrer el sur del Estado, y yo los acompañé. En el recorrido iba también el recién nombrado Secretario de Recursos Hidráulicos y ex gobernador del propio Estado, Alfredo del Mazo. Viajamos a Tejupilco, Amatepec y otros puntos de la región, y tanto por lo que podía verse en los trayectos como por los planteamientos que hacía la gente de la zona a los funcionarios y las pláticas que en el trayecto se iban dando, además de apreciar carencias y necesidades, surgían también las potencialidades de los recursos susceptibles de aprovecharse para impulsar su desarrollo. El recorrido de ese primer día remató, ya noche, en Arcelia, en el Estado de Guerrero, donde veinte años antes, cuando mi padre estaba en la presidencia y el doctor Baz al frente del Departamento de Salubridad se había construido el hospital, en aquella época para servir a una población fuertemente atacada por el paludismo y el mal del pinto y para atender las distintas necesidades de salud en la región.

El sur del Estado de México es una zona montañosa, entonces mal comunicada por brechas y unos cuantos caminos de terracería, pero con importante potencial para desarrollar algunos pequeños valles agrícolas, la ganadería en grandes extensiones y aprovechar sus variados recursos minerales. En las pláticas que se iban dando durante los dos días del viaje, fue surgiendo la idea de realizar un estudio integral de la cuenca del río Balsas, en la que queda comprendido el sur del Estado de México. La cuenca es extensa, abarca partes de siete Estados: tres municipios de Jalisco, dos terceras partes de Michoacán, la mitad de Guerrero, una cuarta parte del Estado de México y porciones significativas de Oaxaca, Puebla y Tlaxcala. El río Tepalcatepec, en cuya cuenca mi padre había estado trabajando desde 1947, es el afluente más importante del Balsas, que es, por otro lado, uno de los ríos de mayor caudal en la vertiente del Pacífico. Del viaje mismo y de las pláticas fue entonces concretándose la idea de formar un grupo interdisciplinario para llevar a cabo estudios para el desarrollo de la cuenca: las posibilidades de aprovechar sus recursos naturales, sus ríos de manera especial; las necesidades de comunicaciones, educación, salud; las condiciones de su población, etcétera, y desde luego, los planteamientos y proyectos que debieran realizarse para lograr su mejoramiento integral.

Fue después de ese viaje por el sur del Estado de México que se decidió crear, en la Secretaría de Recursos Hidráulicos, el Comité de Estudios de la Cuenca del Río Balsas, presidido por el Secretario y del que se me designó Secretario, con el encargo de integrar un grupo multidisciplinario y realizar la coordinación general de los trabajos, hasta entregar a la Secretaría los resultados de los estudios y desde luego, una propuesta de las principales obras y acciones a realizar. Se me abría así una muy importante oportunidad para participar en un proyecto de desarrollo regional, mi principal campo de interés profesional, en una zona, además, que incluía una porción de Michoacán con la que desde pequeño me sentía muy identificado.

Mi primera tarea como coordinador del Comité de Estudios fue integrar el equipo de trabajo. Empecé por invitar a algunos compañeros de la carrera: a Rubén Lazos, quien se haría cargo de los estudios de caminos, y a César Buenrostro, para formar parte del grupo encargado de identificar y elaborar anteproyectos de los aprovechamientos hidráulicos; invité también a Esteban Salinas, maestro en Ingeniería, con quien había llevado el grupo de compañeros más cercanos varios cursos, para asesorar sobre los estudios en lo general, y a Heberto Castillo, quien sólo pasó fugazmente por el Comité, por tener otros compromisos profesionales; a la Secretaría de Recursos Hidráulicos le solicité que comisionara al Comité a quienes pudieran apoyar en los estudios de presas y zonas de riego y así se integraron al equipo los ingenieros Antonio Rodríguez, que traía una larga experiencia de campo en la construcción de obras hidráulicas, Oscar Pohle, geólogo, y Alfonso Márquez, quien se hizo cargo de los estudios agrológicos; para participar en los estudios educativos, sobre las condiciones de los diversos grupos indígenas de la región, de salubridad y económicos, se sumaron Luis Prieto, Leonel Durán, Ignacio Acosta, Roberto Robles Garnica, Arturo Bonilla y José Luna Castilleja.

Ese fue el equipo de trabajo que comenzó a reunir información de distintas dependencias tanto federales como estatales y a recorrer la región, municipio por municipio, con el fin de tener un buen conocimiento de estudios y proyectos ya realizados, de obras pendientes y de aquellas solicitadas por las diferentes comunidades, de la infraestructura existente, las principales producciones, de los minerales detectados, de las condiciones de la educación, la salud, los niveles de vida y las necesidades y carencias en lo general.

Se estableció una oficina en la ciudad de México para coordinar la actividad y concentrar y procesar la información que se iba recogiendo, pero la mayor parte del tiempo, salvo los últimos meses, cuando hubo que concentrarse en la elaboración de planos y en la redacción de informes, la pasamos los diferentes miembros del equipo recorriendo la región. Contábamos para ello con cuatro vehículos de doble tracción, que eran los únicos que en todo tiempo, y no sin atascarse de vez en cuando, podían pasar por las brechas y caminos de la zona.

Además de encargarme de la coordinación general, participe en la identificación de aprovechamientos hidráulicos y de rutas de comunicación necesarias en algunas partes de la cuenca, que en esos aspectos nos dividimos entre los varios ingenieros civiles que formábamos parte del equipo. Aproveché para recorrer y conocer con detalle partes de la cuenca que no había visitado antes, como la cuenca del río Atoyac, afluente del Balsas que nace en Tlaxcala y Puebla, y las de los ríos Mixteco y Tlapaneco, en Oaxaca y Guerrero, además de ir también a las partes donde se tenían los proyectos más importantes: las zonas de la desembocadura del río en el Pacífico y la Tierra Caliente del medio Balsas.

A algunos sitios en los que se consideraban posibilidades de construir una presa había que llegar a pie, en caminatas largas las más de las ocasiones. En otros casos, había que hacer camino. La gente de la zona, sabiendo las finalidades del trabajo que se llevaba a cabo, siempre prestó una amplia y entusiasta colaboración, sea informando de proyectos de los que se hablaba desde tiempo atrás o llevándonos a los sitios donde se habían realizado estudios preliminares con anterioridad, sea abriendo paso en las cercas de piedra para que pudieran pasar los vehículos cuando, de hecho, no había camino o había caminos por los que por años no había transitado vehículo alguno.

Los estudios de la Cuenca del Río Balsas se empezaron a mediados de 1959 y a finales del año siguiente se entregaron al Secretario de Recursos Hidráulicos. Servirían como punto de arranque para los trabajos que emprendería la Comisión del Río Balsas, creada en 1962, incorporando a su jurisdicción a la anteriormente creada del Tepalcatepec.

En abril de 1960 acompañé a mi padre en un recorrido que hizo por la costa de Oaxaca, en aquella época comunicada sólo por brechas, sin puentes para cruzar sus numerosos ríos, algunos que bajan fuertes caudales en las temporadas de lluvias, en las que la región quedaba incomunicada. La zona, por otro lado, cuenta con suelos fértiles, agua abundante, por ello con un importante potencial agrícola y ganadero, con grandes posibilidades de desarrollo turístico aprovechando sus hermosas playas y es rica por la diversidad de sus minerales.

Cuando terminamos los estudios del Balsas quedó un sobrante del presupuesto que se había asignado al Comité y propuse entonces al Secretario de Recursos Hidráulicos que con ese dinero, el mismo equipo de trabajo, realizara estudios semejantes a los del Balsas en la costa de Oaxaca, en lo que estuvo de acuerdo.

En esa región la corriente más importante es el río Verde, que desemboca en la costa de Oaxaca, cerca de los límites con Guerrero. El trabajo se realizó en forma similar al del Balsas: recorriendo con detalle la región, desde la cuenca del río Copalita, que desemboca cerca de Puerto Ángel, hasta la del río Ometepec, en la Costa Chica de Guerrero, recogiendo información de la gente, identificando necesidades y proyectos para aprovechar sus recursos. Los estudios del Verde y los demás ríos de la zona se realizaron en el curso de 1961, año en el que terminaron las actividades del Comité de Estudios de la Cuenca del Río Balsas.

La costa se encontraba en ese tiempo comunicada con la ciudad de Oaxaca por una terracería que terminaba en Puerto Ángel. De ahí en adelante sólo brechas a lo largo de la costa, transitables sólo en las secas. El río Verde, por ejemplo, había que atravesarlo en una panga en la que se montaban los vehículos. En una ocasión, cruzando ya al anochecer el río Colotepec o Cosoaltepec, no preciso cual, se atascó nuestro carro y por más que hicimos no pudimos sacarlo del lecho del río; caminamos a pie hasta una ranchería cercana de donde algunos campesinos del lugar nos acompañaron con una yunta de bueyes, con la que pudo desatascarse el jeep alrededor de las diez de la noche. A los cuatro que hacíamos el recorrido, una familia campesina del lugar nos dio alojamiento en su casita de bajareque, con techo de palma y piso de tierra, donde a las cuatro o cinco de la mañana empezaron a cantar los gallos y otros animales domésticos a circular bajo los catres en los que estábamos acostados. Amanecimos muy temprano, nos dimos un baño en el río inmediato al caserío y seguimos el recorrido.

En otra ocasión, comiendo en una fondita en Pluma Hidalgo, centro de una zona productora de café de muy alta calidad, con Horacio Tenorio, Pedro Zorrilla y Amadeo Orejel, pasó una niñita ofreciendo chicatanas. Los cuatro nos preguntamos y le preguntamos que qué era eso y nos respondió "pos chicatanas". Preguntamos si se comían y tanto la niña como la encargada de la fonda contestaron afirmativamente. Dijimos entonces a la niña que nos vendiera un puñito y a la señora de la fonda que las preparara para probarlas. Habíamos ya visto que se trataba de hormigas de la zona y quedamos los cuatro fuereños de comer un taco cada uno, lo que hicimos no con mucho gusto, pero todos cumplimos. Tienen un sabor muy fuerte a ácido fórmico. No me he vuelto a encontrar con las chicatanas.

2

YA EN LA POLÍTICA

Presos políticos

En marzo de 1960 tuvo lugar, como respuesta a la convocatoria a huelga, la grave, desmedida e ilegal represión del gobierno contra los miembros del sindicato de trabajadores ferrocarrileros en todo el país, así como contra dirigentes del Partido Comunista y de otras organizaciones. Cientos terminaron en la cárcel y muchos de ellos —Demetrio Vallejo, Valentín Campa, Dionisio Encina, J. Encarnación Pérez Gaytán, Gilberto Rojo, Alberto Lumbreras, Hugo Ponce de León, entre otros— quedaron como presos políticos hasta inicios de la década de los años setenta. A los presos por el conflicto ferrocarrilero se sumaron poco después David Alfaro Siqueiros y el periodista Filomeno Mata, detenidos en distintas circunstancias y en dos momentos diferentes por sus críticas al gobierno y en particular al presidente López Mateos, intolerante a la crítica y proclive a la represión de los movimientos populares. La represión política, acusando a quienes disentían de las políticas oficiales de cometer el delito de disolución social —caso que se dio a todo lo largo del sexenio y que se prolongó con trágicas consecuencias hasta el siguiente— marcó indeleblemente la historia de nuestro país en esos años y fue, sin lugar a dudas, una cuestión que dificultó las relaciones de mi padre con López Mateos. Cada vez que tuvo ocasión y lo consideró oportuno, le trataba el asunto de la liberación de los presos políticos y la derogación de los artículos 145 y 145 bis. del Código Penal, respecto a lo cual el presidente siempre mostraba molestia y nunca accedió.

El Círculo de Estudios Mexicanos

Participé, en la segunda mitad de la década de los años cincuenta, en la formación del Círculo de Estudios Mexicanos, constituido por gente de sentir progresista, que se desempeñaba en distintas disciplinas y actividades, con la finalidad de discutir y fijar posiciones sobre los problemas del país. Entre los fundadores se contaban el licenciado Ignacio García Téllez, el licenciado Narciso Bassols, Natalio Vázquez Pallares, quienes tenían un papel destacado en la vida política nacional; asimismo, Alonso Aguilar y Fernando Carmona, economistas; Manuel Mesa Andraca, agrónomo, estudioso de los problemas agrarios y ex director del Banco Agrícola; Jorge L. Tamayo, autor de textos importantes sobre geografía y quien años después realizó una obra monumental al reunir todos los escritos y correspondencia del Benemérito Benito Juárez; el pintor Ignacio Aguirre; Enrique Cabrera y Guillermo Montaño, médicos destacados, cardiólogo el primero y oncólogo el segundo; la doctora Matilde Rodríguez Cabo, doña Clementina Batalla de Bassols, la doctora Esther Chapa, luchadoras por los derechos de las mujeres y firmes promotoras de las causas progresistas; entre los jóvenes Janitzio Múgica, Luis Prieto, Leonel Durán, en total unas cien o ciento veinte personas. El Círculo promovía conferencias, hacía publicaciones y daba seguimiento al acontecer nacional e internacional tomando posiciones públicas al respecto.

Gente del Círculo fue la que principalmente organizó unos años más tarde la Conferencia Latinoamericana para la Soberanía Nacional, la Emancipación Económica y la Paz. Y esa misma gente formó el núcleo dirigente más importante del Movimiento de Liberación Nacional. Al constituirse éste, el Círculo como tal dejó de existir.

La Conferencia Latinoamericana

En marzo de 1961 se celebró en México la Conferencia Latinoamericana por la Soberanía Nacional, la Emancipación Económica y la Paz.

Convocar a una reunión de partidos y grupos progresistas de los países de la región había sido una idea de la que en principio hablaron el licenciado Narciso Bassols y mi padre, con algunos de los miembros del Círculo de Estudios Mexicanos, entre ellos Alonso Aguilar. Al fallecer el licenciado Bassols, se retomó la iniciativa y entre quienes compartían la idea de organizar la reunión se planteó que fuera mi padre quien lanzara la convocatoria para celebrarla. Discutida con él esta posibilidad se consideró más conveniente que la Conferencia fuera convocada por el ingeniero Alberto Casella, de Argentina, el diputado Domingos Vellasco, de Brasil, y mi padre, los tres latinoamericanos miembros de la presidencia colectiva del Consejo Mundial de la Paz. Así, la convocatoria surgiría, en cierto modo, de distintos puntos del continente, y se consideró pertinente se involucrara el Consejo, dado que la defensa y preservación de la paz sería uno de los objetivos centrales de la reunión.

Para organizarla se constituyó un comité formado por Alonso Aguilar, a quien se encomendaron la coordinación general y las ponencias; Jorge L. Tamayo, encargado de la administración; de prensa se hicieron cargo Jorge Carrión, Carlos Lagunas y Antonio Pérez Elías; coordinó la comisión técnica Rosendo Gómez Lorenzo; se designó como secretarios a Alfonso Magallón, Enrique

González Pedrero y Adelina Zendejas; y prosecretarios a Celia Torres Chavarría, Reyes Fuentes y Samuel Ruiz Mora; a este grupo
se agregaron diecisiete representantes de los comités organizadores de otros tantos estados de la República y se sumaron la doctora Olga Poblete y Olga Urtubia, comisionadas por el Consejo
Mundial de la Paz, ambas pertenecientes al Comité Chileno por
la Paz. Ellas tenían experiencia en la organización de encuentros
internacionales. Como secretaria de mi padre, en su calidad de
copresidente, se incorporó a los trabajos de preparación de la Conferencia Elena Vázquez Gómez, quien desde entonces colaboró de
manera directa y muy cercana con él.

Llegó el momento de buscar el lugar para celebrarla. Se requería de un sitio capaz de albergar una convención numerosa, pues se
esperaba la asistencia de delegados de todo Centro y Sudamérica,
de la mayoría de los estados del país y de delegaciones fraternales
de diversos países de África, Asia, Europa, así como de Estados
Unidos y Canadá. Se estimaba podrían ser de mil a mil doscientos
delegados. Los organizadores empezaron a buscar un sitio para celebrar la reunión y se encontraron con que nadie quería alquilar ni
prestar los lugares donde un encuentro de esas dimensiones pudiera llevarse a cabo. Siempre surgía algún pretexto y era claro que el
gobierno estaba detrás de las repetidas negativas y puertas cerradas
que encontraban los organizadores de la Conferencia. Finalmente
Alejo Peralta, empresario industrial, ingeniero egresado del Instituto Politécnico Nacional, facilitó el edificio de los Boliches Santa
Bárbara. Se encontraba semiabandonado, ubicado en las calles de
Bahía de Santa Bárbara, pero contaba con los espacios adecuados
para celebrar una reunión numerosa, como la que se preparaba.

El gobierno no sólo intentó bloquear la celebración de la
Conferencia al dificultar la tarea de encontrar local para realizar-
la, sino que además silenció toda noticia en la prensa, radio y en
la entonces incipiente televisión. En los días en que se llevaron a

cabo los trabajos de la Conferencia, siempre en presencia de numerosos representantes de los medios informativos, tanto nacionales como extranjeros, a pesar de la numerosa asistencia, de la presencia de importantes dirigentes políticos latinoamericanos y de otros continentes, de interesantes y trascendentes discusiones, ni una línea, ni una sola palabra apareció en los medios informativos del país, para los que no existió la reunión en los cuatro días en que tuvo lugar.

La sesión de clausura de la Conferencia se llevó a cabo en la Arena México. En ella mi padre, en una parte de su discurso, que me marcó desde aquel momento, se dirigió expresamente a los mexicanos, dejando claro con quien se identificaba y a quienes consideraba representar en un acto como ése y en su actuación política en general. Dijo entonces:

Unas palabras para los mexicanos: En ocasiones, cuando hemos concurrido a algún acontecimiento de carácter social, reunión de campesinos, de obreros o de todo un pueblo, como fue el caso de Cuba, cuando tuve la oportunidad y satisfacción de visitar aquel país, el 26 de julio, decían nuestros enemigos, los enemigos del pueblo trabajador, que no debíamos hablar, que no teníamos la representación de México.

Claro que no. En esas ocasiones hemos pensado siempre en el historial de nuestros próceres y no hemos ido a representar a los que traicionaron el abrazo de Acatémpam; no hemos ido a representar a los que fueron a traer a Maximiliano para establecer el Imperio; no hemos ido a representar a los que traicionan a la Revolución.

Estamos con la lucha que iniciara el padre de la Independencia de México: Hidalgo; el ideólogo de la Independencia: Morelos; con el reformador, nuestro Benemérito Juárez; con Madero y sus hombres limpios; con sectores numerosos de

hombres ancianos o de edad madura, que fueron a la lucha
revolucionaria y que viven en la pobreza. Estamos con esta
juventud que representa el presente y el futuro de México;
con esta juventud que, como toda la de Latinoamérica, tiene
la responsabilidad de sus países.

Esos párrafos, cuyo contenido intuía, me dieron luz, mayor
claridad respecto a mi propia identificación con la corriente de
pensamiento y de lucha a la que se daba continuidad con esfuerzos como la Conferencia y a la que correspondían también la
Revolución Mexicana, su reforma agraria, la reivindicación del
petróleo, la política internacional de solidaridad. Y dejaba claro
cuáles eran los campos de la lucha y quiénes estaban de un lado
y quiénes del otro.

Al término de la conferencia mi padre invitó a algunos delegados extranjeros a realizar un recorrido por los estados de Querétaro, Guanajuato, Jalisco y Michoacán, en los que fueron recibidos
con afecto y alegría. Viajaron alrededor de cincuenta o sesenta. Yo
no participé en ese viaje porque Alonso Aguilar y yo llevamos la
representación de mi padre a la reunión del Consejo Mundial de la
Paz celebrada en Nueva Delhi, en marzo de 1961, recién terminada la Conferencia. Durante los días de la reunión del Consejo, un
grupo de delegados hicimos una visita al primer ministro Nehru.
Se mostró sumamente tibio y huidizo ante los planteamientos que
se le hicieron, todos relacionados con las preocupaciones por preservar la paz, lo que no dejó de sorprenderme en alguien a quien yo
identificaba como un luchador por la independencia de su patria,
que se decía seguidor de Gandhi, había enfrentado al poderío y a
la opresión del imperio británico y sufrido represión; que había, en
su momento, apoyado a la República Española en su lucha contra
el fascismo. Me resultó decepcionante la visita a Nehru.

U-14

Al enterarme de la posibilidad de viajar a la India para asistir al Congreso por la Paz, proyecté mi viaje planeando detenerme al regreso unos días en París, donde hacía pocos años había estado haciendo estudios y visitas de carácter técnico y donde se encontraban todavía amigos de mis tiempos en esa ciudad. Tenía proyectado quedarme alrededor de una semana, pero a los dos días de estar en París se produjo la invasión a Cuba, realizada por disidentes políticos y mercenarios alentados y apoyados por el gobierno de Estados Unidos. Al llegar yo una mañana a la Casa de México para encontrarme con los amigos, el conserje, el señor Schaeffer, a quien había conocido desde mi estancia en la Casa, me recibió con un periódico en el que aparecía mi padre, en el Zócalo, sobre el toldo de un automóvil, dirigiéndose a una manifestación de estudiantes que protestaban por la invasión y donde se mencionaba que se le había impedido viajar a Cuba.

De inmediato fui a cambiar mi vuelo para salir lo más pronto posible a México, lo que pude hacer al día siguiente. Encontré un vuelo que hacía escala en Nueva York. Al descender en esa ciudad, el agente de migración que me recibió examinó mi pasaporte, consultó un libro bastante grueso que tenía en su escritorio y tras un gesto de asombro llamó a otro agente, posiblemente su superior, y le dijo: "Tengo aquí a un U-14". Llegó el otro agente, que tampoco sabía qué era un U-14 y juntos consultaron otro libro, tan gordo como el primero. Estirando el cuello, mientras los agentes discutían, alcancé a ver que U-14 significaba que el así identificado era sospechoso de pertenecer al Partido Comunista. Seguramente así clasificaron a todos los asistentes a la Conferencia Latinoamericana, pues con posterioridad, varios amigos y conocidos, y yo mismo tuvimos problemas para viajar a Estados Unidos, incluso para cruzar por ese país como pasajeros en tránsito. En esa ocasión me entretuvieron alrededor de una hora, mientras averiguaban qué era un U-14, y finalmente me dijeron que esperara con los demás pasajeros en tránsito, la continuación del vuelo.

El incidente no pasó a mayores, pero *estaba ya en la lista* y aunque nunca se me negó visa para ir a Estados Unidos, durante algún tiempo sólo me la concedían por una sola entrada y me pedían llenara un formato en el que aparecía la pregunta *¿otros nombres que haya usado?* (lo que me hacía pensar en la calidad o eventuales actividades de aquellos a quienes concedían el tipo de visa que me estaban otorgando) y en más de alguna ocasión me pidieron pasar con un agente de migración que me preguntaba si conocía las razones por las que la visa americana con la que viajaba tenía una anotación determinada. A ello respondía que al concederme la visa nadie me había informado que llevara alguna anotación especial, y ya por 1977, siendo subsecretario Forestal y de la Fauna, me entrevisté con un cónsul en la Embajada norteamericana en la ciudad de México, quien aparentemente corrigió aquello de la anotación. En sucesivos viajes al país vecino, a veces me hacían otra vez preguntas al llegar al puesto de migración en algún aeropuerto y a veces no. Finalmente, en 1990, en la estación migratoria del aeropuerto de San Diego, un agente que encontró las anotaciones en mi visa, sabiendo que no había ningún impedimento para que pasara a Estados Unidos, diligentemente se metió a su computadora y luego de esperar un par de horas arregló el asunto, desde entonces no he tenido ningún incidente cuando he cruzado la frontera.

Al llegar a México se estaban dando los últimos combates que culminaron con la derrota de la invasión a Bahía de Cochinos. Me enteré, también, de las muchas vicisitudes por las que mi padre había pasado tratando de ir a Cuba, a solidarizarse activamente en la defensa de la soberanía e integridad de aquel país, que el gobierno mexicano impidió de manera absoluta, al cancelar los vuelos comerciales y al prohibir la salida hacia Cuba de aviones privados. Por otro lado, en las pláticas en casa sobre los acontecimientos de esos días, supe, en relación con la foto que había visto en el periódico de París, que un grupo de jóvenes universitarios había invitado a mi padre a la manifestación que programaban terminar en el Zócalo y que mi padre, por su lado, había recibido información de que el gobierno pretendía impedirla haciendo uso de la violencia contra los manifestantes. Esto último, estoy cierto, fue definitivo para que mi padre asistiera en esa ocasión al Zócalo. Habló, como vi en la fotografía de la prensa francesa, desde el capacete de un auto, sin micrófono, ante una multitud sentada en el piso, que en absoluto silencio lo escuchó con gran atención. Me contaron amigos que asistieron, que fue un acto impresionante, profundamente impactante, que mostró la gran solidaridad de los sectores progresistas de México y sobre todo de los jóvenes con la Revolución entonces naciente. En esa ocasión, ninguna clase de violencia se ejerció por los aparatos represivos del Estado contra los manifestantes.

Cabe recordar que entre los objetivos de la Conferencia Latinoamericana se contaba la defensa de la Revolución Cubana, que desde el momento en que no se sometió a los dictados de Washington e inició la reforma agraria, sufría las agresiones del macartismo que dominaba la política exterior de Estados Unidos. La Conferencia generó una gran conciencia de la importancia que en aquel momento tenía la defensa de Cuba y su Revolución. Sin duda no sólo contribuyó a las grandes movilizaciones que en esos días se vieron por todo el continente en repudio a la invasión, sino que fue decisiva para que no se produjera una intervención abierta del gobierno norteamericano, con su propio ejército, aviones, etcétera, en apoyo a los mercenarios.

El Movimiento de Liberación Nacional (MLN)

Una de las resoluciones adoptadas por la Conferencia Latinoamericana fue que se impulsara, en cada uno de los países del continente, la creación de movimientos de liberación nacional en los que pudieran coincidir partidos políticos, organizaciones sociales y ciudadanos en lo individual, con el fin de buscar a través de ellos cumplimiento a las resoluciones de la propia Conferencia.

En México, hacia agosto de 1961, el Círculo de Estudios Mexicanos fue el núcleo en torno al cual comenzó a constituirse el Movimiento de Liberación Nacional. Se trataba de un movimiento plural, sin pretensiones electorales, que incluía a miembros de distintos partidos políticos, unos con posibilidades legales de participar en los procesos electorales, como el PRI y el Partido Popular; otros actuaban en la vida pública pero no tenían derechos reconocidos por el Estado, como el Partido Comunista o el Partido Obrero Campesino de México, de organizaciones campesinas, como la CNC y la UGOCM, y a ciudadanos sin partido, como éramos, por ejemplo, la mayoría de los miembros del Círculo. Yo formé parte del primer comité ejecutivo nacional del Movimiento, con Alonso Aguilar, Enrique Cabrera, Guillermo Montaño, Manuel Mesa Andraca, Fernando Carmona y Jorge L. Tamayo.

En su "Llamamiento al pueblo mexicano" el MLN expresaba:

La lucha del pueblo mexicano por su libertad y su bienestar dista mucho de haber concluido. Ahora es más urgente que nunca llevarla adelante. Con base en los compromisos contraídos por los dos mil mexicanos que en representación de un gran número de compatriotas asistieron a la Conferencia Latinoamericana por la Soberanía Nacional, la Emancipación Económica y la Paz, celebrada en México en el mes de marzo último, hemos resuelto constituir el Movimiento de Liberación Nacional...

Los motivos de nuestro esfuerzo son claros y patrióticos. Defendemos la soberanía nacional y luchamos por nuestra emancipación del imperialismo; porque México mantenga con firmeza los principios de autodeterminación y no intervención; porque rechace resueltamente todo lo que pueda comprometer nuestra integridad...

Luchamos en un momento de la mayor gravedad, en un momento en que las minorías ricas y conservadoras de México se vuelven cada vez más agresivas contra la vida institucional del país, en su vano intento de frustrar las conquistas sociales e impedir la lucha de nuestro pueblo por su liberación definitiva...

Los grupos que en las luchas decisivas de la historia de México han defendido los intereses, los privilegios y los abusos de una minoría, están actuando abiertamente otra vez. Si ayer esos grupos fueron aliados de la Corona española, de los invasores franceses y de las expediciones punitivas yanquis, hoy son los aliados del gobierno norteamericano y de las compañías extranjeras. Pero también han encontrado un aliado en las rectificaciones, titubeo y claudicaciones en la política de los últimos gobiernos...

Frente a quienes sostienen que la unidad nacional y la colaboración incondicional de todos los mexicanos con el gobierno son indispensables para sortear la crisis y defender la soberanía nacional, nosotros estamos convencidos de que sólo una lucha enérgica e intransigente de todas las fuerzas democráticas contra los enemigos de la nación podrá garantizar el progreso social y la plena independencia económica y política de nuestra Patria...

Llamamos a todos los sectores democráticos a cerrar filas, a sumar fuerzas, a superar las diferencias que obstaculizan la

acción común, a participar en la lucha diaria, amplia, democrática en bien de México. Las perspectivas son alentadoras;
pero sólo trabajando con entusiasmo, con responsabilidad,
con espíritu de sacrificio, y sin descanso, podremos convertir
en realidad las exigencias del pueblo de México:

Plena vigencia de la Constitución.
Libertad para los presos políticos.
Justicia independiente, recta y democrática.
Libre expresión de las ideas.
Reforma agraria integral.
Autonomía y democracia sindical y ejidal.
Dominio mexicano de todos nuestros recursos.
Industrialización nacional sin hipotecas extranjeras.
Reparto justo de la riqueza nacional.
Independencia, dignidad y cooperación internacionales.
Solidaridad con Cuba.
Comercio con todos los países.
Pan y libertad.
Soberanía y paz.

México, por cierto, fue el único país que pudo dar cumplimiento a
la resolución de la Conferencia Latinoamericana de crear un movimiento plural, que promoviera la puesta en práctica de los acuerdos de la Conferencia, ya que en otros países de la región subsis-
tían gobiernos antidemocráticos o francamente dictatoriales, en
los que no era posible llevar a cabo un trabajo político sin sufrir
represión, como en la mayor parte de Centroamérica, el Caribe y
Paraguay; en otros, su dependencia de la política macartista impedía la organización política independiente, como en la mayor parte
de Sudamérica, en otros más, poco después de la Conferencia, se
produjeron golpes militares contra los gobiernos civiles, como su-

cedió en Argentina y Perú en 1962, en Ecuador y Honduras al año siguiente, y en Brasil y Bolivia en 1964.

A finales de 1961, concluidos los estudios de la cuenca del Balsas y de la costa de Oaxaca, que coordinaba, decidí dedicar mi tiempo a la organización del Movimiento, lo que hice durante todo 1962. Además de ser miembro del comité ejecutivo, tenía a mi cargo el área de organización, por lo que, generalmente en compañía de otros compañeros de la dirección nacional, estuve visitando distintas partes del país. Buscaba, en primer lugar, a quienes habían participado en la Conferencia Latinoamericana y en la constitución del Movimiento, a las organizaciones que tenían presencia en las diferentes regiones del país y así se iban registrando los núcleos a partir de los cuales el Movimiento empezaba a crecer y a extenderse.

El gobierno y en particular el presidente López Mateos, así como los sectores conservadores, veían con desagrado la creación y el crecimiento del Movimiento y empezaron a darse entonces reacciones en su contra: surgió como imagen opuesta al MLN, sin proyección continental y con actitud macartista, con el ex presidente Alemán como su miembro más destacado, el Frente Cívico de Afirmación Revolucionaria; se designó Presidente al licenciado Marco Antonio Muñoz, que había sido gobernador de Veracruz en el periodo alemanista. El Frente Cívico, más allá de generar alguna información al constituirse, no hizo nada más.

El asesinato de Rubén Jaramillo

Como reacción oficial al surgimiento del MLN, se produjeron acciones que fueron más allá de la oposición política y la intimidación, como el brutal asesinato de Rubén Jaramillo y varios miembros de su familia, ocurrido el 23 de mayo de 1962. Él era militante activo del Movimiento, dirigente agrario muy respetado en el estado de Morelos, donde había librado una larga lucha en defensa de los intereses de los campesinos. Ese día, él, su esposa Epifania, embarazada y a poco tiempo de dar a luz, sus hijos Enrique y Filemón y su entenado Ricardo, fueron sacados a la fuerza de su casa en Tlaquiltenango y asesinados en las cercanías de la zona arqueológica de Xochicalco, por un grupo del que formaron parte el general Soulé, jefe de la Policía Judicial Militar, el capitán Gustavo Ortega, jefe de la Policía Preventiva del Estado de Morelos, Roberto Ramos Castorena, jefe del Servicio Secreto de Morelos, los agentes Francisco Román y Fernando Estrada y el capitán José Martínez, quien encabezó la aprehensión y fue propiamente el ejecutor de la masacre. Éste se encontraba al servicio de la administración del Ingenio de Zacatepec y se le conocía e identificaba como persona muy cercana y de las confianzas del general Agustín Olachea, en ese momento secretario de la Defensa Nacional y ex gobernador del Territorio Sur de Baja California, a donde se le ordenó trasladarse. Meses después fue asesinado el capitán Martínez. El gobierno protegió a los criminales salvo, desde luego, a Martínez, al que como principal ejecutor del crimen consideró necesario eliminar, y dejó impunes a los demás responsables. La hostilidad oficial contra el MLN, en ocasiones abierta, a veces velada, se manifestó en detenciones principalmente de activistas jóvenes, en represiones a solicitantes de tierra, en presiones de funcionarios estatales y federales a quienes manifestaban alguna simpatía hacia el Movimiento, en las expresiones de incomodidad y desagrado del propio presidente cuando se le tocaba el tema.

El MLN y el FEP

Al acercarse los tiempos electorales comenzó la discusión entre los miembros y las organizaciones del Movimiento, respecto a la actitud que debía adoptarse frente a la renovación de los poderes federales. La posición oficial de la dirección del Movimiento era que éste, como tal, no debiera tener participación alguna en el proceso, a fin de mantener su pluralidad. Pero sus integrantes tendrían libertad para participar o no según cada quien lo decidiera, tomando en consideración que del MLN formaban parte miembros de diferentes partidos y organizaciones políticas, así como gente sin afiliación partidaria.

Por otro lado, dentro del propio MLN había quienes pretendían aprovechar la movilización y el agrupamiento amplio y plural generado para sus propósitos electorales. Fue el caso del Partido Comunista, que promovió la creación del Frente Electoral del Pueblo (FEP), que postuló a Ramón Danzós, miembro del partido y dirigente agrario en la región del Yaqui, como su candidato a presidente. Los miembros del FEP, al mismo tiempo del MLN, desde el momento en que decidieron tomar parte activa en el proceso electoral, presionaron, a veces con rudeza, para atraer a su causa electoral a los integrantes de los distintos comités del Movimiento, fueran miembros o no de partidos, lo que generó enfrentamientos, distanciamientos, fracturas y debilitamiento.

La presencia del FEP en el terreno electoral, aun cuando por la legislación vigente su candidato no apareciera en las boletas, fue utilizada por los enemigos del MLN para agudizar sus ataques y señalar que se comprobaba que detrás del MLN, que se declaraba no electoral, se escondía en realidad el propósito de condicionar e influir en la decisión del presidente de la República respecto a quien sería el candidato del PRI. Ello trajo como consecuencia que los miembros del Movimiento se confrontaran entre sí: quienes querían mantener el carácter no electoral de la organización y quienes pretendían arrastrar a todo mundo al FEP, aunque, desde luego, las declaraciones públicas de sus dirigentes eran de respeto a la decisión individual de los miembros del Movimiento. Esta división provocada por el Partido Comunista, que se presentaba con la cara del FEP, en una organización como el MLN, que estaba desarrollándose pero aún no se consolidaba, condujo a que desde el proceso electoral de 1964 empezara a darse en la práctica la disolución del Movimiento, que entre 1965 y 1966 fue ya definitiva.

Faltó sin duda madurez en muchos —entre los que me incluyo— para persistir en el esfuerzo. Pero no dejó de ser desalentador y frustrante que entre quienes decían tener el mayor compromiso, cuadros con formación política, activistas reconocidos de muchos años, que con aparente entusiasmo habían apoyado el proyecto de construir políticamente, en la pluralidad, un agrupamiento para recuperar un rumbo revolucionario para el país —labor que sin duda requería de más años—, prevalecieran intereses de secta que pretendieron imponerse sobre los demás, impulsando una candidatura sin expectativas. Lo anterior me lleva necesariamente a preguntar si la intención de fondo no fue la de frenar y destruir al Movimiento, lo que, cualquiera que haya sido la intención, evidentemente se logró.

En octubre de 1963, en asamblea nacional del Movimiento, se designó a su Comité Nacional para un periodo de dos años, que quedó integrado prácticamente con las mismas personas que formamos el primer Comité, menos el doctor Enrique Cabrera, quien por la hostilidad oficial se vio obligado a salir del país y fue substituido por Heberto Castillo. Estaba previsto que se realizara una nueva asamblea nacional al cumplirse los dos años de gestión del nuevo Comité, pero el debilitamiento producido por el FEP en la organización del Movimiento y una confrontación fuerte entre Heberto y Alonso Aguilar, que llevó a que éste presentara su renuncia como integrante del Comité y del Movimiento —a la que se sumaron las de doña Clementina Batalla de Bassols, del doctor Guillermo Montaño, Nacho Aguirre y Fernando Carmona —hicieron, además de mostrar la profunda crisis que vivía el Movimiento, que la asamblea para renovar la directiva no se convocara.

Desde septiembre de 1965, fecha en que se cumplía el periodo para el cual se había designado a los miembros del Comité Nacional, había yo presentado mi renuncia como miembro del mismo, sin recibir siquiera acuse de recibo de ella. En octubre de 1966 confirmé mi renuncia en carta que dirigí a Heberto, en su carácter en aquel momento de Coordinador General del MLN, reiterándole la necesidad de que la dirección del Movimiento se renovara y manifestándole que no podía atender las responsabilidades que tenía como miembro del Comité Nacional debido a mis largas ausencias de la ciudad de México por razones de trabajo profesional.

En ese momento el Movimiento estaba ya prácticamente disuelto. Pero el MLN, a pesar de su corta vida, sembró en mucha gente y por todo el país sus ideales y principios. Con compañeros que participaron en el Movimiento me volví a encontrar al aspirar, primero, y años después a contender, por la gubernatura de Michoacán, en la Corriente Democrática y en el PRD.

La Comisión del Río Balsas y los presos políticos

Hacia finales de 1958 mi padre había renunciado como vocal ejecutivo de la Comisión del Tepalcatepec, poco antes de iniciar un viaje al extranjero, que duraría varios meses y fue, de hecho, el único que realizó fuera del país, aparte de la visita de unas cuantas horas que hizo a Los Ángeles en 1957, para encontrarse con representantes de la comunidad mexicana, saliendo de Tijuana y regresando el mismo día, y la visita de tres días a Cuba en julio de 1959.

Desde su regreso a México, en febrero del año siguiente, habiendo tomado posesión como presidente López Mateos, en distintas ocasiones y de manera reiterada, principalmente por conducto del secretario de Recursos Hidráulicos Alfredo del Mazo, se le había estado proponiendo se hiciera cargo de la Comisión del Río Balsas, que se crearía ampliando la jurisdicción de la del Tepalcatepec. Mi padre, aunque seguía dando seguimiento y de hecho coordinando los trabajos de la Comisión —sin remuneración— no había aceptado, pero ante la insistencia reiterada, en este caso del propio Presidente en la reunión que tuvieron el 29 de noviembre de 1961 y pensando, como lo consigna en sus apuntes personales, que al aceptar podría contribuir a la excarcelación de los ferrocarrileros presos desde el principio de esa administración, aceptó la vocalía ejecutiva de la Comisión del Balsas; no sin antes proponer al presidente que invitara a todos los ex presidentes para que tuvieran un cargo y así un vínculo directo con el gobierno, en lo que López Mateos estuvo de acuerdo.

Antes de que esta noticia se hiciera pública —así lo informó mi padre a López Mateos— haría una visita a los presos políticos, para darles a conocer las razones de su aceptación de un cargo en el gobierno que, por razones políticas, los mantenía en prisión y decirles que seguiría desplegando su esfuerzo para lograr su liberación. La visita a los presos políticos en Lecumberri tuvo lugar en los primeros días de diciembre. Lo acompañamos César Buenrostro y yo. Charló durante unas dos horas con el numeroso grupo de presos, entre quienes estaban Demetrio Vallejo, Alberto Lumbreras, Dionisio Encina, David Alfaro Siqueiros, Filomeno Mata, Valentín Campa y el general Celestino Gasca.

A los pocos días se hizo el anuncio público de que todos los ex presidentes asumían un cargo del gobierno: don Adolfo Ruiz Cortines presidiría un Fideicomiso de Minerales No Metálicos; el licenciado Miguel Alemán fue nombrado titular del Consejo de Turismo; el general Abelardo L. Rodríguez se hizo cargo del Consejo de Pesca; el ingeniero Pascual Ortiz Rubio fue designado representante del gobierno ante la Sociedad Mexicana de Geografía y Estadística; el licenciado Emilio Portes Gil, presidente de la Comisión Nacional de Seguros; y el general Roque González Garza, que había sido presidente de la República designado por la Convención de Aguascalientes, encabezó el programa para el desarrollo del Valle de Meztitlán, en el estado de Hidalgo.

Celeste

El 2 de abril de 1963 nos casamos Celeste y yo. Nos conocimos un par de años antes, en una fiesta en casa de una prima mía. La vi y sentí de inmediato la atracción. Ella estudiaba la preparatoria en el "Colegio Motolinía", yo participaba en los estudios de la cuenca del Balsas y en las actividades de promoción del Movimiento de Liberación Nacional.

Muchas veces, a lo largo de los años de noviazgo, Celeste me acompañaba a las reuniones de coordinación del MLN a las que yo asistía en las oficinas de la calle de República de El Salvador —me acompañaba es un decir, más bien, por las horas que ahí pasaba, me esperaba en el auto, pacientemente, en el estacionamiento contiguo al edificio en el que se encontraban las oficinas. Ahora debo decir al respecto, que no sé cómo me aguantaba.

Desde que empecé a tratarla, encontré, aparte de su cariño, que compartíamos ideas y aspiraciones, y que ella tiene una muy desarrollada sensibilidad, que le permite conocer a fondo a las personas, percibir sus sentimientos, cuidar de no herirlos, adelantarse a sus deseos, reconocer sus aspiraciones.

Recién que nos casamos, después de nuestro viaje de bodas, residimos por un muy corto tiempo en Cuernavaca, donde se habían instalado las oficinas de la Comisión del Balsas, a la que me incorporé en ese tiempo. Uno de los proyectos que se estudiaba entonces era el de la construcción de la presa de La Villita, sobre el curso principal del Balsas, a poca distancia de su desembocadura en el Pacífico. Casi finalizaba el año cuando se tomó la decisión en la Secretaría de Recursos Hidráulicos que la presa se construyera y mi padre me propuso que me hiciera cargo de la construcción por parte de la Comisión, como ingeniero residente. No esperaba la propuesta. Le respondí afirmativamente. Me representaba una extraordinaria oportunidad profesional, aunque significaba trasladarse a la costa de Michoacán, a Melchor Ocampo del Balsas (hoy Lázaro Cárdenas), en ese entonces una pequeña cabecera municipal, con una población que escasamente rebasaba los 2 000 habitantes, mal comunicada y con servicios muy precarios.

Mientras se ponía en marcha la construcción, Celeste debía permanecer en la ciudad de México, pues en Melchor Ocampo no había condiciones para que ella pudiera también trasladarse a residir allá.

Para iniciar los trabajos, llegamos a la costa los ingenieros Emilio Murís, compañero de mi generación en Ingeniería, Antonio Rodríguez, que había participado en el Comité de estudios, y Anastasio Pérez Alfaro, quien ya colaboraba con la Comisión en la región de Apatzingán, y yo. Nos alojamos en una casa, de dos pequeñas habitaciones, una oficina y un baño, éste sin techo, que facilitó a la Comisión Aurelio Campos, ejidatario de la zona, entusiasta y firme colaborador para todo aquello que significara mejorar la región. El resto del personal que empezó a incorporarse a las obras, se alojó en tres galerones de aluminio que hubo que levantar en muy poco tiempo. Los contratistas, por su parte, tuvieron igualmente que erigir, con carácter de urgencia, construcciones provisionales.

Al comenzar los trabajos de la presa, Celeste esperaba ya a Lázaro, que nació el 2 de abril del 64, justo en la fecha en que cumplíamos un año de casados. No llegaba Lázaro a los once meses, cuando ya estaban Celeste y él también en la costa. En ese tiempo, se había habilitado en el poblado de La Mira, a unos 15 km de Melchor Ocampo, una casa que había servido como campamento a los geólogos encargados unos años antes de las exploraciones de los yacimientos de mineral de hierro de Las Truchas. Ahí nos instalamos y permanecimos hasta que estuvo listo el campamento de la Comisión en La Orilla, donde se construyeron casas para el personal y las oficinas de la Comisión.

Celeste, al mismo tiempo que atendía a Lázaro y la casa en el campamento, empezó a colaborar en el pequeño hospital que hubo que montar para atender a los trabajadores de la presa, que entre los de los contratistas y los de la Comisión llegaron a ser alrededor de cuatro mil, cuando los trabajos estaban en su fase de mayor intensidad.

La construcción de La Villita terminó hacia finales de 1968. Cuate (Cuauhtémoc Francisco) nació el 6 de octubre de 1966 y al igual que Lázaro, pasó sus primeros años en la costa. Camila, la tercera que vino a completar la familia, llegaría mucho después, el 8 de marzo de 1983, cuando residíamos en Morelia.

Durante todo el periodo de construcción de la presa, yo debía ir cada tres o cuatro semanas a la ciudad de México para atender asuntos relacionados con la propia construcción. Muchas veces íbamos Celeste y yo, con los chicos desde luego, pero era más frecuente que ellos permanecieran en la costa mientras yo hacía el viaje de ida y vuelta. El viaje lo hacíamos por carretera: ocho horas de México a Uruapan, dos más hasta Cuatro Caminos, donde terminaba el pavimento y empezaba la terracería, de ahí unas cuatro horas más a La Mira, y un cuarto de hora más para llegar al campamento de La Orilla cuando se terminaron las terracerías hasta ese punto donde se bifurcaban los caminos hacia Melchor Ocampo y a La Villita. En ocasiones, cuando había alguna urgencia, utilizábamos la avioneta de la Comisión, pero a Celeste nunca le han gustado los aviones pequeños y generalmente prefería la carretera.

La Villita fue una experiencia muy grata, formativa y de cohesión para la familia, que me permitió constatar las muchas cualidades de Celeste, su dedicación a los hijos, sus preocupaciones por los demás, su vocación de servicio, y desde luego, el cariño que compartimos.

Hacia finales del 68 nos establecimos en la ciudad de México. Lázaro ingresó al jardín de niños al comenzar el ciclo escolar al año siguiente.

3

TÉCNICA Y POLÍTICA

El Consejo Técnico Consultivo de la CNC

Hacia finales de 1966 recibí una invitación de la Confederación Nacional Campesina para participar en una reunión, que se celebraría en Guadalajara, para discutir sobre la situación agraria del país. Asistimos sesenta o setenta personas, entre ellas conocedores y estudiosos de la problemática agraria del país, como los ingenieros Manuel Mesa Andraca y Marco Antonio Durán; investigadores como el ingeniero Edmundo Taboada; dirigentes agrarios: Amador Hernández, Secretario General de la CNC, convocante de la reunión y Augusto Gómez Villanueva, secretario de Organización de la misma central, de quien había surgido la iniciativa del encuentro; y jóvenes inquietos, como Leonel Durán y yo. Los trabajos que se presentaron y las discusiones que se dieron resultaron muy interesantes y una de las conclusiones fue seguir con ese tipo de reuniones, para dar continuidad al análisis de los problemas del campo.

Yo presenté un documento planteando reformas a la legislación agraria, principalmente para terminar con el latifundio, abierto y simulado, en la estructura agraria del país. Propuse en esa ocasión, retomando la idea de una conferencia que mi padre había dictado unos años antes en la Escuela de Agricultura de Chapingo, que para la identificación, y en su caso afectación agraria del latifundio simulado, se recurriera al antecedente de la Ley de Desamortización de los Bienes del Clero (Ley Lerdo) y a la propia Constitución, que para el caso de bienes en manos de corporaciones religiosas que de acuerdo con la ley no debieran poseer, concede acción popular, calificada la presunción judicialmente.[9] Por otra parte, propuse también se echara abajo la reforma del artículo 27 constitucional hecha al principio del gobierno de Miguel Alemán, que abrió posibilidades para la formación y consolidación de latifundios.

Al poco tiempo, a principios ya de 1967, recibí nueva invitación de la CNC, esta vez para una reunión en la ciudad de México y para constituir, o mejor dicho reconstituir, pues había existido anteriormente, el Consejo Técnico Consultivo de la central. Había una nutrida concurrencia: Marco Antonio Durán, Gustavo Romero Kolbeck, Ifigenia Martínez, Janitzio Múgica, Raúl Castellano, Moisés Rivera, Roberto Mendoza Medina, Víctor Manzanilla Schaffer, Sergio Reyes Osorio, Rodolfo Stavenhagen, Adolfo Lugo, Ricardo Pozas, Isabel Horcasitas de Pozas, Hugo Castro, Miguel Osorio, entre otros, la mayoría asistentes al encuentro de Guadalajara. Abrieron la reunión Amador Hernández y Augusto Gómez Villanueva, exponiendo los motivos del restablecimiento y las finalidades del Consejo Técnico. Hubo comentarios de algunos invitados, todas en sentido positivo, apoyando la iniciativa, y se planteó después la elección de un Presidente del Consejo. Se me propuso para el cargo, no hubo ninguna otra

---

[9] Las instituciones religiosas pueden poseer o administrar sólo aquellos bienes indispensables para el cumplimiento de su objeto. De tener bienes con otro destino o utilización, éstos pueden ser denunciados por cualquier ciudadano ante la autoridad judicial, que calificará la denuncia y de ser procedente, adjudicará el bien al denunciante. Así fue como se aplicó la Ley Lerdo (una de las leyes de Reforma) y como proponía Lázaro Cárdenas en su conferencia en la Escuela de Agricultura de Chapingo que pudiera procederse para denunciar los latifundios simulados y dar cumplimiento a las leyes agrarias.

propuesta y resulté elegido presidente del Consejo Técnico Consultivo de la CNC.

Estuve al frente del Consejo hasta finales de julio de 1968. En ese tiempo, en las visitas que hacía a México, desprendiéndome del trabajo que realizaba en la costa de Michoacán, en la construcción de la presa La Villita, celebrábamos reuniones periódicas en las oficinas de la CNC, cada dos o tres semanas, para discutir problemas agrarios; promovimos varias reuniones con los dirigentes y miembros de la organización en varios estados; fuimos, los miembros del Consejo Técnico, espectadores en el conflicto de productores de copra de Guerrero, en el que un grupo en el que participaba César del Ángel chocó con otros productores, y provocó la salida de Amador Hernández y la designación de Augusto Gómez Villanueva como Secretario General, quien ratificó su interés porque continuaran las actividades del Consejo.

Entre las funciones del Consejo estaba la de proponer políticas en las distintas ramas de la actividad agraria. Una de las propuestas, aprobada por mayoría de los miembros del Consejo, fue promover que el aprovechamiento de los recursos forestales fuera coordinado por un organismo oficial descentralizado; éste, con los poseedores del bosque, esto es, ejidatarios, comuneros y propietarios particulares, llevara a cabo la planeación, organización de la producción y explotación misma del recurso; buscaría, por una parte, el manejo racional de los bosques, la diversificación de su aprovechamiento, llevándolo a sus múltiples posibilidades industriales y de comercialización; y por otro lado, que propiciara un aumento substancial, en función de las amplias potencialidades que ofrecía el recurso, en el ingreso de los trabajadores y poseedores de los bosques, lo que se apegaba a las tesis que oficialmente había venido sosteniendo la CNC.

Uno de los consejeros, el ingeniero Roberto Mendoza Medina, discrepó de ese acuerdo, planteando fortalecer el esquema

entonces vigente para las grandes explotaciones, de unidades forestales de explotación forestal (él desempeñaba el cargo de director técnico de la unidad Michoacana de Occidente, empresa cuyos
propietarios habían venido incumpliendo con los términos de la
concesión de aprovechamiento, lo que no necesariamente era de su
responsabilidad). Dicho esquema se sustentaba en intermediarios
de la explotación, dejando así beneficios escasos a los dueños de los
bosques.

Esta confrontación, que se dio con discusiones agrias, condujo a que el Consejo por mayoría tomara el acuerdo de solicitar al
Comité Ejecutivo Nacional de la Confederación la separación del
ingeniero Mendoza Medina del Consejo, por considerar que sus
actitudes no correspondían a los principios de la CNC.

El Comité Ejecutivo dejó correr el tiempo sin tomar resolución alguna al respecto. Cuando el asunto se hizo público a través
de algún periódico, empezaron a aparecer versiones de que el Consejo había tomado esa resolución por estar involucrados intereses
políticos locales de Michoacán, a los que respondían la mayoría de
los integrantes del propio Consejo; pero éste, por sus facultades,
no tenía ni podía tener intervención alguna en las cuestiones téc-
nico-administrativas de la unidad y menos en los asuntos políticos
de aquel Estado.

Como el tiempo transcurría y ni el Secretario General Augusto Gómez Villanueva ni el Comité Ejecutivo como tal tomaban posición en relación a la confrontación que se mantenía dentro
del Consejo, decidí presentar mi renuncia como consejero y consecuentemente como presidente, con carácter de irrevocable, el 13
de junio. El 19 la CNC dio a conocer en los medios informativos un
comunicado que decía:

[El] Comité Ejecutivo de la CNC inició el 15 de mayo pasado
las investigaciones sobre las acusaciones que hacía el Consejo

Técnico Consultivo al ingeniero Roberto Mendoza Medina y tomó como base el dictamen de la comisión creada por la Secretaría de Agricultura y Ganadería para conocer con exactitud hasta qué punto Mendoza Medina es responsable. De la evaluación justa y equilibrada de todos los factores de juicio, el Comité Ejecutivo derivará un fallo al respecto.

Es decir, la CNC anunció que su decisión estaría basada en el dictamen de una autoridad administrativa que nada tenía que ver con el fondo de la discusión técnico-política y menos aún con la resolución del Consejo al pedir la separación de Mendoza Medina, lo que sólo tenía que ver con los principios sostenidos en los documentos oficiales de la central. Por otro lado, el mismo comunicado señalaba que la controversia era fundamentalmente respecto a los sistemas que debían emplearse en el aprovechamiento de los recursos forestales. También lamentaba mi renuncia, la que había estado seguida por las de otros consejeros con los que compartíamos puntos de vista. En ese conflicto conté en todo momento con el apoyo y solidaridad de un buen número de consejeros.

La renuncia de Carlos A. Madrazo

La coordinación de las obras de la presa La Villita no impedía que atendiera otras cuestiones. Me encontré, por ejemplo, con una nota que escribí en esos días, relativa a la renuncia del licenciado Carlos A. Madrazo como presidente del PRI, después de realizar en varios estados, al interior del partido, elecciones libres para designar a los candidatos a cargos municipales. El régimen no resistió entonces esa mínima apertura. Dice la nota:

El tema de actualidad: la renuncia. Sin juzgar su actuación, tratemos de ver un poco qué ha sucedido, aclarando que lo hago desde afuera, quizá con pocos elementos de juicio, pues nunca he sido, no soy y muy probablemente nunca seré miembro del Partido Revolucionario Institucional.

El señor licenciado Madrazo desde que asumió la presidencia de su partido, ofreció cambiar sus métodos de actuación, con el fin de democratizar al partido y en consecuencia la vida toda de México, buscando que imperaran en ella los principios sostenidos por la Revolución Mexicana. Eso dijo y parece que tras eso se lanzó.

Democratizar al PRI y conducir a su membresía a participar en la toma de decisiones que afectaran al partido es una intención que para ser realidad, debe romper muchos moldes viejos, erradicar procedimientos viciados, de todos conocidos... negativos en cuanto al alejamiento de la base de la adopción de decisiones y negativos por... una pasividad que en mucho ha conducido a un conformismo fatalista...

... parece que un esfuerzo que se encaminaba a lograr una mayor participación popular en las decisiones se ha visto detenido, frustrado en esta ocasión también, y detenido por los mismos intereses opuestos al progreso real e independiente del pueblo mexicano. En la provincia hemos visto cómo el pueblo se organizó para llevar al triunfo a sus candidatos...

(Sin tener yo participación alguna, me había dado cuenta de cómo, con la apertura del PRI, en el municipio de Melchor Ocampo del Balsas, donde se construía la presa La Villita, la gente, discutiendo entre sí, y ya no el gobernador o los directivos del partido, había escogido a don Benjamín Galeana como candidato y lo había elegido después como presidente municipal.)

Madrazo encontró, a nuestro juicio muy pronto, contradicciones que pensábamos encontraría, y no las superó. En su partido, dijo, introduciría procedimientos democráticos, pero no logró imponerlos, pues no deja la presidencia del partido porque una mayoría de sus miembros o al menos el Comité Ejecutivo Nacional se lo pidieran, sino porque ya no fue útil a la tónica que le fue fijada y a la emoción del mensaje que él tiene, es decir, se retira sin luchar por esa democracia que trataba de imponer, dejando dentro de su partido el campo libre a quienes se oponen a las aspiraciones, que vistas desde afuera, parecen las más revolucionarias... Se retira sin denunciar las fuerzas que, quiérase o no, lo echaron fuera, las fuerzas más comprometidas con los procedimientos viciados... Se aleja de la dirección del partido sin señalar los nombres de aquellos que lo han vencido, y lo grave de ello es que si él creía actuar correctamente, si lo hacía limpiamente y con la convicción de estar en la línea justa, debía haber combatido abiertamente, tanto a las posiciones como a las personas que sostenían una línea de conducta que él consideraba lesionaba los intereses de su partido...

Madrazo sale del partido, ha fracasado a su paso por la presidencia, aunque deja un papel difícil a su sucesor, sea para dar nuevos alientos a la democracia o que sirva para retornar al conformismo de la designación y a la tranquilidad que da a los gobiernos centrales el que los caciques o camarillas de los pueblos les "eviten" los problemas... seguramente va resentido y culpando, o reconociendo que algunas tendencias opuestas han triunfado, pero formalmente carga él con toda la responsabilidad de su fracaso, a la que debe agregarse la responsabilidad, grave, de no atreverse a señalar a quienes más trabajaron para detener y torcer una línea de conducta que el licenciado Madrazo sostenía como justa (21 de noviembre de 1965).

Tuve ocasión de encontrarme con el licenciado Carlos Madrazo cuando era gobernador de Tabasco; lo conocí desde algunos años antes, pero no había tenido oportunidad de tratarlo. Una comisión del Movimiento de Liberación Nacional, de la que formábamos parte el doctor Guillermo Montaño, Heberto Castillo y yo, lo fuimos a entrevistar a Villahermosa para buscar se atendieran las demandas y cesara la persecución que el gobierno del estado llevaba a cabo contra campesinos que reclamaban respeto a sus derechos agrarios; protegiendo con la impunidad a los agresores, se quemaban poblados y se encarcelaba a los solicitantes de tierras o quienes tenían posesión de ejidos, muchos de ellos miembros del MLN. Ofreció intervenir para que cesara el hostigamiento contra quienes sólo reclamaban el respeto a sus tierras y a sus derechos. Todo quedó en palabras.

La reunión con el licenciado Madrazo tuvo lugar en la Quinta Grijalva, residencia del gobernador en Villahermosa. Además del doctor Montaño, Heberto y yo, estuvieron presentes Santiago Wilson, miembro de la coordinación del Movimiento en Tabasco, y José Carrillo, entonces estudiante de ingeniería. Después de escucharnos y de dar la respuesta a la que ya me he referido, de repente el gobernador se volvió hacia Santiago Wilson, que en la política local tenía simpatía por un candidato a gobernador para suceder a Madrazo distinto al de éste, y le dijo que no se le atravesara si no quería que lo aplastara como a un mosco. Al mismo tiempo que se lo decía mirándolo fijamente y alzando su voz tipluda, chocaba con fuerza las manos, lo que repitió dos o tres veces antes de que nos despidiéramos. A la mañana siguiente Pepe Carrillo, compañero de cuarto de Wilson, nos platicaba que éste se había pasado la noche saltando en la cama, seguramente reproduciendo en su sueño los manazos de Madrazo.

La Sierra de Chihuahua

En junio de 1966 acompañé a mi padre en un recorrido que hizo por el estado de Chihuahua. Invitó también en esa ocasión a Leonel Durán, Gonzalo Martínez Corbalá y Pedro Sánchez Ledesma. El 23 de septiembre del año anterior, un grupo guerrillero había asaltado el cuartel militar de Madera, ciudad enclavada en la sierra de Chihuahua y centro importante de actividad forestal. Los guerrilleros estaban encabezados por profesores de la región, identificados con la gente y particularmente con los grupos que legítimamente reclamaban dotación de las tierras de los latifundios existentes en la zona y que cesara la explotación de sus bosques —que hacían permisionarios particulares— sin que llegaran los beneficios debidos a los legítimos dueños del bosque.

Esas demandas fueron desatendidas por largos años y ante la cerrazón y hostilidad de las autoridades, tanto federales como estatales, el grupo no vio otro camino que el de la lucha armada. Decidieron entonces, en condiciones de franca desventaja, asaltar el cuartel militar de Madera; perdieron la vida buena parte de los atacantes, entre ellos sus principales dirigentes, y varios soldados.

A mi padre le preocuparon mucho esos hechos y tenía él la convicción de que detrás de ellos se encontraban problemas agrarios no atendidos por el gobierno. Conversó al respecto con el presidente Díaz Ordaz, planteándole la conveniencia de ir él a la zona para conocer de primera mano la situación. Días antes de que emprendiéramos el viaje, el secretario de la Defensa Nacional se entrevistó con él para ofrecerle, en nombre del presidente, cualquier ayuda que necesitara para su recorrido por Chihuahua. Mi padre le respondió que lo único que le pedía era que retirara a los contingentes militares de la zona que visitaría y así se hizo.

El viaje fue por carretera. En la ciudad de Chihuahua, donde pasamos un par de días, mi padre se entrevistó con el jefe de la Zona Militar, general Tiburcio Garza Zamora, a quien reiteró lo que había hablado y solicitado del secretario de la Defensa, y con algunos funcionarios estatales, quienes le informaron que el gobernador se encontraba en ese momento ausente, atendiendo asuntos de su cargo en el extranjero. Hicimos una visita a doña Luz Corral, esposa de Francisco Villa, quien atendía un pequeño museo dedicado a la memoria de su esposo.

De Chihuahua viajamos a Madera. En esa población se hizo base para recorrer la zona: la comunidad de Cebadilla, presa Las Peñitas, Huizopa, Mesa del Huracán, ejido El Largo, comunidad de Moctezuma, recorridos que tenían, entre otras, la intención de hacer notoria la presencia de mi padre en la zona y que se corriera la voz al respecto. En todas partes, pláticas con los campesinos, con solicitantes de tierras, ganaderos y agricultores, en recorridos desde la mañana hasta la noche. Por las noches, ya retirados todos a nuestras habitaciones en el pequeño motel de Madera en el que nos alojábamos, me daba o nos dábamos cuenta los demás, de que mi padre recibía a personas que llegaban para encontrarse con él, que quiero pensar, se trataba principalmente de campesinos que iban a tratarle los problemas agrarios que requerían atención y la situación difícil que tenían con el gobierno del Estado.

De Madera volvimos a Chihuahua, donde nos quedamos tres días más, en los que se encontró mi padre, de nuevo, con el comandante de la Zona Militar, con el gobernador del estado, general Praxedis Giner —de quien se quejaban acremente los campesinos de la sierra por la protección que el gobierno estatal brindaba a grandes propietarios de tierra y a intermediarios de la explotación forestal— y con otras personas, entre ellas, el licenciado Óscar Flores, ex senador y en ese momento notario público, lo que le permitió complementar la visión que llevaba de la región y sus problemas.

En ese viaje a Chihuahua hice algunas notas sobre mis impresiones de la región y de sus problemas, que quiero aquí consignar:

Chihuahua-Madera. En este trayecto dos Chihuahuas distintas. La imagen que tenía era la de la carretera Panamericana: el desierto propiamente, llanos enormes, con cactáceas y arbustos espinosos, algo de pasto. El paisaje se va transformando, los llanos empiezan a hacerse lomeríos, en esos lomeríos secos de repente una pequeña hondonada, se ve la humedad que se concentra, un poco más abajo un arroyo, más adelante el agua ha erosionado ya su cauce y corre con cierta profundidad respecto al llano y al lomerío. De las colinas desforestadas y apenas cubiertas por una pelusa, los grandes llanos rodeados de sierra con copetes boscosos; los llanos ya están verdes, con pasto bajo, pues han caído las primeras lluvias. Conforme se avanza va uno adentrándose a la sierra: llanos enormes, o más bien lomeríos suaves, rodeados de sierra cubierta de bosque, en estas llanadas, caballos y casas blancas dan la impresión de región nueva, recia, en formación. Es sólo la primera impresión. Al conocer más la zona aparecen los problemas de todo el país, nada nuevos, bien complicados, con raíces profundas: la lucha del campesino por la tierra, el bosque agotado por madereros rapaces, los piratas de hoy, que saquean la riqueza de los pueblos y del país cometiendo toda clase de atropellos, tropelías, crímenes, dejando al futuro terrenos agotados, estériles, dejando comunidades condenadas a la miseria, comunidades que fueron poseedoras de una riqueza que pudo suponerse inagotable y que con desesperación se asoman hoy al futuro.

Más adentro de la sierra, donde el bosque va desde las cimas más altas hasta las profundas quebradas por donde corren los ríos, que se originan en los llanos altos y las sierras de Chihuahua y van a regar las fértiles planicies del Yaqui, el Mayo, el Fuerte, ahí la lucha por la tierra, la agresión del latifundio sobre el pequeño ganadero y el pequeño agricultor, el saqueo de los bosques, se agudizan, llegan a la violencia, único camino que ha dejado abierto el imperio de la injusticia y la reacción. Aquí se ha hecho a un lado el derecho a vivir que tiene el indígena, que tiene el campesino que por generaciones ha ocupado las pequeñas planicies de lo alto de la sierra, y que en los cerros que las rodean, que vistos desde ellas son apenas unas lomas, traen unas cuantas vacas; esta situación que por generaciones se mantuvo, la ha alterado la codicia del ganadero latifundista, que protegido por malas autoridades se ha lanzado al asalto de estos campesinos, violentamente, sanguinariamente, sin considerar derechos, pasando por sobre todo tipo de leyes y mandamientos. La situación se ha agravado porque los saqueadores del bosque no han visto su rapacidad satisfecha con la madera, gustan también de la venta de latifundios ganaderos, pero sólo a latifundistas, por ningún motivo a los campesinos, que en un momento dado quedaron dentro de sus propiedades y por muchos años fueron ignorados, pero ya no, ahora hay que echarlos de su posesión de siglos, más derechos que ellos (tendrán y tienen) los novillos Hereford y Aberdeen Angus. Como siempre, también, el latifundista no da la cara, para sus crímenes y despojos se vale de campesinos inconscientes de su clase y sus deberes, sus caporales, que arrasan con lo que el esfuerzo, el empeño, la dedicación, en fin, el trabajo de años, que sus hermanos de clase han levantado, han creado.

Son actos criminales, inhumanos, que ciertamente abonan el campo de la revolución, como toda sangre de pueblo que se derrama y que aquí ha sido mucha, pero lleva también a retardar el logro de situaciones de bienestar colectivo a las que forzosamente habrá de llegarse, pero será ahora pasando por más sangre y desgaste de toda clase de recursos. Remedio lo hay, entregar la tierra —con bosques, agostaderos y cultivos— a los campesinos. Únicamente cumplir con las leyes agrarias de la Revolución podrá hacer que las situaciones actuales se superen y se entre en una senda de progreso efectivo. 24 al 30 de junio, 1966.

El viaje a Chihuahua me fue muy aleccionador: pude ver, de manera directa, cómo la desatención de un problema —el agrario en este caso— genera problemas múltiples, por lo general más graves que el inicial, en muchos y muy distintos ámbitos. Por otro lado, en las pláticas con los campesinos se hizo evidente una mala relación con los concesionarios de las explotaciones forestales y los problemas que ocasionaba el que los permisos de aprovechamiento forestal no se entregaran directamente a los dueños o poseedores del recurso, quienes en la mayor parte de los casos sólo recibían un pago reducido por los llamados *derechos de monte*. Constaté también la importancia de ir al encuentro de los problemas y no permitir que sean éstos los que nos alcancen, siempre en condiciones de mayor complicación que si se hubieran atendido en su sitio y con oportunidad.

Supe, pasado algún tiempo, que se había dado solución a algunas de las demandas agrarias con las que se encontró mi padre en el viaje a la sierra de Chihuahua y que eso había aliviado algunas de las tensiones sociales existentes en la región.

El movimiento estudiantil de 1968

Los acontecimientos que tuvieron lugar en 1968 en la ciudad de México no los viví de cerca. Luego de recibirme, no tuve relación directa con la Universidad, salvo, desde luego, la de reconocerme en todo momento como un egresado agradecido con la institución que me formó profesionalmente. Los sucesos de agosto y septiembre, esto es, el desarrollo del conflicto entre los universitarios y el gobierno, lo conocí parcialmente, por medio de algunos recortes de prensa que recibí en Europa, a donde viajé para asistir a dos congresos: uno en Holanda sobre sociología rural y el otro en Suiza, en el que se discutió la posibilidad de formar un gobierno mundial, proyecto, desde luego, visualizado como de muy largo plazo, así como para visitar instalaciones siderúrgicas en Yugoslavia y Noruega. En ellas se utilizaban tecnologías que eventualmente podrían aprovecharse en el proyecto de Las Truchas, que estudiaba en ese tiempo la Comisión del Río Balsas. Volví de ese viaje en la última decena de septiembre y me trasladé luego a La Villita, donde las obras se habían prácticamente concluido desde los últimos meses del año anterior, aunque estaba pendiente su inauguración formal.

El 2 de octubre me encontraba en la ciudad de México. Habíamos comido Celeste y yo en casa de mis padres y temprano por la tarde empezaron a llegar noticias un tanto confusas de choques entre estudiantes y policías o militares en Tlatelolco, donde sabíamos que estaba convocada una concentración del movimiento estudiantil. Estando ya de vuelta Celeste y yo en nuestro departamento, ya tarde, alrededor de las once de la noche, llegaron Luis Prieto y Héctor Valdés, sumamente impactados. Valdés más pálido y desencajado, prácticamente mudo, pues habían estado presentes en Tlatelolco, donde presenciaron y sufrieron la agresión contra los manifestantes. Con ellos me trasladé a casa de mis padres, a la que llegó también, por su lado, el ingeniero Jesús Calderón Lastiri, igualmente impresionado por la violencia con la que se había reprimido al mitin. Coincidían las versiones de ambos en que policías o soldados —en ese momento no estaba claro quiénes habían sido los agresores— habían disparado sobre la concentración y que eran muy numerosos los heridos y posiblemente los muertos.

Luis comentó que Héctor Valdés y él habían podido salir del horror y la confusión de la Plaza de las Tres Culturas como a las nueve y media de la noche, en un taxi que los dejó por la zona de Potrero; de ahí en transporte urbano habían llegado hasta cerca del cine Chapultepec, donde se reunieron con el grupo que apoyaba al movimiento estudiantil con el que habían venido trabajando. Decidieron entonces dirigirse los dos a nuestra casa.

Junto con mis padres los escuchamos con gran atención y preocupación. Mi padre pidió tanto a Luis como a Lastiri que le dieran toda la información que tuvieran. A Luis le pidió además que hiciera conocer los hechos de los que había sido testigo a Francisco Martínez de la Vega. Después le dio una lista de personas, pidiéndole fuera a las Cruces Roja y Verde para ver si ahí se encontraban, donde según relata Luis, se encontró con gran cantidad de heridos tendidos en camillas y en el suelo, con golpeados sangrantes en los pasillos, pero con ninguno de la lista.

Al día siguiente se empezó a tener más información, principalmente mediante la prensa, de centenares de muertos, heridos y detenidos. También de cómo se había producido la agresión. Había mucho temor a que se desatara una mayor represión y se sentía una gran tensión en el ambiente. La violencia con la que desde semanas antes habían intervenido elementos del Ejército en el conflicto de la Universidad, derribando con un *bazukazo* la puerta de San Ildefonso, para penetrar y allanar así ese recinto universitario, y la hostilidad general del gobierno y su cerrazón frente a las demandas del movimiento estudiantil, habían generado una situación de zozobra en la sociedad. Pero nadie pensaba que la represión oficial pudiera llegar a los extremos de violencia y sangre a los que llegó ese 2 de octubre, a pesar de antecedentes como la toma y ocupación del Colegio de San Nicolás en Morelia por elementos del Ejército, en 1966, a raíz del conflicto provocado por el gobernador Agustín Arriaga en la Universidad Michoacana.

Bien puede decirse que nunca antes se había desatado tanta violencia contra los jóvenes y contra el pensamiento progresista,

ni que fuera de nuestras revoluciones se hubiera producido tal
cantidad de muertos, heridos, detenidos y desaparecidos. Puede
también agregarse que en aquellos momentos la información no
circulaba libremente, siempre fue parcial, ocultada en cuestiones
esenciales por el gobierno, por su censura a los medios informativos y por la autocensura de éstos. Así, en los primeros momentos
no fue posible percibir lo ocurrido en toda su dimensión.

Al día siguiente, 3 de octubre y en algunos días subsecuentes
hice algunas notas, que ahora transcribo:

La revuelta situación que se vive, desde el 26 de julio y hasta ahora, se inició con la agresión policíaca a grupos estudiantiles. La agresión violenta se ha agudizado, hasta llegar
a los sucesos de ayer, 2 de octubre, cuando con manifiesta
provocación de elementos extraños a los estudiantes (como
lo consigna la prensa diaria de esta capital) y con seguridad
no ajenos a los agresores, llegan policía y ejército a disolver
la reunión estudiantil en la Plaza de las Tres Culturas (de las
Cuatro Culturas —como la llama Hugo Hiriart—, agregando
la cultura de la brutalidad y la represión), llegando a grados
de violencia que anteriormente, en las propias represiones de
la fuerza pública a este movimiento, no se habían visto.

Por la información que sobre el caso ha aparecido (los dis-
paros a los manifestantes, a la policía y al ejército) la llevan a
cabo elementos pertenecientes a algunos de los tantos cuerpos
represivos que contamos. El ejército, según se dice llamado
por la policía, y ésta, se encontraban listos para entrar en acción y reprimir toda manifestación que pretendiera ir sobre
Santo Tomás (Instituto Politécnico Nacional). Los oradores
estudiantiles ya habían expresado —momentos antes de iniciarse la agresión— que no marcharían hacia Santo Tomás,
que el mitin terminaría ahí, en Tlatelolco. Una luz de bengala,

lanzada con pistola de las que sólo posee la fuerza pública, es la señal para que la policía y el ejército se lancen con ferocidad sobre los estudiantes, y para que éstos se vean agredidos también por francotiradores y por provocadores (según la prensa, miembros de la policía y del ejército, vestidos de civiles, con un pañuelo —o guante— blanco en la mano izquierda, como seña para distinguirse) mezclados entre los manifestantes.

Después de la agresión, el Secretario de la Defensa Nacional ha declarado que se ha acabado con el foco de agitación. El resultado para el país: veintitantos muertos, confesados por las autoridades (los rumores son de muchos más, y la ferocidad y saña de la agresión hacen pensar que deben haber sido muchos, pero muchos más), quinientos heridos, más de mil quinientos detenidos; además, la seguridad de que por las vías constitucionales no podrá haber solución al problema, ni siquiera podrá llegarse a un diálogo sobre el mismo; la confirmación de que hay necesidad de recurrir a las fuerzas armadas para hacer frente a las demandas populares, por justas que éstas sean, previamente calificadas desde luego de comunistas, antinacionales, etcétera, ya que no existen otras fuerzas de "apoyo" al gobierno, capaces de ser movilizadas en los casos de apuro. Es decir, se han cerrado los cauces democráticos (los pocos que aun quedaban abiertos), los campos se han delimitado más, el gobierno federal se ha buscado un desprestigio ante el pueblo e internacionalmente como nunca pensó tenerlo y se ha empujado a los elementos democráticos a recurrir a procedimientos distintos a los que han venido empleando, ya que en la vida nacional la derecha hacía tiempo no era tan fuerte ni tan decidida para recurrir a la violencia masiva en la capital.

Un hecho grave, conocido, ha saltado más a la vista: la desorganización y consecuente debilidad de las fuerzas revolucionarias, democráticas, y el fortalecimiento de las ten-

dencias dictatoriales y de las fuerzas retrógradas y antide-
mocráticas. Este hecho plantea con urgencia la necesidad, a
los elementos revolucionarios, de organizarse para actuar y
poder entonces reencauzar al país dentro de un desarrollo
democrático e independiente.

Una explicación al comportamiento violento y agresivo de
la fuerza pública pudiera quizá encontrarse en la acción inter-
vencionista norteamericana y en el entreguismo de un gran
sector de la derecha nacional. Los procedimientos bélicos se
han impuesto en los territorios reconocidos bajo la influencia
de las grandes potencias y Latinoamérica está viendo que el
imperialismo y sus aliados del interior de nuestros países imponen dictaduras y camarillas militares en las posiciones de
gobierno, para proteger así mejor sus intereses económicos y
asegurar que ningún país se salga de la esfera de influencia
que tienen ahora asignada.

La mano dura como respuesta a las demandas populares
es una evidencia y una práctica. Se había estado empleando
por este gobierno para reprimir al pueblo, especialmente a los
estudiantes, en Durango, Chihuahua, Morelia, Hermosillo,
Sonora en general, en las normales rurales, etc., pero siempre tratando ante la opinión pública de restar importancia a
los hechos y no llegando a esos extremos en la capital. Hoy
el proceder violento y represivo se ha generalizado, no hay
ya recato alguno en este sentido, y en el trato del problema
estudiantil estamos viendo de lo que es capaz un gobierno no
democrático, auxiliado por la CIA, MUROS[10] y por la derecha
sumisa y entreguista.

---

[10] MURO: Movimiento universitario de renovadora orientación, grupo básicamente anticomunista, proclive a la acción violenta; sus integrantes son corrien-
temente identificados como porros.

Además, debe agregarse que no se ha tratado de una agresión violenta pura, sino que está siendo acompañada de la vejación y la ofensa personal al momentáneamente débil, al que en esta ocasión le ha tocado perder. O sea que se procede ya en México como lo han hecho las más sanguinarias y represivas dictaduras (Trujillo, Batista, Somoza, etétera) y los ahora también clásicos de nuestra trágica historia, los gorilatos latinoamericanos, que han contado y cuentan con el más amplio apoyo norteamericano... (3-X-68)

Hoy han aparecido en la prensa, con gran difusión y destacadamente, declaraciones de Sócrates Amado Campos Lemus, uno de los estudiantes detenidos en Tlatelolco, dirigente del Consejo Nacional de Huelga. En la declaración rendida ante el Ministerio Público dice que el movimiento estudiantil pretende implantar el comunismo, que se formaron brigadas armadas para defender a los manifestantes, que estas brigadas atacaron a la policía y al ejército en Tlatelolco; cita además muchos nombres de miembros del CNH. Su declaración fue leída ante numerosos periodistas, quienes después procedieron a entrevistarlo. En la entrevista Campos Lemus señaló como instigadores del movimiento a Humberto Romero.[11] al licenciado Braulio Maldonado,[12] al Director o Presidente del Colegio de México (*El Día* lo identifica como Víctor Urquidi, *Excélsior* da el nombre de Eduardo Gorostiza) y en menor grado involucra también a la escritora Elena Garro y al licenciado Carlos A. Madrazo. Dijo Campos Lemus que sus declaracio-

---

[11] Humberto Romero se había desempeñado como Secretario particular del Presidente López Mateos y era de conocimiento público su mala relación personal con el Lic. Díaz Ordaz.
[12] Braulio Maldonado, exgobernador de Baja California y dirigente político progresista, vinculado a organizaciones populares, como la Central Campesina Independiente, y años antes, al Movimiento de Liberación Nacional.

nes las había hecho sin coacción alguna. Esto es poco creíble. Sobre la denuncia, valga la expresión, de políticos conocidos, no aporta hasta hoy mayores pruebas. El gobierno deberá investigar a los nombrados, si acepta como buena la denuncia, o deberá ya precisar a qué personas, grupos, intereses, países, se han referido distintos funcionarios federales, diputados y senadores que han denunciado intromisiones extrañas o extranjeras en el conflicto entre estudiantes y el gobierno.

… inculpar a estos funcionarios, y procesarlos, no justifica que haya sido la fuerza pública la que desató la violencia y haya cometido tantos asesinatos en las personas de muchos manifestantes el pasado día 2. Una explicación satisfactoria de por qué se recurrió a la agresión violenta y alevosa no ha sido dada, y en la actual situación, sólo el Presidente de la República puede darla, y deberá hacerlo siempre y cuando exponga toda la verdad (su verdad); si no lo hace así, la responsabilidad de los crímenes cometidos seguirá sobre su sola persona, como cabeza de un régimen… (6-X-68)

Se asegura que los muertos en el asesinato masivo de Tlatelolco, el día 2, ascienden a 424. La responsabilidad de este crimen pesa sobre el Presidente de la República, el Secretario de la Defensa Nacional, como jefe del ejército, el Secretario de Gobernación, como jefe de varios cuerpos de policía, agresores y provocadores, del Jefe del Departamento del D. F., que manda sobre la policía de la capital, el jefe de ésta y el subjefe, generales Cueto y Mendiolea respectivamente, los generales Hernández Toledo y Masón, jefes inmediatos del ejército atacante, principalmente.

Las denuncias ("declaraciones") de los detenidos en el Campo Militar No. 1 y las declaraciones de Marcelino Perelló por un lado, y de otros miembros del CNH por otro, en que los primeros aceptan la existencia de brigadas de choque armadas e inculpan a mucha gente, y los segundos condenan la "línea dura", etcétera, hacen pensar que el movimiento estudiantil ha podido finalmente ser dividido (esto es, públicamente, pues lo más probable es que desde un principio se haya visto infiltrado por elementos con intereses ajenos a los estudiantes). En estas condiciones la fuerza de los estudiantes disminuye mucho (8-X-68).

Vi hoy un informe, sin firma, sobre la situación nacional y los acontecimientos recientes: dice que desde tiempo atrás la CIA esperaba una oportunidad para promover disturbios y problemas, y la encontró en el choque que tuvieron la escuela "Ochoterena" con una vocacional y luego en el choque que tuvieron las dos manifestaciones celebradas el 26 de julio, por la FNET y la CNED, agredidas a su vez por los granaderos. A partir de entonces fue más intensa la actividad de la CIA, hasta haber provocado la matanza de Tlatelolco y el total desprestigio del gobierno del Presidente Díaz Ordaz.

Señala el informe que la primera bengala —pues se tenía conocimiento que habría provocación violenta en el mitin del día 2— sería para que el ejército, estacionado cerca de Tlatelolco avanzara, disparando con cartuchos de salva, con el fin de dispersar la reunión sin mayores daños; la segunda bengala sería para repeler una agresión, no ya con salvas, y acabar con el agresor. Esta segunda bengala se lanzó y conocemos los lamentables resultados.

Dice también que desde hace tiempo el licenciado Carlos A. Madrazo ha tenido muchos contactos con norteamericanos —CIA—, que ha dado dinero a elementos estudiantiles, que por su parte el general Luis Cueto Ramírez, jefe de la policía de la capital, sirve y obedece, también desde hace tiempo, a la CIA.

Los acontecimientos de Tlatelolco han sido en extremo graves, han dividido al país, han introducido la desconfianza en las relaciones diarias y han hecho que se viva entre rumores y con temor.

Desde ningún punto de vista se justifica que el gobierno, sabedor de las actividades de la CIA en México —y de las ligas, compromisos y actividades de Madrazo y Cueto[13] por ejemplo— no haya procedido oportunamente contra los provocadores de disturbios, directos y potenciales, no haya alertado al país y no haya sido claro para con el pueblo de la situación que se ha estado viviendo.

Dice el informe también, que el Secretario de la Defensa Nacional conoce bien la situación, y que *patrióticamente* ha estado aguantando, soportando ataques, y procediendo —en parte— en forma distinta a su manera de sentir. Puede ser cierto. Pero haber conducido así el problema ha hecho que sobre él, y sobre el Presidente de la República, recaiga la responsabilidad de los cientos de sacrificados en Tlatelolco por los provocadores y por las fuerzas de la policía y el ejército, cuando tan fácil hubiera sido informar con oportunidad al país y proceder contra los elementos que han trabajado para subvertir el orden, sean nacionales o extranjeros, en vez de achacar un tanto obscuramente la culpa al comunismo, al castrismo, etcétera (12-X-68).

Si el gobierno tenía conocimiento de que la CIA y elementos nacionales, de dentro y de fuera del gobierno, desarrollaban actividades para crear intranquilidad, disturbios, subversión, la única explicación de la violenta agresión que en estos meses ha sufrido la izquierda —aprehensiones, terrorismo contra personas, ataques de la fuerza pública; agresión al mo-

---

[13] Sería absurdo que si el gobierno hubiera tenido conocimiento de comportamientos violatorios de la ley o de riesgo para la seguridad o la paz del país por parte de estas personas, no hubiera procedido legalmente contra ellas.

vimiento estudiantil, a organizaciones progresistas, a personas de la izquierda— se encuentra en que, aun sabiendo quienes son los verdaderos enemigos del régimen, éste ha querido aprovechar la confusión, el desorden, etcétera, para también desorganizar, descabezar, debilitar, destruir, a la ya dividida izquierda. De momento parece haberlo logrado.

Ante la reacción de la opinión pública, de las más diversas posiciones políticas, contraria a los procedimientos empleados por el Estado en Tlatelolco, parece que el gobierno empieza a recapacitar y busca un entendimiento con el CNH. Además, parece que el propio gobierno no esperaba llegar a los extremos a que llegó y tiene temores por los sangrientos sucesos que provocó, los que sin duda alguna traerán consecuencias (13-X-68).

Una reflexión más sobre los hechos del 2 de octubre

Lo que sucedió en Tlatelolco nos marcó y nos sigue marcando a todos los mexicanos. Con diversas interpretaciones, con posiciones distintas sobre los sucesos, nadie queda desde entonces indiferente ante ellos.

El 2 de octubre de 1968 puede verse como un punto culminante de un largo proceso de desviaciones y claudicaciones a los objetivos y compromisos primordiales de la Revolución Mexicana: el retroceso, desmantelamiento y negación de la reforma agraria, la consolidación de la corrupción y el corporativismo en las cúpulas dirigentes y en la organización del movimiento obrero, el sometimiento a intereses ajenos en el ejercicio de la soberanía nacional, la incondicionalidad de las organizaciones políticas a los dictados del Ejecutivo, empezando por el PRI en toda su larga etapa de partido del Estado, la imposibilidad práctica del ejercicio de derechos ciudadanos. Se colmó la paciencia de un pueblo aguantador y tolerante y a través del movimiento estudiantil, de los jóvenes, la parte más limpia y generosa de la colectividad, se hizo un llamado a la conciencia de la nación, a lo más hondo de sus valores e identidades, para sacudirse el lastre y recuperar el rumbo.

Vale la pena recordar cuáles eran las demandas del movimiento estudiantil después de las agresiones policíacas de finales de julio y agosto, para compararlas con la desmesurada y cruel respuesta oficial.

Después de la agresión a estudiantes por elementos de la policía el 26 de julio, los estudiantes demandaban el cese del jefe y subjefe de la Policía de la ciudad de México, generales Luis Cueto Ramírez y Rodolfo Mendiolea Cerecero, así como del jefe de los granaderos, teniente coronel Armando Frías; la desaparición de los cuerpos represivos; el deslinde de responsabilidades; respeto a la autonomía universitaria; indemnización a los deudos de los estudiantes muertos en la represión policíaca; la derogación de los artículos 145 y 145 bis. del Código Penal; y la libertad de los presos políticos (principalmente del movimiento ferrocarrilero del 59).

La respuesta del gobierno fue el *bazukazo* que hizo astillas la antigua puerta de la preparatoria universitaria de San Ildefonso; el allanamiento de la Universidad Nacional por fuerzas del ejército y la criminal masacre del 2 de octubre, cuyo número de víctimas aún se desconoce, pero es probable haya alcanzado centenares de muertos y desaparecidos, y la aprehensión también de centenares de estudiantes, maestros, periodistas y dirigentes políticos.

Sin embargo, a pesar de la crueldad de la respuesta oficial, a los participantes en el movimiento del 68 se debe el haber vencido resistencias internas del régimen y logrado la derogación de los artículos 145 y 145 bis del Código Penal, que tipificaban y establecían las sanciones para el delito de disolución social; haber llegado al reconocimiento público, por parte de las autoridades y de muchos sectores de la sociedad, de la gravedad que para la convivencia social y política constituyen las violaciones que hace la autoridad de los derechos de la gente y de la necesidad de contar con defensores institucionales en la materia; el comienzo de la apertura a un régimen de partidos políticos y la representación legislativa; la modificación de las leyes y las prácticas electorales, para permitir nuevas oportunidades a la expresión y a la representación democrática de la voluntad ciudadana.

De lo acontecido el 2 de octubre existen valiosos testimonios de quienes fueron actores en el Consejo Nacional de Huelga, en la Coalición de Maestros, de numerosos presos políticos, así como análisis profundos de estudiosos de aquellos hechos. Pero hasta hoy no se cuenta con una versión oficial de lo sucedido: cómo y por qué se tomaron esas decisiones por funcionarios del gobierno, qué factores internos o externos influyeron en ellas, quién compartió o no opiniones y en su caso decisiones que resultaron determinantes para lo sucedido, qué personas asumieron qué responsabilidades.

Gustavo Díaz Ordaz, presidente de la República en esos momentos, había dejado claro, desde antes del 2 de octubre, que estaba decidido a utilizar, con toda su fuerza, el poder coercitivo y represivo del Estado. En su informe del 1 de septiembre de 1969 asumió "íntegramente la responsabilidad: personal, ética, social, jurídica, política e histórica, por las decisiones del gobierno en relación con los sucesos del año pasado". Fue suya, sin discusión alguna, la máxima responsabilidad, pero no fue el responsable único. Hubo otros funcionarios militares y civiles, a cuyos nombres parece haberse puesto un velo encima, sobre los que no se han descargado responsabilidades específicas, individualizadas en este caso, que la opinión pública asigna genéricamente al Ejército.

Considero injusto que el Ejército, como institución, cargue, desde el 2 de octubre de 1968, con la responsabilidad directa de la masacre. Que a todos los miembros del Ejército, a los activos en 1968 y hasta los de hoy, se les siga considerando como los responsables de la pérdida de vidas, de los encarcelamientos políticos, de las desapariciones, de la represión que violentamente atropelló entonces leyes y derechos.

Directamente responsables con nombres y apellidos, además del presidente de la República, Gustavo Díaz Ordaz, son quienes dieron y quienes ejecutaron las órdenes de reprimir por encima de la ley, quienes comandaron fuerzas militares y policíacas que allanaron la Universidad y los individuos que integraron esas mismas fuerzas y dispararon contra los manifestantes en Tlatelolco, asesinaron y desaparecieron a detenidos, aplicaron torcidamente las leyes; y esos nombres, que las investigaciones llevadas a cabo sobre aquellos hechos empiezan a hacerlos públicos, corresponden a funcionarios del Estado Mayor Presidencial, de las Secretarías de Gobernación y de la Defensa Nacional, de la Dirección Federal de Seguridad, del Departamento del Distrito Federal, de las Procuradurías de la República y del Distrito, del Poder Judicial.

El tiempo y las investigaciones del caso harán que vayan apareciendo más nombres de autores materiales e intelectuales, pero vuelvo a la identificación de responsables y a la asignación y descarga de responsabilidades: las muertes, la violencia y la represión de Tlatelolco no se dieron por la acción institucional de todos los miembros del Ejército, de las policías o los empleados de las diferentes dependencias del gobierno, sino por las decisiones tomadas por el presidente, transmitidas y cumplidas por funcionarios civiles de distintas áreas de la administración y por el jefe del Estado Mayor Presidencial, general Luis Gutiérrez Oropeza, por quienes comandaron al cuerpo militar que hizo presencia en la Plaza de las Tres Culturas, los generales Hernández Toledo y Masón, por los soldados, oficiales y jefes militares y de las policías que tomaron parte en aquellas operaciones.

Cuando se aclare qué personas tomaron las decisiones, quienes las transmitieron y ejecutaron —las cuales indiscutiblemente marcaron la acción institucional de entonces— se liberarán de la carga que injustamente han llevado instituciones y funcionarios de ellas con posterioridad a los hechos y hasta la actualidad.

He pensado desde hace tiempo que de las Fuerzas Armadas debiera surgir la iniciativa de impulsar el que se hagan esos esclarecimientos y las responsabilidades penales e históricas queden asignadas a individuos con nombres y apellidos, liberando de responsabilidades a las instituciones como tales.

Una conversación sobre el 68 y algo más

En 2004 sostuve una conversación con un amigo militar de alta graduación, hoy en situación de retiro, que me permitió confirmar hechos que yo suponía cómo se habían dado, relacionados con los acontecimientos del 68.

Me dijo mi amigo en esa ocasión que, según lo que él sabía, aquel 2 de octubre el gobierno esperaba que los dirigentes del movimiento estudiantil anunciaran una tregua en sus exigencias y movilizaciones hasta pasados los Juegos Olímpicos. Pero antes de que esto sucediera, tiradores empezaron a disparar desde lo alto de los edificios contra los paracaidistas, que era el único contingente del Ejército que en ese momento se encontraba en el lugar. Cuando miembros de este cuerpo, ya herido su comandante, el general Hernández Toledo, fueron tras los tiradores, se encontraron con que se trataba de personal del Ejército, de judiciales y agentes de Sinaloa (por qué de Sinaloa, comentó, ¿quién sabe?) con un guante blanco, como identificación. Esa gente, me dijo, estaba al mando del Estado Mayor Presidencial, cuyo jefe era el general Luis Gutiérrez Oropeza.

Le comenté algo que para mí reforzaba el hecho de que el responsable militar de aquella agresión hubiera sido Gutiérrez Oropeza: la ocasión en que, pocos días después de desplomarse el avión en el que perdieron la vida el licenciado Carlos Madrazo, su esposa y todos los pasajeros de aquel vuelo comercial que se dirigía a Monterrey —oficialmente se reportó como un accidente— el general Marcelino García Barragán, secretario de la Defensa Nacional, había visitado a mi padre en la casa de Andes. Le dijo con los ojos rasos de lágrimas (según lo refirió mi padre a mi madre, la que hasta años después me lo contó), entre otras cosas, que la caída del avión en el que viajaba Madrazo se había debido a un acto de sabotaje, preparado y mandado por Gutiérrez Oropeza, quien era dado al uso de la violencia y el presidente se lo permitía.

El militar con el que platiqué me dijo también que en aquella época él era oficial de baja graduación y en esa condición tuvo conocimiento de un hecho que puede relacionarse con el anterior: el licenciado Madrazo tenía como ayudante a un capitán Levy, retirado, que lo acompañaba a todas partes; por razones que desconocía, no había ido con él en el vuelo a Monterrey en el que perdió la vida y que días después del accidente, en un bar de la Zona Rosa en el que estaba bebiendo abundantemente, agentes de la Dirección Federal de Seguridad, en ese tiempo al mando de Fernando Gutiérrez Barrios, lo escucharon lamentarse con altisonantes calificativos para el gobierno. Eso no le pareció a los agentes y por decisión propia lo detuvieron y se lo llevaron a un edificio en las calles de Morelia, en la Colonia Roma, donde lo golpearon con brutalidad.

Alguien informó a familiares de Levy que gente con apariencia de policías se habían llevado al capitán, lo que hicieron saber al Secretario de la Defensa, García Barragán, con el que llevaban amistad. Éste de inmediato mandó detener a los agentes que por la fuerza y sin facultad alguna habían detenido a Levy. García Barragán llamó en ese momento a Gutiérrez Barrios, al que habló golpeado y muy molesto, ordenándole se presentara con él y diciéndole además le llevara inmediatamente a Levy, agregando que a sus agentes se los devolvería en las mismas condiciones en que él recibiera a Levy. Gutiérrez Barrios llegó muy serio, nervioso, con Levy fuertemente golpeado y en esas mismas condiciones le fueron devueltos poco después sus agentes de la Federal de Seguridad. Levy fue entonces reincorporado al Ejército, dejando su condición de retirado, y el secretario le dio instrucciones de irse a Cuautla, donde le ordenó permanecer. Mi amigo militar no me dijo qué fue posteriormente de Levy.

Heberto

Entre los profesores que participaron activamente en el movimiento estuvo Heberto Castillo, quien dio el grito en Ciudad Universitaria, en la celebración del aniversario de la Independencia el 15 de septiembre, frente a un nutrido grupo de estudiantes, maestros, trabajadores y gente solidaria con los reclamos de los universitarios. Heberto sufrió de manera directa la represión, fue perseguido y tuvo que esconderse en Ciudad Universitaria. Desde el lugar donde se ocultaba pudo avisar dónde se encontraba al ingeniero Adolfo Orive Alba, quien se las ingenió para sacar a Heberto de CU en la cajuela de su automóvil. El ingeniero Orive puso lo anterior en conocimiento de mi padre, quien a su vez lo comentó con Elena Vázquez Gómez, su secretaria de gran confianza, la que pidió a algún pariente recibiera a Heberto en su casa, donde se ocultó por varios meses.

En casa teníamos conocimiento de que mi padre sabía dónde se encontraba Heberto. Meses después de la masacre de Tlatelolco le pedí visitarlo. No preciso la fecha ni el sitio, pero me reuní con él y conversamos por largo rato. Lo encontré con una abundante

barba que, al igual que el pelo, estaba teñida de rojo, muy pasado
de peso, él que siempre había sido excesivamente delgado. En marzo del 69 conocí de su aprehensión cuando caminaba por alguna
calle. Nos volvimos a encontrar hasta que salió de la prisión, dos
años más tarde. Durante ese tiempo Celeste y yo nos reuníamos
con cierta regularidad con Tere, su esposa, angustiada, al igual
que sus hijos, niños todavía, por la represión, que aún en la prisión,
ejercía el régimen en contra de los presos políticos, entre los que
se contaba Heberto.

La siderúrgica de Las Truchas

A finales de noviembre de 1968 se inauguró oficialmente la presa
La Villita, a la que se impuso el nombre de José María Morelos,
en cuya construcción participé como ingeniero residente por la
Comisión del Río Balsas. Esta presa era parte importante del proyecto de desarrollo regional de la desembocadura del río Balsas,
pues permitiría el riego de las planicies costeras de Guerrero y
Michoacán, situadas en ambas márgenes del río, y con la de Infier-
nillo, construida aguas arriba sobre el propio cauce del Balsas y ya
en operación su planta hidroeléctrica, aseguraban la disponibili-
dad de energía eléctrica en la región.

Esta presa, desde que se proyectaba por la Comisión del río
Balsas, se visualizaba como elemento clave de los planes de desarrollo industrial, cuyo eje era el aprovechamiento de los yacimientos de mineral de hierro de Las Truchas y la construcción de una
planta siderúrgica en la zona.

Mi padre, desde su paso por el gobierno de Michoacán a finales de los años veinte y principios de los treinta del pasado siglo,
había considerado la posibilidad de que se aprovecharan los yacimientos de mineral de hierro de Las Truchas para desarrollar la

industria siderúrgica del país, pero ese proyecto, antes de cristalizar, pasó por muchas vicisitudes.

Los yacimientos de mineral de hierro de Las Truchas se encuentran en la región costera de Michoacán, en el hoy municipio de Lázaro Cárdenas, a siete kilómetros del mar y a dieciocho de la margen derecha del río Balsas, en terrenos que en el pasado pertenecieron a la Hacienda de La Orilla. El que se encontraran incorporados a la reserva minera nacional cuando se constituyó la empresa siderúrgica de participación estatal tiene una larga historia: en 1906 se constituyó en París la Compañía de La Orilla, S. A., que había adquirido la hacienda, de 93 000 hectáreas, con la finalidad de desarrollar proyectos agrícolas y ganaderos, que se frustró con el estallido de la Revolución, quedando la hacienda abandonada por sus propietarios.

No fue el aprovechamiento de sus tierras lo único que atrajo la atención de negociantes sobre la región. En 1905 William W. Miller, norteamericano apoderado de la Compañía de Minas de Fierro del Pacífico —detrás de la cual estaba el gran consorcio norteamericano Bethlehem Steel— solicitó al gobierno una concesión para el aprovechamiento de los minerales de Las Truchas, la que fue concedida dos años después, sobre 620 hectáreas de terrenos propiedad de la Hacienda de La Orilla. Esa empresa estudió con amplitud los yacimientos, aunque la matriz norteamericana nunca dio a conocer sus resultados al gobierno de México.

En mayo de 1917 el gobierno declaró la caducidad de las concesiones debido a la falta de pago de los impuestos mineros. La empresa disputó la posesión del fundo hasta que la Compañía de Minas de Fierro de Las Truchas, constituida en enero de 1919, adquirió las propiedades de la primera empresa y obtuvo nueva concesión. Como esta compañía tampoco llevó a cabo los trabajos de aprovechamiento a que la obligaba su concesión, en 1936 el gobierno decretó la caducidad del lote minero de Las

Truchas, incorporándose los yacimientos a las reservas nacionales en 1941.

Ese año se recibieron nuevas solicitudes para la explotación de los minerales, en esta ocasión suscritas por un grupo de mexicanos formado por el ingeniero Vicente Cortés Herrera, quien había sido el primer director de Petróleos Mexicanos a raíz de la Expropiación, el ingeniero Ramón P. Denegri, ex embajador de México en varios países, el general Rafael Sánchez Tapia, ex gobernador de Michoacán, ex secretario de Economía y ex candidato presidencial de oposición en 1940, un ingeniero Villafuerte y varias personas más, los que en 1944, apoyados por los entonces Secretarios de Relaciones Exteriores y de Economía, Ezequiel Padilla y Francisco Javier Gaxiola, respectivamente, traspasaron su concesión a la anterior concesionaria, reconstituida como Compañía de Minas de Fierro de Las Truchas, con pleno conocimiento que tras ésta se encontraba la Bethlehem Steel. Ésta pretendía, según parece, mantener los yacimientos dentro de sus reservas, pues esta vez tampoco comenzó mayor prospección ni la explotación de los yacimientos. En 1948, por segunda ocasión, la Secretaría de Economía decretó la caducidad de la concesión sobre esos lotes mineros. La compañía recurrió de nueva cuenta al amparo, que no prosperó, reincorporándose los yacimientos, esta vez ya de manera definitiva, a la reserva minera nacional.

Durante el periodo de gobierno 1934-1940 se habían realizado estudios, con criterios técnico-económicos de la época, con la idea de erigir una planta siderúrgica en Salamanca, en el centro del país, utilizando los minerales de hierro de Las Truchas y carbón de Coahuila. Se llegó a ordenar la construcción de un alto horno en Alemania a cambio de petróleo, que no llegó a realizarse por el estallido de la guerra en Europa.

Desde su creación, la Comisión del Tepalcatepec promovió y realizó estudios preliminares para llevar a cabo el proyecto siderúrgico, que tuvo la oposición torpe pero efectiva de las siderúrgicas privadas y de no pocos funcionarios de la Secretaría de Economía y su sucesora, la de Industria y Comercio. Finalmente, en julio de 1969, el gobierno anunció la creación de la empresa Siderúrgica Las Truchas, S. A., en la que participaban como accionistas Nacional Financiera y Altos Hornos de México, ambas entidades públicas, así como el consorcio ICA, y la designación de mi padre como presidente de su Consejo de Administración.

Esta designación fue convenida poco antes del anuncio público. Habiéndola aceptado, mi padre empezó a considerar quien podría designarse director de la nueva empresa y por lo tanto quien sería el responsable de coordinar la ejecución del proyecto, tanto desde el punto de vista técnico como del financiero. Lo comentó conmigo, posiblemente con alguna o algunas personas más. En nuestra plática surgieron los nombres de los ingenieros Fernando Hiriart y Adolfo Orive Alba. El primero tenía un alto cargo en la Comisión Federal de Electricidad, el segundo colaboró en el gobierno de mi padre como vocal ejecutivo de la Comisión Nacional de Irrigación, había sido secretario de Recursos Hidráulicos durante el gobierno del licenciado Alemán, cuando se constituyó la Comisión del Tepalcatepec, y encabezaba una empresa de diseño y consultoría. Ambos, técnicos con reconocida trayectoria profesional. Se decidió por el ingeniero Orive Alba y así lo propuso el día de la constitución formal de la empresa al Consejo de Administración, que lo aceptó. A mí se me nombró subdirector.

Se trabajó con celeridad. Los estudios preliminares, que constituían la base para realizar los diseños definitivos y la construcción de la siderúrgica, se concluyeron por agosto de 1970. De acuerdo con los nuevos criterios para el desarrollo siderúrgico, se preveía la instalación de la planta en las inmediaciones del puerto de Melchor Ocampo del Balsas (hoy Lázaro Cárdenas), cuya construcción estaba ya proyectada. Se consideró que por la calidad del carbón necesario, éste sería de procedencia extranjera; la construcción de la línea de ferrocarril Coróndiro-Las Truchas estaba iniciándose, y se disponía ya de energía eléctrica de las plantas construidas sobre el río Balsas, con lo que podía considerarse que la región contaba con la infraestructura necesaria para sustentar los proyectos industriales.

Los estudios concluidos se entregaron al presidente Díaz Ordaz, quien pidió se hicieran llegar también al presidente electo, Luis Echeverría, adelantando que tenía la certeza que el proyecto con seguridad se realizaría. Pero, dado que él estaría ya solamente unos meses al frente del gobierno, consideraba que correspondería a la siguiente administración decidir su ejecución.

Lograr una decisión del gobierno para poner en marcha el proyecto siderúrgico de Las Truchas había demandado un esfuerzo grande y de mucho tiempo, una lucha de mi padre de muchos años, que veía en él no sólo una contribución importante al desenvolvimiento de la costa de Michoacán, sino, sobre todo, el fortalecimiento de la autonomía del país, al desarrollar una industria básica, estratégica, con la participación y en función del interés del Estado mexicano.

La siderúrgica y el Fideicomiso

Hacia mediados de 1971, después de varios meses de espera, el gobierno tomó la decisión de arrancar la construcción del proyecto siderúrgico de Las Truchas. El día que se tomó esa decisión, en reunión del Consejo de Administración de la empresa, a la que asistió el presidente de la República, éste propuso que la empresa cambiara su denominación a Siderúrgica Lázaro Cárdenas-Las Truchas. Poco tiempo antes, el Congreso de Michoacán había decretado que el municipio de Melchor Ocampo del Balsas y su cabecera cambiaran también su nombre a Lázaro Cárdenas.

En cuanto el proyecto industrial se puso en marcha, empecé a tener diferencias con el ingeniero Orive. Algunas decisiones, que tenían que ver con el costo de los equipos y otras en el área de la administración interna de la empresa, no se tomaban con la transparencia debida. Aunque lo comentaba con él con toda franqueza, me respondía diciendo que las cosas iban bien, lo que no llegaba a tranquilizarme, pues veía que las cosas no cambiaban.

Parte importante del proyecto era el desarrollo de las viviendas y las áreas urbanas para alojar y servir tanto a los trabajadores de la construcción como a quienes tendrían que trabajar posteriormente en la operación de la siderúrgica. El gobierno consideró que esa parte del proyecto debía estar a cargo de una entidad distinta a la siderúrgica, aunque coordinando sus actividades estrechamente con ésta. Se creó entonces el Fideicomiso Ciudad Lázaro Cárdenas, cuyo Comité Técnico lo presidía el director del INDECO y del que entre otros funcionarios formaba parte el Director de la siderúrgica; se me designó gerente, sin que dejara la subdirección de la siderúrgica, estableciendo así una liga entre ambos proyectos, se integró un equipo técnico y al poco tiempo comenzaron los trabajos para desarrollar propiamente una nueva ciudad.

Mis diferencias con el ingeniero Orive sobre la conducción del proyecto siderúrgico continuaron y a mediados de 1972 busqué al presidente, sabiendo que mi presencia en Las Truchas respondía no sólo a una cuestión técnica sino que tenía también un componente político, además de que tenía yo el compromiso de carácter personal de que el proyecto que por tantos años y con tanto empeño había impulsado mi padre, se llevara a cabo con plena transparencia en sus decisiones y manejos de recursos. Le manifesté mi propósito de renunciar como subdirector de la empresa. Respondió que me quedara yo por un tiempo en el cargo, que en las próximas semanas saldría hacia Europa una misión de la industria siderúrgica, encabezada por el ingeniero José Antonio Padilla Segura, Director de Altos Hornos de México, empresa siderúrgica estatal como Las Truchas, y que me incorporara a ese grupo. Visitaría instalaciones siderúrgicas en varios países para establecer relaciones y explorar las posibilidades de proyectos conjuntos con empresas europeas y, a mi regreso, lo buscara para retomar el punto.

Fueron varias semanas de recorridos por Alemania, Yugoslavia, Italia, Austria, Francia, visitando plantas siderúrgicas, hablando con técnicos sobre las innovaciones que podían llevarse a la industria mexicana, nuevos proyectos, etcétera. Encontré interés en las firmas europeas por conocer cómo avanzaba el proyecto de Las Truchas y las posibilidades de participación que para ellas pudieran abrirse en su ejecución.

Al regresar a México me reincorporé a mis actividades. Las diferencias con el director aumentaron, por lo que decidí no recibir mi sueldo en Las Truchas y empezar a cobrar como gerente del Fideicomiso, lo que antes no hacía. Por otro lado, eran cada vez menos los asuntos que la dirección encomendaba a la subdirección. El encargado de la administración, a quien instruí suspendiera mi sueldo, nunca informó de ello al director. Yo tampoco lo hice y así transcurrieron varios meses.

Pasaba temporadas largas en la costa, dando seguimiento al desarrollo del proyecto urbano y aprovechaba para ver también los avances de la planta siderúrgica. Un fin de semana cayó por allá un reportero de un diario de la ciudad de México, con el encargo de hacer un reportaje sobre Las Truchas. Sin haberlo previsto él o yo, nos encontramos en un hotel de Playa Azul, platicamos y me dijo que nuestra conversación no sería parte del reportaje. En algún momento le manifesté que tenía yo desacuerdos con la forma como se estaba manejando el proyecto y que desde meses atrás no recibía sueldo de Las Truchas. Publicó esto en su nota y en cuanto regresé a la ciudad de México, sin aviso previo a nadie, presenté al presidente del Consejo de Administración de la siderúrgica, que era el secretario de Hacienda, el licenciado José López Portillo, mi renuncia con carácter de irrevocable, pidiéndole que hiciera del conocimiento del presidente mi decisión.

Continué en el Fideicomiso coordinando el proyecto urbano.

La región de los ríos

En los primeros días de enero de 1970 asistí, invitado por la Asociación Nacional de Egresados de las Escuelas Superiores para Hijos de Trabajadores, a un acto organizado en apoyo al licenciado Echeverría, en aquel momento candidato a presidente.

Las escuelas para hijos de trabajadores fueron internados de educación secundaria, que complementaban en el ciclo inmediato superior a los internados del sistema Hijos del Ejército y a otros internados oficiales de educación primaria, creados durante el periodo de mi padre como parte importante de la política educativa y social del gobierno. Inicialmente se establecieron esas escuelas en Lerdo, Durango, Tepic, Nayarit, Tacámbaro, Michoacán, Orizaba, Veracruz, Mérida, Yucatán y Coyoacán, Distrito Federal, así como una primera preparatoria en Coyoacán. Al darse el cambio de gobierno se canceló ese proyecto, pero un buen número de sus egresados, con grandes y meritorios esfuerzos, se formaron como profesionales, principalmente en el Instituto Politécnico Nacional. Posteriormente se organizaron como asociación de egresados y muchos mantuvieron contacto y amistad con la familia.

En esa reunión, al despedirme del licenciado Echeverría, me invitó para acompañarlo en algún recorrido de su campaña, diciéndome que pronto iría a la región petrolera de Poza Rica y al sureste. Le respondí que me gustaría acompañarlo al sureste. A los pocos días recibí la invitación formal y unos días después lo alcancé, con otros invitados, en Campeche. Recorrimos una buena parte de ese estado y de Quintana Roo. En alguno de los recorridos le propuse se formara dentro del IEPES, el instituto de estudios del PRI, un grupo que en el tiempo que faltaba para el cambio de gobierno, pudiera realizar un estudio de carácter general de la región que comprende las cuencas de los ríos Grijalva, Usumacinta y Candelaria. Estuvo de acuerdo y al regresar a México invité a varios amigos, algunos miembros de la Sociedad Mexicana de Planificación y otros con quienes coincidimos en el Consejo Técnico de la CNC, para que integráramos un equipo multidisciplinario. Se buscaba reunir datos sobre la región, recorrerla y presentar un estudio que pudiera servir para iniciar, con una visión de conjunto, estudios más profundos y detallados para aprovechar los ricos y variados recursos de la zona, en particular sus caudalosos ríos.

Así, visitamos las capitales de Tabasco, Chiapas y Campeche, otras poblaciones importantes, la selva Lacandona; volamos sobre varios sitios donde podían construirse presas, hablamos con autoridades y representantes de organizaciones campesinas, con ganaderos y agricultores; reunimos información de diferentes dependencias, se identificaron los principales aprovechamientos hidráulicos para riego, hidroeléctricos y para control de inundaciones, las necesidades de caminos y otras obras. Pasada la campaña se le presentó el resultado de ese estudio al presidente electo, y ahí se quedó; es decir, con una visión del sureste como una de las grandes regiones del país, el proyecto no se inició, y de hecho no se ha emprendido hasta ahora, ningún desarrollo.

Tres Naciones

En el curso de los recorridos por la región de los ríos, llegué a la pequeña ranchería Tres Naciones, punto donde propiamente nace el río Usumacinta, el más caudaloso del país. De la corta estancia, una hora u hora y media máximo, en la pista aérea de tierra paralela al río, redacté la nota siguiente:

Tres Naciones, punto donde su unen los ríos Lacantum, que baja de la montaña chiapaneca, y Pasión-Salinas, que viene de Guatemala, para formar el gran Usumacinta. Hoy es 30 de mayo.

Paralelo al Lacantum, retirado de éste unos 150 metros, un pequeño campo aéreo, en los terrenos de Pedro Sánchez, un viejo soldado del general Salvador Alvarado, de su Estado Mayor, radicado ahí desde mucho tiempo atrás, que perdió toda su documentación al voltearse en el río, una vez, su cayuco. Junto al campo dos o tres chozas de guano —de palma— y bajareque. Bajo un techo de lo mismo un trapiche primitivo, en torno al cual giraba un caballo tordillo para moler cañas que un hombre sentado junto a la máquina introducía, una a una. El guarapo escurría a una canoa, tallada en un tronco de árbol. A un lado, un gran cazo, donde se pone a cocer el jugo de la caña, y también un hogar de barro, sobre el que se coloca el cazo para elaborar la panela, el piloncillo.

Bajó primero el 185 del Banco Agropecuario, con Priani (Arq. José Priani), Nacho (Lic. Ignacio Acosta) y el doctor (Olegario) Vizcarra. Después nos platicaron que al parar el avión estaban ya completamente rodeados por soldados armados. Un teniente les preguntó a qué iban y les pidió identificarse. Explicaron el motivo de su visita, diciendo llegaría luego otro avión, sin poderse identificar realmente ninguno de ellos. Poco después llegamos Raúl (Castellano), Pedro Vega (chiapaneco, profundo conocedor de la selva y guía del grupo en la región) y yo en el otro avión. Saludamos al teniente y a un soldado, a Pedro Sánchez, y le dije al oficial que estábamos haciendo un reconocimiento de la cuenca alta del Usumacinta, como parte de los estudios preliminares para el aprovechamiento de sus recursos hidráulicos.

El aterrizaje en Tres Naciones se debió al interés de ver la selva (era el primer aterrizaje previsto en el día), para tener una imagen más viva de ella, de palparla en su majestuosidad, en cómo y cuanto impone, en lo que es y puede ser.

Además, un poco aguas arriba de ahí, en el "encaño" de El Colorado, se piensa que es posible represar el Lacantum para controlar sus aguas.

A doscientos metros del campo y caserío de Tres Naciones fueron muertos el comandante Yon Sosa,[14] de la guerrilla de Guatemala, sus dos compañeros y un guía mexicano.

Salvo el pequeño claro del campo aéreo y un terreno de cultivo, todo lo demás es selva, selva tropical, impenetrable verdaderamente. El sol con trabajos llega a la tierra. Árboles grandes, gruesos, muy altos, unidos entre sí por lianas, que a su vez se enredan en palmas de corozo chicas, arbustos, plantas espinosas, flores de la selva.

Tres Naciones está a varias jornadas a pie de cualquier otra ranchería del lado mexicano. Cruzando la frontera, es decir, atravesando el río, hay algunas "cooperativas" de campesinos guatemaltecos, a los que Pedro vende el piloncillo que fabrica.

---

[14] Marco Antonio Yon Sosa, revolucionario guatemalteco, dirigente del Movimiento Revolucionario 13 de noviembre (MR-13), combatiente contra la dictadura de Miguel Ydígoras, muerto en Tres Naciones, Chis., el 18 de mayo de 1970.

En México, cuando murieron los guerrilleros guatemaltecos, la prensa "'informó" que habían tenido un encuentro con soldados de nuestro ejército, que realizaban una patrulla habitual por la línea fronteriza. Esto es falso. Las tropas de Tres Naciones —nosotros vimos al teniente y a dos o tres soldados, pero supongo eran más— llegaron por avión. Circular a lo largo de nuestra frontera, patrullar la margen izquierda del río Usumacinta es muy difícil, prácticamente imposible; por la selva puede caminarse sólo si se abre brecha a machete, arrastrándose entre una vegetación agresiva por su virginidad y su exuberancia, cruzando ríos y arroyos, sin puentes, en fin, por la selva casi no se circula; y el ejército no acostumbra hacerlo. Es una zona deshabitada, incomunicada, el recurso que la selva representa, es lo único que debiera cuidarse, y no se cuida, y donde lo demás, a los de lejos y a los de ahí, poco o nada importa.

Los soldados están tensos. Por nada dejan sus armas. Como no pudimos despegar luego porque falló la batería del 185, fuimos primero al río, donde en un cayuco la nuera de Pedro peinaba a una de sus hijitas, y donde estaban un hijito y una hijita más, y una niña que cargaba a esta última. Después volvimos al caserío y como aún debíamos esperar un poco, viendo una brecha que después de un cultivo se internaba en la selva, decidimos seguirla Raúl (Castellano), Pepe (Priani) y yo. Tomamos fotografías y película. Alguien nos dijo que un poco más allá de los 100 o 150 metros que habíamos caminado, la vereda se cerraba, que sólo arrastrándose podía seguirse. Al poco rato nos alcanzó el teniente —habíamos oído ya que había arrancado el avión y estábamos regresando— y nos pidió volver, diciendo que era peligroso entrar al bosque, pues temían pudiera haber represalias de los guerrilleros.

La prensa también dijo que el guía mexicano muerto había caído en el Lacantum, que corre impetuoso por ahí, y que no habían podido encontrar su cadáver arrastrado por la corriente. Es posible. A mí el río en esa parte me pareció manso, apacible ahí donde la nuera de Pedro peinaba a su niña en el cayuco medio en el agua y medio atorado en la arena de un pequeño playón. Es ese además un tramo navegable, tanto del Lacantum como del Usumacinta.

Dos días después, en Tuxtla Gutiérrez, oímos la versión de que un guía mexicano, posiblemente un lagartero de la zona, había informado que por esos rumbos, en Guatemala, y pasando ocasionalmente a México, sin armas, para hacer pequeñas compras, andaban guerrilleros. Parece que el guía, bien aleccionado, quedó en llevar a la guerrilla, quien sabe con qué argumentos, por Tres Naciones, al pequeño caserío casi deshabitado. Ahí cayó el ejército, comandado por el jefe del batallón (el 46), un coronel diplomado del Estado Mayor, sobre los guerrilleros. Se dice que varios alcanzaron a escapar. Tres por lo menos fueron tomados prisioneros, golpeados, culateados y abatidos. Yon Sosa tenía tiros en los dos ojos y una ráfaga en el pecho. El parte militar y la autopsia en Tuxtla dijeron otra cosa.

El guía, el delator, sí murió, pero decíamos, se cuenta que no hubo combate. Parece recibió en pago lo único que merecía.

Semanas o meses antes, pocos, el comandante de la zona militar de Chiapas, un general Luis Casillas, había sido recibido con todos los honores y condecorado en Guatemala. Eso también lo oímos (1-VI-70).

4

MI PADRE

La enfermedad de mi padre

En los primeros días de enero de 1970 mi padre nos dijo en casa que desde hacía días había advertido una inflamación en el cuello y que consultaría al médico para ver de qué se trataba. El día 10 se internó en el Hospital Santelena, donde fue sometido a una operación para extraerle un tumor. Fueron unas dos semanas de convalecencia antes de regresar a casa.

Mi padre consultó primero al doctor Salvador Zubirán, amigo, quien había sido durante su gobierno jefe del Departamento de Asistencia y tiempo después rector de la Universidad Nacional. Éste lo remitió con el doctor Héctor Rodríguez Cuevas, oncólogo, especialista en cuello, quien operó, asistido en la cirugía por los doctores Héctor Salguero, Gustavo Ramírez Wiella y Mario de la Garza. El doctor Zubirán estuvo presente durante la intervención.

Poco antes de que mi padre fuera dado de alta, me llamó aparte el doctor Zubirán. Quería informarme lo que se había encontrado después de la operación, que había sido una intervención delicada y mayor. Me dijo sólo a mí que se trataba de un tumor canceroso, que podría haber manifestaciones de la enfermedad en otras partes del cuerpo y estimaba que mi padre tenía expectativas de vida de seis meses a un año.

Fue un golpe duro. Guardé la información sólo para mí. Sabía que el doctor Zubirán no me hubiera dicho lo que me dijo, si no hubiera tenido la certeza de ello. Sin embargo, sabiendo que mi padre había salido siempre bien librado de las situaciones difíciles que había enfrentado, que a lo largo de su vida había hallado siempre la forma de vencer obstáculos y por otro lado resolvía los problemas de todos los demás (y no pensaba sólo en mí o en la familia, sino en todo mundo), a pesar de que conscientemente entendía y aceptaba lo que me había dicho el doctor Zubirán, me quedé con la sensación de que por grave que fuera la enfermedad, por complicada que fuera la condición de su salud, él, que siempre había tenido la fuerza y la sabiduría para salir adelante de cualquier situación difícil, lo haría nuevamente. Era quizá una reacción inconsciente, defensiva, frente a un hecho que me resistía a aceptar.

Después los médicos que lo atendieron en la operación seguían visitándolo regularmente en casa. Mucho tiempo después, años, Héctor Salguero nos platicó que un día lo llamó mi padre a la biblioteca de la casa, pidiéndole que le informara con amplitud de la naturaleza de su enfermedad y de lo que podía esperar. Me imagino que lo mismo hizo con los doctores Zubirán y Rodríguez Cuevas en distintos momentos y que estuvo, por lo tanto, claramente consciente de la condición de su salud.

Mi padre comenzó a mejorar pasada la operación y después de las dos semanas de hospital y otras tantas en casa, aceptó la invitación del ingeniero Orive Alba para pasar unos días en su casa de Acapulco para continuar la convalecencia. En Acapulco estuvimos unos días con él Celeste, Lázaro, Cuate y yo. Poco a poco fue volviendo a sus actividades habituales y se reincorporó a su trabajo en la Comisión del Balsas, yendo una vez más de un sitio a otro, dando seguimiento al avance de las obras y atendiendo también al desarrollo de los estudios de la siderúrgica de Las Truchas.

En los primeros días de mayo, durante un recorrido que llevaba ya varios días por la Mixteca oaxaqueña, en Juxtlahuaca, cayó enfermo de una afección pulmonar seria, con temperaturas muy altas. Ahí lo empezó a tratar el médico Francisco Espinoza, profesionista de la localidad. Nos avisaron y al día siguiente, en una avioneta, llegué acompañando al doctor Rodríguez Cuevas y a una enfermera de su confianza. Un día después llegaron mi madre, Alicia mi hermana, y Celeste. Nos quedamos en Juxtlahuaca tres días, hasta que el médico consideró que mi padre podía trasladarse a México. Fue un buen susto, después de la operación. A los pocos días estaba ya de nuevo en actividad.

Desde la creación de la Comisión del Balsas, mi padre dio particular atención a la Mixteca oaxaqueña, una de las regiones con mayor atraso social, económico y de infraestructura de la cuenca. Pasaba en esa zona largas temporadas, revisando las obras en proceso en largos recorridos, hablando y escuchando mucho a la gente. Transcurrían meses sin que visitara otras partes en las que también trabajaba la Comisión, con la tranquilidad seguramente de que las obras y gestiones se encontraban en manos responsables. Después de la enfermedad en Juxtlahuaca, comenzó a viajar a zonas de la cuenca que había visitado con menor frecuencia, así como a Jiquilpan, Pátzcuaro y Tacámbaro, en Michoacán, lugares sobre todo de afectos profundos para él.

El 25 de septiembre cumplieron mis padres treinta y ocho años de casados. Un par de días después mi madre, con la tranquilidad de que las condiciones de salud de mi padre eran buenas, se marchó a Europa, para realizar un viaje que tenía proyectado con algunas amistades.

El 2 de octubre acompañé a mi padre a Tzintzuntzan, en las orillas del Lago de Pátzcuaro, que celebraba los cuarenta años de la creación del municipio, elevado a esa categoría durante su gobierno en Michoacán. Llegó a Tzintzuntzan con lo que parecía un principio de gripa, pero no dijo nada. Después de las celebraciones nos dirigimos a Galeana, el rancho en Apatzingán. En el trayecto lo notamos cansado. Al llegar, a Valente Soto, que manejaba el auto, le pidió que lo llevara con un médico para que lo inyectara con el mismo medicamento con el que lo habían tratado en Juxtlahuaca. Intuimos que no se trataba de una simple gripa y le propusimos, al día siguiente, ir a México para que lo revisaran los médicos que lo habían estado atendiendo.

Por otro lado, llamé a mi madre a París, para que regresara. Ya en la ciudad, mi padre se internó de nueva cuenta en el hospital, donde lo revisaron los médicos y detectaron que se trataba de una recaída grave; consideraron que no había más que hacer en el hospital y se trasladó a casa. Ahí pasó varios días, recibiendo a algunos amigos y familiares, cansado, pero conversando con ellos. Del 14 y 15 de octubre son sus últimas anotaciones personales, una sobre los bosques de Michoacán, otra sobre dispendios en Pemex. Celeste, mi hermana y yo pasábamos prácticamente todos los días en la casa, acompañándolo a él y a mi madre. El 19 de octubre, iniciando la tarde, entre las tres y las cuatro, cuando estaba acompañado sólo por Celeste, falleció.

Desde que nos casamos, Celeste fue para él una parte muy preciada de la familia. Se quisieron; la relación de cariño y comprensión se dio en los dos sentidos.

Cuando lo irremediable sucedió, junto a su cama nos reunimos mi madre, mi hermana, Celeste y yo. Era, para todos, una pena grande y profunda. Estuvimos ahí un largo rato, sin contener el llanto. Después había que avisar de lo sucedido a la familia, a los amigos y al país.

Empezaron a llegar los familiares y los amigos, que llenaron la estancia de la casa. A eso de las seis o siete de la tarde llegaron los ex presidentes Emilio Portes Gil y Miguel Alemán. Expresaron sus condolencias a mi madre. De ambos surgió la iniciativa que los restos de mi padre fueran depositados en el Monumento a la Revolución. Nos preguntaron si tendríamos algún inconveniente, respondimos que no, y cuando llegó a casa el presidente Díaz Ordaz, acompañado del presidente electo Luis Echeverría, les presentaron la idea.

Platicaba mi madre que en más de alguna ocasión había comentado con mi padre sobre la posibilidad de que descansara en el Monumento a la Revolución. Invariablemente le respondía "no lo permitirían", sin extenderse más en su contestación. Meses antes había encargado que se arreglaran las tumbas de sus padres, mis abuelos, en el panteón de Jiquilpan. Él decía que le gustaría que lo llevaran allá. Mi madre le contestaba que quedaría muy lejos. Pero contra lo que él imaginaba, está en la columna sureste del Monumento a la Revolución.

Lo velamos en casa. Durante la noche, la madrugada y la mañana no dejó de llegar gente. Ese día, ya 20, se trasladó a mi padre, primero a la Cámara de Diputados y luego a la Confederación Nacional Campesina, donde se montaron numerosas guardias. De ahí, al Monumento a la Revolución.

Desde la noche anterior pedí al licenciado Ignacio García Téllez, su entrañable amigo y leal colaborador, hombre sin tacha, que fuera él quien hablara a nombre de la familia. Lo hizo, con la voz entrecortada y los ojos rasados por las lágrimas.

El primer aniversario

El 19 de octubre de 1971 se cumplió un año del fallecimiento de mi padre. Se dio la coincidencia de que también un 19 de octubre, 25 años antes que mi padre, había muerto el general Plutarco Elías Calles. El Presidente Echeverría pensó en realizar un acto en el monumento a la Revolución para recordar a ambos en esa fecha.

Con varias semanas de anticipación Gonzalo Martínez Corbalá nos llevó recado del presidente a mi madre y a mí, planteando la celebración de ese acto en memoria de los dos. En casa no estuvimos de acuerdo; reconocíamos las aportaciones positivas del general Calles al país, que mi padre, antes que nadie, nos hizo conocer en las pláticas familiares: el fomento a la educación, especialmente a la escuela rural cuando Calles fue gobernador de Sonora; el impulso a la reforma agraria; el acotamiento a las acciones del clero político; la creación de instituciones durante su periodo presidencial como el Banco de México y el Banco Agrícola. Pero el enfrentamiento entre ellos había sido político, no de carácter personal, representó la liquidación del maximato y la recuperación de la autonomía y dignidad presidenciales. La parte ganadora en aquella confrontación fue la de mi padre, Lázaro Cárdenas, y ese tema, en un acto dedicado a los dos, aunque no se tocara expresamente, estaría siempre presente, por lo que estimábamos de poca delicadeza de parte nuestra reunir los dos homenajes en uno, lo que podía resultar incómodo y difícil para quien se considerara o sintiera cercano al general Calles. Además, porque no se podría evitar que al menos se pensara que Calles había caído en contradicción con las ideas y postulados que él mismo, en algún otro momento, había defendido. Y no resultaba lógico recordar y honrar en un mismo acto hechos y actitudes que entre sí se confrontaban y se situaban en posiciones opuestas en la política y en la historia.

Dijimos no a Gonzalo, quien llevó nuestra respuesta al presidente. Éste insistía en celebrar un acto donde se brindara reconocimiento a los dos. Estuvo en casa de mi madre el secretario de Gobernación, Mario Moya, para tratar de convencernos. Algunos amigos que formaban entonces parte de la Asociación Cívica Lázaro Cárdenas consideraron que sería conveniente acceder. Ante tanta insistencia y después de volver sobre el asunto en casa, accedimos. Dijimos a los enviados del presidente que estaríamos en el

Monumento de la Revolución ese día, que no lo haríamos en años subsecuentes si se pretendía por parte del gobierno mantener celebraciones conjuntas y que quien hablaría en representación de la familia y amigos de Lázaro Cárdenas sería yo. Así fue.

Tenía que ver ahora qué iba a decir ese día. No era fácil. Unos días antes de la fecha en que se realizaría la ceremonia, me buscó la señora Hortensia Elías Calles de Torreblanca, hija del general, a quien pasé a ver a su casa; le preocupaba quién hablaría del lado nuestro; podría hacer referencias negativas a su padre. Le di seguridades de que eso no sucedería, ella sabía el respeto y afecto que mi padre profesaba al general Calles, más allá de las diferencias políticas que los habían separado. Así pues, empecé a preparar mi intervención.

En esos días había estado trabajando en leer y ordenar los apuntes personales de mi padre para su publicación por la Universidad Nacional y tenía fresco haber leído el documento que preparaba, según se desprende del texto, para el 60º Aniversario de la Revolución. Pensé en extraer algunos párrafos, ya que el documento es extenso, pero leyéndolo una y otra vez me pareció que era necesario darlo a conocer completo. Así pues, redacté unos cuantos párrafos como introducción y otros como final y decidí que, llegado el día, lo leería completo, de principio a fin, independientemente del tiempo que tomara. Se trata de un documento fundamental, una visión, cuarenta años después, aún actual sobre cómo encauzar la solución de problemas básicos del país, tras corregir las claudicaciones de los hombres, los incumplimientos a los compromisos y las desviaciones a las políticas y principios de la Revolución Mexicana.[15]

Llegó el día. En el presidium estaba el presidente, mi madre, mi hermana, los miembros del gabinete, etcétera, y yo. Habló pri-

---

[15] Ver Apéndice I: "Mensaje a los revolucionarios de México" de Lázaro Cárdenas.

mero Plutarco Elías Calles hijo, después yo y finalmente, en representación del gobierno, Enrique Soto Izquierdo, director del Instituto Nacional de la Juventud (el presidente no quiso que la posición del gobierno la fijara una figura política de mayor dimensión, un miembro de su gabinete, por ejemplo), quien en algún pasaje de su discurso dijo que las diferencias entre Calles y Cárdenas se habían borrado con la muerte de ambos en un mismo día del año, aunque con una separación de un cuarto de siglo entre uno y otro. En ese momento el presidente se levantó a aplaudir; era la declaración política en la que él tenía interés. Luego lo hicieron todos los miembros del presidium, casi todos los asistentes, menos mi madre, mi hermana, los miembros de la familia, algunos amigos y yo.

El aplauso estalló encabezado por el presidente que con marcada intención lo prolongaba (larguísimo me pareció) y sentía una gran tensión, como si todos, o muchos ojos, estuvieran fijos en quienes permanecimos sentados. Pasó ese momento, continuó el orador y cuando concluyó su discurso, se acercó a mí un ayudante militar del presidente para invitarme a acompañarlo en una guardia ante la tumba del general Calles. Respondí que no iría, de lo que todos los asistentes se dieron cuenta. Permanecí en mi lugar, incómodo por la tensión que había en el ambiente, seguro, por otro lado, de que estaba procediendo como debía hacerlo, mientras el presidente, los miembros de la familia Calles y algunos miembros del gabinete lo acompañaban. Después lo acompañé a la guardia que hizo a mi padre.

No se trataba de no reconocer los méritos del general Calles, insisto. Sí, de marcar categóricamente que las diferencias entre ellos no habían sido personales sino políticas y la razón había asistido a mi padre; que la muerte de ambos un 19 de octubre no significaba que aquel enfrentamiento de principios y exigencia de respeto a una investidura constitucional y a la dignidad de una persona, no hubiera tenido razones de peso; no era el propósito enfatizar que estábamos del lado de la parte ganadora y no se trataba de recordarle a nadie, en ese aniversario, quién y quiénes habían sido los ganadores y quién y quiénes los perdedores; que sería contradictorio hacer una guardia para honrar el maximato. Lo veía y lo veo como una consideración a ellos. Una sensibilidad que no tuvo el presidente.

Los *Apuntes*

Desde que recuerdo, mi padre trabajaba hasta muy noche. En casa y los amigos más cercanos sabíamos que una buena parte de ese tiempo lo dedicaba a hacer apuntes para él mismo, anotaciones sobre los acontecimientos del momento, sus inquietudes y preocupaciones, la familia, los viajes que constantemente realizaba. Su constancia y disciplina para plasmar por escrito aquello que llamaba su atención o le interesaba, para el momento o la posteridad, no dejó nunca de asombrarme.

Anotaba (y ésa fue su costumbre desde que empezó a hacerlo el 12 de mayo de 1911, fecha de la primera nota con la que se cuenta, hasta el 14 y 15 de octubre de 1970, que son sus últimas anotaciones; una, por cierto, haciendo referencia a un artículo de la revista *Siempre!* fechada el 21 de ese mes, aunque distribuida al público a partir del 14, porque la revista se publicaba con una semana de adelanto) en cuadernos, pequeñas libretas, a veces en hojas sueltas, que en sus idas y vueltas por el país, sobre todo en su vida de revolucionario y de militar, se llevaba a donde iba o dejaba encargados con gente de su confianza para después recuperarlos. Más tarde, mucho más tarde supongo, pues no dejó y no tengo ninguna referencia, ya por los años cincuenta y sesenta, hizo que esas anotaciones manuscritas fueran transcritas a máquina. Y conforme eso se hacía, destruía los manuscritos, pues siendo muy abundantes las notas transcritas, son sumamente escasas las manuscritas que se conservaban en la biblioteca de la casa de la calle Andes.

Cuando alguien le preguntaba si escribía *sus memorias*, si las daría a conocer o se publicarían, respondía que debía primero ordenarlas. Empezó a hacerlo, pero siempre le faltó tiempo para ello. En ocasiones, cuando en la conversación surgía algún tema, tomaba alguna libreta de su escritorio y pedía a alguno de los presentes leyera algunos párrafos o unas cuantas páginas. Por otro lado decía que "los papeles" y la biblioteca estaban ahí para mí.

Cuando faltó, yo sabía que un trabajo pendiente era el ordenamiento y la publicación de sus notas cotidianas. Así, en 1971 empecé a reunir todo lo que teníamos de él en casa, a leerlo, ordenarlo cronológicamente, intercalar unas anotaciones con otras según sus fechas y, por otro lado, comentando con mi madre, con Elena Vázquez Gómez, Luis Prieto, Leonel Durán y algún otro amigo cercano, cómo y dónde podrían publicarse los materiales que estaba ordenando. Se consideró lo más conveniente hacer una primera propuesta a la Universidad Nacional y pedí a Gastón García Cantú, que sabía del trabajo de ordenación que estaba haciendo, lo planteara. La idea fue acogida con interés y gusto desde el primer momento por el rector Pablo González Casanova y por el director de la Facultad de Ciencias Políticas Víctor Flores Olea, con quienes habló García Cantú. Y la UNAM, en 1972, con su sello editorial, publicó *Apuntes*, que fue el título que se encontró más conveniente para esas notas.

Empezar a leer, adentrarme en sus escritos, poner en ellos mi atención y hacer de ellos mi lectura principal por alrededor de un año, fue una experiencia extraordinaria y maravillosa. Conocía muy de cerca de mi padre, su forma de ser, de reaccionar ante circunstancias determinadas, había convivido con él en casa, a solas y acompañado, en visitas que hacía a algunas personas o a ciertos sitios, en innumerables viajes, pero nunca imaginé la riqueza que me daría leer sus apuntes. A través de sus escritos encontré su amor e identidad con mi madre, su cuidado al relatar las impresiones de alguna persona o algún acontecimiento para no herir sentimientos y menos prestigios; para no heredar resentimientos; la firmeza de sus ideas y convicciones, las explicaciones de por qué se habían dado acercamientos y distanciamientos o rupturas, lo encontré tal como él era, como lo conocía, pero reafirmando ante mí sus cualidades y valores, su humanismo y su grandeza.

5

MICHOACÁN

En busca del gobierno de Michoacán

Hacia mediados de 1973 empezaron a manifestarse las inquietudes políticas en relación a la renovación del gobierno de Michoacán, que debía tener lugar en septiembre del año siguiente. En ese tiempo, por una parte, empezaron a acercarse amigos para plantearme que pudiera yo contender como candidato a gobernador; por la otra, el presidente Echeverría había hecho declaraciones reiteradas que el partido, el PRI, tomaría las decisiones para designar candidatos con procedimientos democráticos y atendiendo la opinión de los miembros del partido, aun cuando el partido no estableció lineamientos para esa supuesta apertura democrática ni lanzó convocatoria alguna invitando a la participación.

Le tomé la palabra al presidente y con un grupo de amigos nos pusimos a trabajar. Empecé a cumplir con el ritual: me entrevisté con el presidente del partido, licenciado Jesús Reyes Heroles; con el secretario de Gobernación, Mario Moya; con el gobernador del estado, Servando Chávez; con los funcionarios michoacanos del gabinete, el licenciado Carlos Gálvez, gobernador con licencia y director del Seguro Social, y Carlos Torres Manzo, secretario de Industria y Comercio; con el ex gobernador, licenciado David Franco Rodríguez, para manifestarles mi interés de buscar la candidatura. Con el presidente del partido y con el secretario de

Gobernación me reuní en varias ocasiones, por separado. Percibí simpatía en ellos. Quien nunca me recibió en ese tiempo, a pesar de repetidas solicitudes, y al que antes siempre había podido ver con facilidad, fue el presidente Echeverría.

Entre los michoacanos, quienes con más entusiasmo alentaban mi participación eran Natalio Vázquez Pallares, quien desde las juventudes cardenistas en la campaña de 1933-1934 se había identificado con las ideas y las causas de mi padre, político progresista de ideas firmes, honradez acrisolada y larga trayectoria en Michoacán; Rafael Galván, dirigente de los electricistas democráticos, y un buen número de dirigentes campesinos de la CNC, entre ellos Federico Hernández, Guillermo Villa y Moisés Martínez, que en 62 y 68 habían impulsado la candidatura de Natalio; a ese esfuerzo se sumó un numeroso grupo de jóvenes nicolaítas, entre los que destacaba Francisco Xavier Ovando, y empujaron también muchos de los compañeros que habían participado activamente una década atrás en el Movimiento de Liberación Nacional.

Con objeto de dar presencia a la candidatura por todo el estado, se convocó a una reunión en el ranchito que tenía Rafael Galván en Curungueo, municipio de Zitácuaro, muy cerca de esa ciudad. Concurrió un buen número de amigos que desde ese momento se convirtieron en promotores activos y entusiastas de mi candidatura.

Se generó así una fuerte corriente a mi favor, con una amplia base popular en todo el estado. El 2 de enero, ya de 1974, se dio un hecho insólito en aquellos tiempos: apareció publicado en varios periódicos del estado un manifiesto en apoyo a mi candidatura, firmado por veinticuatro presidentes municipales, por numerosos jefes de tenencia[16] y otros funcionarios municipales; también por

---

[16] Jefe de Tenencia: autoridad de la Tenencia, categoría subordinada del municipio.

un buen grupo de presidentes de comisariados ejidales, secretarios generales de comités regionales campesinos de la CNC y de varios sindicatos, presidentes de comités municipales del partido, representantes de asociaciones de productores agrícolas, ganaderas y forestales; por algunos notarios, que *se salieron del huacal*, *se saltaron las trancas* o *no se disciplinaron*: no esperaron la consigna, como era habitual en ese tiempo cuando se tenía algún cargo de autoridad o representación. El día 6 apareció otro manifiesto de varios cientos de profesionistas apoyando igualmente mi candidatura.

La movilización de la gente y de la opinión pública en Michoacán precipitó las decisiones del presidente. Buscando una salida, el presidente del partido, Jesús Reyes Heroles, y el secretario de Reforma Agraria, Augusto Gómez Villanueva, con el pretexto de la celebración del aniversario de la expedición de la ley agraria de 1915 por el Primer jefe Venustiano Carranza, convocaron para el 6 de enero a una concentración campesina en Vista Hermosa. Se invitó al gobernador del estado, Servando Chávez, y a todos los que se mencionaban en los diferentes medios como posibles candidatos: Natalio Vázquez Pallares y Jesús García Santacruz, ambos partidarios abiertos de mi candidatura; Norberto Mora Plancarte, Carlos Torres Manzo, Melchor Díaz Rubio, Emilio Romero Espinosa, Octavio Peña Torres, Enrique Bravo Valencia y algunos más. A pesar de los llamados al silencio por parte de quienes la conducían, la reunión se convirtió en una manifestación masiva a mi favor. De la ciudad de México y a ella volvimos todos los invitados con el presidente del partido.

Desconozco si acaso hubo otra inclinación del licenciado Echeverría respecto al gobierno de Michoacán —tuve desde entonces y tengo claro que él no quería compromiso político conmigo ni con lo que en la vida política del país podía representar como hijo de Lázaro Cárdenas—, pero para resolver su problema en el Estado y dar fuerza a su decisión ante la opinión pública local y del país, manteniendo esa decisión dentro de las reglas del sistema político imperante, echó mano de quien desde un punto de vista formal era de suponerse podía representar mayor jerarquía burocrática que yo; esto es, de un miembro de su gabinete, Carlos Torres Manzo, quien no estoy seguro si en aquel momento realmente aspiraba al gobierno de Michoacán o hubiese preferido continuar como integrante del gabinete presidencial. Diez días después del acto de Vista Hermosa los sectores del partido se pronunciaron públicamente en su favor.

El 17 de enero di a conocer un documento exponiendo las razones de mi participación en la búsqueda de la candidatura del partido oficial y el por qué de mi retiro. Expresé entonces:

En estos momentos, al decidirse de hecho quien habrá de ser el candidato del Partido Revolucionario Institucional a Gobernador de Michoacán, considero necesario explicar los motivos que nos condujeron a tomar parte en esta contienda, así como las razones que hoy nos llevan a retirarnos de ella.

Al acercarse el tiempo del cambio de gobierno, cuando se empezaron a discutir opciones y nombres, numerosos grupos de ciudadanos michoacanos, de diferentes sectores sociales y de muy distintas partes de la entidad, me plantearon la posibilidad de que figurara yo como candidato a la gubernatura del Estado.

Esta posibilidad de participación política directa se presentaba, por un lado, dentro del marco de un llamado nacional a construir y consolidar una alianza popular, en la que tomaran parte activa trabajadores de la ciudad y del campo, intelectuales, empresarios nacionalistas, artistas, etcétera, y por otro lado, como respuesta a las reiteradas exhortaciones de los más altos dirigentes del Partido Revolucionario Institucional a fortalecer, mediante la democratización, la vida toda del partido.

Antes de tomar una decisión definitiva, hicimos varios recorridos en el Estado para conocer en forma directa el sentir de la gente. Muchos puntos de vista escuchamos, mucho discutimos sobre Michoacán y sus problemas, sobre su gente y sus aspiraciones, y fue entonces, con la convicción plena de responder a una corriente de opinión mayoritaria, a las corrientes de los sectores populares más numerosos de Michoacán, a quienes allá viven, cuando decidimos participar activamente en la lucha cívica por la postulación del Partido Revolucionario Institucional como candidato a Gobernador de Michoacán.

Tomada entonces esta decisión de mi parte y habiéndola hecho conocer, ya que creemos que es la política abierta y franca la que da los frutos democráticos y la que propicia las reivindicaciones populares y nacionales, como respuesta a ella, los grupos que iban manifestando su adhesión a nuestra candidatura comenzaron a reunirse y a expresarse abierta y públicamente.

La adhesión resuelta de la base contrastó con la interferencia de los directivos políticos. Interfirieron la acción popular y la auténtica expresión democrática llamando a la disciplina, no propiamente a los principios y estatutos del partido, sino a una disciplina equivalente a poner la voluntad y capacidad de decisión de los miembros del partido incondicional e irrestrictamente en manos de los dirigentes, para que éstos formalmente dispongan de aquellos, opinen por ellos y estén en posibilidades de ofrecerlos como apoyo. Cabe decir que las más de las veces, la decisión popular pasó por encima de las instrucciones de los dirigentes, aunque éstos mantuvieran el control de la estructura formal.

De la amplia movilización popular y del contacto con los michoacanos, tenemos hoy la certeza de haber correspondido a una mayoría absoluta de la ciudadanía del Estado, cuya opinión y posición política conocimos en forma directa y no, ciertamente, con los métodos usuales en el partido.

Pero lo más importante es que la gran mayoría del pueblo michoacano mantiene firmes sus convicciones revoluciona-rias, que siente y comprende que el camino del país y del Es-tado está en orientar su desenvolvimiento de acuerdo con los principios y las experiencias positivas de la Revolución Mexi-cana, que está con ella y cree en ella. Por eso se sumó a una opción que creyó se le presentaba para retomar caminos en mucho olvidados. No fue tras una ilusión. Buscó labrarse un presente y un futuro mejores, labrárselos con la participación en las decisiones que afectan su suerte, labrárselos conscien-temente, con sus propias manos, su voluntad de ser y de ha-cer, con toda su capacidad creativa. Vio que al camino de la Revolución Mexicana podía volverse, al empezar a abrir, a dar vida, a meter democracia en las estructuras del Partido Revo-lucionario Institucional; y trató, como un primer paso hacia esa democratización, de participar en sus actividades, porque son los partidos los instrumentos para hacer política y para impulsar una democratización que profundice en las convic-ciones, que deje experiencias y que haga escuela. Quiso en realidad crear, edificar al partido desde su base, dando a ésta cohesión en la ideología y en la acción. Porque un partido se construye actuando y sólo un partido de las mayorías puede representarlas y estar con toda su fuerza a su servicio.

No se fue tras una irrealidad, no hemos ido tras una irrea-lidad, sino que con profunda convicción revolucionaria he-mos querido aportar e impulsar a Michoacán, y a través de éste al país, hacia un desarrollo en todos sentidos más justo. Quizá nos equivocamos al creer en las palabras, en las repe-tidas exhortaciones, pero nuestro deber era y es esforzarnos, en toda oportunidad que se nos presente, para que México avance por las vías de la democracia y la Revolución.

Los cuadros políticos, el aparato burocrático y administrativo han detenido este impulso democrático en Michoacán, impidiendo que sea la decisión política de las mayorías la que prevalezca.

Consciente de la fuerza y ubicación de los elementos contrarios a nuestra candidatura, de que hemos cumplido dentro de las posibilidades existentes en el Estado para la actuación política preelectoral y de que no debemos inducir a nadie a contiendas estériles en sus resultados, es que nos retiramos de esta lucha.

Quienes en esta ocasión hemos pretendido actuar en el Partido Revolucionario Institucional con ciudadanía plena y con estricto apego a su ideología y estatutos, hemos reafirmado nuestra convicción, esta vez experimentando en cabeza propia, de que para que el partido cumpla verdaderamente su función de instrumento del pueblo y promotor de la Revolución, es condición indispensable la regeneración democrática de su estructura organizativa y de sus mecanismos de decisión. Aquí se nos plantea una gran tarea.

La labor inmediata es reforzar y estrechar la unidad de los elementos revolucionarios de Michoacán y sumarse conscientemente a los esfuerzos constructivos que se emprendan. La unidad y la organización deben mejorarse y mostrarse, inicialmente, mediante el planteamiento objetivo y realista de los problemas y de sus soluciones revolucionarias, también con la actitud resuelta de colaborar sin reservas, siempre que la acción tienda al beneficio popular y al desenvolvimiento del Estado.

Es necesario también desarrollar las formas de cooperación entre los individuos y los grupos con aspiraciones sociales y políticas afines. Para ello, primero, hay que mantener la comunicación, intercambiar experiencias y desarrollar la solidaridad activa frente a los problemas de los demás.

Personalmente nuestra actitud continuará siendo de respeto y colaboración con toda obra que tienda a la edificación y el progreso, social y material, del Estado. Nuestra conducta seguirá normada por nuestras profundas convicciones democráticas y por la observancia de los principios avanzados de la Revolución Mexicana.

Con profundo reconocimiento a las numerosas demostraciones de solidaridad y confianza política y personal, nos dirigimos hoy a los sectores revolucionarios de Michoacán, a cuyos anhelos y tareas nos sentimos estrechamente ligados y cuyas inquietudes compartimos, ya que será la labor política de todos, tarea ardua, de largo aliento, la que tenga que abrir e implantar la democracia auténtica, que ha sido la lucha y aspiración de los grandes de Michoacán y de México en todos los tiempos y lo es también hoy, para quienes han decidido ser cabalmente ciudadanos de la República.

El día que el documento apareció publicado, encontrándome en mi oficina de la Siderúrgica, se presentó sin avisar el director, el ingeniero Orive Alba, y en otro momento el licenciado Ignacio García Téllez, para manifestarme, cada uno por su lado, su solidaridad con mi actitud y con lo expresado en el documento —lo que profundamente les agradecí— que evidentemente no cayó bien en el medio oficial ni tuvo una respuesta directa del mismo.

Días después me reuní en Pátzcuaro con el grupo que había estado coordinando la promoción de mi candidatura, para agradecerles a ellos y a través de ellos a muchos más, la solidaridad, confianza y apoyo que me habían brindado, y para decirles que no habíamos perdido: en todo caso habían perdido quienes no habían sabido respetar la voluntad mayoritaria de los michoacanos y nuestras leyes, quienes actuaban sólo en función de intereses personales; que lo sucedido debíamos verlo sólo como un tropiezo, superable en el futuro, al no haber tenido capacidad, con el impulso de todos, para romper y transformar las estructuras, los aparatos de poder, las formas como se tomaban las decisiones políticas en el país, pero que estábamos dando ejemplo en Michoacán de cómo debía procederse para cumplir con el compromiso democrático y reencauzar al país por los caminos de la Revolución. Que debíamos mantener nuestra unidad, crecer en número y participar en todo aquello que significara progreso para el Estado. Que Michoacán, una vez más, estaba marcando el paso de cómo se debía hacer política en el país. Que habíamos logrado mover la conciencia política y la decisión democrática de la mayoría y que debíamos mantener el esfuerzo. Había tristeza en la reunión, pero al mismo tiempo la decisión de seguir juntos.

Al licenciado Echeverría lo volví a ver hasta el 31 de mayo, cuando hizo una visita a la planta siderúrgica en construcción en Lázaro Cárdenas. Además de estar presente en esa visita, había recibido invitación para acompañarlo en un recorrido por varios puertos del Pacífico, en ocasión de conmemorarse el 1 de junio el *Día de la Marina*. La gira debía comenzar en Zihuatanejo, citándonos a los invitados por la mañana del día 1 en la casa de Fonatur en Ixtapa, donde empezaba a desarrollarse el proyecto turístico. Ahí nos concentramos los invitados, llegó la hora de partir y ahí seguíamos esperando, viendo, eso sí, apresuradas entradas y salidas de militares de la casa donde estaba alojado el presidente. Se inició finalmente el recorrido con unas tres o cuatro horas de retraso y nos enteramos de que éste se debía a que el candidato a gobernador de Guerrero, Rubén Figueroa, había sido secuestrado ese mismo día o el día anterior por la guerrilla de Lucio Cabañas, que operaba en ese tiempo en la sierra de aquel Estado.

De Zihuatanejo viajamos a Mazatlán y de este puerto, en el transbordador que inauguraba su servicio, a Los Cabos, en Baja California Sur. Durante ese trayecto el presidente me llamó aparte y me preguntó cómo estaba, cómo iba el trabajo y cosas por el estilo, nada de la situación política de Michoacán. De repente me preguntó si no me gustaría incorporarme a la Secretaría de Recursos Hidráulicos, como subsecretario. Le respondí afirmativamente; él seguramente recordaba que hacía algún tiempo le había hablado de mi renuncia a la subdirección de la siderúrgica. Me dijo que buscara al secretario, Leandro Rovirosa, y le refiriera nuestra plática. Leandro iba también en el recorrido, así que hablé luego con él. Dijo que trataría el caso con el presidente y ahí quedó ese asunto. No volví a comentar el caso con el licenciado Echeverría.

80° Aniversario del natalicio de mi padre

El 21 de mayo de 1975 se cumplían 80 años del natalicio de mi padre y la Asociación Cívica Lázaro Cárdenas se planteó organizar en Jiquilpan un acto conmemorativo en esa fecha. Se invitó para que nos acompañara en esa ocasión al presidente Echeverría, quien llegó a Jiquilpan acompañado de su esposa, doña Esther Zuno, y a varios miembros de su gabinete, entre ellos Augusto Gómez Villanueva, secretario de la Reforma Agraria.

Por parte de la Asociación yo hice uso de la palabra y al poco tiempo de haber empezado a hablar se soltó un fortísimo chaparrón: se prolongó por largos minutos, que dejó a todos, desde los primeros momentos, hechos una sopa. Cuando empezó a llover y se percató de que mis anteojos se mojaban, lo que me impedía la lectura, Xavier Ovando se hizo del plástico de un vendedor de jícamas y con él me cubrió del agua.

Hice en esa ocasión un recuerdo de palabras de mi padre respecto al rumbo que debía seguir la Revolución y un repaso de algunas de sus acciones de gobierno, así como un análisis de la situación económica del país; de medidas que consideraba debían tomarse para corregir desviaciones y una crítica al escaso avance en materia electoral y a la necesidad de modificar con sentido democrático los procesos de selección de candidatos en las organizaciones oficiales. Estaba ya a la vista que en unos meses tendría que haber candidato presidencial del PRI y planteé la necesidad de abrir el juego interno en el partido.

Seguramente lo que yo decía no caía bien al presidente, pues si bien por la lluvia y los lentes empañados no alcanzaba a ver con claridad lo que sucedía en torno suyo, me contaron después que casi desde que empecé a hablar llamó a Gómez Villanueva y empezó a hablarle al oído. Le instruyó sobre la respuesta que debía darme, pues cuando terminé, Augusto habló largo y defendió las realizaciones del gobierno, independientemente de lo que señalaban las cifras oficiales que yo había citado en mi intervención; defendió, sobre todo, las reglas no escritas con las que el régimen político operaba entonces para la sucesión.

Imagino que al presidente Echeverría los que menos gustaron fueron dos párrafos, casi finales de mi discurso, que decían:

En 1940 y 1946 hubo precandidaturas dentro del partido oficial; en 1952 y en 1940 intensas campañas electorales se llevaron a cabo y fuertes candidaturas de oposición se presentaron. En 1933 Lázaro Cárdenas, Secretario de Guerra y Marina, y el general Manuel Pérez Treviño, Presidente del Partido Nacional Revolucionario, se separaron de sus puestos para responder a sus partidarios. Lázaro Cárdenas inició una consulta directa recorriendo el país a fin de auscultar la opinión del pueblo, darle a conocer su postura política y llegar al caso de aceptar su candidatura con íntima convicción de sus actos y con responsabilidad cívica y política. Y en 1939, el Presidente de la República pidió la renuncia a tres secretarios de Estado, a fin de que oportuna y debidamente pudieran atender los compromisos políticos derivados de sus respectivas candidaturas.

Hoy la situación que se vive es diferente y pudiera pensarse que los procedimientos de la acción política fueran otros. Pero lo importante es que abierta ya la posibilidad, se cumpla históricamente y se supere el mecanismo centralizado, personalista y antidemocrático que ha operado en el pasado y que la selección de un nuevo candidato presidencial signifique un avance en la participación del pueblo en las decisiones fundamentales y constituya un compromiso para de ahí proseguir con la democratización auténtica de nuestra vida política, que el país está reclamando ya con urgencia.

El Senado

Mi llegada al Senado tiene como antecedente mi conocimiento del licenciado José López Portillo cuando asistía, con la representación del arquitecto Guillermo Rossell, a las reuniones del Consejo Directivo de la Sociedad Mexicana de Planificación. Él faltaba con frecuencia debido a sus ocupaciones como oficial mayor de la Secretaría del Patrimonio Nacional. Tiempo después me encontré nuevamente con él, cuando presidía el Consejo de Administración de la siderúrgica Las Truchas; ante él presenté mi renuncia como subdirector en 1974 y cuando fue designado candidato a la presidencia del país al año siguiente, acudí a felicitarlo.

En cuanto los sectores del PRI se manifestaron a su favor, se produjeron cambios en la dirección del partido: Porfirio Muñoz

Ledo, que se desempeñaba como secretario de Trabajo, y Augusto Gómez Villanueva, que tenía a su cargo la Secretaría de la Reforma Agraria, fueron designados presidente y Secretario General del partido respectivamente; el secretario de la Presidencia, Hugo Cervantes del Río, pasó a ocupar la presidencia del PRI en el Distrito Federal. Todo mundo vimos en esos movimientos la intención del presidente Echeverría de rodear al candidato presidencial con gente de su confianza. Así, cuando fui a saludar al licenciado López Portillo con motivo de haber sido declarado candidato, recordando al maximato como la forma de coparlo con nuevos dirigentes del partido, le hice un comentario en ese sentido. Me respondió que tenía clara la maniobra política que representaban los nuevos nombramientos y, haciendo un breve recuerdo de mi padre, dijo que él sabría cumplir con la responsabilidad que estaba aceptando, que de llegar, sería efectivamente el presidente.

En enero de 1976, en campaña por Michoacán, fui uno de los invitados para acompañarlo. En uno de los trayectos, en lancha entre Pátzcuaro y la isla de Janitzio, me planteó la posibilidad de que fuera yo candidato a senador por Michoacán. Le respondí que prefería estar más cerca de él, ya en el gobierno, en algún cargo de mayor actividad. Me contestó diciendo que creía conveniente aceptara yo el reto que representaba una elección. Contesté que si él creía que podía así servir a su campaña, lo haría, pero preferiría colaborar con él en algún cargo más ejecutivo.

Uno o dos días después, mientras el candidato presidencial recorría el estado, llegó a Nueva Italia, para incorporarse a la gira, el presidente del partido, Porfirio Muñoz Ledo, con quien conversé y me confirmó el interés del licenciado López Portillo de que contendiera como candidato al Senado. Por Porfirio me enteré que sería suplente en la fórmula que se pensaba encabezaría José Luis Escobar, diputado federal entonces, originario de Valle de Guadalupe, municipio de Tangancícuaro, a quien no conocía pero con quien desde entonces llevo una cordial amistad. Me enteré también de que la otra fórmula de candidatos al Senado la encabezaría Eugenio Anguiano Roch, hijo del licenciado Victoriano Anguiano, ya fallecido entonces, quien había sido un violento detractor y puede decirse un reconocido enemigo político de mi padre en Michoacán.

Se pretendía con ambas candidaturas mostrar que las diferencias políticas de los padres estaban borradas y olvidadas o hechas a un lado por los hijos. Eugenio, por cierto, es un distinguido profesional del servicio exterior y un estudioso destacado, con quien años después hice amistad, pero en ese momento y con la significación política que se pretendía dar a nuestras candidaturas, dije a Porfirio que si Eugenio iba en la otra fórmula, yo definitivamente no me presentaría como candidato, pues las diferencias entre nuestros padres habían sido políticas y yo estaba cierto de que la razón estaba del lado de mi padre. No sé cómo y con quién se haya tratado el caso, lo que sí sé es que apresuradamente buscaron a Guillermo Morfín, quien no participaba en ese momento en la gira del candidato presidencial (había sido años antes Diputado federal representando al distrito de Apatzingán y colaboraba con Julio Rodolfo Moctezuma, coordinador de un área de estudios de la campaña), para que se presentara como candidato a senador. A los pocos días, reunidos en el cine Alameda en la ciudad de México, todos los candidatos al Congreso rendimos protesta, encontrándose presente el candidato a la presidencia.

Ya como candidato había que iniciar la campaña. Lo usual en esa época era que los candidatos a senadores hicieran campaña apoyándose en las campañas de los candidatos a diputados, y me enteré de varios casos en que sólo hicieron presencia en las cabeceras de los distritos y en unas cuantas poblaciones más. Yo tenía otra visión y desde luego, otro compromiso. Decidí aprovechar la oportunidad para recorrer el estado con la mayor amplitud posible, visitar regiones y municipios que no había conocido con anterioridad y para entrar en contacto con el mayor número posible de personas.

Se diseñó entonces la campaña tomando como centros por varios días las cabeceras de distrito y a partir de ellas realizar los recorridos por los diferentes municipios, visitando tanto las cabeceras municipales como todas las comunidades que el tiempo permitiera.

En los trece distritos la campaña la hice con los candidatos a diputados; un par de ellos hicieron los recorridos conmigo y no volvieron al distrito en el resto del tiempo de campaña. Recorrí los 113 municipios del estado, 443 localidades en total, algunas visitadas en varias ocasiones. Esta campaña me dio una mejor visión del estado, sus problemas y su gente, y permitió fortalecer una base política para acciones futuras.

El primer domingo de julio voté en Lázaro Cárdenas, donde tenía mi domicilio electoral. Unos días después visité al licenciado López Portillo en su casa de campaña para darle cuenta de los resultados de mi elección en Michoacán y le reiteré mi interés de no quedarme en el Senado y colaborar con él en un área más ejecutiva. Me preguntó entonces si no prefería "quedarme flotando" —esa fue su expresión— en el Senado y esperar ahí a que se llegaran los tiempos de la renovación del gobierno de Michoacán. Volví a responderle que me gustaría más colaborar en algún cargo de mayor actividad. A mediados de agosto recibí la convocatoria para asistir a las reuniones previas a la instalación de la nueva Legislatura. Ahí me enteré, como supongo que casi todos los demás senadores electos, que la Gran Comisión la presidiría Carlos Sansores. Un día antes de la instalación formal del nuevo Senado, que se daría el 1 de septiembre, fuimos convocados a una reunión extraordinaria, que se celebró en una oficina particular de Sansores, a la que llegó Mario Ramón Beteta, secretario de Hacienda. Nos hizo saber que al día siguiente, en su mensaje al Congreso, el presidente anunciaría al país que el peso se devaluaba en cien por ciento, hecho que culminaba la situación de escándalo y confusión en que terminó ese periodo, que en el último año vivió invasiones de tierra, desalojos de campesinos, enfrentamientos y muertes en San Ignacio Río Muerto, Sonora; un enorme crecimiento de la deuda externa, desajustes económicos, el golpe al periódico *Excélsior* y la salida del mismo de su director Julio Scherer y un grupo grande de colaboradores, etcétera. Esa noticia fue, de hecho, el estreno que tuve como senador.

Pasaron varios meses y en la última semana de noviembre recibí una llamada de Francisco Merino, director del Banco Rural, quien me invitó a visitarlo uno o dos días después en su casa. Con él tenía amistad. Nos habíamos conocido y tratado desde los años en que había estado al frente de la agencia del Banco Ejidal en Michoacán. En su casa me encontré con los ingenieros Abelardo Amaya Brondo, Luis Robles Linares y Gerardo Cruickshank, y con el médico veterinario Rubén Fernández. Merino nos dijo, a los cinco, que el presidente electo lo había invitado para colaborar como secretario de Agricultura y Recursos Hidráulicos y le había indicado que nos invitara en su nombre para colaborar con su gobierno en las subsecretarías dependientes de Agricultura. Solicité licencia como senador y el 2 de diciembre me hice cargo de la Subsecretaría Forestal y de la Fauna.

Conocía la problemática forestal, debido, por una parte, a encargos de mi padre para estudiar algunas formas de organizar con racionalidad el aprovechamiento de los bosques del país y por mi participación en estudios regionales, en los que el aprovechamiento de los recursos naturales había sido tema relevante; por la otra, dado mi conocimiento de Michoacán, uno de los estados con mayor importancia forestal del país. Pero nunca esperé que la invitación del licenciado López Portillo fuera para un cargo que no estuviera más directamente relacionado con mi experiencia profesional, más orientada al desarrollo regional y los aprovechamientos hidráulicos.

Por cierto, en mi corto paso por el Senado, como miembro de la comisión de Gestoría, tuve oportunidad de conocer, en un recorrido en el que varios senadores acompañamos al secretario de Agricultura Óscar Brauer por los estados de Puebla y Tlaxcala, varios proyectos de aprovechamiento forestal en los que estaban empleándose técnicas de manejo intensivo del bosque, dependientes de la Dirección de Desarrollo Forestal, que tenía a su cargo el ingeniero León Jorge Castaños. No imaginaba entonces que pronto recaería en mí la conducción de esa área de la administración.

Subsecretario Forestal y de la Fauna

Así pues, en diciembre de 1976, al tomar posesión del gobierno el licenciado José López Portillo, me designó subsecretario Forestal y de la Fauna, dentro de la Secretaría de Agricultura y Recursos Hidráulicos.

Respecto al aprovechamiento de los recursos forestales, madera y otros, ha habido tradicionalmente una escasa y a veces distorsionada información ante la opinión pública y la actividad forestal ha gozado, en general, de mala fama. Al cruzarse con un camión cargado de troncos en cualquier carretera, es frecuente que se piense en explotación clandestina, en contrabando de madera o en destrucción del bosque, y no en el importante potencial forestal del país y en lo que como riqueza puede representar para las comunidades poseedoras de bosques o como materia prima de industrias importantes. No ha existido claridad respecto a la importancia que el recurso forestal tiene en y para el país y las oportunidades que representa para el desarrollo de diversas ramas industriales y de distintas regiones.

En la Subsecretaría me encontré con una situación curiosa: con profesionales forestales con la mejor formación, de muy altas capacidades, a quienes por trabas burocráticas y temores a que personas ignorantes de las técnicas forestales los señalaran como responsables de malos manejos, no se les permitía aplicar sus conocimientos o se autorreprimían para dar un manejo óptimo a los recursos y elevar así la producción y la productividad de los bosques y otros recursos de las zonas forestales.

Decidí, primero, escuchar a los técnicos forestales, conocer sus puntos de vista, sus propuestas y sus quejas. Por otro lado, empecé a recorrer las distintas regiones productoras, para entrar en contacto con los dueños del recurso, ejidatarios, comuneros y propietarios particulares, hablar con los industriales, conocer las condiciones de trabajo de las distintas unidades industriales de explotación forestal, identificar problemas y, sobre todo, las potencialidades del recurso.

En todo momento conté con la confianza y apoyo del secretario. Consultando con él, hice los nombramientos de colaboradores, aceptó todas mis propuestas, y se integró un equipo que considero cumplió con la encomienda recibida. Para las decisiones técnicas, confié en el criterio de los ingenieros forestales, en muchos jóvenes sólidamente formados en nuestras universidades, buena parte de ellos con posgrados en el extranjero: sin duda, los mejores conocedores del recurso, de la industria y de cómo hacer un buen manejo del sector.

Una fuente de conflicto que encontré al llegar al cargo, fue que los permisos de aprovechamientos tardaban mucho tiempo en firmarse por el subsecretario. Ello ocasionaba que los aprovechamientos no pudieran llevarse a cabo con oportunidad y los dueños de los bosques no obtuvieran los correspondientes beneficios, aun cuando hubieran cumplido con todos los trámites del caso; además, podía especularse que el retraso obedecía a la intención de provocar un pago indebido por agilizar la gestión. No faltó quien llegara, en los primeros días de estar en la subsecretaría, con Rubén Lazos, amigo y compañero ingeniero de mi generación, a quien invité a colaborar como secretario particular, ofreciéndole alguna cantidad de dinero y un par de botellas de whisky por la firma de un permiso. Esa persona fue despedida por él en aquel momento con cajas destempladas con la advertencia de que no se le volviera a ocurrir hacer cualquier ofrecimiento por un trámite al que la autoridad estaba obligada. Después del regaño y del susto que le dio pensar que su permiso nunca se aprobaría, se le llamó para entregárselo.

Otra fuente de conflicto era que esos permisos los gestionaban, en casi todos los casos, intermediarios, a quienes se los entregaba la autoridad para su ejecución, lo cual despertaba asimismo frecuente inconformidad de los dueños de los bosques, que sólo recibían el llamado *derecho de monte* y no tenían más acceso a la intervención y aprovechamiento del recurso de su propiedad. A este respecto, se tomó la decisión de entregar los permisos de aprovechamiento directamente a los dueños de los bosques, independientemente de que estuvieran asociados con algún industrial para financiar estudios y aportar medios para la realización del aprovechamiento. Entregar los permisos a dueños de bosques les permitió lograr mejores condiciones en sus asociaciones con industriales y financieros, además de que al tener pleno conocimiento de las condiciones que los permisos establecían para los aprovechamientos autorizados, disminuyeron tensiones y conflictos, tanto en sus asociaciones como con la autoridad.

Los proyectos de manejo intensivo del bosque se habían echado a andar con mucha timidez, en superficies muy pequeñas, limitando mucho la aplicación de conocimientos de los ingenieros y técnicos forestales. Ésta fue un área que recibió un fuerte impulso.

Un primer proyecto de manejo silvícola intensivo, en una superficie amplia, se llevó a la práctica en la zona de El Salto, en el estado de Durango, en un bosque sumamente degradado por la sobreexplotación a la que se le había sometido. Se llegó a considerar no apto para aprovechamiento. Era una zona hasta donde había llegado la vía de ferrocarril que a principios del siglo pasado pretendió llevarse de Durango a Mazatlán y sólo llegó hasta donde las masas forestales eran más ricas. En esos bosques, que se consideraban agotados, se aplicaron técnicas de manejo intensivo que permitieron tornarlos de nuevo productivos, elevar considerablemente la producción respecto a la que se venía obteniendo, tener una mayor diversidad de productos, no sólo rollo para aserrío, y dar mayores ingresos a los campesinos dueños y trabajadores del bosque.

Otros proyectos de manejo intensivo se llevaron a cabo en San Juanito, Chihuahua; en Rancho Nuevo, en las cercanías de San Cristóbal de las Casas —sitio donde se librarían fuertes combates entre el Ejército y los zapatistas levantados en armas en enero de 1994—; en la sierra de Tlaxco, en el norte de Tlaxcala; en los bosques de Huayacocotla, Veracruz, Agua Blanca, Hidalgo, y Chignahuapan, Puebla, una de las regiones forestales con crecimientos e incrementos de volumen más elevados en el país; en las áreas boscosas de los municipios de Aguililla, Coalcomán, Tumbiscatío y Arteaga, la región que había constituido la unidad forestal concesionada a Michoacana de Occidente, a la que por sus incumplimientos de los términos en que se había otorgado, se le canceló finalmente la concesión de explotación.

Una parte muy importante de la Subsecretaría la constituían el Instituto Nacional de Investigaciones Forestales y sus campos experimentales, donde encontré trabajos y estudios realmente valiosos: en Todos Santos, Baja California Sur, sobre aprovechamientos muy diversos de la jojoba, las yucas y otras especies de las regiones áridas; en El Tormento, Campeche, y Bacalar, Quintana Roo, experiencias en el manejo de las selvas tropicales, con su gran diversidad de especies que conviven en suelos frágiles, que se degradan rápidamente cuando se produce la deforestación; en Rancho Nuevo, Chiapas, y Cupatitzio, Michoacán, encontré investigaciones sobre la gran variedad de pinos con que cuenta el país y sobre los métodos de manejo intensivo del bosque de coníferas; en La Sauceda, en el desierto de Coahuila, sobre las plantas del desierto y lo mucho que puede hacerse aún en condiciones de aridez extrema.

Fin del Gobierno de la República Española

Uno de los primeros recorridos en que, como subsecretario, acompañé al licenciado López Portillo ocurrió el 18 de marzo de 1977, en el que develó la escultura de mi padre en la Tierra Caliente de Guerrero; su cabeza fue directamente esculpida por Federico Canessi en una gran roca, de unos cuatro metros de altura, desprendida siglos atrás del cerro a cuyo pie se encuentra, al borde de la carretera que conduce de Iguala a Arcelia. El trabajo se realizó por el interés que puso en él el ingeniero Manuel Mesa Andraca.

Ese mismo día, por la tarde, se anunció la cancelación de las relaciones diplomáticas entre el Gobierno de la República Española y el de México, lo que abrió la puerta para que nuestro país estableciera relaciones diplomáticas con el Estado Español.

Fue el gobierno de México el que solicitó —y quiero pensar que de varias maneras presionó— al Presidente de la República Española para que declarara la cancelación de las relaciones entre ambos gobiernos. Los cambios en la situación política de España a raíz de la muerte de Franco, quizá más temprano que tarde, hubieran llevado al establecimiento de relaciones diplomáticas entre ambos gobiernos. Pero lo menos que puedo decir es que al presidente López Portillo y a sus colaboradores en la Cancillería les faltó, por una parte, valor: a la parte mexicana, la fuerte en este caso, correspondía hacer el anuncio de la cancelación de las relaciones; por la otra, sensibilidad, pues no es el día en que se recuerda la Expropiación Petrolera decretada por Lázaro Cárdenas la mejor fecha para cortar relaciones con el gobierno de la República Española, a la que el gobierno de mi padre brindara plena solidaridad.

En relación con este hecho hice pública la siguiente declaración:

El 18 de marzo, en las últimas horas de la tarde, escuchamos el mensaje de don José Maldonado, Presidente de la República Española, anunciando la cancelación de las relaciones diplomáticas entre su gobierno y el nuestro.

En esos momentos "casi tenía las lágrimas en los ojos", dijo el Presidente de México y como él estábamos muchos mexicanos, para quienes la causa de la República Española ha formado y forma parte de nuestros sentimientos, convicciones y motivaciones sociales.

Para los republicanos españoles que con lealtad han mantenido viva la llama de su ideal, primero luchando contra la intervención nazifascista en España, y más tarde reuniendo en México a las Cortes y constituyendo aquí su gobierno en el exilio, y para los mexicanos que compartimos su ideal, la cancelación de las relaciones nos representa un paso doloroso.

La situación política en España, en los últimos meses, se ha venido transformando. Podemos pensar que la monarquía instaurada tendrá que abrir paso, ante la decisión y organización populares, a una vida más democrática para el pueblo español.

Al mismo tiempo, parece anunciarse que las relaciones diplomáticas entre los gobiernos de ambos países se restablecerán a muy corto plazo, y serán sólo las relaciones diplomáticas las que se reanuden, pues las culturales y económicas, y sobre todo las afectivas e ideológicas, las han mantenido sin interrupción los distintos sectores de los pueblos español y mexicano.

Ahora bien, ideológica, sentimental y políticamente nuestra vocación y convicción son republicanas.

Sin pretender en ningún momento siquiera insinuar cómo debieran gobernarse u organizarse otros pueblos, sí podemos afirmar que con sinceridad creemos que la republicana, como la concibieron nuestros constituyentes de todas las épocas (1814, 1824, 1857 y 1917) y quienes con sentido progresista han hecho que nuestras leyes y organización política evolucionen, es la mejor forma de gobierno, la que mejor propicia el ejercicio de la democracia. En consecuencia, para los pueblos y naciones que amamos, para aquellos en los que reconocemos grandes y profundos valores y que quisiéramos se superaran constantemente, quisiéramos también la mejor forma de gobierno y la mejor organización social posibles.

Para España entonces, seguiremos deseando y buscando una república, que consolide los ideales de las de 1873 y 1931, los actualice y afirme definitivamente a aquella nación hermana en la senda de la libertad, la democracia, la justicia y el progreso.

Por otra parte, hemos conocido a los republicanos españoles en esta tierra nuestra, como hombres que vinieron a entregarse a servirla sin reservas, luchando aquí por las causas que creyeron justas, respetando y cuidando siempre a la nación que los acogiera e integrara.

Con ellos hemos compartido ideales y aspiraciones.

De modo muy directo hemos recibido su cariño y estímulo que da la solidaridad plena.

Nuestra posición hacia los republicanos españoles, de México y de España, se mantiene invariable: es y será de fraterna solidaridad.

"No haga nada"

Estuve tres meses en el Senado. Fue un tiempo casi de inactividad, pues con el clima descompuesto que tenía el gobierno del presidente saliente, ni éste ni el electo querían mayor movimiento ni ruido en el Congreso. En los últimos días de noviembre, como ya dije, recibí la invitación para incorporarme al gobierno y hacerme cargo de la Subsecretaría Forestal.

Solicité licencia en el Senado y en los primeros días de diciembre visité al licenciado López Portillo para agradecerle mi designación. Le pedí en esa ocasión que me permitiera, cuando yo lo considerara necesario, buscarlo para tratarle asuntos que estimara de importancia, que no tuvieran que ver, desde luego, con mis tareas como Subsecretario. Me respondió que me sintiera con la confianza de buscarlo cuando lo creyera conveniente. Le dije que comentaría este punto con el secretario, con quien tenía desde antes y mantuve mientras estuve en el cargo la mejor relación.

En mayo de 1979 se presentó una de las ocasiones en que busqué al Presidente. Le dije me habían estado visitando grupos de michoacanos, planteándome contender por la gubernatura del estado. El comentario que me hizo fue "es natural". Le pregunté entonces si debía hacer algo y si no había inconveniente para que fuera a Michoacán para atender invitaciones que me hacían de diferentes partes. Respondió "no haga nada" y que no veía ningún problema en que atendiera las invitaciones que recibía del estado.

Hice entonces varias visitas a diferentes regiones. En octubre volví a platicar con el Presidente. Le comenté de las visitas que había estado realizando, de la respuesta que estaba encontrando y de nuevo le pregunté si debía hacer algo en particular y si no había inconveniente en que siguiera yendo a Michoacán. Su respuesta fue la misma que en la entrevista anterior: "no haga nada".

En noviembre, encabezando la delegación mexicana, asistí en Roma a un congreso de la FAO, y en esos mismos días el presidente realizó un recorrido por Michoacán. Ante mi ausencia entre los acompañantes del presidente, empezó a especularse en la prensa que estaba yo fuera de la competencia electoral y que con seguridad el candidato sería el licenciado Salvador Pliego Montes, Procurador del Consumidor, al que se consideraba políticamente afín al gobernador Torres Manzo. Sin embargo, conforme pasaron las semanas, ya reintegrado a mis actividades en México, volvieron los medios a mencionarme como uno de los posibles candidatos al gobierno del estado. Seguían mencionando al licenciado Pliego Montes y hablaban también del licenciado José Galeazzi, de Jiquilpan, funcionario de la Secretaría de Comunicaciones, quien hacía un gasto fuerte en su promoción, y de Jaime Bravo, ex diputado, que hacía campaña atacándome con dureza.

En febrero de 1980 se celebró en Pátzcuaro la reunión conjunta de las Comisiones Forestales de América Latina y América del Norte de la FAO, de la que la Subsecretaría hacía de anfitrión. Casi al iniciarse la reunión, recibí una llamada del secretario de Gobernación, profesor Enrique Olivares Santana, quien me preguntó cuándo podía pasar a verlo. Le contesté que cuando él lo considerara conveniente e hicimos cita para un par de días más tarde. Llegué a Gobernación y después de saludarnos, el profesor Olivares, muy ceremonioso, dijo que el partido y sus sectores en Michoacán estaban manifestándose para que fuera yo el candidato que contendiera en las elecciones que tendrían lugar en julio, que le daba gusto y sería conveniente que me entrevistara a la brevedad con el presidente. Me dijo también que en unos días más volveríamos a reunirnos.

Mientras me encontraba en México, enterándome que debía prepararme para iniciar campaña por el gobierno del estado, como no había ningún anuncio público cuando se esperaba lo hubiera, el periódico *La Voz de Michoacán*, que dirigía José Tocavén, publicó a ocho columnas que mi candidatura se había frustrado; ello causó desconcierto entre grupos y personas que trabajaban a mi favor, incluso entre los colaboradores y amigos que asistían a la reunión de Pátzcuaro. Cuando llegué por la tarde, vieron seguramente mi expresión de contento y por la noche con ellos festejamos el acontecimiento. La noticia, que dos o tres días después tuvo que dar *La Voz* en sentido contrario, constituyó sin duda una buena pifia de Tocavén.

Poco después visité al presidente y se dio también la segunda reunión en Gobernación, esta vez con la presencia del gobernador Torres Manzo y del presidente del partido, Gustavo Carvajal. En ella se reiteró que iría yo como candidato del partido a la gubernatura de Michoacán. En los días que siguieron preparé mi salida y presenté mi renuncia como subsecretario Forestal y de la Fauna.

Vino después lo usual en aquel tiempo, el pronunciamiento público de los sectores del partido en favor de mi candidatura y la convocatoria del propio partido para la inscripción de precandidatos y la elección del candidato a gobernador.

Destapado ya como candidato, debía hacer presencia en Morelia. Con un grupo de amigos salimos de México a comer en Maravatío, para llegar temprano por la tarde a Morelia. Me esperaba ya un nutrido grupo en la Plaza de Villalongín, con el que a pie y con una banda de música por delante recorrimos la avenida Madero, repleta de gente, hasta llegar a la Plaza Ocampo, donde había una entusiasta y nutrida concentración. Llegar de un lado a otro de la plaza para subir al estrado, donde se encontraban dirigentes del partido y varios amigos, implicó ir de apachurrón en apachurrón y avanzando con gran lentitud. Cuando estaba por llegar —había ya subido dos o tres escalones— alguien se colgó de mi cinturón y sentí que perdía los pantalones, volteé apurado y sólo dije a quien me quedaba más cerca: "¡Los pantalones!", "ahí los traes" me contestó. Llegué finalmente al estrado y ahí pronuncié mi primer discurso de esa campaña.

Vinieron después las convenciones de los tres sectores del partido y el 8 de marzo la convención que me declaró formalmente candidato, presidida por el presidente del partido con la asistencia del gobernador y todo el aparato político oficial del estado.

Ese 8 de marzo se vio ensombrecido porque temprano por la tarde me avisaron que Rubén Lazos había sido llevado a un hospital tras sufrir algunos derrames internos, provocados por problemas de circulación que venía padeciendo. Se agravó su situación y nada pudieron hacer los médicos. En las primeras horas de la noche falleció. Rubén había ido a Morelia para acompañarme en el acto de protesta como candidato a gobernador. En los tres años que pasé en la Subsecretaría Forestal colaboró conmigo como secretario particular, era compañero de la carrera, del equipo de compañeros con los que hicimos nuestras tesis profesionales sobre la región del Balsas, compañero también en la Comisión del Río Balsas y amigo querido y cercano, cuya pérdida sentí profundamente.

Campaña y elecciones

Después de protestar como candidato, inicié los recorridos por el estado. En los días previos se planteó la necesidad de integrar el equipo que auxiliaría en la conducción de la campaña, que debía coordinar estrechamente con el Comité Estatal del partido. Éste

lo presidía Miguel García Flores, del grupo político del gobernador, el que puso a disposición su cargo pero a quien pedí siguiera en funciones; designé coordinador de la campaña a Xavier
Ovando, al que había conocido después del fallecimiento de mi
padre, cuando un grupo de estudiantes de derecho de la Universidad Michoacana, del que él formaba parte, me invitó para que los
acompañara en la inauguración de una escuela en la comunidad de
Heriberto Jara, en el municipio de Zinapécuaro —para cuya construcción les ayudó mi padre cuando lo invitaron como padrino
de su generación— y quien después de recibirse había colaborado
conmigo tanto en el Fideicomiso Ciudad Lázaro Cárdenas como
en la Subsecretaría Forestal.

La campaña se realizó en forma similar a la que hice como
candidato a senador, sólo que en esta ocasión me propuse visitar un
mayor número de comunidades. Cuando concluyó, registramos más
de ochocientos actos realizados en poco menos de cuatro meses.

El Partido Popular Socialista y el Partido Socialista de los
Trabajadores se sumaron a mi candidatura. Por Acción Nacional
contendió Adrián Peña Soto, quien después, como miembro del
Foro Democrático que rompió con el PAN —encabezado por Jesús
González Schmal y Bernardo Bátiz— apoyó mi candidatura en
1994, y Antonio Franco por el Partido Comunista.

Voté, como en 1976, en Lázaro Cárdenas. Lo hice por Natalio Vázquez Pallares. Había que empezar ya a preparar la llegada al
gobierno, pensar seriamente en la designación de colaboradores y
ante la nueva situación familiar, encontrar dónde instalarnos.

Desde las últimas semanas de la campaña Celeste empezó
a buscar en Morelia alguna casa. Tiene muy buen ojo para eso,
sabe buscar y encontrar las cualidades y defectos, las posibilidades
para mejorar que puede tener una casa o un departamento. Encontró una casa en el fraccionamiento Prados del Campestre, que se
adaptó para satisfacer nuestras necesidades en la nueva función.

Lázaro estaba en el último año de la preparatoria. Cuate cursaba el tercero de secundaria. Con Celeste, y discutiéndolo con los hijos, consideramos que aunque se dividiera la familia, era preferible que continuaran sus estudios donde ya lo estaban haciendo, por lo que ellos se quedaron en México, aunque iban a Michoacán en cuanto tenían un tiempo libre.

La toma de posesión y el grito

Pasada la elección, que se dio como la esperaba, vino un corto periodo de calma. Tomé unos días de vacaciones con Celeste y regresé después a Morelia. Era necesario empezar a invitar a quienes colaborarían en los diferentes puestos que el gobernador tenía que designar. Me alojé y tomé como cuartel para trabajar el hotel Albergue de la Calzada, en la vieja y hermosa Calzada de Guadalupe, tal como lo había hecho durante la campaña en las muchas estancias en Morelia. Ahí empecé a citarme con quienes invité a formar parte del equipo de trabajo del nuevo gobierno.

El día de la toma de posesión en Michoacán, el 15 de septiembre, coincidía con las tomas de posesión también de los gobernadores de Durango y Zacatecas. Ese día el presidente asistiría a los tres estados que tendrían nuevo gobernador. La primera toma de posesión fue la de Michoacán, relativamente temprano para ese tipo de ceremonias, a las diez de la mañana, previendo salir el presidente de Morelia unas dos horas más tarde.

Curiosamente, los tres candidatos que tomábamos posesión ese día habíamos coincidido en el Senado, donde José Guadalupe Cervantes Corona había estado representando a Zacatecas y Armando del Castillo Franco a Durango. Con José Guadalupe, que políticamente había estado vinculado al sector campesino, ubicado en el ala progresista del partido —persona afable y sencilla, político conocedor del medio—, hice una buena amistad, que aún conservamos. En la campaña del 2000, sin dejar su militancia priista, hizo presencia pública reuniéndose conmigo a mi paso por Zacatecas.

El presidente llegó a la hora anunciada. Lo recibimos en el aeropuerto el gobernador saliente, Carlos Torres Manzo, una comisión del Congreso, un numeroso grupo de funcionarios y yo, para acompañarlo al *Cine Morelia*, el local más amplio entonces en la ciudad, donde tendría lugar la ceremonia de toma de posesión.

Después de rendir protesta frente al Congreso local, con la presencia del presidente, hice uso de la palabra. Hablé de la situación que había encontrado al recorrer el estado, de sus carencias, problemas y potencialidades. Dije, entre otras cosas, fijando los criterios guía y el compromiso ideológico del nuevo gobierno, lo siguiente:

Ante las necesidades y los requerimientos, los recursos aparecen escasos. Las acciones prioritarias serán siempre aquellas con la más amplia repercusión social; aquellas que modifiquen y corrijan las causas que están provocando los problemas y las distorsiones; las que integren, complementen y racionalicen nuestro crecimiento; las que permitan acelerar el paso...

Hoy comienza una gestión de gobierno. Será la tarea de un equipo comprometido políticamente con la línea ideológica de la Revolución Mexicana. A todos nos corresponde cumplir. La responsabilidad principal es mía; he sido electo y he recibido un mandato popular...

Quiero terminar reafirmando mi compromiso político, ideológico y personal con las ideas avanzadas y las formas democráticas del quehacer político de la Revolución Mexicana. Reiterar que en Lázaro Cárdenas reconozco a mi guía político; que su vida y su obra están y estarán siempre vivas en mi conciencia y en mi corazón. Que asumo sin reservas mis responsabilidades, consciente de que posibles errores y fracasos corresponderán sólo a mis propias incapacidades.

Concluida la ceremonia con un corto discurso del presidente, lo acompañamos al aeropuerto para despedirlo y de ahí seguí con Carlos Torres Manzo hasta su casa, donde nos despedimos. Empezaba mi gestión.

El primer acto oficial al que debía asistir, ese mismo día por la noche, era para dar *el grito*, conmemorando el aniversario de la Independencia. Con Celeste, Lázaro y Cuate, una buena parte de la familia, los nuevos colaboradores, amigos que habían ido a Morelia para acompañarme en la toma de posesión y otros de Morelia y del estado, dio inicio la ceremonia en el salón de recepciones del Palacio de Gobierno. La escolta militar, portando la bandera, me hizo entrega de ella y me dirigí al balcón. En innumerables ocasiones había estado frente a públicos numerosos, acababa de terminar una campaña que me había llevado por todo el estado, en la que hablé ante muchísima gente, pero nada había sido tan impresionante y emotivo para mí como estar frente a esa gente que abarrotaba los espacios frente al Palacio de Gobierno, una multitud alegre, ruidosa, festiva, que esperaba *el grito*, y darlo.

Para *dar el grito* hay que ir por pasos y algunos corresponden a acciones simultáneas: primero, al recibir la bandera, salir al balcón y empuñarla, agitarla y tocar la campana —parece que en aquella ocasión no la hice sonar—, después dar con firmeza y energía *el grito*, lo hice con un nudo en la garganta, y en los vivas, agregué un *¡Viva el Colegio de San Nicolás de Hidalgo!*, porque fue en esa institución donde se formaron y forjaron ideológicamente la gran mayoría y los más importantes héroes de nuestra Independencia, empezando por Hidalgo y Morelos; finalmente había que agitar la bandera y tocar de nuevo y al mismo tiempo la campana, hice lo primero pero no lo segundo, hasta que alguien del público, desde la calle, frente al balcón, gritó "¡la campana!" Entonces, no sin las risas de algunos que estaban cerca de mí y seguramente de muchos en aquella apretada multitud y ya sin tensión, al mismo tiempo hice ondear la bandera y tiré de la cuerda para que la campana sonara.

Dar el grito, fue mi experiencia personal por seis años —y lo sigo creyendo— más impactante, de más emoción, que caló más hondo: resulta más difícil que hacer cualquier discurso, sea cual sea el auditorio frente al cual se pronuncie. Durante los seis años incluí la mención al Colegio de San Nicolás. En el último, en 1985, di un *viva* a Lázaro Cárdenas, que me nació de muy hondo.

Tareas de gobierno

Entre las primeras acciones de gobierno estuvieron la creación de algunas dependencias nuevas: las Coordinaciones de Planeación y de Apoyo Municipal, el Instituto Michoacano de Cultura y el Instituto Michoacano del Deporte, organismos que se consideraron importantes para complementar y cumplir mejor con las tareas de la administración.

Pasados los primeros días después de la toma de posesión, había que dar atención a las elecciones municipales, que tendrían lugar el primer domingo de diciembre; o sea que apenas empezaba a familiarizarme con las nuevas funciones y había ya que enfrentar las inquietudes y las presiones de una elección en los 113 municipios del estado. La elección fue tranquila, sin incidentes mayores. El PRI perdió el municipio de Zacapu, ganado por Acción Nacional, con cuyas autoridades mantuve una buena relación de trabajo y colaboración, como con las del resto de los municipios, y debieron anularse elecciones en los municipios de Hidalgo y Apatzingán.

En las siguientes elecciones municipales, en 1983, Acción Nacional ganó en Uruapan y se anularon en Tingambato y Zamora; en este municipio se designó una nueva autoridad municipal que encabezó quien había sido el candidato a presidente municipal de Acción Nacional.

Me propuse —y pude hacerlo a lo largo de los seis años— mantenerme en contacto con todos los municipios del Estado, realizando regularmente recorridos a uno y a otro, visitando sus diferentes comunidades, dando seguimiento a las obras que realizaban los Ayuntamientos y éstos conjuntamente con el gobierno estatal. Esos recorridos me daban la oportunidad de hablar y escuchar a la gente en sus lugares de residencia y centros de trabajo, conocer en forma directa sus necesidades y tratar de incidir en la solución de los problemas más importantes, que nadie conoce mejor que quien los está viviendo o padeciendo.

Durante el periodo no se hicieron obras espectaculares o suntuarias. Se buscó que los recursos se repartieran lo mejor posible en el territorio del Estado y se atendieran los problemas en su raíz. Todo parecía ir bien en el arranque de la gestión de gobierno. Recuerdo una visita que hizo a Michoacán el secretario de Asentamientos Humanos y Obras Públicas, arquitecto Pedro Ramírez Vázquez, para revisar varias obras en proceso. Al finalizar su visita me preguntó qué obra consideraba yo más necesaria para el estado, dentro de la competencia de la Secretaría a su cargo. Le respondí que sería la vía corta de México a Morelia, la ruta que sigue la autopista actual, pues se haría más ágil la comunicación con el centro económico del país; atendió mi sugerencia y dio especial atención a los trabajos de esa carretera.

A lo largo de la gestión de gobierno se trató de impulsar lo que puede llamarse la obra grande, que corresponde principalmente a los proyectos federales: la expansión de la Siderúrgica Lázaro Cárdenas-Las Truchas, la construcción de la vía corta a

Morelia, las obras del puerto y el desarrollo de la ciudad de Lázaro Cárdenas; las plantas de NKS (un gran taller de fabricación metálica para construir máquinas y equipo pesado) y PMT (planta para la fabricación de tubos de gran diámetro para la industria petrolera), ambas en Lázaro Cárdenas; la fábrica de turbinas Turalmex en la zona industrial de Morelia; la continuación de la carretera a Carácuaro y Nocupétaro; el gasoducto Salamanca-Lázaro Cárdenas; la terminación del aeropuerto de Morelia y de la carretera costera Lázaro Cárdenas-Cerro de Ortega.

Por otro lado, se buscó atender con la mayor amplitud posible lo que estaba al alcance de los recursos y facultades del estado: las escuelas, la creación de los sistemas CONALEP y del Colegio de Bachilleres en el estado, la Escuela Normal de Educación Física, los internados de secundaria en San Antonio Corrales, municipio de Charo, y en Tacámbaro, la Escuela de Invidentes en Morelia; la cultura recibió un fuerte impulso: la celebración de los festivales internacionales de poesía, el rescate del folclore local, los salones internacionales del textil en miniatura, el fomento a las artesanías de calidad y el apoyo a artesanos para liberarlos de intermediarios innecesarios, la restauración del Conservatorio de las Rosas, el primero de América; la creación del Museo de Historia de Michoacán en la llamada Casa de la Emperatriz, casa en la que vivió doña Ana Huarte, la esposa de Agustín de Iturbide, la apertura de casas de cultura en varias poblaciones, un importante programa editorial que incluyó entre otras publicaciones las reediciones de *Paisajes, tradiciones y leyendas* e *Historia de la Guerra de Intervención en Michoacán* de Eduardo Ruiz, y de *Hechos, no palabras* de Francisco J. Múgica, y las *Obras completas* de Melchor Ocampo; la perforación de norias para riego de pequeñas extensiones, la creación de la empresa del Estado Asteca de Michoacán, para la operación de centros de acopio de grano y apoyo a los productores, el proyecto para la recuperación de la cuenca del Lago de Pátzcuaro mediante la construcción de obras para controlar la erosión y de plantaciones frutícolas y de especies forestales; los criaderos de pez blanco en el mismo lago, el fomento a los establos familiares en la región de Maravatío, los programas de silvicultura intensiva en la zona anteriormente concesionada a Michoacana de Occidente, en los municipios de Aguililla, Coalcomán, Arteaga y Tumbiscatío; la protección de la tortuga marina con la colaboración de las Secretarías de Pesca y de Marina, la construcción de la red de caminos rurales en el municipio de Turicato, los caminos a San José de la Montaña en el municipio de Coalcomán, a Salitre de Estopila en el de Chinicuila y a Túmbisca en el de Morelia, a donde las primeras visitas las hice a caballo; la comunidad terapéutica para la atención de enfermos mentales con procedimientos avanzados, humanos, buscando la rehabilitación y la reinserción del enfermo en la familia y en la sociedad, en Morelia (proyecto en el que Celeste puso gran interés); la construcción del hotel anexo al Centro de Convenciones de Morelia, la creación del sistema michoacano de radio y televisión.

Entre las medidas tomadas en los primeros meses de gobierno se cuenta la municipalización del transporte público en el municipio de Morelia, donde se presentaba el conflicto entre un mal servicio y la exigencia de los concesionarios de elevar el costo del transporte. Al no llegarse a un arreglo y ante la necesidad de mantener en operación el servicio, se decidió que el Estado se hiciera cargo del mismo, con el compromiso de mejorarlo, lo que en alguna medida se cumplió con una administración eficaz y las inversiones que se hicieron para adquirir nuevos equipos a lo largo del sexenio.

El alcohol y el lenocinio

En los primeros meses de la nueva administración se envió la iniciativa —que el Congreso aprobó— que reforma la fracción III del artículo 169 del Código Penal del Estado, para prohibir y sancionar el ejercicio del lenocinio. La reforma tuvo como propósitos cumplir con convenios internacionales suscritos por México en esa materia, así como evitar frecuentes asesinatos, resultado del alto consumo de alcohol y las riñas en las llamadas *zonas de tolerancia*. Ello a pesar de que casi todas se suponían *vigiladas* por policías municipales, que destacaban más elementos para cumplir sólo esa función, que aquellos lugares a los que se encomendaba la protección de las poblaciones en lo general, y eliminar así un factor de corrupción de las administraciones municipales y de las autoridades sanitarias.

Con esa medida, lo dije en mi primer informe de gobierno:

…desaparecieron las llamadas zonas de tolerancia de varias de nuestras ciudades y se logró una medida efectiva para prevenir y disminuir hechos de sangre, proteger el salario del trabajador y el ingreso de la familia y sobre todo, eliminar una práctica y una situación de explotación humana degradante, discriminatoria e injusta, y dejar a la conciencia y responsabilidad de todos y cada uno de los michoacanos, la búsqueda y la conformación de la sociedad, las relaciones humanas y de hecho la calidad de vida que queremos para nosotros, nuestros hijos e hijas.

Con base en esa disposición, el 5 de diciembre de 1980 se procedió a la clausura de 386 establecimientos en 34 municipios del Estado, de ellos 53 en Morelia, 33 en Nueva Italia, 50 en Zamora y 52 en Apatzingán. No se trató, como algunos quisieron presentarlo, de un acto moralista o de mojigatería, sino de cumplimiento de la ley y de hacer recaer en la responsabilidad de cada persona las decisiones relativas al tipo de convivencia social que se quisiera para sí mismo y para la familia propia.

Desde el inicio del gobierno, como era obligación, se exigió el cumplimiento de las disposiciones del Código Sanitario Federal en ese entonces vigente, respecto a los horarios permitidos para la venta de bebidas alcohólicas, fuera de restaurantes y centros turísticos. El Código disponía que se suprimiera la venta de alcohol a partir del medio día del sábado y se reanudara el lunes por la mañana. En muchos municipios se hizo costumbre autorizar que los establecimientos en los que se vendían bebidas alcohólicas permanecieran abiertos en las horas en que no debían mediante el pago que hacían a las autoridades por el concepto de *disimulo*. Llegué a ver varios recibos, de distintos municipios, expedidos por ese concepto a quienes pagaban por permitírseles violar disposiciones de ley. Se aplicó la medida, no siempre atendida por algunas autoridades municipales que eran las responsables de aplicarla de manera directa, pero en general se cumplió. En la actualidad esa legislación federal ya ha cambiado.

A lo largo de los seis años de la administración no se solicitó a la Secretaría de Gobernación ningún permiso para instalar palenques para peleas de gallos en las numerosas ferias tradicionales del Estado. Mi experiencia (desde que viví en la costa durante la construcción de la presa La Villita, constatada además en mis recorridos por el Estado), era que en cada feria o palenque, los asesinatos se daban por racimos. En estos casos, lo más importante era evitar la violencia y las muertes a consecuencia del alto consumo de alcohol y el apasionamiento que despierta el juego, que frecuentemente se combinaban y, por otro lado, había que cuidar las finanzas del estado, pues si bien los palenques pagaban a los ayuntamientos por instalarse, el municipio y el estado acababan gastando más en policías, atención de muertos y heridos, etcétera, de lo que podían reportarles los permisos correspondientes.

La devaluación y la nacionalización de la banca

El último año de la administración del licenciado López Portillo, el segundo de mi gestión en Michoacán, fue de grandes dificultades financieras para el gobierno federal, que repercutieron en el estado. El año político empezó con la llamada *Reunión de la República*, celebrada el 5 de febrero en Hermosillo. Fue ahí cuando en su discurso, el presidente dijo que defendería *el valor del peso como un perro*, frase de la que no midió las consecuencias posteriores.

Estimé al licenciado López Portillo. Fue él, sin duda, quien me abrió la posibilidad de participar en la política electoral y mediante esa participación impulsar con una mayor difusión nacional las ideas y causas con las que he hecho compromiso. En mi trato con él, lo encontré siempre abierto a escucharme, tanto cuando le trataba problemas forestales, en mi paso por la Subsecretaría, como cuando le hablaba de otras cuestiones. Por ejemplo la inconveniencia que veía en que se construyera un gasoducto de los nuevos campos que estaban en esa época entrando en producción en el sureste a la frontera con Estados Unidos, con el propósito de entregar el gas natural a la Tennessee Gas Company para que lo distribuyera en el país vecino. Proyecto que finalmente se decidió llevar sólo hasta Monterrey y destinar el gas del sureste a suministros internos.

En su último informe al Congreso dio cuenta de la grave situación financiera en la que se encontraba el país, anunció el control de cambios, un control muy drástico, y la nacionalización de la banca. Muchos vimos en esta última medida, aun cuando se tomó dentro de la crisis y quizá como vía de salvamento y beneficio para banqueros que habían contribuido con su afán especulador a la quiebra de la economía —pues se anunciaba que se les indemnizaría—, un paso importante para el desarrollo independiente del país, porque el Estado asumía el control de un instrumento vital como la banca, que bien podría utilizarse para orientar la inversión en función del interés público.

Terminado el informe acudí, con los demás gobernadores, a saludar al presidente a Palacio Nacional. Le expresé mi felicitación y reconocimiento por el paso que se había dado, que consideré y sigo considerando positivo, independientemente de las motivaciones que hayan llevado al licenciado López Portillo a darlo. Al salir del saludo, en el corredor de Palacio, me encontré con el ex presidente Luis Echeverría, quien iba a felicitar al presidente y quien al verme, me dijo emocionado que la nacionalización de la banca que acababa de decretarse era una decisión tan importante para el país como la que había tomado mi padre al decretar la nacionalización de la industria petrolera.

Se trataba, ciertamente, de una medida importante, pues abría posibilidades de orientar el desarrollo, que el Estado tomara el control de un instrumento tan decisivo en la economía como es la banca; pero se trataba de una medida tomada en circunstancias totalmente distintas, motivada por razones muy diferentes a las de la Expropiación, a la que se llegó sin haberla querido, provocada por la excesiva especulación de los banqueros, de cuyos beneficios fueron cómplices y beneficiarios también altos funcionarios de la propia administración. Asimismo, por la corrupción que involucró tanto a gente del gobierno como del sector privado y por un manejo equivocado de la economía, en particular de la política de endeudamiento con el exterior.

Problemas de presupuesto

Los problemas económico-financieros del gobierno federal lo llevaron a recortar, sin previa advertencia, las participaciones de los estados en la distribución de los impuestos que se cobran con base en los acuerdos de coordinación fiscal con la Federación. Constituían y constituyen en promedio más de 90 % de los ingresos de las tesorerías estatales, debido a que esos convenios suscritos con la Federación desde varias décadas atrás, retiraron a las administraciones estatales de una actividad tan vital como es el diseño y desarrollo de sus sistemas fiscales. Además, las dejaron sin posibilidad de echar mano de recurso alguno en situaciones de emergencia como la que entonces se presentó.

Uno de los tantos programas afectados con los recortes presupuestales de 1982 fue el del Instituto de Cultura. En particular, la realización del segundo festival internacional de poesía, cuya organización estaba en marcha. Pero consideré que era uno de los gastos que debían suprimirse, no porque careciera de importancia (el primer festival había sido todo un éxito, tanto desde el punto de vista cultural en el estado como por su repercusión nacional al través de los medios informativos), sino porque había gastos que no era posible suprimir y de algún lado había que allegarse recursos para compensar el recorte impuesto e imprevisto. Una fuente para ello era lo que podía ahorrarse en gastos en divisas extranjeras, que representaban un porcentaje importante del presupuesto del festival, destinado a pasajes de invitados del extranjero. Una de las consecuencias de esa cancelación fue la renuncia de Homero Aridjis al cargo de director del Instituto de Cultura. Lo sentí, porque había tenido un buen desempeño en el primer año del gobierno.

El nuevo gobierno de Miguel de la Madrid se inició en medio de los problemas financieros que le heredaba el saliente y a los que él, como secretario de Programación y Presupuesto, había sin duda contribuido de manera determinante. Esos problemas hicieron que la nueva administración siguiera el ejemplo de la anterior y aplicara nuevos recortes. Se dio así un primero de 5% a las participaciones, seguido al poco tiempo de un segundo de otro 5%, lo

que obligó al gobierno estatal a mil ajustes, transferir recursos de
un programa a otro, cancelar y retrasar proyectos, abrir un agu-
jero para tapar otro. Me negué, en la situación de crisis nacional
que se vivía, cuando se estaban perdiendo empleos por miles en
todo el país y prácticamente no había nueva inversión, a recortar
el personal al servicio del gobierno del estado, como lo demandaban funcionarios federales, pues la gran mayoría de los despedidos
hubieran quedado sin posibilidad alguna de encontrar nueva ocupación por quién sabe cuánto tiempo.

De 1984 en adelante pudo trabajarse ya con regularidad, sin
grandes presupuestos, pero con la posibilidad de recuperar algunos rezagos y de cumplir con lo programado.

Empieza a agitarse la sucesión

También durante 1984 empezaron a manifestarse las inquietudes
por la sucesión en el gobierno estatal. El 29 de septiembre de ese
año, represento al presidente en mi informe anual al Congreso
local el secretario de Programación y Presupuesto, Carlos Salinas
de Gortari (al primer informe había acudido con la representación
presidencial el secretario de Hacienda, David Ibarra, al segundo el
de Gobernación, el profesor Enrique Olivares Santana, al tercero
el secretario de Agricultura, ingeniero Horacio García Aguilar,
al quinto Francisco Labastida, secretario de Energía, Minas e Industria Paraestatal, y Manuel Bartlett, de Gobernación, al sexto).
Acerca de la sucesión expresé:

Algunos quisieran ya adelantar los tiempos políticos. Considero que no es oportuno apurar etapas que deben cumplirse,
pero hay que esperarlas con serenidad y trabajo, incluido en
éste, el quehacer político.

Nunca la actividad política, de organizaciones, grupos o individual, practicada dentro de la ley, estorba la gestión administrativa. Por el contrario, la enriquece, al dar solidez a las instituciones y abrir espacios más anchos y ejercitar las prácticas de la democracia y de la vida cívica…

Si solamente en épocas electorales nos acercamos a nuestras organizaciones, si no exigimos todos los días que sean más efectivas en la defensa y promoción de nuestros intereses, si no damos nuestra aportación en ideas y trabajo cotidiano, no exijamos entonces resultados que nos sean gratos y satisfactorios…

Hay michoacanos distinguidos, muchos afortunadamente, que legítimamente aspiran a servir al Estado con su participación en la vida pública.

Bienvenidos a manifestarse, a que recorran Michoacán y se encuentren con sus carencias, problemas y logros; con sus recursos, potencialidades y organizaciones; con el trabajo y la gente.

No pienso, y quiero ser muy claro, que se inicien campañas electorales. No. Pero año y medio es muy bueno para que los michoacanos conozcan directamente, de viva voz sería lo más deseable, a quienes, con distintas ideologías y tendencias, aspiran a participar en la renovación electoral. Es un buen tiempo para discutir personalidades y planteamientos.

Que no lleguen a Michoacán desconocidos o desconocedores de su vida política y del sentir de sus gentes; y ello dependerá de la fuerza de nuestras organizaciones y también de la suma, amplitud y consistencia de las actividades individuales. Así no habrá sorpresas.

Mostrarse, hablar, definirse, manifestar clara y abiertamente las aspiraciones legítimas, es una de las formas como verdaderamente podemos, y agregaría, debemos, fortalecer las instituciones democráticas y nuestras propias organizaciones.

Eso en nada, lo repito, estorbará la gestión de una administración respetuosa de la ley.

El sismo del 19 de septiembre de 1985

Ese 19 de septiembre estaba programada una visita de Miguel de la Madrid a Lázaro Cárdenas, para conocer las ampliaciones que se habían hecho a la planta de la Siderúrgica Lázaro Cárdenas-Las Truchas, en esa época todavía una empresa de participación estatal. Desde el día anterior me había trasladado a la costa para esperarlo y habían llegado también las avanzadas del Estado Mayor Presidencial, con las que personal del gobierno del Estado estaba coordinando la visita.

Estaba por meterme a la regadera, minutos después de las siete de la mañana, en la casa de Los Mangos, una pequeña fracción de la que fuera la pequeña propiedad de la Hacienda de la Orilla, cuando empezó a temblar con gran fuerza. Oí un gran estruendo y al salir de la recámara me encontré con que un trastero repleto de vajilla se había ido al suelo. Me encontré también con Ildefonso Aguilar, que salía de la recámara contigua, sorprendido como yo por el sismo. Se cortaron el agua y la electricidad. Me vestí rápidamente y me dirigí a Lázaro Cárdenas. Ahí, en la casa de visitas del Fideicomiso a cargo del desarrollo del proyecto urbano, a cubetadas, tomando el agua de un depósito, me bañé, me arreglé (al presidente lo esperábamos a las diez) y fui a encontrarme con varios colaboradores del gobierno, con el comandante de la Zona Militar y el presidente municipal, sobre todo para averiguar qué conocimiento tenían de la situación en la ciudad y en la zona, pasado el sacudimiento.

Al poco tiempo nos informaron que un trabajador que realizaba arreglos en un poste se había caído al momento que temblaba y había fallecido, lo mismo que un enfermo cardiaco en un hospital; había daños menores en algunos techos, en el hotel donde estaban alojados los miembros del Estado Mayor Presidencial se habían caído varios muros divisorios y desprendido algunos plafones y más de alguna persona había salido cubierta de yeso y polvo; se revisarían las instalaciones industriales para detectar posibles desperfectos y que localmente, en general, fuera de la suspensión de los servicios eléctrico y telefónico, todo se encontraba sin mayor alteración.

Desde los primeros momentos el comandante de la Zona Militar y el subjefe del Estado Mayor Presidencial, general Cardona, habían tratado desde las instalaciones militares de comunicarse por radio a México, encontrándose con que la comunicación estaba interrumpida.

Minutos antes de las diez nos concentramos en el aeropuerto para esperar la visita presidencial. Llegó la hora prevista de llegada y nadie apareció. Al poco rato dije al general Cardona que me parecía conveniente se elevara el avión de la presidencia en el que él había llegado para ver si desde el aire podía establecerse comunicación con la capital. Así se hizo y al aterrizar el avión informó que no había sido posible comunicarse.

Alrededor de las doce decidí salir a Morelia, para conocer si había daños en alguna otra parte del Estado. En el trayecto, el radio del avión captó una estación comercial de la ciudad de México en la que se daba cuenta de un fuerte sismo, que había ocasionado gran destrucción en la capital. Con esa noticia y preocupado por la parte de la familia que se encontraba en México, llegué a Morelia.

Me dirigí de inmediato a casa, donde encontré a Celeste y a Camila. En Morelia el temblor no se había sentido. La comunicación telefónica con México estaba interrumpida y pedí a un colaborador fuera en auto a la capital para ver en qué condiciones estaban Lázaro y Cuate, así como el resto de la familia. Por la noche regresó, diciendo que todo mundo se encontraba bien, pero eran enormes los destrozos en la ciudad. Para ese momento habíamos ya visto imágenes de la destrucción de la ciudad por televisión, se había informado también que el epicentro del sismo se situaba a unos cuantos kilómetros de la desembocadura del río Balsas, esto es, de donde me encontraba esa mañana, de Lázaro Cárdenas, y me habían reportado daños en viviendas en Coalcomán y en varias comunidades de la costa, y de escuelas y edificios públicos en distintas poblaciones del Estado. Michoacán fue el Estado donde el sismo causó los daños materiales mayores, después de la ciudad de México y de Ciudad Guzmán, Jalisco.

De inmediato se empezaron a tomar medidas para atender a los afectados por el sismo y evaluar los daños materiales. En los días siguientes a los del sismo empecé a visitar las comunidades en las que se habían reportado daños. En traslados en avión y recorridos en helicóptero, con el general Jaime Contreras Guerrero, comandante de la Zona Militar, estuvimos visitando principalmente las comunidades indígenas de la costa, como San José de la Montaña, municipio de Coalcomán, y San Pedro Naranjestil, municipio de Aquila, que habían resultado de las más afectadas.

En Morelia se organizó una colecta pública, que recibió una muy buena respuesta de la gente. En más de sesenta escuelas y en centenares de viviendas en Coalcomán y en comunidades de la costa se reportaron daños de consideración, reparados con base en los distintos programas estatales instrumentados con carácter de urgencia, y el Gobierno de Nuevo León, que encabezaba Alfonso Martínez Domínguez, envió una colaboración de cincuenta millones de pesos de entonces para la reconstrucción de la escuela "Francisco I. Madero" de Tacámbaro.

A la ciudad de México fui con Celeste y Camila unos diez días después del terremoto. A pesar de los días ya transcurridos, fue impactante encontrar destrucción, escombros y obscuridad en muchas partes de la ciudad.

Conflicto universitario y Ley de Educación

En febrero de 1986, el último año de gobierno, entró en vigor una nueva Ley Orgánica de la Universidad Michoacana, que sustituía una legislación surgida de la represión ejercida contra la institución durante la administración de Agustín Arriaga. La ley provocó confrontaciones en el momento de elegir nuevas autoridades, cuando estaba también en curso el proceso de renovación del gobierno estatal, que llevaron a una situación de inmovilidad que no tuvo capacidad para resolver el Consejo Universitario, pues la ley exigía un voto aprobatorio calificado de por lo menos dos terceras partes de los miembros del Consejo para designar al rector. En esas condiciones, envié una iniciativa al Congreso planteando que el Consejo Universitario, en situaciones como la que se estaba presentando, pudiera resolver por mayoría simple la designación del rector, fijando un plazo en el cual, si el Consejo no decidía, lo pudiera hacer la Comisión de Rectoría, órgano del propio Consejo previsto por la ley. Al concluir mi periodo de gobierno el 15 de septiembre, el conflicto seguía sin resolverse, con dos rectores pretendiendo se les reconociera en el cargo. La nueva administración volvió a poner en vigor la ley anterior y otorgó su reconocimiento al rector que consideró más identificado con ella.

En el caso de la Ley de Educación, el Ejecutivo envió una iniciativa al Congreso para adecuar la ley entonces vigente. Era necesario principalmente porque se había dado la transferencia de la administración de los servicios educativos del gobierno federal al estatal. Le correspondía ya al gobierno del Estado conducir la gestión del sistema educativo en la entidad y la ley vigente resultaba insuficiente. Una medida que se introdujo en la nueva ley fue la de que en el caso de elevación de colegiaturas en las escuelas particulares, los aumentos fueran convenidos entre la institución educativa y su sociedad de padres de familia, y de no llegarse a un acuerdo, arbitrara el gobierno estatal. La medida no fue del agrado de varias de las administraciones de escuelas particulares importantes y para oponerse a ella encontraron en la exposición de motivos de la ley una argumentación antirreligiosa que les sirvió como pretexto y utilizaron como bandera para oponerse a la reforma de la ley. Nada tenía que ver con los contenidos de la propia ley, pues ésta correspondía más bien a un conjunto de medidas de carácter administrativo, sin ninguna referencia a cuestiones ideológicas, menos aún religiosas, ni respecto a los contenidos de los programas educativos, que seguían siendo, de acuerdo con la ley, una responsabilidad federal.

Sucedió que la exposición de motivos de la ley presentada ante el Congreso, con arrebatos sectarios, con varios párrafos de ataques al clero y a las ideas religiosas, había sido redactada por el coordinador de la diputación, Octaviano Alanís. Ello sin consulta con otros diputados y sin hacerla del conocimiento de la Secretaría de Gobierno, de la de Educación o del propio gobernador, que pudieran haber hecho alguna observación al respecto.

Ese conflicto que confrontó al gobierno con algunas de las escuelas particulares, que movilizaron a sectores conservadores de la sociedad en los últimos días de la administración, me llevó a tomar la decisión de detener la publicación en el Periódico Oficial de la ley recién aprobada por el Congreso. La administración siguiente no tomó en consideración la necesidad de la nueva legislación y mantuvo en vigor la anterior.

Un secuestrado en Cheranátzicurin

El sábado 16 de mayo de 1981, a eso de las 4 de la mañana, sonó el teléfono de la casa. Era el Procurador Xavier Ovando. Me informó que desde el martes anterior, en la comunidad de Cheranátzicurin, del municipio de Paracho, comuneros de aquel lugar tenían secuestrado al campesino Rubén Valdovinos González, al que habían encontrado recogiendo leña en terrenos de la comunidad. Él pertenecía a un grupo de unas veinte familias que se desprendieron de Cheranátzicurin, a las que los integrantes de esa comunidad exigían regresaran a vivir al pueblo o de plano se fueran a otro lado y les desocuparan las tierras comunales que habían tomado y cultivaban sin el consentimiento expreso del conjunto del poblado y de las autoridades de la comunidad. Que hasta las 2 de la mañana, personal de la Procuraduría había tratado de convencer a los comuneros para que liberaran al detenido; por otro lado, un grupo había tratado de rescatarlo, ocasionando en la refriega la muerte de un comunero, de lo que la población no estaba aún enterada a esa hora.

Xavier me dijo también que estando los ánimos tan exaltados, consideraba necesaria la presencia militar, y por otro lado, que la gente de la comunidad pedía la presencia del Secretario General de la Liga de la CNC y del delegado agrario.

Llamé a esa hora al comandante de la Zona Militar: el Ejército no podía intervenir, sólo podía enviar algunas patrullas a la zona del conflicto, lo que en efecto hizo.

Llamé después a Xavier y le pedí pasara a buscarme. A las 5 de la mañana salimos Xavier, el delegado agrario y yo rumbo a Cheranátzicurin, a donde llegamos poco antes de las 8.

La gente de esa población vivía dos problemas muy intensamente: la indefinición de los límites de su comunidad con la de Santa Cruz Tanaco, que a lo largo de muchos años había venido ocasionando fuertes disputas y numerosas muertes por la posesión de tierras de cultivo y por la explotación de los montes; y que un grupo procedente de Urén Viejo, otra comunidad de la Meseta, diciéndose ejidatarios y sin seguir los procedimientos agrarios ni tomar en cuenta el alcance legal de su decisión, se separara de la comunidad para asentarse en el paraje conocido como Plan de las Cruces, dentro de los terrenos comunales.

Los comuneros planteaban que esas familias debían reintegrarse al poblado, en el que les darían solares para la construcción de sus casas, o que de plano se fueran a otra parte, pues la división que representaban hacía que de ello se aprovechara gente de la vecina comunidad de Tanaco para explotar sus bosques de manera ilegal.

Debo decir que el problema de límites entre las comunidades, problema de décadas o de siglos, estaba siendo atendido tanto por el gobierno estatal como por las autoridades agrarias federales, que las partes en conflicto estaban enteradas de ello, pues en aquel momento incluso se estaban realizando trabajos de campo pero, a pesar de ello, cualquier chispa tornaba violento el conflicto.

Al llegar a la población, encontramos a gran cantidad de gente reunida en la plaza. Al verme, algunas mujeres soltaron el llanto, un llanto ruidoso pero sin lágrimas, como el de las plañideras en relatos de antaño, quejándose de las muertes que se habían dado a lo largo de los años.

Pregunté a la gente cómo estaba la situación. Los campesinos ahí reunidos hablaron de los problemas de sus tierras y montes con otras comunidades, se quejaron de autoridades agrarias y forestales, pero nada dijeron del secuestrado. Pregunté por él. Me respondieron que no estaba detenido, que era del lugar, que se encontraba entre su gente.

Insistí, señalándoles que el detenido como en realidad se encontraba, no obedecía propiamente a su voluntad. Volvieron a insistir en los problemas con las comunidades colindantes y los internos. Transcurrieron así unas dos horas. Les dije que para intervenir en la solución de sus problemas era necesario hacerlo cumpliendo con la ley y que no podría hacerlo si no liberaban al preso y me lo entregaban. Más discusiones entre ellos, en pur épecha. Finalmente me preguntaron si quería yo ver al detenido, a lo que respondí afirmativamente, pidiéndome entonces que fuera solo, sin ninguna de las personas que me acompañaban, a encontrarme con él. Estuve de acuerdo y con dos de los dirigentes de la comunidad empezamos a alejarnos de la plaza. No sabía a dónde nos dirigíamos y desde que accedí a ir solo, sentí cierta inquietud. Iba tranquilo, aunque no del todo confiado.

No fue largo el trayecto, unas dos cuadras largas, unos 300 metros. Al doblar una esquina nos detuvimos. Uno de los acompañantes tocó en una puerta de lámina, llamó dos o tres veces y al cabo de un rato alguien abrió. Entramos a un portal cubierto y en el patio que seguía estaba una troje con la puerta abierta. Ahí, en un catre, se encontraba Rubén Valdovinos. Se levantó y me dio la impresión de que al verme, se tranquilizó. Empezó a hablarme de su colaboración con el gobierno y después a quejarse de lo mucho que lo habían golpeado. Tenía el calzón blanco lleno de manchas de sangre seca.

Le pregunté si él estaría de acuerdo en que el gobierno proporcionara tierras a la gente de Urén Viejo, fuera de la comunidad de Cheranátzicurin, para que el grupo al que pertenecía las ocupara y pudiera así terminarse un enfrentamiento que duraba ya varios años. Respondió afirmativamente. Me dirigí entonces a los dos dirigentes de la comunidad que me habían acompañado y les pregunté si al aceptar esas condiciones me entregaban al detenido. Se resistían. Les dije que de ahí en adelante tendríamos que manejarnos todos dentro de la ley y que no podía dejar en sus manos a una persona detenida contra su voluntad. Accedieron finalmente y había entonces que ir a informar al pueblo reunido en la plaza.

Se informó del acuerdo al que en principio habíamos llegado. Empezaron las discusiones en su lengua. Resistencias. Insistencia de mi parte en que era necesario dar una solución definitiva al problema. Al final aceptaron. Pedí me entregaran a Rubén y nos dirigimos a la casa donde lo había yo encontrado. Tardaron un rato en llegar con él. Lo habían cambiado de sitio mientras se informaba a la población de lo acordado.

Ya con él en los carros, nos dirigimos al Plan de las Cruces para informar al grupo confrontado. Encontramos a unas treinta personas. Estuvieron conformes con la solución propuesta. Para atender ese problema, el gobierno del estado adquirió tierra y construyó las viviendas y algunos servicios elementales para las familias que finalmente se separaron de la comunidad de Cheranátzicurin.

El problema, por otro lado, pudo resolverse porque la autoridad responsable de la buena marcha del Estado, el gobernador (yo en este caso) hizo presencia y utilizó su investidura ante la gente para hacer valer la razón y la ley. Ese problema, que pudiera a algunos parecer pequeño, pues se trataba de un solo detenido o de un grupo reducido de familias, no hubiera tenido una solución satisfactoria si se deja en segundas o terceras manos o si no se hubiera dado la cara directamente, pues la investidura como tal tiene su peso y eso a veces se pierde de vista. Era necesario, en todo caso, correr el riesgo.

Los asesinatos en el rancho *El Mareño* y la aparición del cadáver de Enrique Camarena, agente de la DEA

El sábado 2 de marzo de 1985, por la tarde, me reportaron que esa mañana se había dado un enfrentamiento a tiros en el rancho *El Mareño*, del municipio de Vista Hermosa. Habían perdido la vida un agente de la Policía Judicial Federal, Manuel Bravo, que había sido diputado local seis u ocho años antes, así como el dirigente de la CNC en la zona, además de su esposa y tres de sus hijos. En el municipio había zozobra entre la población porque la Judicial Federal había estado haciendo detenciones e interrogatorios a varios miembros de la familia de Manuel Bravo y a otras personas en varios poblados de la zona. Se reportaba a algunas personas hospitalizadas después de los *interrogatorios* a los que las había sometido la Judicial.

Los hechos, según se supo después, se dieron como sigue: ese sábado, alrededor de las 7 de la mañana, un nutrido grupo de agentes de la Policía Judicial Federal y de la Policía Preventiva de Jalisco, fuertemente armados —de lo que hacían ostentación— llegó al rancho *El Mareño*, que se encuentra a unos 8 kilómetros de Vista Hermosa, al borde de la carretera que va de esta población a Tanhuato y Yurécuaro. Conminaron a Manuel Bravo a que se entregara. Hasta donde se tiene conocimiento, Bravo no sabía por qué razones lo querían detener, pues se consideraba que llevaba una vida tranquila y que guardaba una buena relación con la gente de la zona; se encontraba prácticamente retirado, dedicado al cultivo de su rancho, donde tenía unas diez hectáreas plantadas con árboles de lima. La casa, a donde llegaron los judiciales es pequeña, de dos pisos —que ahora se halla abandonada, todavía con huellas de balazos—, ese día se encontraba Bravo con su esposa, un hijo de ambos, adolescente, que sufría alguna enfermedad de carácter mental, y dos nietos, alumnos de primaria en la ciudad de Zamora, que habían ido a pasar el fin de semana con los abuelos.

Al ver que quienes le pedían se entregara era gente armada, desconocida, que se dirigía a él amenazante, Bravo empezó a hacer resistencia. Se armó la balacera, Bravo parapetado en el segundo piso, abatió a uno de los agentes. Alguien pasó, se dio cuenta del enfrentamiento que estaba dándose, y en Zamora avisó a sus dos hijos lo que había visto en el rancho de sus padres, así como al destacamento de la Policía Judicial del estado en aquella ciudad.

Los hijos de Manuel Bravo, mayores, padres de los chicos que habían ido a pasar el fin de semana con los abuelos, montaron en una camioneta y llegaron al rancho. Poco tiempo después, detrás de ellos, llegó un grupo de judiciales del Estado y la agente del Ministerio Público de Tanhuato, a la que también se había dado aviso de la balacera que estaba teniendo lugar en *El Mareño*.

Todo parece indicar que los judiciales federales pidieron a los hijos de Manuel Bravo que lo convencieran de entregarse, pues les dijeron que sólo se trataba de una investigación y que si su papá no tenía nada de qué preocuparse, nada sucedería más allá de un trámite de pocas horas. Bravo se entregó a petición de sus hijos y lo que encontraron los agentes del estado, que al llegar a *El Mareño* fueron desarmados por los judiciales federales, y la Agente del Ministerio Público de Tanhuato, fue una escena macabra: Manuel Bravo, su esposa, el hijo enfermo y los dos hijos que habían llegado de Zamora, muertos a tiros. Manuel, su esposa y el hijo que se encontraba con ellos, en ropa de dormir, abatidos dentro de la casa; los dos hijos que habían llegado de Zamora, vestidos, con chamarra y botas, en el exterior, lo que pude ver después en fotografías que tomó el personal de la Procuraduría de Michoacán. A los dos nietos, de unos diez y doce años, que habían ido a pasar el fin de semana con los abuelos, vivos quien sabe por qué milagro, los tomó a su cargo y los protegió la Agente del Ministerio Público en cuanto llegó al sitio del enfrentamiento.

El grupo de la Judicial Federal informó que se había hecho fuego contra ellos al ir a practicar una detención relacionada con delitos de narcotráfico. Ésa fue la noticia surgida de fuentes de la Procuraduría de la República que apareció en los medios de información del día siguiente. Los datos que se tenían en el Gobierno del Estado eran confusos. Estaba en espera de los resultados de las investigaciones en curso, pero dado lo tenso de la situación en la zona, en la que había mucho temor de la población porque pudieran darse más actos de violencia de los agentes federales, el lunes 4, a primera hora, me comuniqué a México para pedir una audiencia urgente con el presidente de la Madrid, a quien deseaba informar directamente de la situación de zozobra que había en la región y de la necesidad de frenar los atropellos y excesos de la Judicial Federal. Me comunicaron de su oficina que me recibiría el miércoles 6 por la mañana.

El 5 de marzo, martes, encontrándome en el Palacio de Gobierno en Morelia, en una de las audiencias públicas semanales que se habían instituido, me avisaron que nuevamente en *El Mareño* había una fuerte presencia de judiciales federales y de policías y carros patrulla de Jalisco. Suspendí la audiencia y en compañía del secretario de Gobierno, Cristóbal Arias, del procurador Sergio Moreno y de Carlos Mandujano, el jefe de ayudantes, volamos de Morelia a la pista de Cumuatillo, donde había pedido al presidente municipal de Jiquilpan fuera solo a encontrarnos, para trasladarnos a *El Mareño*.

Llegamos alrededor de la 1 de la tarde. Al pasar por Vista Hermosa pudimos ver unas quince o veinte patrullas de policía de Jalisco estacionadas, ocupando varias cuadras en las cercanías de la Presidencia Municipal. Nos presentamos en el rancho y pedí hablar con quien mandaba la operación. Era el comandante Armando Pavón Reyes. Le pregunté qué estaban haciendo ahí. Buscaban en la huerta del rancho los cuerpos de dos personas asesinadas (desde semanas antes se había reportado en los medios informativos la desaparición de Enrique Camarena, agente norteamericano de la DEA, y del piloto aviador mexicano Alfredo Zavala Avelar), que les habían avisado podrían encontrarse en ese sitio. Se veía movimiento de policías entre los árboles de la huerta, hurgando el suelo. Le pregunté entonces por qué había policías de Jalisco, pues estábamos en Michoacán y no se había notificado de la operación y de la presencia de policía de Jalisco al Gobierno del Estado, que como seguramente él estaba enterado, había la obligación de hacerlo. Sólo contestó preguntándome si quería yo que se retiraran. Respondí que cumplieran con las instrucciones que llevaban y me retiré con los funcionarios del estado que me acompañaban a Vista Hermosa, donde, en la Presidencia Municipal, se encontraba la gente del Ministerio Público que el sábado anterior había hecho presencia en *El Mareño*.

Nos relató cómo se habían dado los hechos, cómo ésta había jalado a los dos nietos del matrimonio Bravo y los había dejado un tanto escondidos en una acequia, en la boca de una alcantarilla, y cómo al llegar elementos de la Judicial de Michoacán al lugar, los judiciales federales, apoyados por los policías de Jalisco, los habían desarmado. Informó también que cuando quiso recoger casquillos de las armas que se habían disparado, una cuestión elemental en una investigación de muertes en una balacera, los agentes federales se lo habían impedido. Dijo asimismo, que había tomado bajo su custodia a los niños y los tenía protegidos. De ahí decidí regresar a Morelia, para preparar un documento que consideré debía hacer del conocimiento de la opinión pública. Al despegar el avión, sobrevolamos *El Mareño* y vimos que estaban ya retirándose las patrullas de Jalisco y los autos de los agentes federales.

Llegué a Morelia, con prisa redacté un documento que quería hacer público al día siguiente, tanto en los medios del estado como en algunos de la ciudad de México, con una mayor cobertura nacional. Redacté una *carta abierta* dirigida al procurador general de la República, Sergio García Ramírez, y al gobernador de Jalisco, Enrique Álvarez del Castillo. En ella, entre otras cosas, decía:

El pasado 2 de marzo, cerca de 100 elementos de las Policías Judicial Federal y Preventiva del Estado de Jalisco, así como del Ministerio Público Federal, con adscripción en Jalisco, con lujo de fuerza y prepotencia, hicieron presencia en suelo de este Estado, teniendo un enfrentamiento a tiros, en el

que, entre otras personas, perdió la vida un policía judicial
federal...

De la presencia de estos elementos policíacos y de su comisión no se enteró previamente ni a la Procuraduría General de Justicia de Michoacán ni a este Ejecutivo.

Iniciado ya el tiroteo entre las Policías Judicial Federal y
Preventiva de Jalisco y los presuntos delincuentes, a quienes
pretendían aprehender, se dio aviso a los destacamentos de
Policía Judicial del Estado en La Piedad y Zamora, así como
al Agente del Ministerio Público de Tanhuato, a quienes
prácticamente, por la superioridad de la fuerza y la actitud
prepotente, se impidió toda intervención en los hechos.

Por estos actos, en nombre del Gobierno y en lo personal
como Gobernador de Michoacán, presento ante ustedes respetuosa y enérgica protesta.

Este Gobierno ha suscrito un convenio con la Procuraduría General de la República para coordinar y dar eficiencia
a las acciones de la competencia de ambas entidades, como
parte de la descentralización de actividades que tienden a fortalecer el pacto federal y para cumplir en mejor forma con las
responsabilidades y el mandato de ambos niveles de gobierno.
El Gobierno de Michoacán ha sido observante estricto de los
términos de este convenio...

La lucha contra la delincuencia demanda de arduos esfuerzos y recursos cada vez mayores y más variados. El comportamiento ilegal —delictivo—, en la medida en que lo sea,
de los cuerpos policíacos que tienen la obligación y la encomienda de brindar protección y dar confianza a la sociedad,
hace más difícil una tarea ya de por sí difícil y complicada.

Demandamos su intervención, C. Procurador, C. Gobernador, en este caso de atropello al Estado de Michoacán, de
incumplimiento a los compromisos contraídos y de inobser-

vancia a procedimientos establecidos en nuestra legislación, para que conforme a la ley se sancione a los responsables.

Ya en Morelia, temprano en la noche ese mismo día 5, me llamó el subprocurador Leonel Godoy para decirme que a eso de las 6 de la tarde le habían reportado que a la orilla de la carretera que va de Vista Hermosa a Yurécuaro, a unos 900 metros de *El Mareño*, un campesino que regresaba a su casa después de cortar pasto para sus animales, había tropezado con dos cadáveres que se encontraban a flor de tierra. Ese campesino había avisado al encargado del orden[17] de su comunidad, pero que éste, atemorizado por la violencia que se había vivido en la zona en esos días, no quiso tener ninguna intervención directa en el asunto. Después había buscado al síndico del Ayuntamiento, el que también se rehusó a tomar alguna decisión por su cuenta, y finalmente el caso fue a dar con el presidente municipal de Vista Hermosa, que se comunicó con la oficina de la Procuraduría del estado en Zamora y de ahí se comunicaron a Morelia. Dándome esos antecedentes, Leonel me dijo que se había dado la orden de trasladar los cadáveres al servicio forense en Zamora, para tratar de averiguar de qué y de quiénes se trataba, para ver si era posible establecer su identidad, y que él se trasladaría a esa ciudad. Me dijo que creía podían ser Camarena y Zavala Avelar, pero que se comunicaría de nuevo conmigo en cuanto pudiera establecerse lo que en la jerga judicial llaman la media filiación.

El teléfono de casa sonó alrededor de las 4 de la mañana. Era Leonel. Se habían identificado los cadáveres: efectivamente, se trataba de Camarena y su piloto. Me preguntó si daba aviso a la Procuraduría de la República. Le respondí afirmativamente y me

---

[17] Categoría administrativa municipal en Michoacán que existe en las comunidades pequeñas.

volvió a llamar minutos después de las 7, cuando me preparaba ya para salir a México y llegar a tiempo a mi audiencia con el presidente. Me informó que había llegado un director general de la Procuraduría de la República y dos norteamericanos funcionarios de la DEA, que pidieron les entregaran los cadáveres, lo que se hizo. Me dijo también que los dos muchachos de la familia Bravo se encontraban en las oficinas de la Procuraduría en Zamora, con la agente de Tanhuato, quien al ver que llegaba gente de la Procuraduría de la República y de la DEA, se había escondido con ellos en un cuartito, casi un closet, contiguo a donde se encontraban las personas llegadas de México, para que no los encontraran, pues ya los judiciales federales andaban preguntando por ellos. Para saber cómo se dieron los hechos de *El Mareño* fueron fundamentales las declaraciones de estos chicos, víctimas, con sus padres y abuelos asesinados, de la corrupción, brutalidad e irresponsabilidad de la Policía Judicial Federal; de una maniobra de la Procuraduría General de la República, su Policía Judicial, de la Presidencia de la República, del gobierno norteamericano y/o de la DEA y del gobierno de Jalisco, que no he podido saber por qué razones se ubicó precisamente en Michoacán, en *El Mareño*, contra Manuel Bravo y su familia.

Al aterrizar en México me encontré con varias noticias: la primera, el aviso del secretario de Gobernación de que De la Madrid cancelaba la cita que me había dado, pero que él me esperaba en la Secretaría; la segunda, que el procurador García Ramírez, al encontrarse con la carta abierta en los diarios de la mañana, había salido por avión a Morelia para hablar conmigo. Nos cruzamos en el aire, pero no acababa yo de llegar al departamento en Polanco cuando entró una llamada de él, diciéndome que quería verme. Le dije que lo buscaría en la Procuraduría, pero él, de manera insistente, dijo quería verme en casa. Lo esperé. Hablamos del caso, de *El Mareño* y del agente de la DEA. Se disculpó por no haber dado aviso al Gobierno de Michoacán de la operación que se preparaba, que la Procuraduría de la República se hacía cargo del caso desde ese momento, que le correspondía por la intervención de elementos federales y por la muerte de un agente extranjero del área de narcóticos. Me aseguró que se investigaría a fondo y se sancionaría a quienes hubiesen cometido cualquier ilícito. Le dije que de Michoacán se le aportarían todos los elementos y la información con que se contara para el esclarecimiento del caso.

Después me trasladé a Gobernación. Me recibió Manuel Bartlett preguntándome por qué había publicado la carta abierta. Si lo hubiera llamado seguramente se habría podido poner orden a los excesos de la Judicial Federal en Michoacán. El Presidente estaba muy incómodo con la forma pública como había yo manejado el caso. Me ofreció, eso sí, que se investigaría y que no volvería a repetirse una situación como la que nos ocupaba.

A nadie se sancionó ni se ha sancionado hasta la fecha por los asesinatos en *El Mareño*. Los responsables han gozado de impunidad y de la protección de autoridades federales. No era usual que cuestiones de gobierno se ventilaran públicamente. Eso molestó a De la Madrid y fue lo que me transmitió Manuel Bartlett. Procedí así porque consideré que era la única forma de frenar la violencia desatada por la policía federal contra la población inerme de la región, de que no resultaran más asesinatos o daños a personas sin culpas, gente tranquila, que no había cometido delito alguno, como la familia Bravo, que sólo fue sacrificada porque alguien, quien sabe en qué obscura oficina, decidió que los cuerpos de los secuestrados y asesinados Enrique Camarena y Alfredo Zavala Avelar debían *aparecer* en esa huerta, propiedad de Manuel Bravo, en *El Mareño*, municipio de Vista Hermosa del estado de Michoacán.

Por otro lado, sucedió también que mi presencia, la presencia del gobernador de Michoacán en *El Mareño*, descontroló la operación, y además, que por razones que desconozco, los encargados de tener a tiempo los cadáveres en la huerta del rancho de los Bravo llegaron tarde. En la región corre la versión de que ese día un helicóptero la anduvo sobrevolando y en algún momento aterrizó. De haber sido así, el helicóptero llegó tarde y se deshizo de su carga en un lugar cercano al que debía, pero no en el sitio previsto, a partir de lo cual hubiera podido establecerse la inculpación de Manuel Bravo y justificarse los hechos que condujeron a ese brutal asesinato múltiple.

Desde que desaparecieron Enrique Camarena y Alfredo Zavala Avelar, se hicieron más fuertes las presiones del gobierno norteamericano sobre el de México a través de su embajador John Gavin, que había adoptado una actitud de gran soberbia e insolencia en el desempeño de su misión.

En esos días Estados Unidos cerró la frontera con México, desquiciando la economía en las partes limítrofes de ambos lados, pero con efectos más graves en el nuestro. Corrían al mismo tiempo versiones de una posible intervención armada de Estados Unidos en Nicaragua, y no podía descartarse que las presiones sobre el gobierno mexicano obedecieran a buscar su apoyo o al menos a no encontrar su oposición en caso de que esa intervención llegara a tener lugar.

"La Revolución a futuro"

La ponencia "La Revolución a futuro", que Editorial Nuestro Tiempo publicaría unos años después con el título de *El proyecto nacional de la Revolución Mexicana, un camino a retomar*, la presenté en ocasión de realizarse las VIII Jornadas de Historia de Occidente, convocadas por el Centro de Estudios de la Revolución Mexicana Lázaro Cárdenas de Jiquilpan, en agosto de 1985. En ella, se hace un análisis somero de los antecedentes de la Revolución Mexicana, de cómo, en el transcurrir del tiempo se fueron modificando artículos fundamentales de la Constitución, cómo casi cada sexenio cambiaron las declaraciones de principios del partido oficial (PNR, PRM, PRI) y cuáles de los objetivos de la Revolución mantenían vigencia y podrían llevarse a la práctica, actualizados en función de las nuevas condiciones del país, para retomar un camino del que se habían venido apartando los gobiernos de la República, sobre todo a partir de 1940.

La ponencia tenía, por otro lado, el propósito de apuntar a un trabajo más amplio, que se ha quedado pendiente. Se iniciaría con el estudio de los precursores y actores principales de la Revolución Mexicana, de aquellos considerados en sus filas de avanzada, tanto en lo que hace a las ideas, como a las contribuciones que se dieron en la fase armada y en los primeros gobiernos revolucionarios, en el ámbito nacional y en algunos estados; de los gobiernos surgidos de aquel movimiento con posterioridad a la vigencia de la Constitución de 1917, para resaltar las bondades del camino revolucionario, la validez de aquellas ideas y objetivos, actualizados en función de las nuevas condiciones nacionales y del mundo. Asimismo para señalar la necesidad de retomar el camino de las grandes reivindicaciones nacionales y populares.

No era por otro lado usual en el régimen político de entonces, que un gobernador en funciones participara en un encuentro académico y menos que lo hiciera criticando abiertamente las políticas del gobierno, en este caso del primer gobierno que después de la caída del porfiriato expresamente se deslindara de las ideas y compromisos de la Revolución Mexicana y que de manera sistemática se dedicara a socavar su obra constructiva, así como los fundamentos de México como nación soberana e independiente, como era el caso del gobierno encabezado por Miguel de la Madrid.

La sucesión en el gobierno de Michoacán

Luis Martínez Villicaña me sucedió en el gobierno de Michoacán. Era el secretario de Reforma Agraria desde que empezara el gobierno de Miguel de la Madrid y había sido buena nuestra relación como funcionarios, él federal, yo estatal, en un tema importante para el Estado. Sobre todo por los conflictos existentes, algunos desde hacía muchos años, provocados por diferencias en el reconocimiento de límites entre comunidades de la Meseta Purépecha y por los rezagos en dictar resoluciones definitivas en muchos asuntos que se venían arrastrando desde tiempo atrás, correspondientes a diferentes partes del estado.

Al acercarse los tiempos de decisión sobre quien habría de ser el candidato a gobernador del PRI, fui a hablar con el presidente. Le expresé que ni el gobierno ni yo como gobernador teníamos candidato y le di los varios nombres que se estaban mencionando en los medios políticos locales; le dije que entre los michoacanos que habían hecho su carrera política en Michoacán y colaboraban con mi administración, se citaba a Roberto Robles Garnica, en ese momento presidente municipal de Morelia y quien al inicio de mi gestión se había desempeñado como secretario de Gobierno, y a Rafael Ruiz Béjar, diputado federal, presidente municipal de Morelia en el primer trienio de mi gobierno y quien había tenido varios cargos en administraciones anteriores. Me escuchó. No hizo mayor comentario. Yo sabía que la decisión la tomaría él, independientemente de lo que cualquiera de los interesados o yo hiciéramos.

El 30 de enero de 1986, respondiendo a su invitación, me reuní con Manuel Bartlett, secretario de Gobernación, quien me dijo que el presidente había ya decidido que el secretario de la Reforma Agraria fuera el candidato del PRI a gobernador de Michoacán. Se había pensado en alguien que fuera amigo mío, respetuoso con la familia y que esos habían sido elementos considerados por el presidente para tomar su decisión. Los sucesos posteriores habrían de dar testimonio que fue, precisamente, todo lo contrario.

De Gobernación fui a las oficinas del partido, donde encontré a Adolfo Lugo, su presidente, a las cabezas de los tres sectores del partido y a Luis Martínez Villicaña, quien me anunció que el 2 de febrero llegaría a Morelia para celebrar su primer acto como candidato.

Ese mismo día salí con Celeste y Camila a Morelia. Celeste quiso estar conmigo cuando llegara a Michoacán, Martínez Villicaña como candidato. Respecto a ella escribí en esos días:

> Ha estado atenta a mí, a mi estado de ánimo, preocupada, en extremo cariñosa, mostrando como siempre su cariño y su solidaridad. Yo he estado tranquilo, aunque, como ella, ya con deseos de saber quién será mi sucesor. Había en los dos una cierta tensión, no más que eso.
>
> Su cercanía conmigo, su identificación, su fina sensibilidad, profundizan el cariño mutuo. La sentí, si cabe, más dulce y más cercana. Una honda ternura en su mirada.

Celeste, con su fina sensibilidad y olfato político, seguramente intuía lo que empezaríamos a ver desde ese momento: una actitud hostil de Martínez Villicaña hacia mi persona y hacia mi gobierno, con ataques no abiertamente de él, pero sí de la gente que lo acompañaba en su campaña, lo que él no sólo permitía, sino que seguramente alentaba. Esa actitud se agudizó en cuanto llegó al gobierno, empezando por cesar a quienes se habían quedado en algún cargo después del cambio de administración y se habían declarado miembros de la Corriente Democrática. Al poco tiempo de estar Martínez Villicaña al frente del gobierno se produjeron los asesinatos de Gilberto Huerta, Librado Melgoza y Daniel Arellano, los tres colaboradores de mi gobierno, sin que la administración local investigara y menos aún detuviera a alguien involucrado con esos crímenes. Agentes del gobierno del estado empezaron a seguir a Xavier Ovando por donde quiera que iba y a vigilar permanentemente su casa, por lo que él protestó públicamente, haciendo responsable al gobierno del estado por lo que pudiera suceder a su familia o a él. Quien hizo cabeza en estos hechos persecutorios y delictivos, y debo pensar que con el pleno consentimiento del gobernador, fue el procurador José Franco Villa, quien después pasó varios años en la cárcel como autor intelectual de aquellos asesinatos.

Protesta de Luis Martínez Villicaña como candidato a Gobernador

El 16 de febrero rindió protesta como candidato del PRI Luis Martínez Villicaña. Esperábamos con él, con Adolfo Lugo, presidente del partido, y Manuel Garza González, Secretario General adjunto, la llegada de la comisión que habría de acompañarnos al teatro "José María Morelos" donde tendría lugar el acto. Entonces me avisaron que en el interior del mismo se encontraba el ex gobernador Agustín Arriaga Rivera. Llamé aparte a Adolfo Lugo y le dije que si Arriaga había de asistir al acto, yo me retiraría, que se trataba de una decisión política, que por nada cambiaría.

Preguntó entonces Adolfo a Martínez Villicaña si Arriaga se encontraba entre sus invitados, a lo que contestó afirmativamente. Pidió entonces Adolfo a Manuel Garza González que fuera al interior del teatro e invitara a Arriaga a abandonarlo. A los pocos minutos llegó Arriaga, quien primero nos saludó a Adolfo y a mí, y se dirigió después a Martínez Villicaña y a Garza González, que se encontraban apartados unos metros. Habló brevemente con ellos y se retiró. Entramos entonces al acto.

Desde que dejó el gobierno, el 15 de septiembre de 1968, Arriaga no había sido invitado ni había asistido a ningún acto oficial en Michoacán. Durante la gira del licenciado Echeverría como candidato presidencial, en la que lo acompañé, el primer día de recorridos apareció en el autobús del candidato. Se decía que podría ser el próximo secretario de Turismo. En la segunda o tercera escala del recorrido, nos dimos cuenta, quienes viajábamos como invitados del candidato presidencial, que éste le mandó decir que abandonara la gira. No volvió a aparecer en la campaña. Algo parecido le sucedió durante el recorrido en campaña por Michoacán con el licenciado López Portillo. Apareció de repente y de repente desapareció.

Su gobierno estuvo marcado por hechos que hirieron los sentimientos y la sensibilidad de mucha gente en el estado y se caracterizó por su agresividad contra los sectores progresistas, en consonancia con actitudes equivalentes de los gobiernos de López Mateos y Díaz Ordaz.

Fomentó la división en la Universidad Michoacana. Estuvo detrás de la expulsión de Eli de Gortari como rector en 1963 y después, en 1966, del allanamiento por elementos del ejército del Colegio de San Nicolás (un antecedente del *bazukazo* contra la puerta principal de San Ildefonso en 1968) y el asesinato del estudiante Agustín Rodríguez Orbe. En junio de 1964 denunció un supuesto intento de sublevación del general Enrique Ramírez, ex gobernador del Estado, retirado desde muchos años antes del servicio en el activo, quien vivía tranquilo en su rancho de *El Mirador* en el municipio de Nuevo Urecho. Ahí cultivaba la tierra y criaba ganado, hombre de honradez acrisolada, intachable, de firmes convicciones revolucionarias y progresistas, amigo querido de mi padre y la familia, que cuando fueron a su rancho para llevarlo detenido a Morelia, lo encontraron como estaba hacía mucho tiempo: trabajando la tierra y en compañía de su familia. De inmediato lo soltaron.

Con motivo de ese incidente, los amigos del general Ramírez, por iniciativa de mi padre, organizaron una reunión de desagravio en Morelia, a la que se vio obligado a asistir Arriaga, quien había instigado, sin dar la cara, el acto de hostigamiento contra el general Ramírez; pretendía con ello, sobre todo, involucrar a mi padre en un supuesto levantamiento contra el gobierno federal.

Por estas razones y otras más, Arriaga dejó de ser invitado a los actos del gobierno de Michoacán y no iba a ser en los últimos meses de mi gobierno cuando esa situación fuera a cambiarse. A partir de los gobiernos estatales del salinismo, Arriaga volvió a hacer presencia en los actos oficiales en Michoacán.

El 12 de agosto presenté mi último informe ante el Congreso del Estado. El primer domingo de julio se habían celebrado los comicios para elegir a quien me sucedería al frente del gobierno y el 15 de septiembre de 1986 terminó mi periodo al frente del gobierno de Michoacán.

6

LA CORRIENTE DEMOCRÁTICA

Los primeros pasos

La Corriente Democrática, la fractura política más importante en la vida del régimen de partido de Estado y de partido dominante, nace, curiosamente, en una asamblea nacional extraordinaria —la número XII— del propio Partido Revolucionario Institucional, el PRI. Tuvo lugar a mediados de mayo de 1986 en el Auditorio Nacional de la ciudad de México y contó con la asistencia de los gobernadores de todos los Estados, de altos funcionarios de la administración, representaciones de los sectores del partido, legisladores federales y locales, su presidente, sus ex presidentes y sus dirigentes más destacados y, desde luego, con la presencia del presidente de la República, la de mayor relevancia política.

Entre los varios miles de asistentes estábamos dos personas, Porfirio Muñoz Ledo, ex presidente del PRI y que poco tiempo antes había dejado el cargo de embajador de México ante la ONU, y yo, gobernador de Michoacán. Coincidimos en la salida de la asamblea en la búsqueda de nuestros automóviles y comenzamos a charlar. Hablamos sobre la situación del país, que a ambos nos parecía preocupante, sobre todo por el creciente deterioro de las condiciones de vida de la mayoría de la población y por el alto endeudamiento y la cada vez mayor dependencia de nuestra economía respecto al exterior. Comentamos que sería conveniente seguir platicando sobre esos temas y para eso quedamos de llamarnos unos días después.

Muchas veces, en conversaciones informales y ocasionales, queda uno de llamarse y la llamada telefónica se va dejando pendiente hasta olvidarse. No sucedió así en este caso. Nos llamamos efectivamente e hicimos cita para reunirnos el 13 de junio, en el restaurante *La Cava*, en San Ángel. Abundamos en la conversación sobre los temas que habíamos abordado y convinimos en tener una reunión posterior, a la que invitaríamos a otros amigos con los que compartíamos puntos de vista sobre la situación del país. Porfirio sugirió que la reunión la hiciéramos en la casa de Ifigenia Martínez.

Ifigenia nos invitó a cenar el 4 de julio. Estuvimos en su casa Rodolfo González Guevara, Janitzio Múgica, Leonel Durán, Armando Labra, Gonzalo Martínez Corbalá, Carlos Tello Macías, César Buenrostro, desde luego la anfitriona, Porfirio y yo.

Hablamos de cómo veíamos la situación nacional, de que ya se acercaban los tiempos de la sucesión presidencial. Considerábamos necesario se iniciara un proceso para democratizar al partido —todos éramos miembros del PRI, formales o de hecho—, empezando por abrir sus decisiones a las bases. Entre ellas las decisiones correspondientes a la designación de sus candidatos, tal como lo estipulaban los estatutos del propio partido, y el licenciado González Guevara, en ese momento embajador de México en España, refirió la experiencia, que él seguía muy atentamente, de la Corriente Crítica del Partido Socialista Obrero Español (PSOE). En algún momento de su plática dijo que llegado el tiempo, con el fin de romper la rigidez de los procedimientos de toma de decisiones del partido, centradas en el presidente de la República, como grupo debíamos lanzar un precandidato, *un precandidato de sacrificio* dijo, y que ese precandidato debía ser yo.

Comenté que estaba de acuerdo con la idea de lanzar un precandidato, pero que yo no tenía una trayectoria de trabajo dentro del partido, que no había pasado por ningún cargo de dirección en el mismo y me parecía que nuestro precandidato debía ser él, el licenciado González Guevara, quien había ocupado varios cargos en la dirección nacional y en la del Distrito Federal, además de haber sido Presidente de la Gran Comisión de la Cámara de Diputados y subsecretario de Gobernación. Eso lo había puesto en contacto por largo tiempo con los aparatos y la militancia del partido. No llegamos a ninguna conclusión en ese punto, pero se quedó en que celebraríamos una próxima reunión.

Nuestro segundo encuentro tuvo lugar el 25 de julio, en casa de Gonzalo Martínez Corbalá. Además de los asistentes a la reunión anterior, estuvieron presentes Horacio Flores de la Peña, embajador en Francia, Silvia Hernández, Augusto Gómez Villanueva, Severo López Mestre y Eduardo Andrade. Volvimos sobre los mismos temas y se comentó la conveniencia de hacer crecer el grupo, tanto en la capital como en los estados. Se retomó, desde luego, la idea de democratizar el procedimiento de selección del candidato presidencial del partido, que se consideraba como la mejor vía tanto para democratizar al propio partido como para la democratización del sistema político del país en su conjunto.

El licenciado González Guevara dijo que estaba de acuerdo con lo que se estaba proponiendo, pero que no podría tener una participación abierta y activa en el proyecto hasta que concluyera su encomienda diplomática en España, lo que tomaría todavía algún tiempo; Horacio Flores de la Peña, al tiempo que manifestaba también su simpatía con la idea, nos dijo que podría participar en el proyecto hasta concluir su misión en Francia; Augusto Gómez Villanueva y Eduardo Andrade se expresaron igualmente favorables al proyecto, pero dijeron que se mantendrían como observadores. Los demás quedamos en seguir platicando y en convocar a una nueva reunión.

A mediados de agosto, para sorpresa de casi todos los integrantes del grupo que nos habíamos reunido varias veces, apareció
en el diario *unomásuno* la noticia de que dentro del PRI se había
integrado una corriente democrática, a la que se llamaba también
democratizadora y crítica, de la que formábamos parte quienes habíamos estado en las dos reuniones que he mencionado —la nota
del periódico daba nuestros nombres. En ese momento desconocía
cómo había llegado esa información a *unomásuno*. Otros medios
retomaron la noticia y dieron vuelo a las especulaciones: que si se
trataba de impulsar o de frenar a algún potencial candidato a la
presidencia, que si se trataba de alguna maniobra convenida con
el presidente, que si alguno de los asistentes a las reuniones sería
candidato y más cosas por el estilo. Pasados unos cuantos días su-
pimos que Porfirio había hablado del tema con Gonzalo Álvarez
del Villar, reportero de *unomásuno*, según nos comentó después,
para dar presencia pública al grupo y a nuestras propuestas, lo que
antes no había dicho a ninguno. La noticia constituyó lo que bien
puede llamarse una bomba política. A partir de ese momento cobró presencia y realidad en la vida política del país la Corriente
Democrática.

Llamó la atención de la opinión pública y despertó la inquietud dentro del partido. Nada habíamos hecho respecto a nuestro
proyecto, más allá de las dos reuniones en casas de amigos de un
grupo que no pasaba de una docena y media de personas, de la
noticia que provocó Porfirio en *unomásuno*, de las notas y comentarios en los medios de información y de una entrevista que me
hizo el grupo de periodistas que acompañó al Secretario General
de la CNC en un recorrido en Michoacán a finales de agosto. En
ella dije que efectivamente nos habíamos reunido varios miembros
del partido, compartíamos la opinión de que era urgente se diera
más atención, por parte del Estado, al mejoramiento de las condiciones de vida de grandes sectores de la población e igualmente

urgente y necesario democratizar la vida interna del PRI, al que pertenecíamos, como una vía para fortalecerlo. Además estábamos encontrando interés en numerosos compañeros del partido, entre otras cuestiones, en que hubiera procedimientos democráticos y la participación de todos los militantes en la selección de los candidatos, incluyendo en ellos al candidato a presidente. Pero se había levantado un revuelo, se sentía en el ambiente político apoyo e interés por nuestros planteamientos, que los medios habían dado a conocer, y al mismo tiempo inquietud en el medio oficial, partido y gobierno, por no tener totalmente claro de qué se trataba.

Se consideró entonces conveniente informar al presidente y a la dirección del partido de nuestras reuniones, de lo ahí discutido y de nuestros propósitos. Así, el 5 de septiembre me entrevisté con Adolfo Lugo, presidente del partido, con quien comenté sobre la Corriente Democrática (el nombre que los medios estaban dando al grupo nos pareció adecuado y así quedó) y sobre nuestras intenciones de trabajo al interior del partido; él expresó que las posibilidades de promoción de nuestro proyecto en el partido estaban abiertas, pero que nos fuéramos despacio. Tres días más tarde me reuní con el presidente en Los Pinos, fui a despedirme de él como gobernador y le hablé de lo que nos proponíamos hacer los miembros de la Corriente; no veía inconveniente para que hiciéramos labor dentro del partido y me dijo que habláramos con el presidente del partido, lo que hicimos después de esta conversación en varias ocasiones, algunas Porfirio, otras yo, juntos o con varios de los demás integrantes del grupo.

En las varias reuniones que con regularidad empezamos a sostener los miembros de la Corriente, se tomó la decisión de preparar un documento, que en su momento haríamos público, en el que fijaríamos nuestra posición y expondríamos nuestros propósitos de trabajo como miembros del partido.

Documento de trabajo número 1

Así llegó el 1 de octubre de 1986. Poco antes los miembros de la Corriente nos habíamos reunido con Adolfo Lugo en mi casa, el departamento frente al parque de Polanco. En esa ocasión le dimos a conocer un documento que entre todos habíamos elaborado, en varias y largas sesiones de discusión. Contenía los puntos que considerábamos debían servir para la presentación formal de la Corriente a la opinión pública. Teníamos interés en conocer su reacción al mismo.

Fue una reunión larga, que se prolongó de las siete o siete y media de la noche hasta casi las dos de la mañana. Adolfo leyó el documento, no expresó desacuerdo alguno sobre su contenido. Ya para despedirse le anunciamos que teníamos la intención de hacerlo público. Nada comentó. En cuanto se fue, Silvia Hernández y Gonzalo Martínez reabrieron la discusión, dijeron que estaban de acuerdo con el contenido del documento, pero manifestaron que no consideraban conveniente se hiciera del conocimiento público en ese momento, que había que aguardar, sin decir ellos qué tanto tiempo y con qué propósito. Disentimos los demás acerca de su punto de vista y dijeron entonces que hasta ahí llegaba su participación como miembros de la Corriente.

Fechado en Morelia, el 1 de octubre, se dio a conocer el *Documento de trabajo número 1 de la Corriente Democrática* a través de los medios de información. Llevaba las firmas de César Buenrostro, Leonel Durán, Vicente Fuentes Díaz —quien nunca se reunió ni participó en las discusiones del grupo, ni antes ni después de la aparición del documento, pero accedió a firmarlo por invitación que le hizo, me parece, Ifigenia—, Armando Labra, Severo López Mestre, Ifigenia Martínez, Janitzio Múgica, Porfirio Muñoz Ledo, Carlos Tello y yo; en él fijamos nuestra posición frente a la situación que vivía el país e invitábamos a los miembros del partido al análisis y al debate sobre los problemas nacionales y las vías para sus soluciones.

Se expresó en el *Documento de trabajo número 1*:

> … Nuestro propósito común es coadyuvar a que la transformación del país se realice con sentido progresista, mediante el ejercicio de una resuelta acción política a favor del proyecto histórico constitucional, y la movilización de las fuerzas sociales que sustentan a nuestro partido…
>
> Nos preocupan, sobre todo, las graves amenazas que se ciernen sobre la soberanía nacional y la profundidad y consistencia de las respuestas que seamos capaces de dar.
>
> Nos mueve el reclamo de una sociedad que acusa signos de desesperanza, consternada por la creciente sangría que representa la carga de la deuda externa y sus efectos sobre los niveles de vida, acosada por la inflación, el desempleo, el libertinaje de los precios, el deterioro constante del salario, la injusta remuneración del esfuerzo de los trabajadores del campo y de la ciudad.
>
> Nos alarma la progresiva dependencia del exterior, las tendencias que conducen al desmantelamiento de la planta industrial, la desnacionalización de la economía y la descapitalización del país, así como las exorbitantes tasas de interés que ahogan al erario público, concentran el ingreso y desalientan los impulsos productivos al privilegiar la especulación…
>
> Consideramos impostergable la definición de una nueva estrategia, adoptada democráticamente y concertada con los factores de la producción, que eleve y mejore las condiciones de existencia de las mayorías populares, fortalezca la economía nacional y aproveche de forma racional nuestros recursos.

El cambio que requerimos habrá de orientarse a la reconstrucción de las alianzas nacionales en las que se ha fundado el ejercicio de la soberanía, el progreso y la estabilidad del país. Promover esas transformaciones es tarea que corresponde a un partido histórico como el nuestro…

Orientamos nuestros esfuerzos para que se abran plenamente los espacios políticos a la participación popular, se liquiden rutinas y sometimientos infecundos, se propicie la contribución creadora de las nuevas generaciones y se instalen escenarios más apropiados de convivencia social para el porvenir…

Creemos necesario ampliar el debate y el análisis de los grandes problemas nacionales, con la participación de miembros y organizaciones del partido. También presentar en diferentes foros y ocasiones los proyectos e iniciativas que deriven de nuestros trabajos e intercambios, dirigidos hacia las siguientes cuestiones fundamentales:

Lineamientos políticos y programas para reafirmar la soberanía nacional frente a la intervención extranjera, corregir desviaciones, orientar patrióticamente el cambio y cerrar el paso a las actitudes entreguistas y al derrotismo.

Estrategias y propuestas de concertación que profundicen la orientación nacionalista y popular de nuestro desarrollo, fortalezcan la capacidad de todos los sectores y regiones en las tareas del futuro.

Proyectos de reforma política y de modificaciones a los procedimientos de trabajo del partido, que lo vigoricen mediante la participación más directa y permanente de las bases en las decisiones que las afectan, particularmente en la selección de candidatos a los cargos de elección popular en todos los niveles.

Estamos dispuestos a luchar porque el tránsito constitucional que se avecina asegure al titular del Ejecutivo las mejores condiciones políticas para defender la integridad de la nación, con el concurso pleno de todas las fuerzas sociales.

En torno a estas convicciones se han establecido nuestras coincidencias. Sabemos que las comparten vastos sectores de nuestro partido y que podrán aportar nuevas vías para el diálogo y la convergencia de corrientes nacionalistas, populares y democráticas, robusteciendo así la unidad del país.

El documento fue bien recibido por la opinión pública y sobre todo por los miembros de base del partido, que sintieron un soplo refrescante frente al anquilosamiento de la organización y la situación de crisis por la que atravesaba el país. Por otro lado, quedaba claro que se planteaban cambios fundamentales no sólo en la conducción del partido, sino en la conducción del país, y eventualmente un reto y una confrontación de fondo con los intereses políticos, económicos y corporativos que habían venido dirigiendo a la nación.

En esos primeros días de octubre dejó la presidencia del partido Adolfo Lugo. Lo substituyó Jorge de la Vega, con el que a los pocos días cambiamos impresiones sobre la Corriente. Nos manifestó que el partido, su dirección nacional y las direcciones estatales y municipales, así como los sectores, nos darían oportunidad para exponer nuestras propuestas y que para ello incluso se nos facilitarían los locales y los medios disponibles en el partido. Recomendó, al igual que el presidente anterior, prudencia y que nos fuéramos despacio, evitando choques, en lo que coincidíamos.

La primera reunión de la Corriente fuera de la ciudad de México tuvo lugar en Morelia, el 26 de octubre. Ese día, por la mañana, Janitzio y yo nos reunimos con Luis Martínez Villicaña, el gobernador, porque de parte de elementos del gobierno de Michoacán se había desatado una fuerte hostilidad contra quienes manifestaban simpatía por la Corriente. Dijo no tener nada en contra de la Corriente y que intervendría para frenar cualquier acto de hostilidad contra quienes formaban parte de ella en el estado. No sucedió así. Al poco tiempo se dieron los asesinatos de Gilberto Huerta, Librado Melgoza y Daniel Arellano, que habían sido colaboradores de mi gobierno, y por el contrario, los ataques contra los miembros de la Corriente no sólo no cesaron sino que se recrudecieron.

Al mismo tiempo que los integrantes del grupo inicial de la Corriente continuábamos nuestras visitas a diferentes puntos del país, se llevaban a cabo reuniones en la ciudad de México, muy concurridas y entusiastas, en la que participaban tanto miembros formales del partido como personas que se identificaban con las propuestas de la Corriente y empezaban a vislumbrar las posibilidades de un cambio en el país.

La XIII Asamblea Nacional del PRI

La XIII Asamblea Nacional del PRI se convocó para celebrarse durante varios días, a principios de marzo, ya de 1987. Los primeros días se trabajaría en varias mesas, en distintos locales del partido y de sus organizaciones. La sesión principal tendría lugar el día 4, en el Auditorio Nacional.

La Corriente recibió una invitación para tomar parte en los trabajos de la asamblea y se decidió que con su representación presentara yo nuestros planteamientos. Participé así en la mesa de trabajo que se instaló en el local del Sindicato Ferrocarrilero. En la ponencia de la Corriente se reiteraba la necesidad de la participación democrática de todos los miembros del partido para seleccionar a sus candidatos, con lo que se favorecería el vínculo efectivo entre los dirigentes políticos y la base, estableciéndose entre ambas partes un claro compromiso ideológico. Algo indispensable para una representación verdaderamente democrática. Se decía también que era esencial que la asamblea fijara términos adecuados tanto para la elección de delegados a la convención nacional como para el registro de candidatos para participar en las elecciones internas.

No bien terminé de presentar los puntos de vista de la Corriente cuando, sin duda ya preparados, como jauría, se me echaron encima Miguel Ángel Barberena, gobernador de Aguascalientes, Beatriz Paredes, de Tlaxcala, Augusto Gómez Villanueva y Jesús Murillo Karam, entre otros. Afirmaron que dividíamos al partido con nuestras pretensiones, que estábamos movidos por intereses obscuros, que actuábamos contra el Presidente y quien sabe cuántas lindezas más. Se trataba de un primer aviso, todavía leve, de lo que nos esperaba en la sesión de clausura de la asamblea.

A esa plenaria, del grupo de la Corriente, fuimos invitados sólo Porfirio y yo. El auditorio estaba lleno. Acudió el Presidente de la República. Presidiendo la asamblea se encontraban también los ex presidentes Luis Echeverría y José López Portillo, con cuya presencia se pretendía, ante la fuerza creciente de la Corriente, que se minimizara ésta y se diera una imagen de unidad y fortaleza del partido y de cohesión interna del régimen, aunque la asistencia de los ex presidentes fue recibida por los delegados de la asamblea con fuertes manifestaciones de rechazo. No faltaban, desde luego, gobernadores, una mayoría de legisladores federales y un buen número de locales, dirigentes del partido en los estados, representaciones de los sectores, medios de información y seguramente algo de relleno.

En su discurso el presidente del partido, Jorge de la Vega, se fue, como bien se dice, a la yugular contra la Corriente. No dio nombres, pero todo mundo, incluyéndonos desde luego Porfirio y yo, sabíamos bien a quienes se refería. Dijo que el intento de disminuir las facultades del ejecutivo federal significaba deliberadamente ignorar que esas facultades eran producto de la experiencia histórica del país. Considerando las reglas escritas y las no escritas de la política mexicana, la elección del candidato presidencial por el partido se haría a tiempo, ni antes ni después. Señaló también que la estructura sectorial del partido se reforzaría y no había lugar para ningún otro tipo de organización o membrete político. Quienes no aceptaran la voluntad mayoritaria debieran renunciar al partido o afiliarse a otras organizaciones. El partido no toleraría ni quintas columnas ni caballos de Troya.

Resentimos el golpe. A pesar del aviso que habíamos recibido en el Sindicato Ferrocarrilero, no lo esperábamos. Al término de la reunión, Porfirio y yo comentamos que nos había desconcertado la actitud de De la Vega, que siempre se había mostrado cordial, conciliador y tolerante, incluso de palabra, que no en los hechos, coincidente con nuestras visiones. Quedamos de reunirnos unos días más tarde con los demás integrantes del grupo para analizar la nueva situación, surgida de la posición adoptada por De la Vega en la asamblea.

Aquí un hecho que debo llamar por lo menos curioso, pues por más vueltas que le he dado, no lo acabo de entender. Ese mismo día de la asamblea, temprano por la tarde, encontrándome en la oficina, me dijeron que me llamaba por teléfono Jorge de la Vega, lo que por lo que recién había sucedido no dejó de sorprenderme. Contesté el teléfono y con un tono de lo más amable, usual en él, me dijo que deseaba agradecer mi presencia en la asamblea. Simplemente le di las gracias y eso fue todo. Parecía haber borrado de su memoria las palabras amenazantes que nos había lanzado y las descalificaciones que nos había dedicado sólo unas pocas horas antes. Seguramente pensó que con su llamada todo se olvidaría y quedaríamos todos tan contentos como siempre.

Consideré necesario dar una respuesta pública a los ataques de De la Vega y el 8 envié a la prensa una declaración diciendo, entre otras cosas, lo siguiente:

El discurso del Presidente del Comité Ejecutivo Nacional...
en la clausura de la XIII Asamblea General, anuncia para éste
[el partido] una etapa de autoritarismo antidemocrático, de
intolerancia y por lo tanto de retrocesos, contrario al espíritu,
tradición y conducta de los hombres comprometidos verdaderamente con las ideas y la obra de la Revolución Mexicana.

Contradice frontalmente al Presidente de la República,
que en el mismo acto expresó: "Nuestro partido nunca ha
sostenido el inmovilismo o el dogmatismo...

El PRI quiere seguir manteniendo a la Revolución Mexicana en el poder, si, pero la queremos mantener en una democracia cada vez más ampliada y cada vez de mejor calidad."

Cerrar las decisiones partidarias más trascendentes, justi-
ficándose en el aprendizaje de reglas no escritas, es vulnerar
conscientemente los derechos democráticos fundamentales de
los miembros del partido. Es, al mismo tiempo, servir como
quinta columna y caballo de Troya para socavar la fuerza de
la organización, traicionando sus principios y entregándose a
la reacción.

Aceptar además, como sostuvo en una de las mesas de trabajo de la asamblea el diputado Murillo Karam, que la democratización interna del partido hace correr a éste el riesgo
de perder el poder, sería aceptar que nuestro gobierno, para
mantenerse en el poder, debiera evolucionar hacia una oligar-
quía, una dictadura, una aristocracia ¿o?

La fuerza y autoridad de un partido, la fuerza y autoridad
de un gobierno, a mi manera de entender, aumentan en la medida en que las formas de participar en decisiones y acciones
son más democráticas.

Los apoyos sociales y políticos reales los dan voluntades
y conciencias independientes, no voluntades condicionadas y
conciencias sometidas...

Hemos buscado sinceramente, con lealtad a los principios
de la organización y a las convicciones propias, colaborar para
impulsar en el partido la ampliación de la democracia, al ejercer los derechos que se consagran [en los Estatutos]…

Los excesos antidemocráticos y la intransigencia, normas
de conducta de la más alta dirigencia partidaria, impiden toda
colaboración digna y respetuosa con ella.

Ceder en los principios, caer en el oportunismo, tolerar
indignidades, sería traicionar el compromiso revolucionario.

Las amenazas no arredran, no las respalda autoridad moral.

Los campos están definidos. Las bases del partido, como
las grandes mayorías del pueblo mexicano, han sido, son y
seguirán siendo democráticas y revolucionarias, a pesar de la
cerrazón y desviaciones de sus dirigentes pasajeros.

Continuaremos en la lucha con la fuerza que dan convicción y razón.

Desconozco si Jorge de la Vega o el propio De la Madrid esperaban una respuesta a los señalamientos del primero en la asamblea
del partido. Lo cierto es que esa toma de posición, rechazando el
ataque de De la Vega, representó no sólo una confrontación dentro
del partido, sino en realidad el rompimiento con la dirección del
partido, pues no volvió a tenerse contacto alguno con ningún dirigente partidario. Más que eso, el rompimiento con el Presidente
de la República, centro y eje del sistema político oficial, y propiamente con éste en su conjunto.

Los miembros de la Corriente nos seguíamos considerando,
y así lo manifestábamos públicamente, como miembros del PRI que
librábamos una lucha por su democratización y por la democratización del régimen político del país. Sabíamos, por otro lado,
que se había producido un rompimiento profundo e irreversible y
teníamos que mantener la lucha enarbolando la bandera de la le-

gitimidad y de la legalidad, por el apego de nuestra conducta a los principios del partido y el respeto a sus estatutos.

Pocos días después de mi declaración, Porfirio hizo público su apoyo a mi posición, al igual que los demás integrantes de la Corriente.

Por el otro lado, conforme pasaba el tiempo, se hacía más claro el enfrentamiento de la Corriente con el régimen y se hacían más duros y frecuentes los ataques de Fidel Velázquez y la CTM, de diputados, gente cercana al gobernador de Michoacán, dirigentes del partido y sus sectores y de algún usufructuario de algún membrete que buscaba quedar bien con el gobierno.

En esa situación de enfrentamiento político, celebramos una reunión del grupo que encabezábamos la Corriente Democrática, en la que Carlos Tello expresó que si seguíamos como hasta ese momento, íbamos a "una colisión" y que él no estaba dispuesto a llegar a una colisión con el gobierno y con el presidente. Varios respondimos que estábamos conscientes de la confrontación que teníamos con el régimen, pero que nos mantendríamos firmes en nuestros principios: no hacíamos sino observar y cumplir los principios del partido al que pertenecíamos; efectivamente, podía llegarse a un choque aún mayor con el gobierno, pero la razón nos asistía, no estábamos dispuestos a ceder en nuestras posiciones; la razón política, moral y estatutaria nos asistía y llegaríamos hasta donde hubiera que llegar. Respondió diciendo que desde ese momento dejáramos de considerarlo como miembro de la Corriente. Pocos días después lo encontramos en el rancho *Los Barandales*, del licenciado Manuel Moreno Sánchez, recién nombrado embajador de México en Portugal.

Los Barandales

El sábado 25 de abril el licenciado Manuel Moreno Sánchez invitó a un numeroso grupo de amigos a celebrar su cumpleaños con una comida en su rancho *Los Barandales*, en el municipio de Ocoyoacac, Estado de México, como acostumbraba hacerlo cada año. Pero en esa ocasión la reunión se daba en un ambiente político sumamente caldeado, debido al surgimiento de la Corriente Democrática y a la fuerza que estaba cobrando en la opinión pública y, desde luego, porque se acercaban los tiempos en que se anunciaría al candidato presidencial del partido oficial.

Don Manuel Moreno Sánchez tenía un amplio poder de convocatoria, aunque después de su última incursión en la política electoral en 1982, al romper con el régimen oficial y presentarse como candidato a la presidencia postulado por el Partido Socialdemócrata —al que la autoridad electoral había cancelado el registro y mantenía por ello un litigio—, estaba en cierto modo retirado de la militancia activa. De tiempo atrás había sido funcionario del gobierno, diputado federal y en el periodo 1958-1962 senador presidente de la Gran Comisión del Senado. Como político estuvo siempre vinculado con el medio intelectual y en los tiempos más recientes había evolucionado en sus posiciones políticas, adoptando visiones cada vez más progresistas.

Atendiendo a su invitación llegamos muchos amigos a *Los Barandales*, Celeste y yo entre ellos. Al agradecer la presencia de sus numerosos amigos, que hacíamos un amplio abanico por nuestras posiciones políticas —estaban presentes los integrantes del grupo que coordinaba la Corriente Democrática, también Carlos Tello, el secretario de Pesca, Pedro Ojeda Paullada, que al día siguiente declaró a los medios de información que no había sabido cómo llego ahí, aunque todo mundo lo vio departiendo alegremente de mesa en mesa.

El licenciado Moreno Sánchez se pronunció contundentemente en apoyo a la Corriente Democrática y planteó que fuera yo, con Gustavo Petriccioli y Carlos Salinas de Gortari, uno de los precandidatos que democráticamente contendiera dentro del PRI por la candidatura presidencial. Esa declaración, recogida por todos los medios, constituyó una verdadera bomba política, pues se daba sólo semanas después de los ataques que el presidente del PRI había lanzado a la Corriente en la XIII Asamblea y de la respuesta que se le había dado por parte de la Corriente. Coincidía con el planteamiento de ésta, de que se convocara dentro del PRI a una elección interna, con la participación de todos sus miembros, para elegir a su candidato presidencial, aunque hasta ese momento en la Corriente no nos habíamos planteado ni proponer ni apoyar a precandidato alguno.

Crece la Corriente

Desde el comienzo del nuevo año, 1987, quienes formábamos el grupo inicial empezamos a salir de la ciudad de México para promover la Corriente. Había interés en conocer nuestras propuestas y se tenían invitaciones de los grupos que se estaban constituyendo en diferentes partes del país. En cuanto iniciamos recorridos, empezaron los obstáculos para nuestra actividad y el hostigamiento contra los militantes del movimiento: negativas de locales para las reuniones, aunque fueran alquilados, y hasta cortes de la corriente eléctrica, como sucedió en Mérida, donde la reunión para promover la Corriente hubo de realizarse en el cruce de dos calles, con el alumbrado público apagado; conductores de programas de radio que perdieron su trabajo por haberme entrevistado, como pasó en Ciudad Cuauhtémoc, Chihuahua; despidos de simpatizantes, como en Michoacán. A pesar de ello, se multiplicaron los recorridos y se seguía recibiendo una amplia, consciente y entusiasta respuesta al llamado de la Corriente, tanto de viejos militantes del partido como de gente que por primera vez buscaba una participación en la vida política. Todos con la esperanza de aires nuevos, de renovación, de recuperación de los principios revolucionarios y de cambio.

El 6 de mayo, en Chihuahua, se dio a conocer el *Documento de trabajo número 2*. Con toda claridad se dejaba ver ya la dimensión de la confrontación a la que se había llegado con el régimen. Se decía en ese documento:

> Hemos avanzado en el propósito de estimular el resurgimiento de la conciencia nacionalista y democrática del país...
>
> Nuestra lucha es por la vigencia de los principios de la Revolución Mexicana contenidos en los artículos fundamentales de la Constitución de 1917. Es por la cabal realización de los objetivos y programas que sustentan los documentos básicos de nuestro partido. Es por la recuperación del derecho de los mexicanos, de todos los mexicanos, a decidir su destino...
>
> Lo que ocurra en el seno del partido alcanzará a la sociedad en su conjunto y determinará las opciones de los mexicanos. Dos son las líneas centrales que deberían orientar su actividad: pugnar por el mejoramiento de las condiciones de vida de los sectores mayoritarios, mediante una reactivación económica de inspiración nacionalista y popular, e impulsar la democratización de los procedimientos de participación y de los mecanismos de decisión del partido, como la vía más progresista para un desarrollo democrático...
>
> Nuestro partido consagra métodos democráticos en la selección de todos sus candidatos. Hagamos que se observen con el respaldo mayoritario de las bases y de la opinión nacional.

Todo a su tiempo. Nuestro partido debe abrir con la anticipación necesaria el proceso preelectoral, para que se manifiesten las preferencias, se discutan personalidades y programas, se registren precandidatos y se lleven a cabo las campañas internas de proselitismo que prevén los Estatutos...

Insistir en procedimientos desacreditados tendría altos costos políticos, al propiciar la elevación del abstencionismo y afectar adversamente la legitimidad institucional. La preservación y el fortalecimiento de la autoridad presidencial, imprescindible en un país acosado, habrán de lograrse por la aplicación consecuente de las normas constitucionales.

La discusión pública por los *tapados* y quién podría ser el candidato presidencial del PRI se calentaba más y más. En la Corriente analizamos la situación que se daba y se decidió que debía presentarse un precandidato que participara, de acuerdo con lo establecido en los estatutos del partido, en la contienda interna que había obligación de convocar. Se decidió también que yo fuera el precandidato y así se hizo conocer a los medios de información.

En esos días se separaron de la Corriente Janitzio Múgica, Armado Labra y Severo López Mestre, que habían sido parte del núcleo inicial.

También en esos días empezó a circular la versión de que el PRI establecería un procedimiento abierto para decidir quién sería el candidato presidencial, aun cuando no se precisaban tiempos ni mecanismos a los que se recurriría para ello. En el Partido Socialdemócrata, que pugnaba judicialmente porque se le devolviera el registro, y en el Partido Mexicano Socialista, se echaban a andar los procesos para la selección de sus respectivos candidatos presidenciales.

El PMS había anunciado ya que convocaría a una elección en la que pudieran participar todos los ciudadanos, miembros o no del partido. Anunciaron que participarían como precandidatos, y así lo dieron a conocer a los medios, Heberto Castillo, José Hernández Delgadillo, Eraclio Zepeda y Antonio Becerra.

El 22 de junio me visitaron Manuel Terrazas, Amalia García y algún otro miembro de la dirección del PMS para invitarme a tomar parte en la elección interna que llevarían a cabo en agosto, en la que consideraban que en caso de participar podría yo obtener la candidatura de su partido. Les agradecí la invitación y les dije que no podía aceptarla, ya que me encontraba librando una lucha dentro de mi partido, que no llegaría a su desenlace final sino varios meses después de que ellos tuvieran su elección y que no podía abandonarla, pues tenía el compromiso y la decisión de llevarla hasta a sus últimas consecuencias.

Con el mismo propósito, en días cercanos, me buscó también Luis Sánchez Aguilar, presidente del Partido Socialdemócrata, a quien igualmente agradecí y externé las mismas razones que a la comisión del PMS para no aceptar su invitación.

El 25 de junio se me apareció por primera vez el licenciado Raúl Eznaurrizar, que así se presentó, diciéndose enviado por el presidente del Partido Auténtico de la Revolución Mexicana, Carlos Enrique Cantú Rosas; manifestó el interés de aquel por cambiar impresiones con quienes coordinábamos las actividades de la Corriente, entre otras cuestiones, sobre la posibilidad que fuera yo el candidato presidencial del PARM. En la Corriente —y yo en lo personal— no se veía con simpatía al PARM, al que se consideraba un apéndice de la Secretaría de Gobernación, sin independencia del gobierno como organización política y al que se había visto siempre dispuesto a ceder y a apoyar incondicionalmente al régimen, sobre todo en las cuestiones de fondo. A Eznaurrizar le respondí que podía reunirme con el presidente del PARM cuando éste lo estimara conveniente, aunque, si como había dicho Eznaurrizar, el propósito de la reunión sería proponerme la candidatura de ese partido, le reiteraba que los miembros de la Corriente librábamos una lucha interna en nuestro partido y que en ella seguiríamos mientras quedara alguna posibilidad, por mínima que fuera, de éxito. Al despedirse, me dijo que haría nuevamente contacto conmigo.

Los encuentros siguientes tuvieron lugar el 28 de julio, 10 y 21 de agosto; él, un tanto misterioso, reiterando el interés del presidente del PARM en reunirse con la Corriente y sin que se llegara el día en que se precisara una fecha para ello.

En los primeros días de septiembre empezó lo que los medios de información y la opinión pública llamaron *la pasarela* de los precandidatos del PRI. No se convocó a ningún procedimiento democrático para seleccionar al candidato presidencial. No se estableció ninguna forma de participación de los miembros del partido en la toma de esa decisión. Simplemente se hizo un anuncio a través de los medios, que en riguroso orden alfabético Ramón Aguirre, jefe del Departamento del Distrito Federal; Manuel Bartlett, secretario de Gobernación; Alfredo del Mazo, secretario de Energía; Sergio García Ramírez, procurador general de la República; Miguel González Avelar, secretario de Educación, y Carlos Salinas de Gortari, secretario de Programación y Presupuesto, aparecerían en días distintos, de uno en uno, en la televisión de cobertura nacional durante una hora para exponer sus propuestas político-electorales al partido y al país. Una maniobra que anunciaba que pronto habría candidato del PRI, a la que se prestaron todos los dizque precandidatos. Quizá alguno o algunos creyendo ingenuamente que sería ese efectivamente el mecanismo para acceder a la candidatura del PRI y a la Presidencia del país, pero al menos uno de ellos ya sabía quien sería el elegido por Miguel de la Madrid.

El 1 de septiembre se había abierto el periodo ordinario de sesiones del Congreso y el Partido Popular Socialista presentó por aquellos días una iniciativa para que se abriera juicio político al secretario de Programación y Presupuesto, Carlos Salinas. En los corrillos políticos corría la versión de que el PARM, el PPS y el Partido Socialista de los Trabajadores habían tomado ya la decisión, cada uno por su lado, de sumarse al apoyo a Manuel Bartlett, si éste resultaba ser el candidato oficial. La demanda de juicio político a Salinas, a la que se sumó el PST, alejaba a esos partidos de la posibilidad de subirse al carro de éste si él fuera el elegido del PRI. La relación de esos partidos con el gobierno parecía estar canalizada de manera casi absoluta por conducto del secretario de Gobernación.

Estaba en plena realización *la pasarela* priista cuando el 9 de septiembre se hizo público el documento más importante de la Corriente, su *Propuesta Democrática*, en la que se presentaba un diagnóstico de la situación del país y se planteaban soluciones a los problemas de más urgente atención. En su presentación, decía este documento:

> Hoy, como hace ochenta años, los mexicanos luchan por romper las inercias del despotismo y abrir espacios democráticos a las mayorías. Entonces bajo la bandera común de la Constitución de 1857 y en nuestros días reivindicando la de 1917; ambas suplantadas por el predominio abrumador de reglas no escritas.

Seguían las propuestas específicas sobre los grandes temas de la nación y en su parte final la Propuesta hacía una convocatoria:

> …a todas las fuerzas democráticas y progresistas de la República para que unan sus voluntades en torno a una alianza patriótica capaz de frenar la contrarrevolución y la supeditación del país a intereses extranjeros…
>
> Vayamos todos al combate cívico. La política es el vínculo entre el proyecto y la realidad. Es la rebeldía de la razón fren-

te a la supuesta fatalidad de los hechos y la afirmación de la voluntad sobre el curso de la historia.

Y terminaba: "Construyamos entre todos un movimiento nacional contra la imposición y el continuismo. No permitamos que nadie, a ningún título, usurpe nuestro porvenir.

Por la democracia y la justicia social sin claudicaciones."

Ya había ocurrido, el país había visto la pantomima que representó *la pasarela*. En la Corriente teníamos la certeza de que De la Madrid había tomado ya la decisión de imponer a su candidato. Se decidió sin embargo, a propuesta de Fernando Sánchez, que con Celia Torres Chavarría encabezaban la organización denominada Fuerzas Populares —que fue la primera en dar su apoyo a la Corriente— hacer la que podía ser la última manifestación pública de la Corriente antes de que se conociera quién sería el candidato oficial. Eso ya no podía retrasarse más, pues ante la presión que había generado la Corriente en las bases del partido, parecía estarse ya sobre el tiempo. Se convocó entonces a la *Marcha de las 100 horas por la democracia*. Se marcharía durante ese tiempo, de manera ininterrumpida, alrededor de la plancha del Zócalo.

La marcha arrancó el 18 de septiembre alrededor del mediodía. Doscientas o trescientas personas en el inicio, a las que fueron sumándose muchas más hasta hacer algunos miles en las horas de la tarde. Por las noches eran sólo unos cuantos los que no dejaban el más mínimo espacio de tiempo sin que hubiese alguien marchando. Quienes nunca faltaron fueron Xavier Ovando y Fernando Sánchez.

El primer día, pocas horas después de haber comenzado la marcha, pasaron a expresar su solidaridad Heberto Castillo, ya candidato presidencial del PMS, y Luis Sánchez Aguilar, a su vez candidato del Partido Socialdemócrata.

Al tiempo que la marcha se desarrollaba alrededor del Zócalo, se publicaron en los principales medios de la prensa nacional dos desplegados de priistas michoacanos atacando con virulencia a la Corriente, a mi gestión al frente del gobierno de Michoacán, del que la mayoría habían sido colaboradores, y a mi persona. El primero de ellos el 17 de septiembre, suscrito por los integrantes del Comité Directivo Estatal del PRI, y el día 21, el segundo, firmado por diputados federales y locales. Los ataques burdos, ramplones, caían por su propio peso, por su falta de sustento y contenido. Por otro lado, no sorprendieron, eran parte de la campaña de Martínez Villicaña contra mi gobierno en Michoacán, constituían sólo un elemento más del clima de hostilidad oficial hacia la Corriente y mostraban, eso sí, que la Corriente había levantado ámpula y constituía una preocupación para el régimen.

La marcha tuvo un fuerte impacto en la opinión pública, pues la Corriente seguía llamando a democratizar el procedimiento de designación de los candidatos del PRI, del presidencial para abajo, lo que no había sido *la pasarela*, ya que De la Madrid, con la tapadera del PRI, se mantenía en la ruta de la imposición.

El día 23 se cumplieron las 100 horas de marcha continua. La marcha se terminó con un recorrido del Zócalo al Monumento de la Revolución, donde se celebró un mitin en el que se anunció el acuerdo tomado previamente, de que una comisión llevara a las oficinas del PRI, situadas a unas cuantas cuadras del monumento, un comunicado reiterando las posiciones y demandas de la Corriente. Ifigenia y César Buenrostro encabezaron al grupo de ocho o diez personas que se dirigió al PRI a entregar el documento.

En el gobierno seguramente se creía que había la intención de asaltar las oficinas del partido, pues la comisión encontró en Insurgentes Norte a un poderoso contingente mandado por el jefe de la policía capitalina, general José Domingo Ramírez Garrido Abreu, montado en una tanqueta y varios más de esos aparatos y numeroso personal armado a pie, para supuestamente contener el ataque. El grupo pasó entre tanquetas y policías sin obstáculo alguno y llegó a las oficinas del partido, que según comentaron los integrantes del grupo comisionado, aparecían desoladas. El documento se entregó en la oficialía de partes, pues se informó que no había ningún funcionario por ahí. Fue esa marcha el último acto público de la Corriente Democrática dentro del PRI y antes de la campaña presidencial.

El 4 de octubre ocurrió el destape. El PRI se volcó en apoyo a Carlos Salinas, el candidato designado por Miguel de la Madrid y el último que había desfilado por *la pasarela*.

Se arma la candidatura

Ya con candidato del PRI a la presidencia, la Corriente Democrática tenía que tomar una decisión: qué hacer a partir de ese momento. Eran varias las opciones: irnos a nuestras casas y olvidarse de elecciones y de la política por el momento; aceptar la imposición de Miguel de la Madrid y reconocer a Carlos Salinas como el candidato que apoyaría la Corriente, con la posibilidad de sumarse o no a su campaña, en la que con muy altas probabilidades se abrirían para algunos de sus miembros oportunidades de participación; llevar a cabo una campaña sin candidato, sólo testimonial; realizar una campaña con candidato no registrado, llamando al voto en el círculo blanco; o presentar candidato de la Corriente bajo el emblema de otro u otros partidos.

En las semanas previas a la designación oficial del candidato del PRI se habían acercado a Porfirio y a mí dirigentes o enviados del PARM, del Partido Socialdemócrata, del Partido Popular Socialista, del Partido Socialista de los Trabajadores, para proponer que yo fuera su candidato. En ningún caso se planteaban alianzas o una candidatura común con otros partidos. La respuesta hasta ese momento había sido que la Corriente no podía tomar una decisión mientras no hubiese culminado el proceso de designación del candidato del PRI.

En ese contexto se dio finalmente el encuentro con Carlos Enrique Cantú Rosas, presidente del PARM. El 10 de octubre nos reunimos en un desayuno Porfirio, Carlos Cantú, Pedro González Azcuaga, Secretario General del PARM, y yo. No había más que un tema a tratar. En la Corriente habíamos discutido las opciones que se tenían y considerado como la más conveniente presentar mi candidatura sostenida por los varios partidos que me la habían ofrecido, empezando por aceptar la del PARM. A pesar de las dudas que se tenían por su comportamiento como partido que considerábamos había vivido al amparo y por voluntad del gobierno, era el que teóricamente representaba el rompimiento ideológico y político menor respecto al PRI, al considerar la similitud de los principios que consignaba en sus documentos oficiales y por lo cual no podría desatarse una campaña macartista contra mi candidatura y contra la Corriente. Algo que se preveía haría el gobierno en caso de aceptar, antes que del PARM, la postulación de alguno de los partidos que se identificaban como socialistas, y lo que alejaría a la gente que podía brindar su apoyo a una candidatura que con toda claridad sostuviera las ideas y postulados de la Revolución Mexicana, que era el origen y el compromiso de la Corriente Democrática.

En esa reunión, Carlos Cantú me propuso directamente que aceptara la candidatura presidencial de su partido. Agregó que se requería pronto una respuesta, pues eran ya muy fuertes las presiones que desde el gobierno se ejercían sobre dirigentes y miembros del PARM para que éste apoyara al candidato del PRI o, de no ser así, lanzara un candidato propio, que por ningún motivo me apoyara. Acepté —así lo habíamos discutido y acordado en la Corriente—, y comenté que habría que esperar una reacción contraria y violenta del régimen. Para precisar detalles de cómo y cuándo se haría la presentación al PARM y a la opinión pública de mi candidatura, quedamos las mismas cuatro personas de reunirnos al día siguiente, en el mismo sitio y a la misma hora.

Al día siguiente, domingo 11, ya no llegó González Azcuaga. Carlos Cantú nos comentó que González Azcuaga había iniciado un movimiento dentro del PARM para desconocerlo como su presidente, lo que, como había dicho el día anterior, hacía más urgentes las decisiones. Nos dijo también que ya había convocado a los dirigentes estatales y a los integrantes del Consejo Nacional para celebrar la convención electoral del partido. La mayoría se encontraba ya en la ciudad de México y entre la gente del partido se manejaban su propio nombre, el de Patricio Estévez y algunos más como los del posible candidato que postulara el partido, pero que él tenía la certeza de que, si me proponía, la mayoría respaldaría su propuesta. Se fijó entonces la fecha del 14 de octubre para reunir a la convención electoral y en ella postularme como candidato presidencial del PARM.

El movimiento emprendido dentro del PARM por González Azcuaga no prendió. A los dos o tres días era más que evidente su fracaso.

No fue fácil tomar la decisión de ser candidato del PARM. Entre otras razones, lo había visto y calificado siempre como un partido que hacía el juego al gobierno, dependiente de éste en sus decisiones. Poco confiable, en consecuencia, para jugar el destino político de la Corriente y el personal teniéndolo como representante formal ante el Estado y como la vía de participación electoral. Por otro lado, había dirigentes del PARM que no tenían confianza ni en mí ni en la Corriente; unos nos veían como grupo que estaba haciendo algún juego en interés del gobierno; otros, de inclinaciones anticomunistas, nos sentían demasiado cargados a posiciones progresistas. Con todo eso, consciente de los riesgos, esto es, entre ellos que el PST y el PPS pudieran no estar de acuerdo con esa decisión y no apoyaran mi candidatura, tomé y tomamos la decisión en la Corriente de ponernos en manos del PARM. A ello obligaba la premura para decidir que surgía de las presiones del gobierno y la conveniencia que se veía de que fuera el PARM el primer partido que formalmente lanzara mi candidatura, arriesgando que fuera el único.

En los partidos que se identificaban como socialistas, el PPS, PST y el PMS, antes de mi postulación por el PARM, se planteaba la posibilidad de convenir una candidatura común. El Secretario General del PPS, Jorge Cruickshank, se había reunido en días anteriores con dirigentes del PMS y acordaron tener una nueva reunión que se fijó para el 8 de octubre. Asistirían representantes de la Corriente. Jorge Cruickshank, algún otro dirigente del PPS, Porfirio y yo estuvimos a la hora acordada en el lugar convenido. Esperamos un tiempo prudente y los representantes del PMS que habían quedado de asistir a la reunión, nunca aparecieron.

7

LA CAMPAÑA

Candidato

Así, el 14 de octubre protesté como candidato presidencial del PARM. Esa postulación, a la que se sumó mi afiliación al partido, imprevista y no convenida previamente, pero la que suscribí al presentarme el presidente del partido la hoja de afiliación en el acto de protesta frente al pleno de la asamblea electoral, provocó más desconcierto y turbulencias tanto en el PST como en el PPS, que se habían acercado a la Corriente y con los que se había estado tratando la posibilidad de que respaldaran mi candidatura. En nuestras conversaciones se había sostenido, como posición de la Corriente, la conveniencia de lograr el apoyo de varios partidos y organizaciones a una candidatura democrática. Los dos partidos habían dado ya a conocer quiénes serían sus candidatos a Presidente: el PST a Rafael Aguilar Talamantes, su presidente, y el PPS a Manuel Fernández Flores, miembro del partido y dirigente de un sector de trabajadores electricistas, aunque ninguno había formalizado la candidatura ante una convención electoral.

Seguían, sin embargo, considerando la posibilidad de lanzarme como su candidato, por lo que mantenían conversaciones con la Corriente, no sin dejar de manifestar cierto disgusto y su reticencia a coaligarse con el PARM. Reclamaban no haber discutido previamente cómo y con quienes podrían hacerse alianzas, pero de haberlo hecho, lo más probable es que el PARM, ante las presiones crecientes del gobierno, hubiera ido por su lado. Mi candidatura habría quedado más vulnerable a los ataques macartistas y el abanico de apoyos se hubiera estrechado.

Transcurridos unos cuantos días, el PST decidió finalmente sostener mi candidatura, anunciando al mismo tiempo su transformación de Partido Socialista de los Trabajadores a Partido del Frente Cardenista de Reconstrucción Nacional (antes de plantearse el apoyo a mi candidatura, en el PST se discutía la idea de cambiar la denominación de la organización a Partido del Frente Socialista de Reconstrucción Nacional o Partido Socialista de Reconstrucción Nacional). Al enterarme de que se proponía el cambio en la denominación del partido, traté de convencer a sus dirigentes de que no lo hicieran. Argumenté que consideraba inconveniente por limitante y porque el calificativo de cardenista personalizaba a la organización. Ellos insistieron, sosteniendo que la referencia era a mi padre y a su obra, que iba más allá de la campaña que se iniciaba y más allá de mi persona.

Se convino que el 22 de noviembre se formalizaría mi postulación por el ya PFCRN. El día 20, aniversario de la Revolución, viajé con Aguilar Talamantes a Chihuahua, donde me postuló como su candidato el Partido Nacional del Pueblo, un partido estatal vinculado al Comité de Defensa Popular que encabezaba Rubén Aguilar y con el cual el PFCRN buscaba establecer un acuerdo electoral.

Al día siguiente se dio un hecho curioso: encontrándome ya en casa, alrededor de las 10 de la noche, me avisaron que me buscaba Rafael Aguilar. Lo invité a pasar. Llegó acompañado de Pedro Etienne y Jorge Amador, miembros de la dirección del partido. Talamantes me dijo que todo estaba preparado ya para el acto de protesta al día siguiente, que tal como se había convenido tendría lugar en la explanada del monumento a los Niños Héroes, en el

Bosque de Chapultepec. Después me planteó, tomándome por sorpresa, que al mismo tiempo que asumiera la candidatura presidencial del partido, me hiciera cargo también de su presidencia. Le respondí de inmediato que no lo consideraba conveniente, ya que la campaña demandaría dedicación de tiempo completo y sería difícil al mismo tiempo atender las cuestiones del partido; por otro lado, había roto con el PRI, era candidato y estaba formalmente afiliado al PARM y nadie entendería tanto enredo si a ello se agregaba la presidencia del Partido del Frente. Aceptaron mis argumentos, sería sólo candidato del partido y Talamantes seguiría como su Presidente.

En esos días se fijó para el 29 de noviembre el inicio formal de la campaña con un acto que se celebraría en Morelia. Al mismo tiempo, continuaban las pláticas con la dirigencia del PPS, que terminó por apoyar también mi candidatura, con lo que serían tres los partidos con registro que me tendrían por candidato común, acordándose que sería el 13 de diciembre cuando protestaría como su candidato.

En Morelia, entonces, el 29 de noviembre se realizó el acto de inicio de la campaña en la Plaza Ocampo. Fue un largo desfile de oradores, de la Corriente Democrática de Michoacán, de la Corriente Democrática nacional, del Partido Socialista Revolucionario, la Unidad Democrática, el PPS, el PFCRN y el PARM antes de que yo hiciera uso de la palabra. Muchos oradores ciertamente, un acto que se prolongaba, pero que dejaba ver ya la pluralidad de las fuerzas que al poco tiempo constituirían el Frente Democrático Nacional.

Dije en esa ocasión, entre otras cosas, que se estaba impulsando la formación de una fuerza política que llegara al poder para tomarlo y ejercerlo a favor del país y del pueblo. Planteé además, la esencia del programa de gobierno que proponía, manifestando:

Estamos luchando por recuperar el camino de la Revolución Mexicana, la ejecución por el pueblo de su proyecto nacional, que es el de una sociedad democrática y plural en lo político, con una justa distribución de la riqueza nacional y que ofrezca oportunidades reales de mejoramiento y superación para todos los mexicanos; es el proyecto de una nación cuyo desenvolvimiento no esté limitado por ataduras económicas y políticas, con pleno dominio sobre sus recursos naturales, las formas de su aprovechamiento y las modalidades que adopte su economía; una nación donde se valore la rica diversidad de sus culturas y se estimule su expansión, la de la ciencia y el arte.

Luchamos con los mexicanos demócratas por el respeto y la efectividad del voto; por procesos electorales con credibilidad; contra el trato privilegiado al partido oficial; porque toda la riqueza mal habida, se encuentre fuera o dentro del país, sea recuperada y restituida al pueblo...

Luchamos con los mexicanos de convicción nacionalista contra el sometimiento de la nación a dictados del exterior y contra la intromisión extranjera en nuestros asuntos políticos, económicos y de seguridad; porque se suspenda el pago de la deuda externa mientras no se reconozca su legítimo monto, se reduzca en consecuencia su valor y se establezcan condiciones que liberen los recursos que el país requiere para el crecimiento de la economía y la elevación sostenida de las condiciones de bienestar social; por la disminución, hasta eliminarla, de la exportación de petróleo crudo y la expansión de la industria petrolera y petroquímica estatales...

Luchamos con los campesinos por el reparto de los cinco millones de hectáreas afectables que existen; por terminar con toda forma directa o indirecta, abierta o simulada, de acaparamiento de la tierra y sus productos; por la protección legal y política y el fomento económico del ejido, la comunidad indígena y la pequeña propiedad en producción...

Luchamos con los indígenas por la resolución expedita a todo trámite de restitución de tierras comunales; por el reconocimiento y compatibilidad constitucionales con sus formas tradicionales de gobierno; por el reconocimiento en la ley del carácter multiétnico y pluricultural de la nación y la reorientación consecuente de los programas educativos y de desarrollo.

Luchamos con los obreros por la independencia de los sindicatos respecto al gobierno, a los patrones y a toda fuerza ajena al movimiento obrero; por la elección democrática de sus dirigentes...

Luchamos con las mujeres por su igualdad en la convivencia social y ante las oportunidades de mejoramiento y superación; por su protección y el reconocimiento por la sociedad, de su función como trabajadoras, madres, esposas, hijas y amas de casa.

Luchamos con los habitantes de nuestras ciudades por garantizar legalmente el acceso al suelo urbano a todo el que lo requiera; por terminar con la especulación con la tierra; por la debida protección inquilinaria...

Luchamos con los estudiantes universitarios, politécnicos y de los tecnológicos por el acceso a la educación superior de todo aquel que así lo decida y al mismo tiempo por la más alta calidad de la educación y la formación profesionales... por la suficiencia de los recursos destinados a la formación profesional, de postgrado y a la investigación, a fin de que respondan a los requerimientos económicos, sociales y políticos del país.

Luchamos con las amas de casa por abatir la inflación y frenar la carestía a través del control de precios y las medidas complementarias que protejan la economía popular.

Luchamos con los trabajadores no asalariados por el reconocimiento legal de esa condición; por su incorporación a la seguridad social, su acceso a la vivienda y a la capacitación; contra el agio y la extorsión.

Luchamos con los investigadores de la ciencia y la tecnología por el desarrollo de una estructura nacional que aproveche y estimule la innovación, reduzca la penetración innecesaria de tecnologías extranjeras y responda y se vincule a las necesidades y condiciones de nuestro desenvolvimiento económico y social.

Luchamos con los soldados y marinos por su asignación exclusiva a la defensa de la integridad y seguridad de la patria; por la protección de sus familias con servicios sociales y vivienda y las facilidades a sus hijos para su educación, desde los grados elementales hasta la [educación] superior.

Luchamos con los jornaleros agrícolas por su sindicalización.

Luchamos con los artistas y escritores por el estímulo a la creación y el acceso de los sectores populares al arte y la cultura en sus distintas manifestaciones.

Luchamos con los defensores de los derechos humanos por la plena vigencia de la ley; porque se supriman la tortura y los tratos inhumanos en las prácticas judiciales; porque aparezcan, se rindan cuentas claras y se finquen las responsabilidades que procedan respecto a desaparecidos.

Luchamos con los ecologistas por la preservación, restauración y el mejoramiento cualitativo del patrimonio natural de la nación…

Luchamos con los jóvenes por el pleno ejercicio de sus derechos políticos y laborales; por su acceso a la educación, la capacitación y el deporte…

Luchamos con los jubilados por mejorías similares a las de los trabajadores activos.

Luchamos con los mexicanos del exterior por la participación efectiva del Estado mexicano en la protección de sus derechos humanos, laborales y sociales; por una mayor vinculación cultural, social y política con ellos y sus descendientes; por las reformas constitucionales que les concedan el derecho a votar.

El Frente Democrático Nacional

Durante todo el proceso de desarrollo de la Corriente Democrática se había estado en contacto con diversas organizaciones y grupos que coincidían en la necesidad de abrir y democratizar el régimen político y participaban de la idea de impulsar una candidatura común en las elecciones federales. A partir de ese acuerdo general, del entusiasmo que había despertado la Corriente y de la candidatura común apoyada por tres partidos con registro, se dieron nuevas postulaciones.

Así las cosas, el 6 de diciembre protesté como candidato del Partido Socialdemócrata, después de la declinación que hizo en mi favor Luis Sánchez Aguilar, y del Consejo Nacional Obrero y Campesino de México, organización que nació de un desprendimiento de la CTM del Distrito Federal, que agrupaba a un buen número de sindicatos y que encabezaba Leopoldo López Muñoz; el 9 del mismo mes fui designado candidato del Partido Verde Mexicano, que presidía Jorge González Torres y, en otro acto, de Unidad Democrática, cuyo presidente era Evaristo Pérez Arreola, Secretario General del STUNAM, que además de agrupar a un número importante de los miembros de ese sindicato, contaba con un grupo organizado importante en la región de Ciudad

Acuña, Coahuila; el 13 fui declarado candidato del PPS. El 31 de enero tuvo lugar la última postulación, del Partido Liberal, sin registro, que presidía Fernando Palacios, dirigente de cañeros en Veracruz.

Los partidos (PARM, PPS y PFCRN) y este conjunto de organizaciones, cuyos representantes se reunieron en Xalapa el 12 de enero, formaron el Frente Democrático Nacional. Su coordinación quedó a cargo de los presidentes de los tres partidos con registro, más Porfirio Muñoz Ledo como representante de la Corriente Democrática y el candidato presidencial.

En campaña

Al discutir cómo hacer la campaña se encontró que lo más conveniente, dado que se tenía la decisión de ir por todo el país, sería que en cada recorrido que se programara para varios días, se tocaran distritos de varios Estados. Así se estimaba que la campaña estaría repercutiendo en diferentes momentos en medios de información de las distintas entidades.

Una primera señal del impacto de la campaña la tuve con el inicio de 1988, en la visita a la ciudad de Colima, a donde llegué el 4 de enero, ya anocheciendo. Fue una marcha y un mitin con una muy alta concurrencia y mucho entusiasmo y entrega de la gente, lo que me sorprendió, por una parte, porque el año estaba iniciando y se estaba todavía dentro del periodo de celebraciones y vacaciones; por la otra, porque aun cuando había estado en Colima en varias ocasiones anteriores, de adolescente y de joven con la familia, de vacaciones, y como subsecretario Forestal, en la promoción de la Corriente Democrática no se había tocado ese Estado, aunque un grupo numeroso de ciudadanos, encabezado por varios notarios, entre ellos Ismael Yáñez, en ese entonces cuñado de Por-

En la Costa de Jalisco. Marzo de 1957.

México, D.F., 1955. Escuela Nacional de Ingenieros. Palacio de Minería. Ceremonia de Apadrinamiento de la Generación 1951: Cuauhtémoc Cárdenas (CC), Julio Argüelles, Gral. Lázaro Cárdenas y Dr. Nabor Carrillo.

En China, enero de 1959: Ing. César Buenrostro, Gral. Lázaro Cárdenas, Cuauhtémoc Cárdenas.

México, D.F., 2 de Abril de 1963. Matrimonio de Celeste y Cuauhtémoc: Francisco Martins Batel, Severina Barbato, Lázaro Cárdenas y Amalia Solórzano de Cárdenas.

Campamento de La Orilla, Melchor Ocampo del Balsas (hoy Lázaro Cárdenas), Mich., 1965: Lázaro Cárdenas Batel, Gral. Heriberto Jara, Celeste y Cuauhtémoc.

Morelia, Mich. Reunión del Movimiento de Liberación Nacional, 1962: Ing. Alberto Cárdenas Anaya, Pintor Ignacio Aguirre, Dr. Enrique Cabrera, Ing. Norberto Sánchez Mejorada, Ing. Manuel Mesa Andraca, CC.

Presa Mocúzari, Sin., junio de 1966: Gral Lázaro Cárdenas y CC.

Tzintzuntzan, Mich., 2 de octubre de 1970: 40° aniversario de la creación del Municipio.

México, D. F., 21 de septiembre de 1975: CC, Ing. Alfonso Vaca, Gral. Raúl Castro Ruz, Coty Solórzano de Ramírez, Amalia Solórzano de Cárdenas y Alicia de López Muiño.

México, D. F., 29 de octubre de 1975. Palacio de Bellas Artes: Celeste hablando a nombre de Amalia Solórzano de Cárdenas en una ceremonia de amadrinamiento de estudiantes de Ingeniería del Instituto Politécnico Nacional.

Morelia, Mich., marzo de 1980. Protesta como candidato del PRI a Gobernador de Michoacán: Lic. Carlos Torres Manzo, Lic. Gustavo Carbajal y CC.

1980. En campaña por la gubernatura de Michoacán: Lic. Natalio Vázquez Pallares y CC.

Lázaro Cárdenas, Mich., 1980. En campaña por la gubernatura de Michoacán: Lic. Rogaciano Morales, Heberto Berber, CC, Celeste Batel de Cárdenas y Lic. Miguel García Flores.

Selva Lacandona, Chis., diciembre de 1980. Con un grupo de indígenas lacandones: CC, Lic. Jorge de la Vega, Cuauhtémoc Cárdenas Batel, Alfonso Vaca Tavera, Lázaro Cárdenas Batel e Ing. Alfonso Vaca.

Morelia, Mich., agosto de 1981. En ocasión del 1er. Festival Internacional de Poesía: Luis Coca, Marta Palau, Ernesto Cardenal, CC e Ildefonso Aguilar.

Madrid, España. Parque Norte, noviembre de 1984. Ceremonia de develación de la estatua de Lázaro Cárdenas, donada por el Exilio Republicano: en uso de la palabra el Alcalde Enrique Tierno Galván, Amalia Solórzano de Cárdenas, CC.

Morelia, Mich. 30 de septiembre de 1984. En el aniversario del natalicio de José María Morelos: Francisco Martins Batel, Celeste Batel de Cárdenas y Camila Cárdenas Batel.

Morelia, Mich., 29 de septiembre de 1984. Lectura del 4° Informe de Gobierno: Lic. Carlos Salinas de Gortari, Dip. Tariácuri Cano, CC y Lic. Luis Eudoro González.

Morelia, Mich. 1986: Francisco
Xavier Ovando y CC.

Cd. Nezahualcóyotl, Mex. 19 de julio de 1987.
Marcha de la Corriente Democrática.

Isla de la Pacanda, Mich. 14 de septiembre de 1986.

San Pedro de las Colonias, Coah., febrero de 1988: Campaña como candidato del Frente Democrático Nacional.

Campeche, enero de 1988. En una cueva donde se teje sombrero.

Con Cárdenas. Frente Democrático Nacional.

San Pedro de las Colonias, Coah., febrero de 1988: Campaña como candidato del Frente Democrático Nacional.

La Laguna, Coah., febrero de 1988. Campaña como candidato del Frente Democrático Nacional: Jesús Luján, CC, Celeste y Porfirio Barbosa.

México, D.F., 18 de Marzo de 1988. Zócalo: Amalia Solórzano de Cárdenas, Leonel Durán, Manuel Marcué Pardiñas, Super Barrio y Super Barrio Jr.

México, D. F. Ciudad Universitaria, 26 de mayo de 1988.

México, D. F. El Zócalo, 25 de junio de 1988.

México, D. F. El Zócalo, 19 de noviembre de 1988.

Los Ángeles,
California,
noviembre de 1989.
Develación del busto
de Lázaro Cárdenas.

Managua, Nicaragua, marzo de
1989: (1ª fila) Lázaro Cárdenas Batel,
Antonio Santos, Ildefonso Aguilar,
(de pie) Andrés Manuel López Obrador, Sergio Ramírez, Daniel Ortega,
Rosario Murillo, Marta Palau, CC,
Cuauhtémoc Cárdenas Batel y Adolfo Aguilar Zínser.

Los Ángeles, California, noviembre de
1989. Reunión del Comité del PRD: Jesús
Cárdenas, CC, Samuel del Villar.

Chicago, Illinois, noviembre de 1989: CC y Jesse Jackson.

Chicago, Illinois, noviembre de 1989: CC y Jesse Jackson.

Madrid, España, abril de 1991. Imposición de la Condecoración Cardenal Cisneros en la Universidad Complutense: CC y el Rector Gustavo Villapalos.

Madrid, España, abril de 1991. Imposición de la Condecoración Cardenal Cisneros.

San Luis Potosí, S. L. P.,
1991: Dr. Salvador Nava
y CC.

Kaolin Farms, Pennsylvania, junio de 1993.

Madrid, España, 1992: Julio Anguita,
Marcelino Camacho y CC.

Autopista San Luis Potosí-Querétaro, octubre de 1991. Marcha por el respeto al voto: Jorge Martínez y Almaraz "El Chale", Dr. Salvador Nava, Carlos Mandujano, CC y Cuauhtémoc Cárdenas Batel.

Universidad de Princeton, junio de 1993: CC, Pablo Medina (Causa R de Venezuela), Jorge Castañeda, Antonio Navarro Wolf (M-19 de Colombia), Luis Maira (Chile), Rubén Zamora (El Salvador) y Lula (PT de Brasil).

Cuauhtémoc Cárdenas Presidente 94.

México, D. F., 1993: Danielle Mitterrand y CC.

1994. Autobús de la campaña.

Morelia, Mich., 1994. Campaña como candidato del PRD.

firio Muñoz Ledo, conociendo de la convocatoria de la Corriente, por su iniciativa, había comenzado trabajos para impulsarla en el estado. En fin, percibí en Colima que había una movilización más intensa, que se había calado más hondo en las conciencias y voluntades de la gente de lo que esperábamos en esos tiempos iniciales de la campaña los coordinadores de la Corriente o los dirigentes de los partidos. Vi entonces una señal en Colima que me hacía ver que la campaña prendía y que en ese tono podría ser la respuesta a esperar del resto del país. En ese momento nada comenté. Guardé las impresiones sólo para mí.

En los recorridos nos encontramos invariablemente seguidos o "acompañados" por agentes de muy distintas dependencias —Gobernación, Federal de Seguridad, judiciales federales y de los estados que se visitaban, de la Defensa Nacional—, con un clima de hostilidad por parte de todo el elemento oficial y con una cerrazón absoluta de la televisión y la radio. Una situación similar estaba encontrando también la campaña de Manuel Clouthier, el candidato de Acción Nacional, y se creyó conveniente buscar un encuentro con él y con dirigentes del PAN para cambiar impresiones al respecto y ver si era posible desarrollar alguna acción en común que cambiara la situación. Así, el 22 de enero se tuvo una reunión en la ciudad de México, en la casa de Emilio Goicoechea, a la que además de los candidatos y el anfitrión, asistieron por parte de Acción Nacional Luis H. Álvarez y Abel Vicencio Tovar, y Porfirio por parte del Frente Democrático. Más allá de confirmar las condiciones en que estaban llevándose a cabo ambas campañas, no se llegó a ningún acuerdo para emprender alguna acción conjunta, salvo el de mantener el contacto y celebrar una nueva reunión para revisar cómo iban las cosas.

En esas primeras semanas del año se celebró también la primera de cuatro o cinco reuniones con representantes del PMS para tratar de llegar a un acuerdo sobre la posibilidad de sostener una candidatura común que pudiera llamarse de las fuerzas progresistas y democráticas. Podría también proponerse al Partido Revolucionario de los Trabajadores, que había ya lanzado a Rosario Ibarra como su candidata a la presidencia.

La propuesta de Heberto Castillo, candidato del PMS, hecha al través de sus representantes —él nunca acudió a esos encuentros—, era que la candidatura común se resolviera por medio de una elección primaria, abierta a toda la ciudadanía. Yo proponía un análisis político de ambas o eventualmente de las tres candidaturas y a partir de éste tomar la decisión. Cuando se informó a la candidata del PRT que se conversaba sobre la posibilidad de unificarse en torno a una sola candidatura, respondió que a menos que fuera la de ella, no se le considerara para participar en el proyecto, pues tenía el compromiso y la decisión inamovible de ser la "candidata socialista" en las elecciones del 6 de julio.

Transcurridas unas dos semanas, en la tercera o cuarta reunión, a las que acudía Porfirio con la representación del FDN, fijé mi posición. Acepté cualquier procedimiento que el grupo que se venía reuniendo conviniera para elegir al candidato común. Sabiendo que la decisión de Rosario Ibarra no variaría, Heberto condicionó su participación a la de ella, a sabiendas de que en ninguna circunstancia ella cedería. En eso terminó ese intento de llegar a un acuerdo para presentar una candidatura sostenida conjuntamente por el Frente Democrático Nacional y el PMS.

La campaña se desborda

En La Laguna se produjo el desbordamiento de la campaña. Se trata de una región con profundo arraigo agrarista, en la que por primera vez en el país, en 1936, se repartieron a los campesinos tierras altamente productivas, con hondos afectos hacia mi padre.

Ahí arraigaron y construyeron una base política importante el Movimiento de Liberación Nacional a principios de los años sesenta y posteriormente la Corriente Democrática. Se esperaba, entonces, una buena respuesta en la comarca, pero ésta superó todo lo previsible, tanto por las numerosas asistencias a los actos de campaña como por el entusiasmo de la gente.

El recorrido fue amplio, tocando poblaciones grandes y pequeñas, visitando numerosos ejidos, desde la mañana hasta bien entrada la noche, con actos programados y otros intercalados porque la gente —maestros con niños y las banderas de las escuelas, mujeres con sus hijos— salía al borde de las carreteras e invitaba a visitar sus poblados; hubo asistencias de miles y en otros casos de pocas decenas, pero siempre dando grandes muestras de afecto y con el entusiasmo de la esperanza de un cambio.

Ese fue el tono de la campaña en La Laguna, tanto en la parte de Coahuila como en la de Durango. En los medios políticos oficiales se consideró, y así se transmitió en los medios de información, que el recibimiento en la región obedecía al recuerdo que había de mi padre, una profunda gratitud y cariño de los campesinos que habían recibido la tierra de su gobierno. Pero, eso había sido La Laguna y no sería lo mismo en otras partes del país.

Mucho hubo, en la respuesta de la región, de gratitud hacia mi padre, pero en esta ocasión había algo más. Si bien su recuerdo estaba por encima de cualquier otro sentimiento, lo que se reflejaba no sólo en las expresiones de cariño sino también en las posiciones políticas firmes y de avanzada, la contundencia y la fuerza de los actos, la alegría y la esperanza de un cambio y la decisión evidente de luchar mostraban una diferencia cualitativa en la participación de la gente en la campaña.

Al dejar La Laguna iba yo con la convicción íntima de que la candidatura había calado hondo en las conciencias y la seguí encontrando en la intensa participación que se empezó a manifestar también en otras partes, en las que no existían los antecedentes políticos de la Comarca lagunera.

El 5 de marzo se formalizó el apoyo de la Asamblea de Barrios de la ciudad de México a mi candidatura. Ya había postulado a Superbarrio como su candidato presidencial y ese día declinó en mi favor.

El 12 de ese mismo mes se efectuó mi registro como candidato común de los tres partidos, PARM, PPS y PFCRN, ante la Comisión Federal Electoral, que presidía el Secretario de Gobernación. Poco antes de ese acto administrativo, en un mitin que se celebró en la Plaza de la Ciudadela, al pie de la estatua de Morelos, hice por primera vez alusión a las fuerzas armadas. Expresé en esa ocasión:

> El ejército de la Revolución nace precisamente de la defensa de la legalidad del régimen del Presidente Madero...
>
> Soy hijo de militar, salido del pueblo y entregado sin reservas a la Revolución. Me ha tocado convivir a lo largo del tiempo con muchos hombres que arriesgaron la vida para tener un México de libertades y justicia...
>
> El Frente Democrático hace suyas aspiraciones y demandas de los integrantes de las fuerzas armadas: la expedita tramitación y el pronto pago de las pensiones para aquellos caídos en el cumplimiento del deber; la restitución, en el ámbito del sistema de educación y servicios sociales para militares, de las escuelas para hijos de soldados y marinos; la creación de un fondo que permita la adquisición de terreno para fincar una vivienda, al llegarse a la edad de retiro; amplia cobertura para el cuidado de la salud del soldado y sus familiares, incluyendo la dotación gratuita de las medicinas necesarias; establecimiento de un régimen de prestaciones sociales, las pensiones entre ellas, que en nada sea inferior al de los servidores civiles;

programas de capacitación y mejoramiento cultural y social; vivienda digna para las familias de tropa y oficiales en activo.

El mexicano es un ejército con origen popular que en sus acciones cotidianas debe reflejarlo. Ese origen lo pone al servicio del país y del pueblo, característica que nunca debe perderse. Por eso nos duele cuando se utiliza a los miembros de las fuerzas armadas en funciones que son propias de cuerpos preventivos o judiciales…

La actividad política debe ser uno de los vínculos permanentes entre el militar y el resto de la población, para mantener identidad de ideales y tomar parte en las acciones y decisiones colectivas a las que ningún ciudadano consciente debe ser ajeno…

Soldados y marinos tienen y deben tener posiciones y preferencias políticas. Éstas no deben interferir con el servicio, pero deben poderlas manifestar con libertad, sin que se les impongan limitaciones que coarten sus derechos cívicos.

Quizá un par de semanas antes de esa fecha, por iniciativa de Antonio Ortiz Salinas y acompañado por él, nos habíamos reunido con el general Salvador Rangel Medina, con el que habíamos conversado sobre la situación y aspiraciones de los miembros de las Fuerzas Armadas.

Al general Rangel, en aquel momento ya retirado, lo había conocido y tratado como comandante del batallón que se estableció en la región de la desembocadura del río Balsas cuando se construía la presa La Villita. Sirvió después como comandante de la zona militar de Michoacán.

A lo largo de la campaña, por cierto, fue con el único militar con el que me reuní. No busqué a otros amigos o conocidos, ni ningún otro militar se acercó a mí o al Frente Democrático. Era una señal del férreo control jerárquico y corporativo que se mantenía dentro del aparato militar, aun con respecto al personal en situación de retiro.

El primer Zócalo

Se acercaba el 18 de marzo, fecha en que se cumplirían cincuenta años de la Expropiación Petrolera. El Frente Democrático no podía dejar de celebrar ese aniversario y se empezó a discutir qué hacer. Alguien propuso llevar a cabo un acto en el Zócalo, pero surgieron dudas de que pudiera lograrse una concentración importante y un acto deslucido sería contraproducente para una campaña que iba en ascenso. Alguien, por otro lado, sugirió hacerlo en alguna ciudad en región petrolera. Finalmente, se tomó la decisión de correr los riesgos y celebrarla en el Zócalo.

Al solicitar los permisos a las autoridades del Distrito Federal para llevar a cabo la concentración, informaron que se autorizaba para la tarde, ya que durante la mañana habría un acto convocado por el gobierno y el sindicalismo oficial.

El 18 por la mañana se constituyó formalmente y anunció su incorporación al Frente Democrático el Movimiento al Socialismo, promovido por un grupo del que formaban parte Adolfo Gilly, Arturo Anguiano, Ricardo Pascoe, Pedro Peñaloza y Antonio Santos, entre otros, que se había separado del Partido Revolucionario de los Trabajadores cuando éste no accedió a participar en la búsqueda de una candidatura de unidad de las organizaciones democráticas.

Por la tarde había que ir al Zócalo. De la casa, acompañado por Celeste, Lázaro, Cuate y varios amigos, hicimos escala en el Hotel Majestic, en la Avenida Madero, donde ésta desemboca en el Zócalo, para esperar el momento oportuno de dirigirnos al templete desde el que hablaríamos los oradores de ese día. Desde lo alto del hotel, la plaza principal de la ciudad lucía imponente. Se veía que los grupos y gente dispersa seguían llegando. Algunos con banderas de las organizaciones del Frente, echando vivas y coreando consignas, sin encontrar ya espacios para colocarse y desparramándose hacia 20 de Noviembre, Pino Suárez y 5 de Mayo, con gran alboroto y algarabía.

De la puerta del hotel al templete no habría más de cien o ciento cincuenta metros. No hicimos más que traspasar la puerta del hotel cuando Celeste y yo nos encontramos casi ahogados por una multitud que se apretujaba contra nosotros, manos que se extendían para saludar, gente que expresaba palabras de aliento. Nos tomó cerca de una hora recorrer esos pocos metros.

Esa concentración constituyó una prueba exitosa de la capacidad de convocatoria del Frente Democrático en la capital. Ya no habría por qué temer convocar al Zócalo.

Al día siguiente la prensa hizo la comparación de las dos concentraciones; la oficial acartonada, producto del acarreo, con pases de lista y menos asistentes; la del Frente Democrático, muy superior por los numerosos contingentes, el ánimo muy en alto, espontánea y con gran entusiasmo, lo que nos permitió tener la certeza de haber pasado con éxito la prueba de fuego que constituyó convocar al Zócalo y nos dio confianza en que la campaña iba no sólo bien, sino en todos sentidos para arriba.

En el acto oficial hubo un incidente: una larga manta, con alguna leyenda alusiva al aniversario que se conmemoraba, colgaba de la parte alta del Hotel Majestic, extendiéndose varios pisos hacia abajo y cubriendo las ventanas de muchas habitaciones. De repente, cuando el acto estaba en su momento culminante, la manta se rompió por el medio y por la rasgadura apareció un muchacho asomado a una ventana, que descolgó otra manta en la que había frases de apoyo a mi candidatura. Eso lo vieron todos los asistentes al acto, que festejaron y se regocijaron con el hecho, el que fue además registrado por cámaras de televisión y fotografía de reporteros de los diferentes medios de información. El autor de la travesura fue Pascal Beltrán, hoy reconocido periodista, miembro muy joven en aquel momento del Partido Socialdemócrata.

A finales de la campaña

La campaña prosiguió con toda intensidad. Se hacía cada vez más notorio un cambio cualitativo: mítines más concurridos, reuniones que la gente armaba espontáneamente en sitios no programados y un gran entusiasmo que ya no se escondía. Por otro lado, aunque con timidez, empezó a tenerse un acceso menos difícil a la radio y la televisión en las poblaciones que se visitaban. Los medios electrónicos de cobertura nacional seguían cerrados e ignorando la campaña del Frente Democrático.

En algunas de las cortas estancias en la ciudad de México en el curso de la campaña, de mediados o fines de abril en adelante, al llegar a casa después de algún recorrido o concentración, alrededor de las 10 y media u 11 de la noche, sucedió en dos o tres ocasiones con semanas de separación entre una vez y otra: una mujer joven me esperaba en la banqueta, tratando de no colocarse bajo alguna de las luces de la calle; se acercaba a mí con cautela y me entregaba un documento, "una encuesta", me decía, "que enviaba su esposo que trabaja en la presidencia". En esos documentos, sobre todo el último, que debe haber llegado a mis manos unas dos semanas antes del día de la elección, las cifras que aparecían indicaban que mi candidatura registraba las mayores expectativas de voto, sobrepasando 40 o 42%, cuatro o cinco puntos arriba del candidato oficial. Nunca he sabido quién me enviaba esas encuestas ni quién me las entregó.

El mitin en Ciudad Universitaria

Desde marzo, al constituirse el Movimiento al Socialismo (MAS), varios universitarios integrantes del mismo plantearon la posibilidad de celebrar un mitin en la Ciudad Universitaria. Los promotores más activos y entusiastas eran principalmente los miembros del Consejo Estudiantil Universitario (CEU), incorporados al MAS —destacadamente Imanol Ordorika, Antonio Santos y Carlos Imaz—, entre los estudiantes o los recién egresados, y Unidad Democrática, organización que sostenía mi candidatura y estaba formada principalmente por trabajadores sindicalizados de la Universidad, presidida por Evaristo Pérez Arreola, Secretario General del STUNAM.

Al hacerse del conocimiento público que se preparaba un acto electoral dentro de Ciudad Universitaria, el rector Jorge Carpizo manifestó una firme oposición a la celebración del acto, sosteniendo que la Universidad no debía involucrarse en asuntos públicos. Menos aún en actos de carácter electoral, asumiendo así una actitud de rechazo a la pluralidad que en todos sentidos debe prevalecer en las instituciones de educación superior y negando el origen mismo de una Universidad Autónoma. Desconocía la importancia de la apertura y la discusión de opciones políticas, sociales, culturales, que debe existir sin limitaciones en ellas, y negando a los universitarios, académicos, estudiantes y trabajadores, su derecho a conocer las propuestas y alternativas que desde diferentes posiciones y visiones se hicieran al país y a ellos en lo particular. Nadie del Frente Democrático, desde luego, estaba planteando que la UNAM como institución o sus autoridades de manera corporativa y en su representación, se sumaran al apoyo de alguna propuesta partidaria o a alguna candidatura.

En relación a la oposición del rector Carpizo a mi presencia en un recinto universitario, mi punto de vista fue que si los universitarios me invitaban, a lo que consideraba tenían pleno derecho, pues invitaban a su casa, yo asistiría.

La polémica se prolongó varias semanas y era altamente destacada en los medios de información, sobre si entraría yo o no a Ciudad Universitaria. Ello dejó ver la importancia que tenía la presencia en el recinto universitario de un candidato, en particular de la oposición progresista, dentro del proceso político que entonces tenía lugar. Al alargarse la discusión, sucedió que el rector Carpizo se convirtió, evidentemente contra su voluntad y contra la del régimen y del candidato con el que quería quedar bien, en el más efectivo promotor del mitin de apoyo a mi candidatura. Lo convocaban grupos universitarios que en todo momento sostuvieron con firmeza, a pesar de las fuertes presiones de las autoridades, su derecho a escuchar a los candidatos a cargos de elección popular dentro de los recintos de la institución y, en este caso, a que pudieran recibirme y escucharme en Ciudad Universitaria.

Sin que se apagara aún la discusión, la celebración del mitin se convocó finalmente para el 26 de mayo y los universitarios se abocaron a prepararlo. Dos o tres día antes, cuando se encontraba a toda marcha su preparación, se presentó conmigo Rafael Aguilar Talamantes, presidente del PFCRN. Consideraba riesgoso que entrara yo a la Universidad, que mi presencia en ella podría tomarse como una injerencia indebida en la vida universitaria, lo que tendría efectos contraproducentes en la campaña; sugería que el mitin se celebrara con los universitarios, pero fuera de los terrenos de Ciudad Universitaria. Concretamente me proponía que se llevara a cabo frente a las rejas de CU, en su acceso por la Avenida Universidad.

Lo escuché y respondí que si los universitarios consideraban que el mitin debía realizarse dentro de la Universidad, institución que debía estar abierta a todas las ideas, que ellos, en su calidad de ciudadanos, como eran la inmensa mayoría, tenían derecho a abrir las puertas de su institución a quien creyeran conveniente. Por ello mi decisión era que si los universitarios se arriesgaban, compartiría con ellos el riesgo acudiendo a su invitación, la que con todo derecho y responsabilidad me estaban haciendo; por otro lado, a mi juicio, Carpizo estaba equivocado o actuaba en este caso partidariamente si consideraba que permitir que los universitarios escucharan a un candidato significaba que éste se entrometiera en los asuntos de la exclusiva competencia de la Universidad.

El mitin se realizó el 26 de mayo de acuerdo con lo previsto. Fue una gran concentración, quizá de unas cincuenta mil personas, y fue importante no sólo por el número de asistentes, sino, sobre todo, porque representó, por una parte, la reafirmación del derecho de los universitarios a no dejar que se cerrara su institución a todas las ideas y a todas las visiones, así como el reconocimiento de que la presencia de políticos en la universidad no significaba ni que ésta se alineara con ellos ni que éstos se entrometieran en los asuntos universitarios. Constituyó, por otro lado, la adhesión de la gente pensante, del universitario independiente a mi candidatura.

La realización del mitin en Ciudad Universitaria, venciendo la cerrazón del rector Carpizo, que sólo se había hecho voz del régimen que interesadamente impulsaba esta postura intransigente, simplemente mediante el ejercicio del derecho a manifestar las preferencias políticas de manera respetuosa de la ley, de la libertad de palabra y del derecho también a estar informado, fue sin duda, desde un punto de vista cualitativo, por el sitio en que se llevó a cabo, por la condición de los convocantes y los asistentes, el mitin más importante de toda la campaña. Así lo vi en aquel entonces y así lo veo actualmente.

La declinación de Heberto

En el recorrido que realizaba como parte de la campaña por los municipios del occidente de Michoacán, encontrándome en Zamora el 20 de mayo, hice un llamado a la unidad de las fuerzas democráticas, con la idea de lograr que PRT, PMS y Frente Democrático pudieran actuar juntos en defensa de la legalidad de la elección, pues la campaña seguía desarrollándose en un clima de hostilidad creciente por parte del régimen. Pensando que no podría irse más allá en una acción conjunta de la oposición, pues Rosario Ibarra había reiterado una y otra vez que en ninguna circunstancia dejaría su candidatura y que Heberto, al realizar una campaña de alcances nacionales tenía la decisión de llegar hasta el final, me sorprendió uno o dos días después el llamado del Secretario General del PMS, Gilberto Rincón Gallardo, manifestándome interés de reunirse conmigo en función del llamado a la unidad que había hecho en Zamora.

El 24 por la noche, en la ciudad de México, nos encontramos. Nos reunimos Porfirio y yo con él. Gilberto, de entrada, nos planteó la posibilidad de la renuncia de Heberto a su candidatura para sumarse a la mía y hacer al PMS parte del Frente Democrático Nacional. Lograr el apoyo de Heberto y del PMS a pocas semanas de la elección sería muy importante, de hecho un último jalón en el proceso de suma y adhesión al FDN. Esa noche Gilberto nos dijo que Heberto y la dirección del PMS habían pensado que se firmara un acuerdo entre éste y el FDN, con lo que estuvimos de acuerdo. En breve Gilberto nos presentaría una propuesta de acuerdo.

En mis pasos por la ciudad de México, al continuar los recorridos por el país, se concertaban citas con Gilberto. Asistía también Porfirio, para discutir los puntos del acuerdo entre el PMS y el FDN; en éste, había resistencias y desconfianzas respecto al acuerdo, sobre todo de los tres partidos con registro, que tenían una larga historia de choques y desavenencias con el PMS. A pesar de ello, habían expresado que la decisión que yo tomara, la aceptarían.

En las sucesivas reuniones se fue avanzando en el texto del acuerdo. Sobre las cuestiones programáticas no hubo diferencias mayores, aunque se discutió sobre los matices de ciertos temas. En alguno de los primeros borradores se nos proponía que en caso de ganar la presidencia, Heberto pudiera tener capacidad para determinar cómo se integraría el gabinete. Por principio rechacé esa posibilidad, pues en caso de ganar la elección, sostuve, asumiría el cargo para ejercer todas las facultades que la ley establecía, para así cumplir con la responsabilidad que recibiría.

En la última de esas reuniones, el 2 o el 5 de junio, después de un tiempo ya largo de reunión con Gilberto, llegó Heberto. Venía de un último recorrido de su campaña. Estuvo poco tiempo en la reunión y antes de retirarse manifestó que al acuerdo al que llegáramos, cualquiera que éste fuera, él lo respaldaría. Se aprobó entonces la redacción definitiva del acuerdo y se convino en que el 7 se celebraría el acto en el cual Heberto anunciaría formalmente la declinación de su candidatura y su incorporación, así como la del PMS, al Frente Democrático Nacional.

Ese día, en un acto que tuvo lugar en el exterior de la sede del PMS, con una concurrencia principalmente de dirigentes tanto de ese partido como del Frente Democrático, Heberto formalizó la declinación de su candidatura y yo protesté como candidato del PMS.

La declinación fue sin duda, un acto generoso de Heberto. Mantenía amistad con él desde los tiempos de la Escuela de Ingenieros, donde lo tuve como maestro de las materias de Estabilidad en 3er año y Estructuras en 5°. Fue además, uno de los sinodales en mi examen profesional. Atestigüé su matrimonio con Tere y él firmó como testigo el acta de nacimiento de Lázaro. Después de la participación de ambos en el Movimiento de Liberación Nacional, tomamos rumbos distintos, puedo decir que nunca contrarios, en nuestras actividades políticas, hasta que volvimos a encontrarnos en el Frente Democrático Nacional y a partir de entonces, coincidimos en impulsar el proyecto del Partido de la Revolución Democrática. Falleció cuando arrancaba la campaña por la jefatura de gobierno de la ciudad, en la que conté con su apoyo.

El 25 se celebró el cierre de la campaña en el Zócalo. Una enorme concentración, muy superior en número de asistentes, en ánimo y entusiasmo a las del PRI y el PAN. Siguieron cierres en varias partes del país y el último día de campaña, el 2 de julio, recorrí varias poblaciones de Michoacán, terminando con el mitin de final de la campaña en Pátzcuaro.

Al día siguiente, 3 de julio, cerca del mediodía, preparándome en Morelia para salir a México y votar el día 6, llegó la noticia que la noche anterior habían asesinado a Francisco Xavier Ovando y a Román Gil Heráldez.

Los asesinatos de Xavier Ovando y Román Gil

Xavier Ovando quedó de alcanzar la campaña en Pátzcuaro, para estar presente en el último mitin. A media tarde me avisaron que no iría a Michoacán, que se quedaría en la ciudad de México para atender asuntos de su encomienda en la campaña. Tenía a su cargo, entre otras tareas, organizar la recepción de la información electoral del 6 de julio. Para ello había identificado en cada distrito a dos personas que reportaran a la ciudad de México, al menos a dos teléfonos diferentes, la forma cómo se fuera desarrollando la jornada electoral y, en su momento, los resultados asentados en las actas de las casillas y de los distritos. Las personas que reportarían resultados, tenían también como encomienda reunir las actas de escrutinio de las casillas.

Unos días antes Xavier me había mostrado, en grandes hojas que se utilizan en contabilidad, con anotaciones manuscritas, el diseño de la red que se había formado para contar con esa información de los 300 distritos de todo el país. Incluían números de los teléfonos y los nombres de las personas que reportarían de los distritos y de quienes recibirían la información en la ciudad de México, informaciones que se concentrarían con él. Él y su ayudante Román Gil, habían reunido toda esa información y eran los únicos que la conocían y la guardaban.

Xavier y Román habían terminado tarde su trabajo la noche del 2 de julio. Se sabe que salieron juntos de la oficina de las calles de Georgia y Pensilvania, en la colonia Nápoles. Xavier traía los documentos con esa información en un maletín que no abandonaba. Manejaba el auto, en el que iba también Fernando Fernández Martínez, quien laboraba en las oficinas de la Corriente Democrática y al que dejaron en la calle de Isabel la Católica. Luego llevaría a Román a su casa. Los hechos posteriores dejan ver que fueron interceptados en el trayecto y sus cuerpos fueron encontrados ya sin vida, en la madrugada, dentro del auto estacionado en la calle de El Rosario, en la Colonia Merced Balbuena. Su maletín y los documentos se los llevaron los asesinos. De ninguna otra cosa fueron despojados. Nadie más de la Corriente Democrática sabía quiénes tendrían que enviar y quiénes recibir la información electoral para concentrarla con Xavier, por lo que la red que éste había armado se esfumó con su asesinato.

Me trasladé a México. Llegué ya cayendo la noche. Me dirigí al servicio forense donde encontré, como era de esperarse, desolados a Estela, la esposa de Xavier, a sus hijos, y a Guadalupe Zavala, la esposa de Román Gil. De ahí estaba saliendo el cuerpo de Xavier a Morelia. Román fue llevado al día siguiente a Sonora, al Yaqui, su tierra y la de su esposa, donde residían sus familias. Román era hijo de un valioso y decidido dirigente agrario de la región, Francisco *Chico* Gil, con quien habíamos coincidido en el trabajo político del Movimiento de Liberación Nacional y desde los inicios se había sumado a la Corriente Democrática.

El 4 se realizó un mitin frente a la Secretaría de Gobernación para exigir a las autoridades el esclarecimiento del crimen y el castigo de los autores materiales e intelectuales. Después del mitin entramos un pequeño grupo a la oficina de Manuel Bartlett, a quien se demandó igualmente el esclarecimiento de los asesinatos de Xavier y Román. Ofreció que las autoridades actuarían de inmediato. Hasta el fin de la administración de Miguel de la Madrid nada se aclaró. Varios años después, siendo procurador el licenciado Ignacio Morales Lechuga, se creó una fiscalía especial para investigar esos crímenes, de la que se designó titular a Leonel Godoy, que a la muerte de Xavier ocupó su lugar en la lista de diputados del PPS y ejerció el encargo en el trienio 1988-1991. Él coordinó investigaciones sobre el caso y sobre los asesinatos de Gilberto Huerta, Librado Melgoza y Daniel Arellano, colaboradores los tres de mi gobierno en Michoacán, llegando a establecer que fueron cuatro agentes judiciales de Michoacán los autores materiales de los asesinatos de Xavier Ovando y Román Gil. Uno purga sentencia en Michoacán, otro fue detenido, por otros delitos, en Tamaulipas, donde se encuentra encarcelado, y dos no fue posible aprehenderlos. Asimismo, que el Procurador de Justicia de Michoacán durante la administración de Luis Martínez Villicaña, José Franco Villa, era uno de los autores intelectuales de los asesinatos, por lo que pasó once años en la cárcel. Comentando el caso con Leonel, él siempre pensó que detrás de todos estos crímenes, sobre todo los de Xavier y Román Gil, además de José Franco Villa, estaba Luis Martínez Villicaña.

A Xavier lo conocí a principios de 1971, cuando un grupo de jóvenes que estaba por egresar de la Facultad de Derecho de la Universidad Michoacana y al que mi padre había ofrecido apadrinar, fue a invitarme a la inauguración de un aula de la escuela del pequeño poblado de Heriberto Jara, Municipio de Zinapécuaro, que mi padre había mandado construir como regalo de esa generación de abogados al poblado, del que era originario Fidel Marín, uno de los miembros de la generación. A partir de entonces mantuve contacto con el grupo y cuando terminaron sus estudios, Xavier y Fidel colaboraron conmigo en el Fideicomiso Ciudad Lázaro Cárdenas y posteriormente en la Subsecretaría Forestal.

Ese grupo de estudiantes había sido muy activo dentro de la Universidad Michoacana, alineado siempre con sus sectores progresistas y de manera especial contra el arriaguismo, que desde la salida de Eli de Gortari de la Rectoría controlaba la universidad. Xavier en particular, originario de Baja California, platicaba que por sus inquietudes políticas había llegado a Michoacán para ingresar a la Universidad, porque la sabía combativa y de avanzada.

Cuando creí, a partir de los ofrecimientos públicos del presidente Echeverría y de la dirigencia del PRI, que se abriría la posibilidad de contender de manera democrática por la candidatura y por el gobierno del estado en 1973, Xavier fue un activo promotor de mi candidatura y él coordinó, ya en el 76, mi campaña como candidato a senador. Colaboró conmigo en la Subsecretaría Forestal como cabeza del departamento jurídico, donde actuó siempre con criterio de defensa y promoción de los derechos de los poseedores de los bosques, ejidos y comunidades indígenas principalmente, y fue de nuevo coordinador de mi campaña como candidato a gobernador. En el gobierno de Michoacán se desempeñó como procurador de Justicia, posteriormente fue presidente del Comité Estatal del PRI, diputado federal y, al terminar su periodo en el Congreso, lo designé director del Sistema Michoacano de Radio y Televisión.

En cuanto se hizo público el proyecto de la Corriente Democrática, fue de los primeros en adherirse y de los primeros que fueron blanco de la hostilidad de Luis Martínez Villicaña. En junio de 1987 le envió una carta protestando por las agresiones de las que estaba siendo objeto, que ponían en riesgo su seguridad y la de su familia, responsabilizándolo de cualquier daño que pudiera ocurrirle. Previo a ello, su casa había sido asaltada por agentes judiciales el 28 de diciembre del año anterior y él había protestado ante el gobierno local por el asedio que le hacían agentes judiciales en su casa y por donde quiera que se desplazaba. En esos días pensó en irse a radicar a la ciudad de México, pero finalmente decidió permanecer en Morelia.

Desde que la Corriente Democrática inició sus actividades fue un activo promotor de ella y posteriormente en la campaña del Frente Democrático Nacional, colaboró en la coordinación de la Corriente con los partidos del Frente.

8

EL FRAUDE ELECTORAL

La elección

El 2 de julio concluyó la campaña. A partir del arranque en Morelia, el 29 de noviembre, visité 746 poblaciones, grandes y pequeñas, en las que se celebraron 1 207 actos, también grandes y pequeños, con multitudes a veces y con unas cuantas personas en otras ocasiones. Estimo en ese tiempo y en esos recorridos haber hecho contacto directo con más de dos millones de personas. A lo largo de ocho meses y medio me entrevistaron en diez ocasiones en canales de televisión. De ellas, sólo dos en canales de cobertura nacional en la ciudad de México, ambos entrevistadores sumamente agresivos: en canal 2, de Televisa, Jacobo Zabludovsky, y en el 13, entonces canal estatal, Renward García Medrano. En radio me entrevistaron en treinta ocasiones, dos o tres solamente en la capital.

El 6 de julio en compañía de Lázaro y Cuate, de dirigentes del Frente Democrático, de amigos cercanos y rodeados por un apretado enjambre de cámaras y grabadoras de los representantes de todos los medios de información, acudimos Celeste y yo a votar en Polanco, en una casilla ubicada a la vuelta de nuestro departamento. Di mi voto para presidente por Superbarrio, emblema del movimiento urbano popular, en particular de la Asamblea de Barrios, y de sus reivindicaciones. Era un reconocimiento al valor, rectitud, solidaridad y firmeza de ese movimiento y a la importante y valiosa contribución, cuantitativa y cualitativa, que representaba como apoyo a mi candidatura.

Pasado el mediodía empezamos a recibir informaciones, de diferentes partes del país, de casillas en las que por la fuerza no se había permitido el acceso a los representantes acreditados del FDN, de su expulsión a punta de pistola en otras. Hubo actitudes violentas de autoridades, de rechazo a las protestas presentadas según los procedimientos de la ley. No esperábamos, con los antecedentes que teníamos, una jornada ni fácil ni tranquila en ese día, pero los reportes de irregularidades, por llamarles de algún modo, sobrepasaban todo lo previsto.

Temprano por la tarde, cuando seguía llegando información de más y más atropellos, por conducto de Porfirio se buscó una reunión con Manuel Clouthier, que se acordó para un par de horas más tarde en el departamento de Luis H. Álvarez, presidente del PAN, en la colonia del Valle. Ahí encontramos al candidato, al dueño de la casa, a Diego Fernández de Cevallos y a Carlos Castillo Peraza. Se convino en redactar un documento que suscribiríamos los candidatos, e invitar a Rosario Ibarra para que también se integrara, a lo que en cuanto se le llamó, accedió. Se encomendó la redacción del documento a Porfirio y a Carlos Castillo y quedamos que ellos lo llevarían, alrededor de las 9 de la noche, al Hotel Fiesta Americana, frente al Monumento a Colón, para de ahí dirigirnos a Gobernación, donde se encontraba en sesión permanente la Comisión Federal Electoral.

Mientras discutíamos de la protesta en Gobernación, fue cuando el sistema se cayó y se calló, de lo que nos enteramos ya más tarde, razón por la cual en el documento que se redactaba no se hizo alusión a la, a partir de entonces, famosa caída del sistema, a la que me referiré un poco más adelante.

En el hotel, tal como habíamos quedado, conocimos la redacción definitiva del documento. Estábamos ahí, además de los tres candidatos, dirigentes del PAN, del PRT y del Frente Democrático y el grupo de amigos que no faltó a lo largo de toda la campaña. De ahí nos dirigimos a presentar nuestra protesta.

En las afueras de Gobernación encontramos a la gente de los medios informativos, adentro a Manuel Bartlett, que en su calidad de presidente de la Comisión Federal Electoral nos esperaba. Rosario Ibarra, con la representación de todos, ante el pleno de la Comisión reunida, leyó el documento que denominamos "Llamado a la legalidad", en el que se decía:

La jornada electoral que acaba de concluir ha representado un despertar cívico del pueblo de México.

Ha sido evidente la voluntad ciudadana para establecer un régimen democrático y abolir el autoritarismo imperante.

La respuesta del gobierno y de los agentes del partido oficial ha sido contraria a esta abrumadora demanda ciudadana.

Además de las numerosas violaciones a la legalidad constitucional, algunas sumamente graves que se habían venido cometiendo y denunciando a lo largo del proceso electoral, hoy se ha puesto en evidencia la determinación del grupo gobernante de consumar una imposición a despecho de la voluntad popular.

Numerosas violaciones cometidas hasta ahora en perjuicio de todas nuestras organizaciones y partidos políticos, como la ausencia deliberada de autoridades electorales, la eliminación selectiva de ciudadanos del padrón electoral, la privación masiva de credenciales a servidores públicos, sindicalistas y a concesionarios de mercados, las brigadas de votantes de colonos, empleados civiles y militares, el acarreo de campesinos, la inexistencia o ineficacia de la tinta indeleble, los intentos de voto múltiple por un solo elector, la admisión de votantes en proporción superior al diez por ciento para efectos de anulación, el relleno de ánforas y otras muchas irregularidades afectan gravemente la limpieza de los comicios del día de hoy y podrían determinar su nulidad en caso de no ser satisfactoriamente reparadas.

El anuncio anticipado de una supuesta victoria del partido oficial bajo estas condiciones, mucho antes de que haya culminado el proceso de cómputo y el de calificación, reafirman nuestras sospechas de que se está configurando un fraude de grandes proporciones que desvirtuaría el sentido de la voluntad ciudadana expresada en las urnas.

En caso de que no se restablezca de modo inequívoco la legalidad del proceso electoral, los candidatos a la Presidencia de la República que suscribimos este documento, no aceptaríamos los resultados ni reconoceríamos las autoridades que provinieran de hechos fraudulentos, por lo que procederíamos a defender los derechos del pueblo mexicano con todas las armas que la Constitución nos otorga.

Formulamos un apremiante llamado al Gobierno de la República para que repare de inmediato estas desviaciones y haga respetar la voluntad ciudadana.

Desde que entramos al Salón Juárez se sentía el aire pesado, denso. La situación era sumamente tensa. Durante toda la lectura del documento Manuel Bartlett mantuvo el gesto más adusto que de costumbre. Escuchó y de hecho nada dijo en su respuesta. Salimos y en una terraza de la propia Secretaría, con los representantes de los medios un piso abajo, Rosario Ibarra leyó de nueva cuenta el documento. Cuando terminó, Diego Fernández lanzó el fajo de copias que traía en la mano hacia los reporteros y fotógrafos, en un gesto que a varios nos pareció insolente, nada comedido y poco serio, sobre todo considerando la circunstancia que se estaba viviendo.

La caída del sistema: a confesión de parte, relevo de pruebas

El día de las elecciones, la Comisión Federal Electoral se instaló a partir de las cinco de la tarde en sesión permanente para dar seguimiento a la jornada electoral. Se había tomado el compromiso de que los partidos tendrían acceso, a través de conexiones en paralelo, al sistema de cómputo de la Comisión para conocer al mismo tiempo que ésta, cómo se fuera dando el flujo de los votos. Por la tarde, después del cierre de las casillas, empezaron a llegar los números de los diferentes distritos. Uno de los primeros resultados que llegaron y se hicieron públicos en el seno de la Comisión Electoral fue el correspondiente al distrito con cabecera en Tula, del estado de Hidalgo.

Reunido el pleno de la Comisión, presidido como la ley lo establecía por el secretario de Gobernación, aparecieron en pantalla y se dio lectura, en actitud triunfalista, a las cifras oficiales de la elección en el distrito de Tula, favorables, señalaban, al candidato oficial. Y ahí sucedió lo inesperado para los representantes del gobierno y del partido oficial: el representante del PARM pidió la palabra y dijo que tenía en su poder y exhibió el acta levantada en la junta distrital, firmada por los funcionarios electorales y por los representantes de todos los partidos, incluido el PRI, con cifras distintas a las presentadas como oficiales.

En ese momento se interrumpió la sesión y se interrumpió igualmente la presentación de datos de la elección al pleno de la Comisión, el hacer éstos públicos y que los partidos pudieran tener acceso a la información que llegaba a la Comisión. Fue entonces cuando se cayó y se calló el sistema. La información oficial sobre los resultados electorales se suspendió más de 72 horas y sólo se contó con la que los partidos tenían consignadas en las actas de casilla que sus representantes pudieron colectar. En el caso del

Frente Democrático no fueron las correspondientes a todas, pues debido a la incipiente organización no había sido posible designar y contar con representantes en la totalidad de las casillas.

Al darse la controversia entre las cifras oficiales y las que presentó el representante del PARM correspondientes al distrito con cabecera en Tula, de inmediato se informó al Presidente De la Madrid; éste dio la instrucción de suspender el flujo de la información al presidente de la Comisión Federal Electoral, Manuel Bartlett, y de paso a José Newman Valenzuela, director del Registro Nacional de Electores, institución responsable de operar el sistema de cómputo e información electoral. Funcionó con dos contabilidades, la alterada, que se empezó a hacer pública hasta antes de que se callara y se cayera el sistema de información, y la real, que se decidió desde un principio ocultar, a cargo de Óscar de Lassé, quien operaba este sistema paralelo por encomienda del secretario de Gobernación.

En su libro *Cambio de rumbo. Testimonio de una presidencia: 1982-1988*, publicado en 2004, Miguel de la Madrid escribe que al descubrírsele la maniobra, él desde luego lo dice con otras palabras: "…se dejó de dar dicha información, pues los funcionarios de los comités distritales se dedicaron de lleno a analizar y computar las casillas que les correspondían, a fin de llegar al resultado oficial." Esto es, se suspendió la información oficial pero no para *analizar y computar*, pues sería una ingenuidad creerlo así, sino para manipular las cifras y ponerlas a tono con el fraude, o sea, con el que quería presentarse como *resultado oficial*.

Aunque no había números oficiales, en los partidos del Frente se estaba recibiendo información de representantes en las casillas y de candidatos y se trataba de reunir el mayor número posible de actas de casilla, para conocer cómo se estaban dando en la realidad las distintas elecciones: la presidencial, las de senadores y de diputados.

Los datos que pudo reunir el Frente Democrático respecto a la elección presidencial fueron llegando como sigue:

El 7 de julio, al día siguiente de la elección, se habían recibido datos de casillas que en conjunto sumaban 2 724 007 votos, 14.2 % del total (que al final ascenderían a 19 143 012), de los que correspondía 26.61 % al PAN, 26.76 al PRI y 40.16 al FDN.

El 9, dos días después, con 6 709 351 votos que representaban 35 % del total, 25.19 % eran votos del PAN, 32.69 del PRI y 38.8 del Frente.

El 12 de julio, que fue el último día que se recibió información que todavía se podía considerar confiable, pues eran cada vez mayores y más claras las evidencias de un fraude masivo y generalizado, se contaban 10 355 293 votos, que serían 54.09 % del total oficial, de los cuales 21.38 % eran votos a favor del PAN, 35.76 del PRI y 39.4 del FDN. Esos votos correspondían a 30 000 casillas, 54.5 % de todas las instaladas en el país.

Mirando hacia atrás y llevando años de navegar con cifras electorales y de dar seguimiento a elecciones bien conducidas en otros países, tendría que pensarse que con 54 % de los votos y de los sitios de votación se establece una tendencia que no varía mayormente respecto al resultado final. No sucedió así en nuestra elección de 1988 y Miguel de la Madrid confiesa en el libro sobre su presidencia que realizados los cómputos en 30 000 casillas, se dejó "pendiente el desglose de la información de otras 25 000, de las que sólo se dieron resultados agregados por distrito". Es decir, lo que De la Madrid confiesa a fin de cuentas en su libro es que no se contaron los votos de 25 000 casillas, 45.5 % del total, o que se contaron pero no se hicieron oficiales y los que se presentaron como tales, nunca casilla por casilla y candidato por candidato, sólo fueron los *agregados por distrito*, como él les llama.

Ésta es, sin duda, la más clara confesión de Miguel de la Madrid de cómo se robó a los mexicanos y al país la elección federal de 1988. Más allá de explicaciones y deslindes hechos o que vayan a hacerse, contó con la complicidad de su secretario de Gobernación y presidente de la Comisión Federal Electoral Manuel Bartlett, de José Newman Valenzuela, de Óscar de Lassé y de otros más, cuyos nombres y número no conocemos y quizá no lleguemos nunca a conocer, funcionarios mayores y menores vinculados de distintas maneras con aquel proceso electoral.

Pero volvamos a la elección. ¿Qué puede decirse de los votos de esas 25 000 casillas, cuyos resultados fueron ocultados o quizá nunca fueron siquiera contados?

A esas casillas, de acuerdo con los resultados que, como dice De la Madrid, se hicieron públicos *agregados por distrito*, correspondieron 8 787 719 votos, 45.91 % del total oficial. Su distribución fue como sigue: 11.98 % (contra 21.38% en las casillas cuyos votos se presentaron como oficiales, desglosados partido por partido y candidato por candidato) para el PAN, 67.57 (contra 35.76) para el PRI y 21.36 (contra 39.4) para el Frente Democrático.

Si se ven unos números y otros en cada uno de los distritos, se llegaría necesariamente a la conclusión de que en cada distrito hubo dos elecciones distintas, dos electorados diferentes y que tendría que tratarse, de hecho, de dos ámbitos políticos, de dos territorios o dos países también diferentes.

Al presentar la elección separando en cada distrito los datos de las casillas cuyos datos oficiales se presentaron desglosados y los que se dieron *agregados* se encontró, por ejemplo, que en el 4° distrito de Puebla la votación reconocida a favor de Carlos Salinas fue de 82 106 votos, de los cuales 31 308 correspondían a las casillas que podemos llamar conocidas y 50 798 a las ocultadas. En las primeras, el candidato del gobierno recibió 71.5 % de los votos y en las *agregadas* 109.8 %, por lo que hubo que quitar, de las conocidas, 1 152 votos a Manuel Clouthier y 3 589 a mí, para que cuadrara la cifra distrital, inventada con toda precipitación. Lo mismo ocurrió con las correspondientes a todos los demás distritos, que se tenían que dar a conocer como oficiales a los tres días de la elección, tal como lo establecía la ley electoral, es decir, cuando se levantara de la caída y se devolviera la voz al sistema electoral oficial. En forma similar a lo que se hizo con las cifras del 4° distrito de Puebla, se hizo en los 300 distritos del país: se inventó atropelladamente un resultado electoral por distrito y un resultado general para el país, con lo que se impuso el fraude en la elección y la ilegitimidad en el ejecutivo y la mayoría de los legisladores surgidos de ella.

Para terminar con este tema, vuelvo al libro de Miguel de la Madrid, en el que también se lee que al mismo tiempo que ordenó a su Secretario de Gobernación no dar más datos sobre la elección, instruyó al Presidente del PRI, Jorge de la Vega, para que se presentara ante los medios de información y declarara que la elección la había ganado el candidato del PRI, pues necesitábamos "darlo por sentado [el triunfo del PRI] el día 7, ante el peligro de que cundiera la convicción que Cuauhtémoc había ganado en todo el país". Hasta aquí De la Madrid y como dicen los abogados, a confesión de parte, relevo de pruebas.

Estudios cuidadosos posteriores a los días de los cómputos y de las confrontaciones postelectorales, como los conducidos por José Barberán,[18] han permitido establecer como los resultados más probables de esa elección la distribución de votos siguiente: 22 % para Manuel Clouthier, 36 % para Carlos Salinas y 42 % en mi favor, algo más de 900 000 votos arriba del candidato oficial. La verdad nunca podrá saberse, pues meses después, durante el primer año de la segunda legislatura del sexenio de Carlos Salinas, por acuerdo de la Cámara de Diputados, del que fue artífice Diego Fernández

---

[18] José Barberán, Adriana López Monjardin, Jorge Zavala, Cuauhtémoc Cárdenas, *Radiografía del fraude. Análisis de los datos oficiales del 6 de julio*, Editorial Nuestro Tiempo, México, 1988.

de Cevallos, se decidió la incineración de los paquetes electorales que se guardaban en depósito en esa Cámara.

En los días inmediatos posteriores a la elección, 7, 8, 9, 10 de julio, alrededor del medio día, en el patio de las oficinas de Andes, hacíamos una conferencia de prensa para informar a los medios de la situación. Desde el primer momento Rosario Ibarra reconoció que yo había ganado la elección y desde el primer día hizo presencia con nosotros en esas conferencias.

Conforme fue teniéndose más información, se fue viendo que era muy alto el número de las casillas *zapato*, esto es, aquellas donde el 100 % de los votos se anotaba a favor del PRI; que en las zonas más distantes de las grandes poblaciones, las de desarrollo social más precario, las de población menos politizada, la participación electoral había sido más abundante y las votaciones a favor del PRI eran de la casi totalidad de los empadronados. Y así irregularidad tras irregularidad, por todo el país, siempre para favorecer al partido oficial.

Hubo lugares en que por más que maniobró el gobierno tuvo que reconocer los votos del Frente Democrático. La elección presidencial se ganó oficialmente en el Distrito Federal, donde se reconoció el triunfo de la fórmula para senadores y que la elección presidencial se ganó en 38 de los 40 distritos electorales, en Michoacán, con más de 65 PRI% de los votos a mi favor (que considero fue un reconocimiento a mi gestión al frente del gobierno del estado, que hacía menos de dos años había terminado y estaba, por lo tanto, fresca en el sentir de los michoacanos, lo que ha constituido desde entonces un profundo orgullo para mí), en Morelos, Baja California y el Estado de México.

Datos del Frente nos decían que además de los reconocidos de Michoacán y el Distrito Federal, se habían ganado las elecciones de los dos senadores de Guerrero, Veracruz, Baja California y Colima más uno del Estado de México, así como más de cuarenta diputaciones uninominales de Guerrero, Veracruz, Puebla, Colima, Michoacán, Quintana Roo, Campeche, Oaxaca, Tlaxcala, Guanajuato, Coahuila, Durango, Nayarit y Chiapas, que fueron arrebatadas a los partidos del Frente.

Un factor que restó posibilidades de defensa del resultado general y que de manera particular influyó en los resultados de la elección de diputados y senadores fue, sin duda, el que existieran fuertes desconfianzas entre los partidos del Frente Democrático (PARM, PPS y PFCRN) y la desconfianza que tenían respecto al resultado general de las elecciones (tengo la convicción que cuando me postularon, no creían que pudiera ganarse la elección presidencial). Ello hizo que no se aceptara la propuesta de la Corriente Democrática, en la que insistimos, de presentar una planilla de senadores y diputados que fuera común de los tres partidos.

Hubo el acuerdo para que Porfirio e Ifigenia fueran candidatos comunes a senadores por el Distrito Federal de los tres partidos y que los tres apoyarían a los candidatos que la Corriente Democrática postulara en Michoacán, como una concesión a mí. Así, a pesar del fraude, se ganaron las senadurías del Distrito Federal y las de Michoacán, y en este estado se ganaron doce de las trece diputaciones en disputa. En el Distrito Federal, por ejemplo, la elección presidencial se ganó en 38 de los 40 distritos, pero sólo tres o cuatro de las diputaciones —las de Miguel Aroche Parra y de Marcela Lombardo entre ellas—, que fueron presentadas por sólo alguno de los partidos del Frente y no por los tres. Lo mismo sucedió en muchos distritos en diferentes partes del país. Además de Michoacán y las senadurías del Distrito Federal, sólo en casos contados se presentaron candidaturas comunes, no como acuerdo general del Frente, sino como producto de acuerdos particulares de los candidatos que lograban negociar apoyos de más de un partido.

Esta situación hizo que a lo largo de la campaña, en la mayoría de los estados y de los distritos, me presentara yo en los distintos mítines y reuniones con dos y hasta tres candidatos a senadores y a diputados. Todos postulados por partidos integrantes del FDN, cada uno apoyado por los miembros de su partido, no por los de los otros dos, impidiendo esas candidaturas múltiples que pudiera llamarse al voto a favor de ninguna de ellas. Esto resultaba desconcertante para quienes asistían a los actos de apoyo, sobre todo para quienes no eran miembros de los partidos políticos.

El miércoles 9 de julio era el día en que se tenían que dar a conocer oficialmente los cómputos definitivos de la elección presidencial. Cerca de la media noche, conociendo cómo iba el conteo oficial, recuerdo que entre otros estaba en la oficina de Andes Adolfo Gilly, decidimos llamar a los representantes de los medios de información. Cerca de las 2 de la mañana hice la declaración de que, al hacer oficiales las cifras que el gobierno estaba dando a conocer, se estaba produciendo un golpe de Estado técnico, que del fraude surgiría un gobierno ilegítimo e ilegal y que echaríamos mano de todos los recursos que la ley ponía a nuestro alcance para revertirlo.

Reacciones frente al fraude

Ante el fraude, frente al atropello al derecho y la decisión del gobierno de imponer a su candidato presidencial y en mayoría a sus candidatos al Congreso a cualquier costo, sin importar leyes ni normas, desechando la razón y haciendo uso de su fuerza (su fuerza política, los amplios y variados recursos administrativos y económicos a su disposición, la posibilidad de interpretar las leyes con toda discrecionalidad y a su conveniencia, su control sobre las fuerzas represivas, sobre las mayorías legislativas y el Poder Judicial), teníamos que revisar la situación y tomar decisiones respecto a ella.

Sabíamos que el gobierno, aunque plenamente consciente del fraude que estaba cometiendo, estaba igualmente decidido a llevarlo hasta sus consecuencias últimas, y si no lo presionábamos, no iba a entregarnos el poder, aunque legítimamente lo hubiéramos ganado con el voto ciudadano.

Desde que se inició la Corriente Democrática y al decidir participar en la lucha electoral para al través de ella alcanzar los cambios que desde nuestra visión reclamaba el país, estábamos claros que nuestra lucha se conduciría dentro de los marcos legales, con los instrumentos que la ley ponía a nuestro alcance. Nadie, durante el desarrollo de la Corriente Democrática o posteriormente en el Frente Democrático Nacional, planteó acciones al margen de la ley o que en nuestra actividad política se recurriera a medios no pacíficos. Nadie, en los días inmediatos posteriores a la elección lo hizo.

No falta ahora quien diga por ahí que estaba a favor de la lucha armada y que en las concentraciones posteriores a las elecciones, sobre todo en aquellas en el Zócalo, teniendo a la vista el Palacio Nacional, me pedían que les diera armas (¿cuáles y de dónde?) para tomarlo. No recuerdo a ninguno de los dirigentes del FDN en aquellos momentos que lo haya hecho ni siquiera en alguna plática, menos aún que lo hubiera planteado en las reuniones de la coordinación del Frente o me lo hubiera planteado a mí en lo particular.

En momentos de irritación y de euforia colectivas, podía haberse lanzado a la gente contra edificios o sitios simbólicos, como el Palacio Nacional, en alguna de las grandes concentraciones en el Zócalo. Quien lo hubiera hecho habría cometido no sólo un acto de inmensa irresponsabilidad, sino un verdadero crimen, pues se hubiera pagado un altísimo costo en sangre y represión, y sin un movimiento preparado y bien articulado en todo el país, que no existía, sólo se hubiera logrado, además de una masacre en el sitio mismo, tener un régimen más arbitrario y represivo que el que se tuvo, y se hubiera perdido, al menos por un largo periodo, la posibilidad de impulsar la organización política de la gente, las reformas constitucionales y legales y los cambios en el ambiente político que se han logrado a partir de 1988.

Muchos años después de julio de 1988, dos o tres personas, funcionarios en aquella época, me han dicho que en los días de las concentraciones del Frente Democrático en el Zócalo, en el interior de Palacio Nacional, se encontraba no sólo la guardia militar habitual: se había reunido un contingente militar muy numeroso, fuertemente armado, con artillería y equipo blindado, con una gran capacidad de fuego, listo para entrar en acción en cuanto se les diera la orden.

Cuando alguien me cuestiona sobre aquellos acontecimientos, siempre respondo diciendo que nadie se preparó para acciones que pudieran realizarse con procedimientos que no fueran pacíficos y dentro de la ley. Nadie hizo acopio de armas, ni siquiera de resorteras y de piedras, pensando con ironía; nadie propuso que se hiciera, pero viendo con objetividad situaciones como la que entonces se vivió y revisando la historia, una revolución no se hace por decisiones voluntaristas ni a partir de reacciones viscerales, una revolución se prepara y en este caso nadie en la Corriente Democrática o en el FDN pensó en la vía revolucionaria para resolver la situación política del país y nadie por lo tanto se preparó para tomar sus caminos.

Por otro lado, además de que nadie se preparó para esa eventualidad, en mi caso, como candidato, a lo largo de los muchos meses de campaña, en ninguna parte percibí un sentir o disposición de la gente para recurrir a medios violentos, a medios al margen de la acción constitucional. De haber existido un pueblo decidido a rebelarse, como lo muestran muchos ejemplos de la historia, más allá de las posiciones o actitudes de los dirigentes, estos hubieran o hubiéramos sido rebasados por los acontecimientos.

Tampoco tuve la más mínima señal de que algún grupo de las Fuerzas Armadas o siquiera algún miembro de ellas, estuviese dispuesto a restablecer la legalidad lanzándose a llamar o a apoyar una insurrección. Y sin el concurso al menos de una parte del Ejército, en las circunstancias de 1988, sin cohesión suficiente en las organizaciones políticas, con escasa eficacia para transmitir indicaciones a los núcleos de base y para que éstos los instrumentaran en la práctica, cualquier intento de utilizar una vía no constitucional estaba destinado al fracaso, con muy altos costos en vidas y retrocesos sociales, políticos y económicos inconmensurables. Tomar las armas, por otro lado, no es cuestión de echadas o de valentones de cantina, se requiere algo más que eso y desde luego, seriedad y responsabilidad.

Pienso por eso que quienes hoy critican las decisiones de entonces, de haber efectivamente asumido una actitud a favor de un llamado a la insurrección, debieran haber empezado por hacer a un lado cualquier liderazgo, mío o de quien fuera, para tomar el camino que consideraban debía tomarse y que si ahora proclaman que propugnaban entonces por la insurrección, se trata sólo de pretender pasados protagonismos que en la realidad fueron inexistentes.

Nadie tampoco planteó, aunque ahora algunos pretendan haberlo hecho, llevar a cabo acciones de resistencia civil, esto es tomas de instalaciones federales, bloqueos de carreteras y puentes fronterizos, huelgas de hambre y actos por el estilo.

A lo más que se llegó en los meses posteriores al 6 de julio, fue a poner en práctica una iniciativa que se presentó en una de las reuniones de coordinación del FDN, para que todo mundo portáramos un listón tricolor y que todos los días, de las ocho a las ocho y cuarto de la noche se apagaran todas las luces, como actos de protesta y de exigencia de respeto al voto. La respuesta a estas medidas fue débil, quizá debido a una divulgación totalmente insuficiente, pues no se tenía acceso a televisión ni a radio y ni siquiera la posibilidad de insertar anuncios pagados en los periódicos de las principales poblaciones del país.

Esa respuesta fue también la manifestación de una organización demasiado suelta, demasiado laxa de los partidos y agrupaciones del Frente Democrático, de que los acuerdos tomados centralmente por la coordinación se transmitían de manera muy ineficaz a la gente que actuaba en estados y municipios y de la dificultad real de convocar a acciones que se llevaran a cabo simultáneamente en toda la República. Esto considero que hubiera sido la única forma de echar abajo la imposición que el régimen estaba resuelto a llevar a cabo. Habría que pensar también que en la ciudadanía no había cultura de políticas de oposición, que no había costumbre de participar en organizaciones ni de llevar a cabo ese tipo de acciones políticas.

De nuevo al Zócalo

Pasado el 6 de julio, al tener conocimiento del cúmulo de atropellos que la gente del gobierno y del partido oficial cometieron en la jornada electoral, consciente de que el régimen se atrincheraba en la imposición, que no había la más mínima disposición para entregar democráticamente el poder, que simplemente por las buenas el régimen no cedería, en la coordinación del Frente Democrático se decidió echar mano de todos los recursos disponibles en la ley y emprender la defensa del voto de los ciudadanos, buscando, por medio de la movilización popular, presionar al gobierno y así revertir el fraude electoral y reencauzar al país por las vías de la legalidad.

Se tomó entonces el acuerdo de convocar a una primera concentración en el Zócalo el 16 de julio, para informar a la gente de la situación que se enfrentaba. Se dio ese día la mayor concentración que hasta entonces se hubiera dado en la ciudad de México.

Estuvo ahí un pueblo irritado, consciente de cómo había votado y del fraude que en su contra se estaba cometiendo. No era y no fue un fraude contra un candidato, contra una persona, contra mí o contra el Frente Democrático Nacional, sino contra todo el pueblo y contra toda la nación, por lo que estuvo ahí un pueblo sabedor de sus derechos, decidido a hacerlos valer mediante su ejercicio cabal y efectivo.

En mi discurso hice referencia a cómo se instrumentó el fraude, antes, durante el 6 de julio y en los días posteriores; a que la gente había visto y creído en la vía electoral como la adecuada para alcanzar las transformaciones políticas, económicas y sociales que el país reclamaba, que la gente en ese momento había descalificado ya la elección y que se lucharía con los instrumentos de la ley y en el marco de la Constitución, sin hacer concesión alguna, por lograr el respeto a la voluntad expresada en las urnas.

Previamente a esa concentración, el 12 de julio, Manuel Clouthier había hecho presencia en las afueras del Palacio de Bellas Artes, a donde debía acudir Miguel de la Madrid. Con unas cuantas decenas de personas que lo acompañaban trató de atravesarse en su camino para exigir respeto al voto. Pero se interpuso la escolta presidencial e impidió por la fuerza que Clouthier llegara hasta el Presidente, incluso encañonándolo en algún momento el personal armado. Fue éste el único acto que se realizó, ciertamente muy visible, de los que Clouthier y el PAN habían anunciado llevarían a cabo en jornadas de resistencia civil para exigir la limpieza de la elección.

Por esos días, quizá un poco después, Clouthier declaró que él no había ganado la elección, que Carlos Salinas tampoco y que no sabía quien la había ganado. Esa declaración favorecía y reforzaba sin duda al fraude.

Por esos días, recibí llamadas de Pompeyo Márquez, del MAS-MIR de Venezuela, y de Eduardo Fernández, quien recién había contendido por la presidencia de aquel país como candidato de co-PEI, para felicitarme por nuestro resultado electoral.

Semanas después y antes de que oficialmente se calificara la elección presidencial, los gobiernos de Fidel Castro de Cuba y de Daniel Ortega de Nicaragua, enviaron sendas felicitaciones a Carlos Salinas por su triunfo electoral.

Estaba consciente, por otra parte, como otros dirigentes del Frente Democrático, de que era necesario sensibilizar a la gente en todo el país, pues una lucha exitosa no podía circunscribirse a la capital, respecto a la situación que enfrentábamos y a la necesidad de hacer todo lo posible para echar abajo el fraude, por lo que después de la gran concentración del 16 de julio reinicié recorridos por diferentes estados.

Mi entrevista con Carlos Salinas

Después de hacerse públicos los resultados oficiales de la elección, Manuel Camacho se acercó a Jorge Martínez Rosillo, que me había estado acompañando en distintos momentos de la campaña y con quien Camacho tenía también amistad. Le planteó la posibilidad de reunirme con Carlos Salinas. Rosillo me lo comentó y después de reflexionar sobre ello, accedí, fijándose como fecha del encuentro el 29 de julio, en la casa de Manuel Aguilera.

Ese día, alrededor de las ocho y media de la noche, pasó a buscarme Jorge Rosillo. Había pedido a Roberto Robles Garnica que me acompañara y los tres nos dirigimos a la casa de Aguilera. Ahí me encontré con Carlos Salinas, acompañado por Manuel Camacho. El dueño de la casa nos recibió, nos invitó a pasar a un salón separado del cuerpo principal de la casa y se retiró con Roberto Robles y Jorge Rosillo, dejándome con Salinas y Manuel Camacho para que conversáramos.

Salinas y yo expusimos nuestras visiones de las campañas que habíamos realizado, yo hice referencia al fraude electoral y a la necesidad de limpiar la elección. A lo largo de la conversación, que debe haberse prolongado por alrededor de hora y media, recurrentemente me preguntaba qué quería, a lo que todas las veces que hizo esa pregunta respondí que lo único que quería era que se limpiara la elección. Propuse incluso que se tomara una muestra diseñada por quienes manejaran cuestiones estadísticas, que pensaba podía ser de unas mil casillas, que se contaran sus votos y si se detectaban irregularidades respecto a las cifras oficiales correspondientes, se procediera al recuento del resto. Si no se detectaban irregularidades, se aceptaría el resultado que se estaba dando como oficial. No obtuvo ninguna otra respuesta de mi parte y finalmente convinimos en que para diseñar y llevar a cabo el muestreo de las mil casillas o las que se determinaran se reunirían, por parte de él, Manuel Camacho, y en mi representación Antonio Ortiz Salinas y Roberto Robles Garnica. Días después, efectivamente se reunieron, quizá en dos o tres ocasiones, sin llegar a acuerdo o resultado alguno.

Escéptico respecto a lo que pudiera derivarse de aquellas reuniones, pensé que lo menos que podía hacerse era explorar esa posibilidad, para ver si por ahí se abría una rendija por la cual documentar y revertir el fraude. Siempre he considerado útil dialogar aun con quien pudiera considerar el más acérrimo adversario. En el curso del encuentro, ninguno de los dos varió su posición. Salinas lo último que en realidad quería era limpiar la elección y poco o nada le importaba que del fraude surgiera un gobierno carente de legitimidad. Esperaba muy probablemente que en la plática hubiera de mi parte la petición de senadurías y diputaciones, algún cargo para mí y para otros dirigentes del FDN, concesiones, eventualmente dinero, a cambio de que reconociera un resultado electoral que sólo mediante una absoluta falta de ética, moralidad y responsabilidad podía haber reconocido como válido.

Estimo que la conducta que he seguido con posterioridad a este hecho, muestra que lo tratado en aquella ocasión quedó en lo que he dicho, en nada respecto a la limpieza de la elección y en que se mantuvo una firme confrontación política con el régimen surgido del fraude.

Continúan las movilizaciones

Después de ese encuentro reinicié los recorridos en Ciudad Nezahualcóyotl, después La Laguna, Tlaxcala y vuelta a México. El 4 de agosto celebramos una conferencia de prensa con Rosario Ibarra y Manuel Clouthier para reafirmar el compromiso de los tres candidatos y de las organizaciones que nos respaldaban, de luchar por la defensa del voto.

El 22 de agosto nos encontramos con la noticia del asesinato, el día anterior, de cuatro jóvenes estudiantes, activistas del Frente Democrático, que divulgaban información sobre el atropello que representaba la elección: Ernesto del Arco Parra de 18 años, Juan Luis García Juárez de 17, Jorge Flores también de 17 y Jesús Ramos Rivas de 16.

Ese día fuimos Celeste y yo a presentar nuestras condolencias a los papás de Ernesto del Arco y al día siguiente, 23, se celebró un mitin en la explanada del Palacio Legislativo para demandar el esclarecimiento de esos crímenes. Se hizo alguna detención pero, al igual que prácticamente todos los ocurridos después del 2 de julio, ningún esclarecimiento se ha hecho respecto al autor o autores intelectuales y materiales.

El 31 de agosto se convocó a un mitin más en el Monumento a la Revolución. Era el día previo a la instalación de la nueva legislatura, cuya calificación plagada de violaciones a la ley se había dado en las dos semanas anteriores. Sólo quedó pendiente, de acuerdo con la ley entonces vigente, la calificación de la elección presidencial, que tendría que hacerla la nueva diputación.

Expresé en esa ocasión:

Hoy temprano concluyeron los trabajos de los colegios electorales y quedaron integradas las cámaras del Congreso...

Frente a la mayoría automática o mayoría subversiva como algún articulista la llamara, no valieron pruebas ni evidencias del fraude, ni los argumentos de la razón. Se atropelló la ley y se pasó por encima de la voluntad popular.

Contamos entonces, con diputados y senadores con legitimidad, cuyo mandato surge de mayorías de votos reales, como son los de los partidos de la oposición y algunos del oficial, y diputados y senadores sin mandato popular, carentes por tanto de toda legitimidad...

Las posiciones ganadas en las cámaras por el Frente Democrático Nacional no son concesión graciosa del gobierno... las diputaciones y senadurías que el gobierno reconoce al Frente Democrático son aquellas donde a pesar del fraude, no pudo reducir más los números a nuestro favor y hubo de reconocer sus derrotas. En estos casos, la realidad es que tuvimos más votos que los que oficialmente se reconocen...

Con plena conciencia del fraude, se convino en concurrir a los colegios electorales y se han aceptado las diputaciones y senadurías ganadas y oficialmente reconocidas, primero, como ya dije, porque son conquistas populares y no concesiones del gobierno, y también porque la presencia en la Cámara de Diputados, erigida en colegio electoral, permitirá exigir y participar en el recuento de los votos de todo el país, que debe llevarse a cabo en el proceso de calificación de la elección presidencial...

Nuestros compañeros diputados del Frente Democrático Nacional han propuesto a su cámara un procedimiento para efectuar el conteo de los votos, que permita dar cumplimiento a lo que establece el artículo 24 de la Ley Orgánica del Congreso, que consiste en cotejar las cifras electorales oficiales, casilla por casilla, con las cifras asentadas en las actas de escrutinio en poder de los partidos políticos; cuando sea necesario aclarar las diferencias de números electorales presentados por distintos partidos, proceder a la apertura y revisión de paquetes electorales; revisar con especial cuidado los casos de casillas donde los votos a favor de un solo partido sean superiores al 80 % de los votos emitidos o donde el abstencionismo registrado sea inferior al 30 % del padrón de la casilla...

Hoy es día que la Comisión Federal Electoral no ha dado a conocer los datos de las ya mundialmente famosas 25 000 casillas, sección por sección como dice el artículo 170 fracción XXIX del Código Electoral, en lo que hace a la elección de Presidente (la Comisión proporcionó los datos de las 25 000 casillas correspondientes únicamente a la elección de diputados).

Si el Colegio Electoral que califique la elección presidencial no dispone de la información de 25 000 casillas, sección por sección, no podrá cumplir con la disposición de ley de efectuar 'el cómputo total de los votos emitidos en todo el país', y si no hace este recuento de votos que la ley le manda, por falta de datos o porque decidiera no hacerlo por otras razones, no habrá otra salida legal que declarar la anulación de la elección presidencial, debiendo entonces, al seguirse los procedimientos de ley, convocarse a una nueva elección.

Nuestra posición ha sido que se limpie la elección y sólo en caso de no acceder el poder público a ello, decretarse su nulidad y llamarse a nueva elección...

De no seguirse todos los pasos previstos en la ley para calificar la elección presidencial, el Colegio Electoral puede temprana y arbitrariamente hacer la declaratoria de Presidente electo, pero quien así resultara designado, carecería de legitimidad democrática y estaría política y moralmente descalificado para guiar los destinos de la nación.

Por otra parte, en esa misma ocasión hablé de que había quienes pensaban que el Frente Democrático debía transformarse en una organización partidaria y quienes consideraban que debería continuar como alianza de distintas organizaciones, constituyendo por otro lado los agrupamientos no partidarios y los ciudadanos que de manera independiente habían participado en el Frente, uno o varios partidos políticos nuevos que formaran parte de la alianza.

Al día siguiente se instalaría formalmente la nueva legislatura y ante ella rendiría su último informe de gobierno Miguel de la Madrid. La nueva Cámara de Diputados, de acuerdo con la ley, tendría que constituirse en Colegio Electoral y calificar la elección presidencial.

Tratando de no dejar ningún recurso previsto por la ley sin utilizar para limpiar la elección, el 26 de agosto solicité al presidente de la Suprema Corte de Justicia, Carlos del Río Rodríguez, que con base en lo establecido en el artículo 97 de la Constitución, interviniera la Corte para hacer respetar el voto ciudadano, pues era evidente su violación a todo lo largo del proceso electoral que se estaba viviendo. Ante la respuesta negativa del presidente de la Corte, le envié la comunicación siguiente:

Mediante oficio número SP-124 del 31 del próximo pasado mes de agosto, me comunica usted el acuerdo tomado por el pleno de la Suprema Corte de Justicia, respecto del planteamiento que me permití hacerle, en el sentido de que ese alto tribunal debía practicar, de oficio, averiguación de hechos que constituyen violación del voto público.

El acuerdo recaído a mi solicitud del 26 de agosto del año en curso, dice: "El artículo 97, párrafo tercero, de la Constitución Política de los Estados Unidos Mexicanos establece lo siguiente: La Suprema Corte de Justicia está facultada para practicar de oficio la averiguación de algún hecho o hechos que constituyan la violación del voto público, pero sólo en los casos en que a su juicio pudiera ponerse en duda la legalidad de todo el proceso de elección de alguno de los poderes de la Unión. Los resultados de la investigación se harán llegar oportunamente a los órganos competentes."

Ahora bien, a juicio de la Suprema Corte de Justicia de la Nación no se actualizan los supuestos a que se refiere el artículo y párrafo transcritos en cuanto a la posible existencia de hechos que pudieran poner en duda la legalidad de todo el proceso de elección del Poder Ejecutivo, por lo que no da lugar a que este alto tribunal ejercite la facultad que le otorga la Constitución de practicar de oficio la investigación a que se alude en su carta ya mencionada.

Dicha respuesta no corresponde a la dignidad de la Suprema Corte, por cuanto carece de los elementos de fundamentación y motivación preconizados por el artículo 16 de la Carta Magna y por la jurisprudencia, necesarios para sustentar la constitucionalidad de las resoluciones judiciales. En efecto, es inaceptable que el máximo tribunal de la nación no exponga las circunstancias especiales, razonamientos particulares o causas inmediatas, que constituyen los motivos del pleno para desechar la demanda respaldada por el clamor popular: limpiar el proceso electoral del 6 de julio.

El principio constitucional y la opinión pública reclaman el conocimiento de los motivos que indujeron a ese supremo órgano de impartición de justicia a tomar tal determinación.

Por lo anterior, me permito solicitar a usted se haga del conocimiento público, en lo general, y del suscrito, en lo particular, la fundamentación y la motivación del acuerdo de mérito, independientemente de los términos que impone el artículo 6º constitucional: el derecho a la información será garantizado por el Estado.

Este requerimiento, como era de esperarse, quedó sin respuesta. El presidente y los ministros de la Suprema Corte se sumaron a los demás cómplices del fraude.

La calificación de la elección presidencial

La ley vigente en 1988 establecía que correspondía a la Cámara de Diputados constituirse en Colegio Electoral para calificar la validez de la elección presidencial con un fallo inapelable. Tendría que hacerlo entre el 1 de septiembre, día de la instalación de la nueva legislatura, y el último día de octubre.

Las Cámaras del Congreso, de senadores y diputados, se habían calificado e instalado en medio del debate por la legalidad de la elección, imponiendo sus mayorías fraudulentas. La calificación de la elección de los senadores la hacían, de acuerdo con la ley vigente, los Congresos locales, que eran los que extendían las constancias de mayoría, todos en manos del partido del Estado. La Cámara de Diputados, constituida en Colegio Electoral, hacía la calificación de las elecciones de sus propios integrantes, la que se había dado bajo la consigna para la mayoría de los presuntos diputados del PRI, de imponer a cualquier costo su mayoría absoluta. Fue lo que sucedió en medio de acres discusiones, provocando grandes desórdenes. Así, finalmente, el Congreso se instaló oficialmente y abrió su periodo ordinario el 1 de septiembre, con la lectura del último informe de gobierno de Miguel de la Madrid.

Desde fines de julio y principios de agosto, en las reuniones de la coordinación del Frente Democrático, se había tocado el tema del fraude que también había alcanzado las elecciones de senadores y diputados y se hacía ver que se acercaban ya las fechas de la celebración de las juntas previas de presuntos diputados y de la instalación formal del nuevo Congreso.

Un punto que se discutió en esas juntas, fue si en las condiciones de fraude que se había cometido y considerando los atropellos que se estaban dando en la calificación de las elecciones de diputados, los legisladores elegidos, a los que se estaba reconociendo como ganadores de sus respectivas elecciones, debían o no asumir el cargo. Uno de los muy pocos que sostenía que no debían tomar posesión era Jorge Martínez y Almaraz, *el Chale*, miembro de la Corriente Democrática, incluido en la lista de candidatos plurinominales del PPS.

La posición que yo sostenía, que finalmente se aceptó, era la de que a quienes se estaba considerando ganadores, no era por una concesión graciosa del régimen, sino porque a pesar del fraude habían logrado la mayoría de los votos —o los votos necesarios, en el caso de los plurinominales—, que además, ellos tendrían que hacer la defensa de las diputaciones ganadas y aquellas en disputa dentro del Colegio Electoral y que no había que dejar ese campo libre.

Por otro lado, les recordaba yo que en los años cincuenta o sesenta, en alguna elección de diputados, el Partido Popular Socialista, presidido en aquel tiempo por Vicente Lombardo Toledano, había resuelto, después de considerar que se habían dado fuertes alteraciones en aquella elección, que los diputados electos de ese partido, cinco o seis probablemente, no tomaran posesión de sus cargos. Los electos no acataron la disposición de la dirección de su partido, rompieron con éste y asumieron sus cargos. Ese recuerdo me llevó a pensar que si en el Frente Democrático se tomara una decisión semejante, podría provocarse una fractura mucho más fuerte y de mayores consecuencias que aquella. Se debilitaría no sólo el Frente como coalición de partidos y organizaciones, sino el agrupamiento que se había logrado aglutinar a lo largo de los meses de campaña y que ello resultaría perjudicial para la lucha en la que estábamos todavía inmersos y la que se tenía por delante.

Después de recibir el informe presidencial, la tarea más seria que debía enfrentar la nueva Cámara de Diputados era la calificación de la elección presidencial, que se dio en la sesión del 9 de septiembre, muy larga y desordenada, interrumpida en varias ocasiones. En algún momento, los diputados del Frente Democrático tomaron la tribuna y finalmente abandonaron la sesión. Así, cuando el dictamen fue sometido a votación, lo aprobaron exclusivamente los diputados del PRI, con la abstención de los de Acción Nacional. No quedaba ya otro recurso legal al cual recurrir.

La mayoría automática que había impuesto el Colegio Electoral de los diputados se negó a cumplir con el requisito que hubiera dado validez a la elección: llevar a cabo, efectivamente, el cómputo total de los votos emitidos en todo el país, de acuerdo con lo que preveía entonces el artículo 24 de la Ley orgánica del Congreso. Por otra parte, la mayoría priista de la Cámara tampoco había requerido de la Comisión Federal Electoral las cifras de la elección presidencial sección por sección, de las 25 000 casillas cuyos votos nunca se contaron.

En aquella sesión, los diputados del Frente Democrático denunciaron que se habían presentado impugnaciones en 231 de los 300 distritos electorales, referentes a violencia contra representantes del FDN, al negarles acceso a las casillas o su expulsión de ellas; secuestro de representantes, amenazas con armas de fuego, secuestro y relleno de urnas, así como que en lo general se habían alterado las cifras para llegar a los números oficiales. Señalaron también, que al menos en 13 092 casillas, más de 20% del total, cifra mínima para decretar la anulación de la elección, el fraude había sido mayor, sumándose a ellas 4 millones de votos a favor del candidato oficial.

A lo largo del día recibí información sobre el desarrollo de la sesión de calificación. La sesión había terminado tarde, ya muy entrada la noche. Al día siguiente o uno o dos días después, no preciso la fecha pero seguro en esos días, alrededor del medio día, cuando estaba reunido con varios dirigentes del FDN en la oficina de Andes, me avisaron que me buscaba Manuel Camacho, en ese momento Secretario General del PRI. Había sido designado inmediatamente después de la elección del 6 de julio, claramente para operar políticamente en nombre y en interés de Carlos Salinas en la etapa postelectoral. Lo recibí. Traía la propuesta de que calificada ya la elección presidencial, sin ningún otro recurso legal al cual pudiera recurrirse, fuera yo a saludar a Carlos Salinas, que había sido ya declarado presidente electo por el Colegio Electoral. Le respondí que de ninguna manera iría a saludar a Salinas, que eso sería reconocerlo como presidente legal y legítimamente elegido, ya que simplemente con el anuncio de mi visita o con la fotografía que en esa ocasión se tomara, la opinión pública así lo entendería y con ello estaría yo traicionando a los muchos ciudadanos que me habían dado su voto y su confianza.

Manuel Camacho y probablemente Carlos Salinas creían que al darse la declaración de presidente electo, el movimiento democrático se acabaría. No pensaron que la usurpación del poder y la ilegitimidad del cargo serían hechos de la historia con los que habrían de cargar por el resto de sus existencias, independientemente de lo que hicieran o de lo que les sucediera posteriormente. Y nunca creyeron que millones de mexicanos, yo entre ellos, nos mantendríamos en la lucha que habíamos emprendido desde la Corriente Democrática, incluso desde mucho antes.

Samuel del Villar

El 26 de septiembre amanecí leyendo el primero de una serie de seis artículos que escribió Samuel del Villar con el título "La democracia sobre la dictadura". Fueron artículos que presentaron un alegato jurídico muy sólido sobre la ilegalidad de la elección, que mostraban, además, la agudeza del análisis político de Samuel. Aquel primer artículo iniciaba así: "El 10 de septiembre de 1988 una *mayoría* autodesignada de la Cámara de Diputados, y de la representación del pueblo de México, declaró a Carlos Salinas como *presidente electo* de los Estados Unidos Mexicanos..."

Y seguía:

La declaración del 10 de septiembre negó la *elección directa* de los ciudadanos. Sustituyó la calificación y cómputo del **total de los votos emitidos en todo el país** por la calificación y cómputo de *la información de la Comisión Federal Electoral* que propuso el Secretario General del PRI, Manuel Camacho, el 6 de septiembre, como base para declarar Presidente Electo a Carlos Salinas. En esa ocasión el señor Camacho instruyó públicamente a esa *mayoría* en el sentido de que "condicionar la validez de los comicios a la apertura de los paquetes (electorales) no tiene fundamento legal"...

En el segundo artículo, entre otras cosas, expresaba:

Cárdenas hubiese podido auto designarse "presidente electo" con base en su información parcial de la mayoría de las casillas electorales y en sus partidarios que le daban el triunfo, como lo hizo Salinas con base en su información y sus partidarios. Pero no lo hizo, respetando el principio constitucional que exige una mayoría efectiva de votos contenidos en los paquetes electorales

—que la "mayoría" en el Colegio Electoral impidió abrir— para la legitimidad del Presidente. Cambió su posición política de acuerdo con lo procedente para resolver la crisis constitucional provocada por la arbitraria declaración de esa "mayoría". Pidió con todo respeto a Salinas: "su renuncia al cargo de Presidente Electo, que abriría el camino para restaurar la legalidad y legitimidad constitucionales, al través de un interinato y la convocatoria para celebrar nuevas elecciones presidenciales" —de acuerdo a lo previsto en los artículos 85 y 84 constitucionales.

En otro artículo de la serie se refirió a las felicitaciones enviadas del extranjero al candidato oficial, promovidas por el secretario de Relaciones Exteriores, en particular a la del gobierno de los Estados Unidos, y a la *inusitada visita* que hizo Manuel Camacho a aquel país el 10 de septiembre. Ante esos hechos, comentó Samuel: "Por más extranjerizante que se pueda ser, habría que ser políticamente oligofrénico para pensar que la legitimidad o el sustento de un gobierno mexicano puede encontrarse en el extranjero, en Estados Unidos."

En los días en que aparecían los últimos artículos de la serie, llamé a Samuel por teléfono. Quedamos de reunirnos el 5 de octubre. No lo había conocido antes personalmente y ese fue nuestro primer encuentro. Hablamos, desde luego, de sus artículos y de la tensa situación política que se estaba viviendo después de la calificación de la elección presidencial. Comentamos también que próximamente se convocaría a la formación de un nuevo partido político y Samuel fue uno de los fundadores del PRD.

Desde esa ocasión empecé a conocer su sólida formación jurídica, sus profundos conocimientos de economía y de cuestiones hacendarias. Y constaté la congruencia entre sus ideas y sus actos, se acendrado espíritu justiciero, la lealtad y el afecto hacia sus amigos, su certero análisis político, la intensidad de sus pasiones, su honradez a toda prueba.

9

EL PARTIDO DE LA REVOLUCIÓN DEMOCRÁTICA

Surge el PRD

Consumada la imposición por el Colegio Electoral, ante la perspectiva de que se tendría por los próximos seis años un presidente que había usurpado el poder y un gobierno carente de legitimidad legal y democrática, había que tomar decisiones con vistas hacia el futuro.

Hablé con los dirigentes de los partidos con registro y de las organizaciones integrantes del Frente Democrático Nacional. Todos, al igual que quienes formábamos parte de la Corriente Democrática, estábamos de acuerdo en que se mantuviera el Frente. Se le veía como el núcleo para construir en torno a él la fuerza necesaria para vencer a las fuerzas de la reacción y el entreguismo que detentaban el poder; en lo que no se encontró acuerdo y empezaron a manifestarse las diferencias, fue principalmente respecto al tipo de organización que podría surgir del conjunto de agrupaciones y ciudadanos que en lo individual se habían incorporado al FDN.

Había quien estaba porque el Frente se constituyera en una federación de partidos o en una coalición, sin dejar claro con qué calidad y con qué capacidad de participación en la toma de decisiones se incorporarían las organizaciones que no eran partidos políticos con registro. Hubo quien propuso crear un solo partido en el que se integraran todos los componentes del Frente Democrático. La gente sin partido y las organizaciones sociales estaban a favor de crear un nuevo partido político, pues en su mayoría no se identificaban con ninguno de los partidos del Frente que contaban con registro.

Ante este panorama, se decidió convocar a una nueva concentración en el Zócalo para el 14 de septiembre. Se informaría cómo se había dado la calificación de la elección presidencial y qué podía plantearse a futuro. Expresé ahí en esa ocasión:

La decisión del Colegio Electoral, anunciada la mañana del sábado 10, constituye un acto de autoridad al que no hay manera de oponerse por la vía jurisdiccional, no procede en este caso el juicio de garantías, esto es, el amparo, ni ningún otro recurso legal…

El gobierno se ha puesto al margen de la legalidad y ha cerrado todas las puertas para que los ciudadanos recuperemos nuestros derechos conculcados. Al cerrar todas las vías legales de defensa de la voluntad popular nos quieren empujar a autoderrotarnos aceptando la imposición o a que nos lancemos a una confrontación en el momento y en las circunstancias que ellos decidan…

Quieren que optemos por la indignidad o la confrontación violenta. Quisieran que llamáramos a la confrontación, a sacarlos del poder, de manera desorganizada y no preparada, para ellos responder con un baño de sangre y una ola devastadora de represión…

No será rindiéndonos a la amenaza y a la intimidación, ni cayendo ante la tentación del cohecho, ni por la violencia como desarrollarán las fuerzas democráticas sus relaciones con otros agrupamientos…

Daremos la batalla. Pero la daremos en el momento, en las condiciones y con los procedimientos que escojamos. La única forma de evitar la confrontación violenta, y esa es nuestra decisión demostrada de mil maneras, es la de dar la lucha en tales condiciones de superioridad que sean ellos los que tengan que retirarse. Nuestra decisión de hacer valer la voluntad popular dentro de la legalidad y por la vía pacífica es inquebrantable...

No podemos predecir los tiempos de esta lucha... Hace un año nadie hubiese creído que el pueblo de México llegaría tan lejos como ha llegado en tan poco tiempo...

Somos la mayoría y la mayoría tiene hoy la responsabilidad de organizar el partido que nace el 6 de julio, cuando ganó la elección y definió el rumbo que el país debe tomar...

La contribución de los partidos con registro ha sido determinante en este esfuerzo. Desde el primer paso, quizá el más difícil, que dio el Partido Auténtico de la Revolución Mexicana aliándose con la Corriente Democrática y lanzando la candidatura presidencial que se haría común, pasando por las postulaciones del Partido del Frente Cardenista de Reconstrucción Nacional y el Partido Popular Socialista, hasta llegar finalmente a la del Partido Mexicano Socialista, se fue consolidando el espíritu unitario, que el pueblo exigía y que reconoció con su importancia en cada adhesión: Partido Socialdemócrata, Unidad Democrática, Partido Verde, Fuerzas Progresistas, Consejo Nacional Obrero y Campesino de México, Organización Revolucionaria Punto Crítico, Partido Liberal, Movimiento al Socialismo, Grupo Polifórum, Asamblea de Barrios, Asociación Cívica Nacional Revolucionaria, Movimiento del Pueblo Mexicano, Convergencia Democrática...

Hoy requerimos de una organización que refleje lo que ha sido el proceso de unidad de las fuerzas revolucionarias y la gran movilización popular, que les dé expresión política unitaria y al mismo tiempo plural...

Convoco desde aquí a que organicemos políticamente la gran unidad revolucionaria que entre todos hemos edificado y que constituye nuestra garantía de continuidad y de triunfo. Tomemos como bandera primigenia la Constitución de 1917 y la afirmación de sus grandes principios, emanados de la Revolución Mexicana...

México quiere que formemos una organización que sea la expresión política del voto ciudadano del 6 de julio, así como del cambio cultural que la conciencia colectiva está viviendo en estos tiempos de lucha y de esperanza...

La nuestra será una organización de mujeres y hombres, de trabajadores y jóvenes, de ciudadanos y de ideas. Nuestras ideas rectoras, que entre todos discutiremos y plasmaremos en proyecto y programa, vienen de los grandes ideales de la Revolución y atraviesan la historia entera de la nación: la solidaridad, frente a la competencia de todos contra todos; la democracia, frente al autoritarismo y la imposición; la igualdad, frente a la explotación y la marginalidad; el ejercicio sin límites de la soberanía, frente a la subordinación al interés extranjero; el derecho, frente a la arbitrariedad y el despotismo; la justicia, frente a la ilegalidad, la corrupción y el privilegio; la dignidad del individuo, frente a la prepotencia de los poderosos y la humillación de los débiles, los indefensos y los desprotegidos; la auto-organización de la sociedad, frente a la omnipotencia del Estado o de los intereses de lucro de minorías o individuos; la libertad, entendida como la solidaridad de los iguales, amparada por los derechos y garantías constitucionales; el trabajo, considerado como valor esencial de nuestra comunidad y convivencia republicanas.

En fecha próxima un conjunto de mexicanos identificados con estas ideas y propuestas haremos pública una convocatoria a todos los que comparten nuestros propósitos y que sumando sus voluntades y sus nombres, quieran constituirse en fundadores y promotores de la nueva organización de la unidad revolucionaria, que ya ha comenzado a cambiar radicalmente a nuestro país y a nuestras propias vidas.

El anuncio y la convocatoria a formar una nueva organización política fueron acogidos con gran júbilo por la multitud reunida en el Zócalo.

Había hablado previamente de ello con los dirigentes de los partidos y organizaciones del Frente. El PPS reiteró su definición como partido marxista, leninista y lombardista, que seguiría como un partido con autonomía dentro del FDN. El PFCRN decidió mantener su proyecto partidario. El PARM veía con simpatía la formación de un nuevo partido y revisaría sumarse al nuevo partido cuando éste obtuviera su registro. Estos tres partidos, que no se sumaron a lo que sería el PRD, perdieron su registro en la elección intermedia de 1991, al no alcanzar la votación necesaria para mantenerlo. El Partido Socialdemócrata, que presidía Luis Sánchez Aguilar, decidió conservar la condición que tenía, de partido que luchaba judicialmente porque se le reintegrara el registro.

Los dirigentes del PMS se inclinaron por participar en la formación del nuevo partido político, con casi todas las demás agrupaciones y con ciudadanos que de manera independiente se habían sumado al Frente. Pusieron a disposición del nuevo proyecto el registro del partido. Ese era el sentir mayoritario también de los miembros de la Corriente Democrática.

Así, se empezó a discutir sobre la formación de un nuevo partido político, de los pasos que habría que dar y las formalidades por cumplir. Se convino que Adolfo Gilly trabajaría en el proyecto de llamamiento al país para formar el nuevo partido y yo inicié, una vez más, recorridos, entre otras partes, por varias regiones de Veracruz, donde gobernaba Fernando Gutiérrez Barrios. El 2 de octubre habría elecciones locales, que se cuentan entre las más sucias y violentas de las muchas que tuvo que enfrentar el PRD en sus años de formación y consolidación.

Había que prepararse para el acto de arranque de la formación del nuevo partido, fijado para el 21 de octubre. Urgía concluir el llamamiento y tenía que proponerse un nombre para la nueva organización. Se recibieron muchas opiniones, mencionándose que en la denominación del partido pudieran aparecer palabras o conceptos relativos a revolución, democracia, renovación y el licenciado Manuel Moreno Sánchez propuso constitución o constitucionalista. Cuando se entró ya de lleno a discutir el nombre en un pequeño grupo, privaban sobre otras las ideas de Partido Democrático Revolucionario, pero Lucas de la Garza, principalmente, se opuso, argumentando que las siglas PDR no sonarían bien, y Partido Revolucionario Democrático, respecto a lo que Adolfo Gilly señaló, estaba sólo substituyendo la palabra de institucional por democrático. Dando vueltas y más vueltas al asunto, por iniciativa de César Buenrostro y de Lázaro, se decidió finalmente llevar a la asamblea la propuesta de Partido de la Revolución Democrática, PRD.

Llamamiento para formar el PRD

El 21 de octubre se reunió la asamblea que daría inicio a la vida del Partido de la Revolución Democrática en un salón del Hotel Vasco de Quiroga, en la ciudad de México. Resultó totalmente insuficiente para alojar a los delegados llegados de todo el país. Fue una reunión entusiasta, rebosante de esperanza, de unidad de las fuerzas democráticas y progresistas, que creían en las posibilidades del cambio y estaban dispuestas a luchar por él. No se veían entonces los muchos obstáculos, las incapacidades, ni las desviaciones, claudicaciones y alejamientos de los principios que vendrían con los años.

A la convocatoria para integrarse al nuevo proyecto respondieron, con miles de ciudadanos, Fuerzas Progresistas, el Consejo Nacional Obrero y Campesino de México, la Organización Revolucionaria Punto Crítico, el Partido Liberal, el Movimiento al Socialismo, el Grupo Polifórum, la Asamblea de Barrios, la Asociación Cívica Nacional Revolucionaria, el Consejo Nacional Cardenista, Convergencia Democrática y OIR-Línea de Masas, agrupaciones todas, que formaban parte del Frente Democrático Nacional.

Se dice en el "Llamamiento" a formar el PRD:

México requiere que formemos una organización que sea la expresión política del cambio social y cultural que estamos viviendo, el partido de la democracia, de la constitucionalidad, de la Revolución Mexicana, de la dignidad del pueblo y del progreso...

Reorganizaremos la vida nacional en la política, en la economía, en la cultura, en la soberanía de México dentro de la comunidad internacional...

Nos proponemos promover la democratización de la sociedad y de las instituciones estatales. Defenderemos y haremos respetar el voto ciudadano. Lucharemos por la liberación de los sindicatos y organizaciones de trabajadores, campesinos y populares de toda burocracia corrompida y del corporativismo estatal. Pondremos un alto a la destrucción consciente y sistemática de las instituciones y creaciones de la Revolución Mexicana: el ejido, la cooperativa, el contrato colectivo de trabajo, el sindicato, la empresa pública en las ramas donde nuestra independencia económica la hace imprescindible... Las empresas privada y social encontrarán in-

sospechadas posibilidades de desarrollo en un Estado en el
que habrán de desaparecer la arbitrariedad, la corrupción y la
confusión en un claro marco jurídico de respeto y libertad…
Defenderemos e impondremos la independencia de la justicia, la dignidad del individuo, los derechos y garantías con-
sagrados en nuestra Constitución, el cese de toda represión
política o ilegal, la separación y la limitación de los poderes
del Estado…

La organización de ciudadanos que proponemos construir
necesita la capacidad de acción y decisión propias de un partido y la flexibilidad, inventiva y autonomía de sus diferentes
componentes, propias de un movimiento. Será una alianza en
la cual convergerán, sobre grandes principios comunes, diversas corrientes de ideas, ninguna de las cuales se considera
excluyente de las otras…

Queremos que nuestra organización sea un instrumento
de la sociedad, y no tan sólo de sus miembros o dirigentes, y
para ello tendrá que dar en sus normas democráticas, en su
vida interna, en la transparencia de sus recursos, en la autonomía de sus componentes regionales, en la libertad de tendencias y corrientes en su seno, en la unidad y en el respeto a
las decisiones colectivas y, sobre todo, en la conducta personal
de cada uno de sus miembros, la imagen tangible de aquello
que propone para el país y para la sociedad…

Recuperaremos los ideales históricos de la Revolución
Mexicana, la vigencia plena de la Constitución y la legitimidad de nuestro gobierno y nuestros gobernantes. Restaura-
remos la República al fundar sus instituciones nuevas en una
cultura política de libertad, racionalidad y tolerancia. Sobre
estos cimientos sólidos y profundos, contra el régimen cadu-
co del privilegio y la injusticia, del partido de Estado y el corporativismo, de la dependencia y la corrupción, levantaremos

una nación de hombres y mujeres libres e iguales ante la ley y ante la vida, una patria democrática y solidaria, un México para los mexicanos todos.

Comienza la organización del PRD

Desde el 21 de octubre en que se lanzó el llamamiento para constituir el PRD, se dio comienzo a la tarea de organización. Se formaron un consejo nacional y un comité ejecutivo provisionales. El primero un cuerpo relativamente amplio, el segundo integrado por unas doce personas; además, se me designó coordinador general del partido en formación y un primer paso después de esas designaciones, fue echar a andar grupos promotores por todo el país, formados por los integrantes de las distintas organizaciones y ciudadanos que se habían sumado al nuevo proyecto.

Para cumplir con los requisitos que exigía la ley para formar un partido era necesario demostrar que se contaba con 65 000 miembros o más que se adherían a la nueva organización, requisito que podía cumplirse con facilidad; había que realizar al menos 150 asambleas distritales con un mínimo de 300 personas cada una o 16 asambleas estatales con 3 000 asistentes o más en cada una, en ambos casos acreditando la asistencia mediante la identificación de cada uno de los asistentes con su credencial de elector y con la fe de un notario.

Existía otro camino de carácter meramente administrativo para obtener el registro del nuevo partido, que era el de llevar a cabo una asamblea nacional del PMS, que contaba con registro. Ahí se acordaría el cambio de nombre y emblema del partido, así como presentar a la Comisión Federal Electoral los nuevos documentos básicos: declaración de principios, programa y estatutos.

El proceso de estructuración formal del nuevo partido, en caso dado, coincidiría en tiempo con el requerido por el PMS para tomar la decisión de dejar en libertad a sus miembros para integrarse a un nuevo partido político con registro.

Había quienes consideraban que sólo sería aceptable seguir la vía de las asambleas para obtener el registro del partido, que entrañaba, sin duda, un mayor esfuerzo político y económico, además del tiempo que requería. Por otro lado, estaban quienes sostenían que ese esfuerzo debía obviarse y que simplemente se cumpliera con los trámites administrativos que permitieran transformar al PMS en PRD.

Otros sosteníamos, después de una amplia consulta con compañeros de las distintas agrupaciones que participaban en el proyecto del PRD, que era necesario formar los comités de base y celebrar las asambleas previstas por la ley. Así sería como la nueva organización adquiriría solidez, sentaría bases firmes para crecer y nos legitimaría ante el país y ante nosotros mismos. Un partido está hecho por sus realidades, esto es, si cuenta con afiliados, si es activo en la promoción y defensa de las causas con las que se ha comprometido, si está presente en las luchas de los sectores populares, si resiste presiones y tentaciones, y no claudica y mantiene lealtad a sus principios y compromisos.

Por otro lado, argumentábamos también que el registro era necesario para participar con identidad propia en las elecciones y que en 1989 se celebrarían quince elecciones, dos de ellas en Michoacán, de diputados locales en julio y de autoridades municipales en diciembre. Asimismo, en otras doce entidades se abrirían muy pronto los registros de candidatos, en Baja California, Campeche, Zacatecas, Durango y Michoacán, además de que un partido sólo podría registrar candidatos si su registro contaba con un año o más de haberse obtenido. El requisito sólo se cumpliría de darse el cambio administrativo de PMS a PRD.

El acuerdo que finalmente se tomó fue buscar el registro del PRD por las dos vías, esto es, llevando a cabo las asambleas distritales en el número exigido por la ley y presentando los documentos necesarios a la autoridad electoral para efectuar el cambio de PMS a PRD. Se determinó seguir esos dos caminos. Por una parte, para provocar una movilización nacional como parte del proceso de organización; por la otra, para evitar que, sobre todo en el caso de la realización de las asambleas, la autoridad pudiera argumentar que algún requisito menor no se hubiera cumplido y se echara abajo el trabajo realizado, y para participar como PRD en las elecciones que ya estaban encima.

Había entusiasmo para celebrar las asambleas, aunque no faltaban, de repente, algunas dificultades. Principalmente, que no se presentaban los notarios que se habían comprometido a estar presentes para dar fe de la celebración de las reuniones o que había muchos más de los 300 asistentes que pedía la ley, pero no todos llegaban o contaban con la credencial de elector.

Otra dificultad que se enfrentó desde un principio, fue la de las prácticas sectarias de la propia gente que promovía la organización del partido, principalmente en lo relativo al manejo de las hojas de afiliación. Para organizar el nuevo partido era indispensable afiliar individualmente a sus miembros. Dada la escasez de recursos, lo que dificultaba que centralmente se imprimieran y distribuyeran por todo el país las hojas de afiliación, se convino que los grupos promotores, en sus lugares de residencia, reprodujeran esas formas y las distribuyeran, multiplicando así iniciativas y recursos. Resultó, en muchos casos, que los responsables de afiliar, por lo general miembros de organizaciones ya existentes, centralizaron y no faltaron quienes prácticamente individualizaran la tarea de afiliación, excluyendo a aquellos con los que en el pasado habían tenido diferencias, roces y confrontaciones.

Más grave aún que esas dificultades organizativas, fue enfrentar y sufrir la agresividad del Estado.

Después de los asesinatos de Xavier Ovando y Román Gil, y de los cuatro jóvenes activistas de la Corriente, siguió una larga cadena de crímenes que costaron la vida a más de 600 miembros del PRD durante las administraciones de Carlos Salinas y Ernesto Zedillo, que al igual que aquellos primeros casos, nunca fueron esclarecidos.

Entre los meses de diciembre de 1988 y enero de 1989 fueron asesinados o desaparecidos más de 40 compañeros que impulsaban el proyecto de organización del PRD en Chiapas, Chihuahua, Michoacán, Oaxaca, Morelos, Veracruz y Guerrero. Entre esos casos se cuentan la desaparición de cuatro jóvenes en Morelos, parientes o personas cercanas a los promotores del PRD en ese estado: Alejandro Velázquez Casales, Jesús Cosío Rodríguez, Jaime Gutiérrez Nájera y Carlos Aranda Carrillo; el ametrallamiento que hizo la policía, también de Morelos, en Xoxocotla, con un saldo de tres muertos y decenas de heridos. Acudí en varias ocasiones para exigir, con un nutrido contingente de habitantes del lugar, el esclarecimiento de los crímenes y el castigo a los responsables materiales e intelectuales; el asesinato de Gregorio Amézquita González, miembro de la Sección 271 del Sindicato de Mineros, por elementos de la policía judicial de Michoacán, en Lázaro Cárdenas.

Dentro de los tiempos previstos se entregó a la Comisión Federal Electoral la documentación requerida para obtener el registro del nuevo partido y al mismo tiempo se le comunicó que el PMS llevaría a cabo el proceso necesario para transformarse en PRD. Por las dos vías se cumplió con los requisitos de ley.

El 5 de mayo, frente a unos 80 000 asistentes, se hizo el anuncio, en el Zócalo, de que se habían satisfecho los requisitos para que el Partido de la Revolución Democrática obtuviera su registro legal; se habían celebrado 242 asambleas distritales y la afiliación rebasaba por mucho el número de militantes establecido por la ley para reconocer a un partido político. Los días siguientes, 6 y 7, en la sala de armas de la Magdalena Mixhuca, tuvo lugar la asamblea nacional constitutiva del nuevo partido, con la asistencia de más de 2 000 delegados.

Entre el 12 y el 14 de mayo se celebró el 2° Congreso Nacional del PMS, en el que este partido se disolvió y tomó el acuerdo, con una escasa disidencia que se manifestó en contra y decidió no formar parte del nuevo partido, de que sus miembros se integraran al PRD y su registro se pusiera a disposición del mismo.

El día 26 la Comisión Federal Electoral dio el reconocimiento oficial al Partido de la Revolución Democrática, aceptando el nombre, los documentos básicos y el lema del nuevo partido, pero rechazando, por inconformidad del PRI, el emblema que se proponía, argumentando que dado que llevaba los colores verde y rojo formando una especie de sol, con el que desde un principio se ha identificado el PRD, podrían confundirse los emblemas de ambos partidos. Eso sólo a quien no los viera podía sucederle, pues si bien se utilizaban el verde y el rojo en ambos emblemas, su forma y distribución de colores desde ningún punto de vista se prestaba a la confusión. Se protestó esa decisión y se acordó insistir en los colores originales, manteniendo, mientras había una decisión definitiva, el emblema en negro con el fondo blanco.

El símbolo del PRD tiene su historia. Es producto de una convocatoria que recogió alrededor de cien propuestas, las cuales fueron valoradas por un jurado integrado por especialistas en diseño y comunicación, asistidos por algunos miembros de la coordinación del partido en formación. El jurado falló a favor del proyecto de Rafael López Castro. Su propuesta, la del bien conocido sol mexicano con el círculo central en rojo y los rayos alternándose, en verde los largos y en rojo lo cortos, representaba, según el autor, la soberanía y la identidad nacionales, al mismo tiempo que el pasado

indígena, el presente o el amanecer político, y el futuro o un co-
bijo para todos por igual, y todo el conjunto, además, la identidad
partidaria.

La negativa de las autoridades, con el argumento de la supuesta confusión por el uso de los colores verde y rojo, aun a pesar
de la gran diferencia en el diseño del símbolo mismo con respecto
al del PRI, no fue sino el reconocimiento de la potencialidad del
emblema y, por el otro lado, la intención de desnaturalizar la esencia y representatividad del símbolo.

Años después, en algún congreso nacional del partido, siendo Presidente Porfirio Muñoz Ledo, sin mantener vivo el reclamo
del derecho a utilizar el verde y el rojo, porque, se argumentó, se
destacaba más que el fondo en blanco, se acordó pintar el fondo de
amarillo.

El PRD se formó finalmente con miembros de la Corriente
Democrática, muchos de los cuales habían participado en el PRI y
en sus organizaciones, sobre todo en la Confederación Nacional
Campesina; con integrantes del Movimiento al Socialismo, con el
que llegaron Adolfo Gilly, los ex diputados del PRT, Ricardo Pascoe y Pedro Peñaloza, así como los ex dirigentes del CEU, Imanol
Ordorika, Antonio Santos y Carlos Imaz; de la Asociación Cívica
Nacional Revolucionaria, que surgió en los años 60 con el liderazgo de Genaro Vázquez en Guerrero y de la que formaban parte Mario Saucedo, Leticia Burgos y Humberto Zazueta; de OIR-
Línea de Masas, a la que pertenecían Rosario Robles, Julio Moguel y Armando Quintero; Convergencia Democrática; Fuerzas
Progresistas, organización de la que hacían cabeza Celia Torres y
Fernando Sánchez; Organización Revolucionaria Punto Crítico,
en la que participaban Raúl Álvarez Garín, Marco Rascón y Javier González Garza, entre otros; el Partido Liberal, que presidía
Fernando Palacios; y, desde luego, el PMS, con Heberto, su candidato, a la cabeza, más Gilberto Rincón Gallardo, Pablo Gómez,

Saúl Escobar, Jesús Ortega, Graco Ramírez, estos dos últimos con origen basado en un desprendimiento del PST, y muchos más; sin pertenencia partidaria inmediata anterior llegaron Manuel Marcué Pardiñas y Miguel Aroche y poco tiempo después se incorporarían al PRD Pedro Etienne, Jaime Enríquez, Enrique Rojas Bernal e Israel Galán, que habían sido elegidos diputados bajo el emblema del PFCRN, pero se declararon independientes cuando se hizo evidente el sometimiento de ese partido al gobierno de Carlos Salinas. Con ese mosaico de participantes se formaron las primeras direcciones del partido. Así, en la asamblea constitutiva del PRD se conformó un amplio consejo que funcionó de octubre a mayo. Después se eligió, ya de acuerdo con los nuevos estatutos, un comité ejecutivo. Dejé de ser coordinador del partido en formación y pasé a ser su primer presidente. En las deliberaciones de la asamblea constitutiva propuse que no hubiera presidente del partido y que se continuara con la figura de coordinador, lo que me parecía más propio para un partido democrático, pero perdí ese punto de la discusión.

El "quinazo"

Mientras se llevaba a cabo el trabajo de organización que culminaría con el registro del PRD, en los primeros días de enero de 1989 tuvo lugar la aprehensión de dirigentes del Sindicato Petrolero, entre ellos Joaquín Hernández Galicia y Salvador Barragán. Se impuso una nueva dirigencia al mismo, que causó impacto en el país, incluso desconcierto y preocupación entre algunos integrantes de la dirección todavía provisional del PRD. Sobre todo recuerdo, en Graco Ramírez, quien había mantenido alguna relación como miembro del PST y del PMS con los dirigentes aprehendidos, pues no se sabía a quién más se quisiera involucrar con los hechos imputados a los dirigentes sindicales y hasta dónde podía llegar la represión. Respecto a esos hechos, que tuvieron un fuerte impacto político nacional, pues se trataba de dirigentes destacados del sindicalismo corporativo oficial, la dirección provisional del partido en formación hizo en los primeros días de febrero la declaración siguiente:

> En los meses transcurridos desde la instalación del actual gobierno, la crisis constitucional abierta con el fraude del 6 de julio ha continuado agravándose. La política del gobierno está atrapada en una contradicción que sus iniciativas, más espectaculares que substanciales, no logran disimular. Es la contradicción entre la insistencia de imponer y profundizar el proyecto económico neoliberal heredado del sexenio precedente y la persistencia en la preservación del régimen político corporativo de partido de Estado...
>
> Esa contradicción se manifestó violentamente en los acontecimientos del 10 de enero, cuando se utilizó al ejército para resolver una crisis en el seno del régimen. La imposición de una nueva dirigencia del sindicato petrolero que no se distingue de la anterior, también acusada de corrupción y con sus propios guardias armados, da la razón a quienes mantuvimos la serenidad ante el conflicto y no nos dejamos llevar por las apariencias ni por la estruendosa propaganda oficial.
>
> Está claro que el objetivo nunca fue moralizar y democratizar la organización sindical, lo que sólo pueden hacer sus afiliados por libre decisión, sino quitar estorbos al proyecto neoliberal en Petróleos Mexicanos y evitar que pudieran ser los trabajadores quienes democráticamente tomaran decisiones en su sindicato.
>
> Es preocupante que se utilice al ejército de la nación para resolver un conflicto entre facciones del régimen, desnatu-

ralizando así sus funciones y causando un daño moral a la institución armada. Por nuestra historia y situación geográfica, el orgullo de nuestras fuerzas armadas es ser guardianes y garantía de la integridad territorial y de la soberanía de la nación. Se ofende al militar cuando se le ordena intervenir en las disputas y pleitos entre grupos de poder.

En años posteriores han corrido versiones de que los dirigentes del Sindicato Petrolero fueron encarcelados como castigo por haber apoyado mi candidatura, lo cual es absolutamente falso. Los medios de información registran los múltiples apoyos públicos del sindicalismo petrolero a las campañas y candidatos del PRI en 1988. Lo que es muy posible, es que se haya tratado de una sanción del gobierno recién entrado a los dirigentes sindicales, miembros del PRI, por no poder controlar corporativamente el voto de la base trabajadora a favor del PRI. Lo que pudo saberse en la elección de entonces, es que en las regiones en las que se concentraban los trabajadores petroleros, los votos reales fueron altamente favorables al Frente Democrático Nacional.

El final del Frente Democrático Nacional

Otro hecho que tuvo lugar mientras se avanzaba en el proceso de organización del PRD, fue la disolución del Frente Democrático Nacional: se acercaba la fecha del 18 de marzo y se tenía la pretensión de que ese día, para conmemorar la Expropiación Petrolera, se llevara a cabo un acto en el que participaran todos los partidos del FDN. Al ponderar con los miembros de la dirección provisional del PRD en qué sitio podrían tenerse condiciones favorables para realizarlo, se consideró hacerlo en alguna región petrolera o en Jiquilpan, la tierra de mi padre. Finalmente se estimó que en la fase de organización inicial en la que se encontraba el partido y frente al acoso permanente del gobierno, que no dejaba de poner obstáculos a la nueva organización, sería preferible convocar el acto en Jiquilpan.

Cuando se hizo la propuesta a los otros partidos del Frente, Aguilar Talamantes, presidente del PFCRN, se pronunció porque la celebración se efectuara en el Zócalo. Se trató de hacerle ver que no había condiciones para llevar a cabo el acto en ese sitio, que sería difícil, después de la campaña, lograr una concentración importante en la principal plaza cívica del país y nos expondríamos a un acto deslucido. Insistió cada quien en sus posiciones. No se avanzaba ni para atrás ni para adelante y la fecha estaba cada vez más cerca, por lo que era urgente tomar la decisión, para convocar y organizar.

El caso lo destrabó Talamantes mismo, cuando planteó que tratándose de una conmemoración nacional que, argumentó, iba más allá de los partidos, en lo que se estaba de acuerdo, el acto debía celebrarse en el Zócalo y que el PRI debía participar en él; agregó que él ya le había cursado invitación y que se había decidido ya en el PFCRN llevarlo a cabo en esas condiciones. Sabía él, al hacer esa proposición, que al PRD le resultaría inaceptable. No podíamos celebrar un acto, menos aún el de la Expropiación, con el partido de la ilegitimidad y el entreguismo al que combatíamos y cuyo gobierno nos hostilizaba con saña. Ahí terminó la relación con el partido del Frente Cardenista y en los hechos ahí terminó la existencia del Frente Democrático Nacional.

Nosotros celebramos la Expropiación en Jiquilpan, en un acto entusiasta, al que concurrieron principalmente las gentes de la región, frente al monumento que recuerda a Lázaro Cárdenas.

Un trato diferenciado al PRD y al PAN:
los primeros pasos

El llamamiento a formar el PRD tiene lugar cuando están en marcha los procesos electorales en Tabasco, para elegir gobernador, diputados locales y autoridades municipales; lo mismo en Chiapas, Veracruz y Tlaxcala, en los tres Estados para elegir miembros del Congreso y ayuntamientos.

Hacia finales de julio, no tengo clara la fecha, me reuní en la oficina de Andes con Graco Ramírez, que me había anunciado iría acompañado de Andrés Manuel López Obrador, joven dirigente del PRI en su estado, quien podría ser el candidato a gobernador de Tabasco postulado por el FDN, incluido el PRD en formación. Graco había hablado del trabajo de Andrés Manuel con los grupos indígenas cuando había encabezado el PRI tabasqueño, de su confrontación con Enrique González Pedrero, el gobernador de entonces, y de que podría ser un buen activo para el partido en formación. Fue mi primer contacto con Andrés Manuel. Hablamos de la posibilidad que fuera nuestro candidato y respondió que le diéramos unos días para pensarlo.

Pocos días después, Graco me dijo que consideraba conveniente, para comprometer más firmemente al PFCRN y para presionar a Andrés Manuel, que pidiera yo a Rafael Aguilar Talamantes que hablara con él para insistirle en que aceptara la propuesta. Se lo pedí. Habló con Andrés Manuel, con el que me reuní de nueva cuenta y finalmente aceptó contender. La impresión que tuve de aquellos dos primeros y breves encuentros fue la de un joven despierto, conocedor de su Estado, quien a pesar de que aún militaba en el partido oficial, reflejaba una visión progresista y coincidente con nuestra lucha. Estaba el PRD en etapa de formación, los partidos del Frente Democrático estaban de acuerdo con esa candidatura y resultaba importante atraer y sumar a los sectores progresistas del PRI.

En las campañas en curso, que lograron una muy alta movilización, estaba muy presente que al mismo tiempo que se pretendían los cargos de elección, se impulsaba la formación del PRD. En Tabasco estaban en juego la gubernatura, las diputaciones locales y los ayuntamientos; en Veracruz, Chiapas y Tlaxcala, sólo Congreso y municipios. En todas, se logró una muy amplia movilización de la gente, se tuvieron actos muy nutridos, fuertes por el entusiasmo y al ánimo combativo que privaba en ellos. En los cuatro casos las elecciones se manejaron por parte del gobierno con gran violencia, atropellando todo lo atropellable e imponiendo sin recato alguno a los candidatos oficiales. A partir de esa elección, Andrés Manuel se sumó a la promoción del partido en su Estado.

El 1 de diciembre tomó posesión de la presidencia Carlos Salinas. Hacía frío. Ese día marchamos Celeste, Lázaro, Cuate y yo con la Asamblea de Barrios del Monumento a la Independencia al Hemiciclo a Juárez, donde se reiteró con fuerza la decisión de luchar por una auténtica democracia y se destacó la ilegitimidad con la que llegaba el nuevo gobierno, cuyas acciones estarían igualmente marcadas por la ilegitimidad de su origen y condición.

La primera elección de gobernador que debía enfrentarse ya como PRD era la de Baja California. Entre las demás, la más importante para el partido de reciente formación, era la de diputados locales en Michoacán, pues en ambos Estados se había ganado la elección presidencial y ambas tendrían lugar el primer domingo de julio. Por su significado para el nuevo partido, se decidió dar a ambas una atención especial, aunque sin dejar de atender otros Estados donde también estaban ya en marcha procesos electorales: Durango, Zacatecas, Chihuahua, Campeche.

En Michoacán se habían ganado las dos senadurías, todas menos una de las trece diputaciones y se contaba con una organización amplia y muy sólida, que cubría todos los municipios. En Baja California se eligió como candidata a gobernadora a Martha

Maldonado, pero ahí la situación organizativa del nuevo partido era diferente. Aunque se había obtenido mayoría de votos en la elección presidencial —lo que costó poco después el cargo al gobernador Xicoténcatl Leyva, caso que por razón similar se repetiría en Michoacán con Luis Martínez Villicaña y en el Estado de México con Mario Ramón Beteta—, trabajaban en los cuatro municipios del Estado varios grupos, desvinculados entre sí: porque realizaban sus actividades circunscribiéndose a un solo municipio, sea porque quienes militaban con anterioridad en distintas organizaciones no tenía costumbre y en muchos casos tampoco voluntad para trabajar políticamente con pluralidad. Por esa razón se acordó que de México fuera a auxiliar en el diseño y coordinación de la campaña en aquel Estado, como delegado del Comité Ejecutivo Nacional, Jorge Martínez, *el Chale*, quien pasó allá varios meses, desesperado sobre todo por las dificultades que encontró para lidiar con los grupos sectarios del partido y las personalidades conflictivas de los candidatos que contendían por los diferentes cargos en juego.

Se disponía de muy escasos recursos económicos y había que enfrentar las campañas de los candidatos del PRI, una ex funcionaria federal muy cercana a Carlos Salinas, y del PAN, Ernesto Ruffo, ex presidente municipal de Ensenada, quien ganó finalmente la elección, ambos con grandes cantidades de dinero a su disposición. Nuestra campaña, para ser exitosa, tendría que hacerse aprovechando al máximo el tiempo, con amplios recorridos y un intenso contacto con la gente. Fueron varios meses de campaña, en los que la mayor dificultad que encontraron *el Chale* y los compañeros que le auxiliaban en la coordinación, así como los partidarios de la candidata del PRD, fue que ésta, con demasiada frecuencia, intempestivamente, cancelaba actos programados y caprichosamente no acudía a ellos o simplemente se desaparecía hasta por varios días. Ese fue, sin duda, un factor que pesó fuertemente en la escasa votación que finalmente obtuvo.

En esas condiciones, la campaña del PRD en Baja California resultó un desastre. En Michoacán, por el contrario, las respuestas que recibieron los candidatos para integrar el Congreso local en sus campañas resultaban muy alentadoras. Llegó así el día de la elección. De acuerdo con la información que recogió el PRD, esto es, principalmente actas de escrutinio de las casillas, se ganaron claramente 14 de los 18 distritos locales; en uno más, que sería el 15 para el PRD, las actas fueron robadas con todo y el vehículo en el que se encontraban (ese auto lo llevaba un ex militante del PMS de apellido Amézcua, que todas las evidencias indican se vendió, venta que incluyó la entrega de esas actas con todo y coche); en los tres restantes fueron tales el desorden y las violaciones a la ley, que desde el punto de vista de la legalidad sólo procedía la anulación de las elecciones. El gobierno, por su parte, pretendía reconocer que eran sólo seis los distritos ganados por el PRD.

La elección, de acuerdo con la ley vigente entonces, tendría que ser calificada por un colegio electoral integrado por siete diputados de los recién elegidos. De respetarse los resultados de las elecciones, corresponderían cinco integrantes del colegio al PRD. El gobierno pretendía que fuera sólo uno del PRD, cuatro del PRI y dos de otros partidos. El PRD no aceptó someterse a esta ilegalidad en el seno del organismo electoral, pero el gobierno finalmente integró un colegio electoral a modo, sin participación del PRD y acabó reconociendo como ganadores sólo a seis de los candidatos del partido.

El manejo que hizo el gobierno de las elecciones en Baja California y en Michoacán fue radicalmente distinto. En Baja California se practicó el fraude durante la jornada electoral, pero los delitos no fueron suficientes ni se utilizó el atropello violento para voltear el resultado de la elección a su favor y el gobierno acabó aceptándolo, no dudo, en este caso, debido a los acercamientos y eventuales acuerdos con el PAN, que empezaron a hacerse evidentes desde antes de la toma de posesión de Salinas en voz de Abel Vicencio Tovar, entonces Secretario General del partido. Había declarado que el gobierno nacido de la ilegitimidad podría legitimarse con sus actos, tesis que nunca se compartió en el PRD, pues la ilegitimidad de origen era eso y el pasado, la historia, los hechos sucedidos no los iban a cambiar ni el tiempo ni hechos ocurridos con posterioridad, independientemente de reconocerse quién y cómo se ejercía el poder.

En el caso de Michoacán el gobierno optó por consumar el fraude, costase lo que costase y llevarlo hasta sus últimas consecuencias. Estaba en juego mucho más que el control de una legislatura local. El trato a un partido y a otro iba a ser radicalmente diferente durante todo el sexenio y así quería el gobierno que todo mundo lo entendiera. El régimen, que estaba poniéndose de acuerdo con el PAN, con el que desde entonces abiertamente compartió su proyecto de nación, veía en el PRD una amenaza seria, una oposición fuerte y decidida a sus políticas entreguistas y socialmente excluyentes. Para frenar su avance, evidente en las intensas movilizaciones que se daban por todo el país, ante su falta de argumentos y la capacidad electoral que estaba ostensiblemente perdiendo, estaba dispuesto a utilizar todos los recursos a su disposición y a pagar los costos que fuera necesario.

En defensa del voto y de los triunfos de los candidatos perredistas se realizó una fuerte movilización y se llevaron a cabo actos de protesta y de rechazo al fraude por todo el estado. Además, en muy diferentes partes del país se realizaron actos de solidaridad con la lucha de los michoacanos: mítines en San Luis Potosí; en San Bernardino Contla, Tlaxcala, donde la gente también defendía su derecho a elegir a sus autoridades; en Tepic se tomó la Cámara de Diputados; los comités del PRD en California, Estados Unidos, lanzaron una convocatoria para apoyar esa lucha; en Monterrey hubo plantones e interrupciones al tránsito; se produjeron cierres de carreteras en Hidalgo, Guerrero, Sinaloa y el Estado de México, en la capital de la República hubo marchas, mítines en el Zócalo, en el hemiciclo a Juárez y frente a la Procuraduría de la República, en fin actos de solidaridad que hacían ver un rechazo a las prácticas electorales delictivas, instrumentadas desde el Estado, y la amplitud con la que el nuevo partido se estaba implantando a lo largo y ancho del país.

Con el propósito de aclarar las cosas y de que se respetara la voluntad que los ciudadanos habían expresado con sus votos, se constituyó en la ciudad de México un Tribunal Independiente de Ciudadanos —del que formaron parte Rodolfo González Guevara, Mariclaire Acosta, Jorge Barrera Graf, Julio Faesler, Carlos Castillo Peraza, Jaime González Graf, Emilio Krieger, Hugo Margain, el doctor Salvador Nava, Rogelio Sada, Samuel del Villar, Carlos Monsiváis y Elena Poniatowska—, que recogió evidencias de las partes en conflicto en Michoacán y concluyó que se había cometido un fraude por el Estado y su partido, reconociendo en su dictamen final, dado el 13 de agosto y firmado por todos sus miembros, menos Carlos Castillo Peraza y Rogelio Sada, ambos del PAN, quienes adujeron falta de tiempo para revisar las evidencias que llegaron al tribunal, ni por Hugo Margain, del PRI, que se dijo se encontraba ausente del país; en el documento se asentó que el PRD había ganado las elecciones en catorce distritos y que en los otros cuatro las elecciones debían anularse por las fuertes irregularidades cometidas en el proceso.

Concluido con la imposición el proceso para elegir Congreso local en Michoacán, había que atender las distintas campañas que imponía el complejo calendario electoral del país, con elecciones todo el año y todos los años; continuar con la organización de comités del partido y acudir a aquellos sitios donde se presentaban acontecimientos políticos particulares, que hacían conveniente o necesaria mi presencia.

Tal fue el caso de la visita a Cananea el 26 de agosto, acompañado por Adolfo Gilly, Pedro Etienne y Clemente Ávila —éste del comité de Sonora— y los diputados del PPS Sergio Quiroz y Modesto Cárdenas García, para sumarnos y brindar la solidaridad del PPS y del PRD a la lucha que libraba la Sección 65 del Sindicato de Trabajadores Mineros contra la privatización de la empresa. Ésta explotaba y beneficiaba mineral de cobre y ha sido emblemática en la lucha por los derechos de los trabajadores desde la gran huelga de 1906, que provocó, con la complacencia del régimen porfiriano, la entrada de los *rangers* norteamericanos para reprimirla.

Manuel Clouthier

El 2 de octubre de 1989 amaneció el país con la noticia del fallecimiento de Manuel Clouthier, ocurrido en un choque del auto en que viajaba en la carretera Culiacán-Mazatlán. Al día siguiente, con Ildefonso Aguilar y Porfirio Muñoz Ledo, volamos a Culiacán para despedir a Manuel Clouthier, con quien a pesar de nuestras diferencias políticas tejí una amistad cordial y respetuosa.

Con ese motivo escribí para mí la nota siguiente:

El domingo 1 llamó a Cuate a Cuernavaca para avisar que habían llamado de Notimex, buscándome, para informar que en un accidente, en la carretera de Culiacán a Mazatlán, había muerto en Ing. Manuel J. Clouthier, quien fuera candidato a la presidencia, postulado por el Partido Acción Nacional.

Ayer fuimos y vinimos de Culiacán Porfirio Muñoz Ledo, Poncho Aguilar y yo. Nos recibió en el aeropuerto el Dip. Gregorio Urías, con quien fuimos de inmediato a hacer una guardia ante el féretro del Ing. Clouthier, en la capilla de una iglesia en la colonia Chapultepec, donde lo velaban...

Al llegar se celebraba un oficio religioso. Nos quedamos de pie, en la parte posterior. Cuando terminó, de inmediato, una persona nos invitó a montar una guardia.

Salimos luego a la calle, rodeados de periodistas, a los que hicimos declaraciones. En eso cruzaba la calle Luis H. Álvarez, Presidente del PAN, quien venía de la casa de la familia Clouthier, frente a la iglesia, para invitarnos a saludar a la familia.

Pasamos primero a lo que fuera el despacho del Ing. Clouthier, donde estaba uno de sus hijos, Manuel, con tres o cuatro señores. Los saludamos y nos pasaron a una sala de estar, a donde llegó la Sra. Clouthier (Leticia Carrillo de C.) y sus hijos (son diez en total). A todos saludamos y les expresamos nuestras condolencias.

Empezábamos a conversar con la señora y dos de sus hijas, cuando llegaron Fernando Gutiérrez Barrios, Secretario de Gobernación, el Gobernador de Sinaloa, Francisco Labastida, y dos o tres personas más. Gutiérrez Barrios dio el pésame a la señora, que estaba en un sillón, una de sus hijas le tenía un brazo sobre sus hombros, y al erguirse y voltear, nos vio a Porfirio y a mí, a quienes de inmediato saludó.

Transcurridos unos instantes, sin que se hubiera reanudado la conversación, salieron de la sala la señora, Gutiérrez Barrios y sus acompañantes. Las dos hijas que ahí se quedaron rompieron en exclamaciones, diciendo que ahora sí daban la cara, que mejor no hubieran aparecido y cosas por el estilo, impactadas por la muerte de su padre e irritadas por la presencia de un representante del gobierno. Entre ellas dijeron también que no dejarían que fueran al sepelio.

Regresó la señora y nos invitó a pasar al despacho. Ahí estaba su hijo y las dos o tres personas que lo acompañaban. Empezó a decirnos que ahí era donde trabajaba su esposo.

Nos señaló el escritorio de cortina, que había sido de su abuelo, la mesa donde jugaba póker, los Quijotes que le habían regalado, entonces entraron al despacho Gutiérrez Barrios, Luis H. Álvarez, Labastida y acompañantes.

Habían entrado, momentos antes, algunas de las hijas e hijos. La señora repitió ante Gutiérrez Barrios que estábamos en el despacho de Clouthier, donde trabajaba, donde les había dicho volvería para quedarse cuando se hubiera impuesto la democracia en México.

Empezó primero una hija. Le dijo a Gutiérrez Barrios que esperaba cumplieran con los cambios democráticos. Gutiérrez Barrios dio una respuesta vaga, acartonada, de lugares comunes. Siguió otra hija. Respuesta similar. Luego el hijo menor. Lo mismo. Una hija, dirigiéndose a mí, dijo "Cuauhtémoc, ahora eres tú quien tiene la bandera y debe continuar la lucha". Incómodo para Gutiérrez Barrios, los Clouthier estaban dolidos y exaltados, hablaban con gran emotividad. Él tragaba grueso.

Se despidieron Gutiérrez Barrios, Labastida y acompañantes. Los encaminó hasta la entrada de la casa Luis H. Álvarez. Detrás de ellos salimos nosotros.

Conocí a Manuel Clouthier en Mazatlán, por 1972 o 73, en un desayuno en casa de Enrique Peña Bátiz, al que asistió el Gral. Gabriel Leyva Velázquez. Era un desayuno de la Asociación Cívica Lázaro Cárdenas. Lo saludé por segunda ocasión en Morelia, en 81 u 82; él había ido como Presidente de Coparmex a dictar una conferencia. Me vio en Palacio de Gobierno.

No nos volvimos a encontrar sino ya en la campaña. Sostuvimos varias pláticas, todas en el departamento de Luis H. Álvarez, en la Colonia del Valle, para hablar de acciones conjuntas en defensa del voto. En las conversaciones siempre hubo acuerdo, aunque no se concretaron acciones. Porfirio Muñoz Ledo y Luis H. Álvarez estuvieron en esas pláticas.

Otra vez nos reunimos en la casa de Emilio Goicoechea Luna, en las Lomas, en una callecita atrás de la zona comercial, del mercado y el correo de Prado Norte.

Coincidimos el 6 de julio con Rosario Ibarra, en la Secretaría de Gobernación.

Lo visité en el hospital Humana, donde estaba internado, y fui a verlo frente al Ángel de la Independencia, cuando estaba en huelga de hambre.

Las últimas veces que lo vi fue para tratar sobre las posibilidades de llevar a cabo acciones conjuntas para que se diera una verdadera reforma electoral. Se propiciaron las conversaciones entre diputados del PAN y del PRD.

Después de verlo, después de acercamientos míos, nunca faltó una declaración de su parte, a los pocos días, agresiva o poco amable, que no correspondía a los gestos de parte nuestra, para deslindarse. Sin embargo, siempre consideramos en los análisis y discusiones entre compañeros de la dirección del PRD, que era conveniente su adhesión o compromiso, así fuera débil, a ciertas medidas o actitudes. El gobierno siempre ha temido las acciones conjuntas que pudieran emprender el PRD y el PAN.

Manuel Clouthier fue un batallador por sus ideas. Impulsivo. Bronco. Temió un mayor acercamiento con nosotros.

La familia, algunas de las hijas y el hijo menor, fueron sumamente afectuosos conmigo. Una de ellas repitió varias veces que le daba mucho gusto conocerme.

El hijo, estando en el despacho de su padre, me jaló a un lado y me dijo si sabía yo de algo turbio en la muerte de su padre. Que si llegaba a saberlo se lo dijera. Le contesté que no lo creía, que tuviera serenidad, pero que si llegaba yo a saber algo, se lo haría conocer.

En relación a mis encuentros con Manuel Clouthier, el último entre ambos se dio hacia mediados de 1989, cuando se empezaba a tratar en el Congreso la primera iniciativa de reforma electoral del gobierno de Salinas. Recuerdo bien que una tarde, encontrándome en una reunión del Comité Ejecutivo del PRD, me llamó Manuel para decirme que tenía urgencia de hablar conmigo y me pedía lo encontrara en su departamento, pues estaba ligeramente enfermo y no podía salir. Dejé la reunión y fui a encontrarme con él. Lo hallé en cama, de buen ánimo. Me habló de la contrarreforma electoral planteada en las iniciativas del gobierno que estaba por discutirse, sobre las que comentamos con cierta amplitud, y me planteó la posibilidad de que el PRD y el PAN pudieran asumir una posición común frente a esos proyectos. Le respondí que aunque debía tratarlo en el Comité Nacional del partido, podía adelantarle que se aprobaría el que ambos partidos fueran juntos en la posición que adoptaran frente a esas iniciativas. Me dijo que lo consultaría con los dirigentes del PAN y me comunicaría lo que con ellos decidiera. A los dos o tres días me llamó de nuevo para decirme que la dirección del PAN no había aprobado ir con el PRD en una posición compartida; aun cuando, agrego yo, no existía contacto entre ambos partidos para discutir los contenidos y la posibilidad de una posición común respecto a la reforma electoral regresiva que se veía ya venir, lo que quedaba muy claro era que el PAN simplemente no quería trato alguno con el PRD y estaba ya en arreglos con el PRI.

La agresión a Cuate

El primer domingo de diciembre de 1989, día 3, se celebraron elecciones municipales en Michoacán. Desde el día anterior me había trasladado a Morelia y el día de las elecciones realicé un largo recorrido por distintos municipios, regresando a Morelia por la noche.

Como es mi costumbre cuando me encuentro fuera de la ciudad, llamé a la casa en México y me contestó Cuate. Me dijo que la noche del viernes al sábado, alrededor de las doce y media de la noche, cuando circulaba por la avenida Miguel Ángel de Quevedo, en un alto, bajaron dos personas del auto que estaba detenido frente al que él conducía y una de ellas introdujo la mano por la ventanilla, parcialmente abierta, portando una navaja del tipo x—acto, ordenándole que bajara del carro. Cuate percibió en ambos sujetos bultos en sus cinturas, que le hicieron suponer se trataba de pistolas que portaban.

Ya abajo le dijeron "que ya no hiciéramos líos en Michoacán". Fue todo lo que le dijeron. Después le hicieron unas marcas, unos rayones con la navaja en la frente y en el pecho, volvieron a su auto y se alejaron.

Cuate estaba sin duda impactado por la agresión sufrida, que afrontó con gran serenidad.

El lunes 4, después de una conferencia de prensa con los medios del estado en Morelia, regresé a México. Hice entonces para mí una nota de lo sucedido a Cuate, que terminaba diciendo:

Mañana martes presentaremos denuncia formal del caso.

Quieren intimidarnos y lo hacen golpeando a la parte más sensible de la familia, los hijos. Hasta la amenaza con el ejercicio de cierto grado de violencia han llegado ahora.

Este es el diálogo que quieren Carlos Salinas y sus autoridades y partidarios.

Siembran temor, es cierto. Retroceder en la lucha, variar las posiciones, no es posible.

Unos meses después amplié esa nota, registrando lo acontecido:

Al llegar a México, el propio 4, hablamos con Cuate. No sólo lo bajaron del carro y lo amenazaron, con la navaja, le hicieron varias pequeñas heridas, rayones, en el pecho y en la frente. Las hizo alguien que sabe manejar ese tipo de navajas.

Cuate no dijo nada para no preocuparnos. La noche en que lo agredieron habíamos salido Celeste y yo a cenar y nos habíamos llevado a Camila. Cuate llamó buscándonos, al no encontrarnos llamó a la portería del edificio nuestro y le pidió al policía —don Ramón— nos dijera que no llegaría a dormir.

Cuate no quiso decirnos nada para que no interrumpiera yo mi viaje a Morelia, para estar allá el día de las elecciones, y tampoco quiso preocupar a Celeste, aunque él, como es lógico, estaba fuertemente impactado desde el momento mismo en que lo agredieron y, sobre todo, en cuanto le hablaron de Michoacán. Si primero pensó que podía tratarse de un asalto, al mencionarle lo de Michoacán le vinieron los recuerdos de Xavier Ovando.

El lunes, en el curso del día, Celeste y Cuate estuvieron hablando del caso con Samuel del Villar. Yo hablé con Leonel Godoy. Ese día y en la mañana del día siguiente (martes 5) preparé una carta para el Procurador de Justicia del D. F.

El martes, alrededor de las 13 hs. fuimos con Cuate, Samuel y Leonel a presentar la denuncia a la Procuraduría. Rindió Cuate su declaración.

Nos habían recibido, primero, el Procurador Lic. Ignacio Morales Lechuga, el Subprocurador Dr. Jaime Muñoz y el Director de Averiguaciones Previas Lic. Tomás Flores —fue éste quien tomó la declaración de Cuate.

El Procurador quiso ser afable. Yo estuve muy seco, sin darle entrada. Él estuvo, en todo momento, atento. Después que Cuate rindió su declaración, al despedirnos entregué la carta que había yo preparado al Procurador. Esa misma carta se entregó a los periódicos. Sé que no les gustó.

El domingo 10 salí de México a Cd. Madero, Tamaulipas. El día anterior el Subprocurador había llamado a Cuate para pedirle que pudiera pasar el domingo a la Procuraduría, para aclarar algunas cosas de su declaración.

Fue con Carlos Torres y Alfonso Vaca Tavera. Lo recibieron el Procurador, el Subprocurador, el Director de Averiguaciones Previas, un Lic. Ponce (hijo del Gral. Héctor Ponce Sánchez, que tuvo alguna relevancia en la época del Lic. Alemán y se decía amigo de Juan Domingo Perón) y otro funcionario.

El interrogatorio lo condujo el Procurador. Fue en tono sumamente agresivo, pretendiendo que Cuate se inculpara a sí mismo. Que por qué no había avisado a sus padres, que si tenía una mala relación con ellos. Que si la gente de la boda, de donde salió Cuate cuando lo agredieron, eran gente que hacía cine, que toda la gente de cine es drogadicta. Que para hacer escenografías —como el trabajo de Mónica Chirinos, que fue novia de Cuate hasta hace unos meses— se usan navajas x-acto (afirmación del Procurador, que Cuate no le confirmó y que es incorrecta), que si no sería por cuestiones sentimentales e insinuó si no habría sido Mónica... Cinco horas de interrogatorio.

Al día siguiente fui a la Procuraduría y en persona reclamé al Procurador su proceder. Él dijo que eran necesarias más precisiones en la denuncia que presentó Cuate y en situación tensa, guardando las formas, terminó la entrevista.

De entonces para acá ha tenido que ir Cuate a ampliar su declaración varias veces...

Llevan unos 100 declarados, además de cinco amigos de Cuate cuyos nombres él dio.

Evidentemente no han encontrado nada. Buscan contradicciones, conductas que pudieran calificar de anormales o desordenadas. Es probable que uno de estos días den a conocer resultados de las "investigaciones" y den conclusiones torcidas.

Ninguna investigación —al menos que sepamos— han conducido buscando móviles políticos. No pueden llegar a los autores intelectuales, que sería prácticamente lo único importante. No pueden llegar porque son ellos mismos.

Habrá que hacer una declaración pública en estos días diciendo cómo se orientó la investigación —a molestar a amigos, conocidos y personas que ni siquiera conocían o habían tratado a Cuate—, a no decir nada relacionado con cuestiones políticas.

Dada la actitud que encontré en el procurador, agresiva contra Cuate, queriendo a fuerzas desconocer cualquier implicación política y dado que los acontecimientos tenían que interpretarse necesariamente con un sentido político, llamé por teléfono al secretario de Gobernación Fernando Gutiérrez Barrios, quien se mostró preocupado y me ofreció que pediría al capitán Luis de la Barreda, su colaborador, que por su lado investigara también el caso. Con ese motivo nos entrevistamos Cuate y yo con el capitán de la Barreda, quien planteó la necesidad de hacer una reconstrucción de los hechos. Se hizo: la noche del 6 al 7 de diciembre, a las cero horas con treinta minutos, que fue la hora y en el sitio donde tuvo lugar el asalto, nos encontramos con el capitán de la Barreda. Le hizo más preguntas a Cuate, se llevó a cabo la reconstrucción de los hechos y nos reiteró que se profundizaría la investigación. Después, nada pasó.

El Procurador, ya como ex procurador, siendo yo Jefe de Gobierno del Distrito Federal en 1998, me buscó para comentarme que algún grupo del PRD de Veracruz lo estaba invitando para que aceptara la candidatura del partido a gobernador en aquel estado. Le dije que no me correspondía a mi tomar parte en esa decisión, que estaba en manos de la dirigencia nacional y de los grupos del partido en Veracruz, que era con los cuales tenía que tratar el punto.

En esos días fui invitado a una reunión de la dirección del partido, presidido entonces por Andrés Manuel López Obrador, en la que entre otras cuestiones se trató el caso de la posible candidatura de Morales Lechuga, que era bien vista por varios de los miembros de la dirección nacional. A requerimiento expreso de mi opinión, manifesté que la daba porque me la pedían, pero que la decisión correspondía al partido y cualquiera que ésta fuera estaría de acuerdo con ella y que respecto a mi opinión sobre el licenciado Morales Lechuga como candidato del partido, lo que podía decir, a partir de una experiencia personal, es que él no debería ser candidato del PRD.

Habrá quienes piensen que debía yo haber dicho al licenciado Morales Lechuga lo que luego dije en la reunión del partido. No lo creo así. La dirigencia del partido tenía la responsabilidad de la decisión y toda la libertad para tomarla. Di mi opinión advirtiendo que aceptaría lo que los dirigentes del partido decidieran; la di, como lo expresé en su momento, porque me la pidieron, de no haber sido así, no la hubiera dado.

Se desata la violencia

El final de 1989 y el principio de 1990 estuvieron marcados por los conflictos derivados de los fraudes y la violencia oficiales en las elecciones municipales, principalmente en Michoacán y en Guerrero.

Antes de éstas, se celebraron elecciones en Campeche, Zacatecas, Chihuahua, Durango, Puebla, Oaxaca, Veracruz, Aguascalientes, Sinaloa y Tamaulipas. Con posterioridad a las elecciones se presentaron conflictos, mayores o menores, producto de la imposición que hizo el gobierno de los candidatos del partido oficial. En Puebla y Oaxaca las confrontaciones fueron más agudas: en Tepeojuma, Puebla, tres militantes del PRD fueron asesinados; en Nochixtlán y en Santo Domingo Ingenio, Oaxaca, cuatro perredistas resultaron muertos y seis heridos, en agresiones perpetradas por gente del PRI.

Al día siguiente de las elecciones en Michoacán, de acuerdo con los cómputos de votos que se obtenían, era incuestionable que el PRD ganaba en los principales municipios, Morelia y Uruapan entre ellos, así como en unos cincuenta más, pero el gobierno se resistía a reconocerlo, lo que provocó fuertes enfrentamientos en Apatzingán, Irimbo, Huiramba, Benito Juárez, Ocampo, Taretan, Zitácuaro, Tuzantla, Jungapeo y Uruapan. El gobierno acabó por reconocer el triunfo del PRD en 52 municipios, por 56 del PRI, 3 del PAN y uno del PARM. Hubo inconformidad de los perredistas, que a finales de enero, dos meses después de celebradas las elecciones, tenían ocupados 32 ayuntamientos y en 21 de ellos habían establecido gobiernos municipales paralelos a los del PRI. A esas alturas se contaban ya cinco muertos y más de treinta heridos, miembros del PRD, en diferentes lugares del estado: en Tuzantla los enfrentamientos causaron una muerte; en Jungapeo, el 19 de enero, fueron asesinados dos perredistas y tres más fueron heridos de gravedad; en Apatzingán uno fue acribillado a quemarropa; en Jacona murieron dos miembros del PRD y 16 más sufrieron lesiones de importancia. En Uruapan, donde el PRD presentó con contundencia y amplitud las evidencias del fraude y provocó una fuerte movilización en demanda del respeto al voto, la autoridad, descartando imponerse por la fuerza, decretó la anulación de la elección.

En Guerrero el fraude estuvo dirigido por el gobernador José Francisco Ruiz Massieu que se impuso, si cabe, con mayor arbitrariedad y ejerció la violencia con más saña que en cualquiera de los otros estados. En cuanto se dieron a conocer los primeros resultados oficiales, empezaron las protestas de la gente y para el 8 de diciembre había ya 26 plantones en otros tantos municipios, en los que los perredistas reclamaban el triunfo. Se demandaba el reconocimiento de que el PRD había ganado en 16 municipios y la revisión de los paquetes electorales en 35 más. Las tensiones mayores se dieron en Chichihualco, Petatlán, Apango, Tecpan, Atoyac, Teloloapan, Cruz Grande, Ometepec y Coyuca de Benítez.

El Congreso del estado, al calificar las elecciones, resolvió anularlas en 6 municipios, reconocer como triunfador al PRI en 56, en 9 al PRD, en 2 al PARM, uno le reconoció al PFCRN y uno más al PRT. No cesaron las inconformidades y protestas, de donde resultaron cuatro perredistas muertos en Coyuca de Benítez el 2 de enero, tres en Tuxtla el 20 del mismo mes, uno más en Coyuca de Benítez el 20, otro en Chichihualco el 4 de febrero, uno en Acapulco el 27 de febrero, uno en Zihuatanejo ese mismo día, más dos desaparecidos, otro muerto y, en marzo, dos desaparecidos en Ometepec el 6 y en Tlacoachistlahuaca un asesinado el 17.

El 6 de enero asistí en Coyuca de Benítez a un mitin para protestar contra la agresión a la gente, el fraude electoral, la violencia oficial que prevalecía y exigir justicia en el caso de los asesinados por la fuerza pública. No lejos de la plaza de la población se podía ver la casa semiincendiada y con marcas de balazos por todas partes, donde fueron abatidos los cuatro perredistas cuando trataban de escapar de la policía que los perseguía.

En Ometepec y Cruz Grande las tomas de los edificios municipales por la gente del PRD se prolongaron y en la madrugada del 6 de marzo, día en que se había convenido abrir las pláticas en la Secretaría de Gobernación para buscar solución política a los conflictos poselectorales, el gobernador Ruiz Massieu ordenó el desalojo violento de los plantones, con gran despliegue de fuerza. En Ometepec la policía detuvo a Eloy Cisneros Guillén, candidato del PRD a presidente municipal, que encabezaba el Ayuntamiento Popular, y a su hermano Ladislao, quienes fueron conducidos al penal de Acapulco, donde los encerraron y torturaron, ocasionándoles graves lesiones, algunas con secuelas de carácter permanente. Hubo además en Ometepec dos desaparecidos y decenas de heridos y golpeados.

En Cruz Grande, población en la que también se asaltó el plantón perredista, la situación fue diferente: los ocupantes del palacio municipal pudieron enterarse con anticipación que serían atacados y se prepararon para repeler el ataque: duró más de diez horas en las que la policía los roció con balas desde distintos lugares de la población. El ataque fue rechazado una y otra vez, hasta que la policía se vio forzada a pedir una tregua para levantar a sus caídos, momento en el cual los agredidos se confundieron con la gente de la población que se congregó en donde se había estado librando el combate, y aprovecharon para retirarse. El resultado de ese enfrentamiento fue de un perredista y tres policías muertos, más diez policías heridos.

El 10 de ese mes me presenté con Samuel del Villar y otros miembros de la dirigencia del PRD en el penal de Acapulco con la intención de ver las condiciones en las que se encontraban Eloy Cisneros y su hermano, detenidos días antes en Ometepec, pero la entrada al reclusorio nos fue negada.

Así fue el comienzo de la escalada de violencia desatada por el gobierno de Carlos Salinas contra el PRD. Durante su administración se produjeron 3 asesinatos de miembros del PRD en 1988, 34 en 1989, 74 en 1990, 26 en 1991, 54 en 1992, 67 en 1993 y 12 en 1994, hasta el 14 de mayo, además de 9 desaparecidos y decenas de heridos, golpeados y detenidos arbitrariamente. En la administración de Ernesto Zedillo, sobre todo en su primera mitad, el ambiente de violencia y agresividad desde los círculos oficiales contra los miembros del PRD no varió, pues en ese sexenio cayeron asesinados más de 300 perredistas, algunos más que en los seis años del salinato.

Todos esos delitos, a pesar de ser denunciados oportuna y debidamente, estuvieron y han permanecido protegidos por la impunidad. No se castigó a los autores materiales ni menos a los intelectuales. Si bien no hay evidencias para afirmar que esos crímenes se hubieran cometido a partir de una instrucción central o que obedecieran a un diseño previo, la protección del Estado a sus autores, la impunidad que se les brindó, constituye el denominador común que los une y que sólo pudo corresponder, en el régimen de partido del Estado, a una decisión y a una forma particular de persecución y de hostilidad determinada o aceptada por la más alta autoridad del país: Carlos Salinas en su momento y Ernesto Zedillo después.

10

AL ENCUENTRO CON EL EXTERIOR

La pena de muerte

En los primeros días de julio del 89 los medios informativos dieron la noticia de que se juzgaba en Cuba, por crímenes graves, a varios militares que habían destacado tanto en el propio movimiento revolucionario cubano como en el apoyo brindado por Cuba a la lucha independentista de los rebeldes angoleños, que resultó victoriosa. Cuando se dio la noticia que se les condenaba a muerte, dirigí al presidente del Consejo de Estado y del Consejo de Ministros, Fidel Castro, el siguiente telegrama:

Con interés y preocupación hemos seguido acontecimientos recientes, que han llevado a la difícil y penosa decisión de condenar a la pena máxima a cuatro viejos compañeros de la Revolución Cubana.

Sin desconocer las dimensiones del daño y el que se ha procedido con estricto apego a la ley, con todo respeto y amistad hacia la Revolución Cubana me permito elevar mi voz pidiendo no se aplique la pena de muerte al ex general Arnaldo Ochoa, ex capitán Jorge Martínez Valdés, ex coronel Antonio de la Guardia y ex mayor Amado Padrón Trujillo.

Conmutarles hoy la pena de muerte de acuerdo a lo que establezcan las leyes de su país, dará al pueblo cubano más confianza en su propia fuerza y en la autoridad moral de su movimiento social. La comunidad internacional y los amigos de Cuba, estoy cierto, veríamos en ello un nuevo triunfo de la Revolución.

Mantengo mi convicción de que en cualquier país y circunstancia, la pena de muerte es improcedente. Considero que nadie tiene derecho a decretarla, no sólo por razones éticas y humanitarias, sino porque está más que demostrado que representa el reconocimiento del fracaso de las autoridades y las sociedades que la aplican y la toleran para prevenir el delito y su mayor incapacidad para rehabilitar al delincuente.

El primer viaje

Poco después de concluido el proceso electoral con la calificación de la elección presidencial y encontrándose en marcha la organización del nuevo partido político, recibí la invitación del Overseas Development Council, con sede en la ciudad de Washington, para dar una plática a los miembros de esa organización. La invitación había sido promovida por Adolfo Aguilar Zínser, quien en ese tiempo radicaba en aquella ciudad, trabajando como investigador en la Carnegie Endowment for International Peace. Al aceptar yo la invitación, Adolfo empezó a organizar un programa de actividades en Washington. Cuando algunos amigos se enteraron que proyectaba esa visita, surgieron invitaciones de la Universidad de Columbia, de Nueva York y del Massachussets Institute of Technology, el MIT, de Boston, para que diera yo pláticas en esas instituciones. Avisé de esas invitaciones a Adolfo, que empezó a coordinarse con Lorenzo Meyer para la visita a la Universidad de Columbia, y con Lourdes Melgar, para la de MIT.

Adolfo preparó una cuidadosa agenda para los primeros días de diciembre de 1988, en los que tendría lugar esa visita a Estados Unidos. La primera relación que tuvimos fue por carta. En Washington tuvimos nuestro primer encuentro personal. Comenzó entonces una relación de amistad, que se dio en función de coincidencias de ideas e ideales, en la que a lo largo de los años no faltaron los desencuentros. De él me impresionó siempre su agudeza para analizar situaciones y su inventiva para proponer acciones.

El programa estaba cargado de actividades, era cuestión de ir de una actividad a otra a lo largo de todos los días, de la mañana a la noche. De la estancia en Washington destaco la visita al senador Edward Kennedy en sus oficinas del Capitolio. Acudimos a ese encuentro Adolfo, Sture Graffman, mi concuño, y yo. El Senador nos recibió con mucha cordialidad e inició la conversación reconociendo "un magnífico desempeño electoral". Llegaba él a su oficina de un velorio, caminando con alguna dificultad. Dijo, cuando se habló del problema de la deuda externa, elevadísima en aquellos momentos para México, que no entendía por qué los países deudores no actuaban en un frente común y preferían hacerlo cada uno por su lado, sin reflexionar o sin reconocer, pienso, que la principal oposición a un frente común de países deudores surgía precisamente de los intereses intervencionistas norteamericanos. De la reunión con Edward Kennedy pasamos a platicar con el senador William Bradley, el que con Kennedy era uno de los más influyentes del Partido Demócrata. Mostró buen conocimiento de la situación de México y comentó que los países del Tercer Mundo tenían que dar prioridad al crecimiento económico y al mejoramiento social, por encima de sus problemas de endeudamiento con el exterior, nuevamente desconociendo que las deudas externas se encontraban en niveles tan altos debido a la imposición de las políticas derivadas de los *consensos de Washington*.

Una noche, entrando al hotel donde me hospedaba con el grupo que hacíamos la visita, vimos que por el lobby se movía Juan Enríquez Cabot, desconocido para mí pero conocido de Adolfo Aguilar y en ese momento enviado de Manuel Camacho para tratar de sabotear mi visita, de acuerdo con lo dicho por Adolfo. Nos enteramos de que había solicitado al Overseas Development Council y al Council of Foreign Relations de Nueva York (organismo ante el cual me presentaría en días posteriores), asistir a mis presentaciones, sin duda para reportar a México lo que en ellas se dijera y, de ser posible, meterme en dificultades con alguna pregunta. Lo rechazaron, hasta donde pude enterarme, con cajas destempladas. No me hubiera importado que hubiera asistido, como lo comenté entonces con el grupo que íbamos de México, pues no hubiera escuchado nada que no hubiera ya dicho antes.

Una serie policíaca

Ya en Boston, cumpliendo con el programa organizado por Lourdes Melgar, entre las varias actividades programadas di una plática en el MIT y asistí a una cena con profesores de la Universidad de Harvard, organizada por John Womack, autor de un importante y muy documentado libro sobre Emiliano Zapata y que ha sido uno de los más fervientes partidarios de Carlos Salinas en el medio académico norteamericano.

Terminada la cena en Harvard, nos retiramos al hotel. Debíamos volar a Nueva York y pasar en esa ciudad un par de días, antes de regresar a México.

Acababa de quedarme dormido cuando cerca de la una de la mañana sonó el teléfono. Era Lourdes Melgar para decirme que un teniente Capucci, de la policía del MIT, le había llamado para decirle que me buscaban con urgencia del Departamento de Estado.

Me comuniqué con Capucci, quien me repitió lo que ya me había dicho Lourdes. Me preguntó dónde estaba. Le di el nombre del hotel y el número de mi habitación, y le dije que ahí podrían localizarme si alguien más me buscaba. No pasaron veinte minutos cuando entró una llamada del agente especial Francis J. Neely, de la Oficina de Seguridad Diplomática del Departamento de Estado. Dijo que tenía un mensaje, que debía transmitirme personalmente. Le contesté que lo aguardaría en el hotel.

Llamé a un par de los compañeros de México, me vestí, y me encontré con ellos en el lobby del hotel. Empezamos a ver movimiento de gente, que supusimos era del servicio de seguridad del propio hotel y al poco rato entró un policía uniformado. Varias de esas personas, entre ellas el policía uniformado, se montaron en un elevador y detrás de ellos subí acompañado de Poncho Aguilar y los encontré en el pasillo, en el exterior de mi cuarto. Me identifique con ellos, que se dieron por enterados que era yo el ocupante de esa habitación, pero no hicieron comentario alguno, y regresé al lobby.

Unos treinta o cuarenta minutos más tarde llegó el agente Neely. Subí con él a mi habitación y ahí me dijo que la Embajada norteamericana en México había recibido una llamada de Nuevo México, diciendo que alguien había pagado 250 000 dólares a un grupo o a un *hispanic* para asesinarme en Boston.

Nunca he temido a posibles atentados y menos aún a los supuestamente anunciados. Ni entonces ni ahora.

Neely me preguntó sobre nuestro programa de viaje y dijo que desde ese momento tenía instrucciones de brindarme protección en Boston. Dejó entonces a tres agentes apostados afuera, frente a la puerta de mi cuarto, cortaron las llamadas telefónicas que ellos en caso dado interceptarían, así como todas aquellas que pudieran entrar a las habitaciones que ocupaban los demás integrantes del grupo de mexicanos; por otra parte, ocuparon las habitaciones contiguas a la mía, así como las que estaban arriba y abajo de ella. Yo, cuando me acabó de informar el agente Neely de todo lo que iba a hacer, me acosté y tranquilamente me dormí.

A la mañana siguiente bajé al comedor a desayunar, estaban los guardianes por fuera de mi habitación pero nadie me siguió. Me senté, no recuerdo con quiénes del grupo, en una mesa que estaba bajo un techo de vidrio y frente a un gran ventanal. A punto de terminar el desayuno se acercó un agente y preguntó por qué nos habíamos ubicado en esa mesa, según él, tan desprotegida. Le contesté, simplemente, que porque ahí nos había acomodado la gente del restaurante. Me pareció que la respuesta no le había complacido del todo.

Venía entonces la partida al aeropuerto. Fue todo un circo. Primero tendría que irse la mayor parte del grupo, que tomaron un par de taxis. Nos esperaríamos Sture y yo para salir unos minutos después. Nos tenían preparado un auto. Al ir a abordarlo, le dije a Sture que pasara por delante. Lo paró en seco un agente, diciéndonos yo debía ir en el asiento trasero, del lado izquierdo, y mi acompañante del lado derecho, es decir, según se circula del lado de las aceras, o sea del lado del que podía proceder algún proyectil o cosa parecida. Dije en ese momento a Sture: "Te toca ser el muerto." Nos reímos. Arrancó el auto y delante iba un policía en motocicleta y una patrulla, otros motociclistas a los lados y abriendo paso hasta que llegamos a una vía rápida, y dos patrullas más siguiéndonos detrás. Todo un convoy, llamando la atención de quienes rebasábamos. En no más de diez minutos estábamos ya en el aeropuerto.

Pasamos a la sala de espera y casi de inmediato al avión. Neely nos había dicho que el *problema* parecía limitarse a Boston —yo, insisto, nunca creí en tal *problema*— pero de cualquier manera avisaría a Nueva York, aunque no sabía si allá "harían contacto con nosotros".

Empezaba a carretear el avión cuando abruptamente se detuvo. Subieron un agente de civil, de unos dos metros de estatura, y un policía uniformado. Me invitaron a bajar y a quienes se quedaron, por el sonido del avión se les informó "que había habido una amenaza contra un *dignatario extranjero*". Ése era yo.

Desde la escalerilla del avión el agente de civil, que me sacaba toda la cabeza, me abrazó por detrás, envolviéndome con su cuerpo, protegiéndome no sé de qué. Subí con él a una patrulla desde la que vi que el resto del grupo también descendía del avión y detrás de ellos todos los pasajeros, que estaban, según me dijeron quienes se habían quedado en el avión, que trinaban contra el tal *dignatario extranjero*. Me llevaron a la estación de policía del aeropuerto y me pasaron a la oficina del jefe, dejándome ahí solo. Empecé entonces a escuchar que el avión se había detenido por instrucciones de la FBI. La salida del hotel había sido como a las diez y media. Era ya pasado el medio día.

El resto del grupo fue llevado a una sala de juntas. Los revisaron de arriba abajo, por si iban armados (nunca nadie que me haya acompañado en mis actividades políticas, que yo sepa y menos con mi conocimiento y consentimiento, ha ido armado). Después de hora y media o algo así, me invitaron a pasar a la sala donde se encontraban los demás. Llevaron café, refrescos y sándwiches. En esa sala entraban y salían agentes, hacían llamadas. Me pidieron después que pasara de nuevo a la oficina del jefe. Me puse a leer.

Ya como a las dos y media dijeron que nos iríamos. Llegó en esos momentos una persona que dijo ser de la CIA y me preguntó si habíamos cambiado de itinerario. Le dije que habíamos cambiado a un vuelo que salía de Boston más temprano que el previsto inicialmente, pero nada más. Entonces, de nuevo al avión, a otro desde luego, y salimos finalmente a Nueva York, a donde llegamos ya pardeando la noche.

Al subir al avión me habían dicho bajara yo primero con mis acompañantes. Así lo anunciaron por el sonido del avión, con el consecuente disgusto del resto del pasaje. Al bajar nos recibió la policía de la autoridad del puerto. Nos condujeron a sus oficinas. Al cabo de un rato llegó ahí mismo nuestro equipaje, en una limosina de alquiler, en la que fastidiados y amontonados fuimos finalmente al hotel.

Fue día completo de policías. Como serie de televisión: sirenas, patrullas, protección con un enorme cuerpo que me envolvía (mi cabeza llegaba cuando más a la base de su cuello), oficinas en las que continuamente entraban y salían policías uniformados y de civil, teléfonos que sonaban sin cesar, y el grupo de mexicanos, al final de cuentas, sin saber qué harían con nosotros.

En Nueva York, al día siguiente, todavía percibimos que alguien, discretamente, nos seguía.

Ya en esta ciudad nos enteramos de que había aparecido la noticia del potencial atentado en el *Boston Globe*, que en Washington habían llamado a Adolfo Aguilar del Departamento de Estado y que había aparecido la noticia en México.

Yo, por otro lado, no tuve el cuidado de avisar a Celeste del incidente y cuando se enteró del mismo y hablé después con ella estaba justificadamente preocupada y molesta conmigo.

Nicaragua: derrota sandinista y respeto al voto

En marzo de 1989 tuvieron lugar elecciones en Nicaragua, en las que se presentaron como candidatos Daniel Ortega, presidente en funciones buscando la reelección, y Violeta Chamorro, quien ganó y así lo habían reconocido las autoridades. En México se tenía aún muy presente en la memoria el fraude de 1988, refrescada además por el cúmulo de fraudes cometidos en las elecciones posteriores.

Ello contrastaba con la actitud de un gobierno en funciones y de un presidente que buscaba reelegirse y reconocía su derrota frente a la oposición, aun cuando tenía el mando y control del ejército y contaba con todos los recursos de los que se puede echar mano cuando se es gobierno y se quieren alterar los resultados de una elección, de lo que en México teníamos y tenemos infinidad de ejemplos. Ese hecho hizo que considerara la conveniencia de viajar a Nicaragua para expresar de manera directa al Frente Sandinista y a Daniel Ortega el reconocimiento de quienes en México estábamos luchando por el respeto al voto.

Con ese motivo varios compañeros del PRD viajamos a Managua. Al llegar, en cuanto descendimos del avión, fuimos conducidos a la Plaza de los No Alineados, en la que Daniel Ortega encabezaba un mitin, con 30 o 40 000 asistentes, para conmemorar el *Día internacional de la mujer*. Era 8 de marzo, día, por cierto, en que Camila cumplía siete años.

Encontré a un Daniel Ortega con una imagen que no esperaba. Desde 1979 en que llegaron al poder, los jefes del sandinismo vestían casi siempre y en su mayoría de verde olivo o de manera sobria. En la campaña que recién había pasado, en la que Ortega había contendido por su reelección, sus asesores de imagen le cambiaron la personalidad, le transformaron la imagen y lo encontramos en una concentración muy concurrida, subido en el templete desde el que se conducía el mitin, vestido con una camisa estampada con flores de gran tamaño, de un colorido exageradamente contrastante, botas vaqueras, él moviéndose de un extremo a otro del templete con el micrófono en la mano, una imagen que no correspondía, según yo, a la de un dirigente político del movimiento que había derrocado a la dictadura de Somoza. Lo vi con la personalidad transformada, que en nada transmitía seriedad ni certeza, que considero influyó en los resultados electorales. En los varios encuentros posteriores que he tenido con Daniel, lo he visto como antes, vestido siempre con sobriedad.

Jesse Jackson

En los meses que siguieron hice varios viajes al exterior: Puerto Rico y República Dominicana en septiembre, Chicago en octubre y un recorrido por California en noviembre, y entre un viaje y otro fui y vine por distintos Estados en los que candidatos del PRD participaban en elecciones.

En el viaje a Chicago tuve oportunidad de visitar, por segunda ocasión, la Escuela Lázaro Cárdenas, invitado para inaugurar su anexo. Esa escuela la había visitado por primera vez con Celeste y Cuate, cuando se inauguró, en los días de las fiestas patrias de septiembre de 1979.

En ese tiempo, quiero recordarlo, se enviaban representantes del Presidente de la República a las principales ciudades de Estados Unidos, donde había colonias mexicanas numerosas, para dar el grito el 15 de septiembre. Aquel año llevó la representación del Presidente a Chicago el Director de Nacional Financiera, licenciado Jorge Espinosa de los Reyes, a quien acompañamos en la ceremonia del grito, precedida y seguida de una variedad que presentaban artistas mexicanos que formaban parte de la comitiva del representante presidencial, y al día siguiente asistimos al desfile que se organizaba en el barrio de Pilsen, en el que residían y residen un gran número de mexicanos. El desfile duró cerca de tres horas y vimos pasar carros alegóricos de empresas de mexicanos, bandas de música de escuelas de la ciudad, candidatos a distintos cargos que buscaban hacerse ver por sus potenciales electores. 1988 fue el último año en que se enviaron esas representaciones presidenciales a Estados Unidos, pues en ese año del fraude electoral los representantes presidenciales fueron recibidos con manifestaciones de fuerte rechazo por la gran mayoría de los mexicanos que asistieron a esos actos en diferentes ciudades norteamericanas.

Volviendo a la estancia en Chicago en esta visita de 1989, asistí a una reunión de la Operación PUSH (People United to Save Humanity), que encabezaba el reverendo Jesse Jackson, que se desarrolló en un antiguo templo transformado en sede de la organización política, con cánticos religiosos y una intervención final del reverendo Jackson. Terminada la sesión, pasamos el grupo de mexicanos a saludarlo a un pequeño despacho. Me dio la impresión que no tenía muy claro con quien se estaba reuniendo. Nos despedimos de él y en otro espacio del mismo templo se había preparado un encuentro con mexicanos residentes en aquella ciudad. El salón estaba abarrotado y al entrar me recibieron con mucho calor y entusiasmo. No estaba previsto que Jackson nos acompañara en ese encuentro con los mexicanos, pero el ruido alegre de la reunión que llegó hasta su oficina, seguramente lo motivó y lo invitó a hacer presencia y dirigir unas palabras a los ahí reunidos, que fueron recibidas por todos con gran satisfacción. A partir de entonces nos hemos encontrado en varias ocasiones, nos hemos identificado por nuestra vocación democrática y hemos establecido una buena relación de amistad.

Lula

En julio de 1990 los organizadores de *La otra cumbre económica* (*The Other Economic Summit -TOES*), que coordinaba Ward Morehead y que en años anteriores había celebrado ya reuniones similares, convocaron a un encuentro en Houston. Era algo paralelo a la cumbre económica del Grupo de los Siete (G-7) que tendría lugar en esa misma ciudad, a la que fuimos invitados representantes del

Partido de los Trabajadores de Brasil, de Colombia Unida, de la Coalición Arco Iris (Rainbow Coalition) y del PRD.

La sesión de apertura de la reunión tuvo lugar el día 6, en una gran carpa, con una elevada asistencia y hablamos, según el orden de nuestras intervenciones, yo del PRD, Adalberto Carvajal Salcedo de Colombia Unida, y Luiz Inácio Lula da Silva del PT, a quien acompañaban Luis Favre y una traductora brasileña. Se esperaba que se incorporara al encuentro Jesse Jackson, quien a última hora se disculpó.

Fue mi primer encuentro con Lula. Desde ese momento hubo simpatía mutua. Él había hecho su primera campaña como candidato presidencial pocos meses antes. El primer contacto entre nosotros se había dado en 1988, por medio de una comunicación que envió en nombre de la dirección del PT, brindando la solidaridad del partido al Frente Democrático Nacional.

Sucedió algo inesperado en esa ocasión en Houston, que contribuyó a hacer más estrecha y personal nuestra relación: los organizadores habían invitado a una traductora local, que se suponía tenía dominio del portugués y obviamente del inglés, para que interpretara la intervención de Lula. Al enterarse de eso, dijo a sus acompañantes que aunque iba una traductora con ellos, utilizaría a la que habían convocado los organizadores para no ser descortés con ellos. Pero la traductora no entendía lo que Lula decía y lo que ella transmitía al público tenía poco o nada que ver con el discurso de Lula. Al ver lo que sucedía, con la preocupación evidente de sus acompañantes, comenté con éstos lo que yo percibía y me contestaron que ya se habían dado cuenta de ello, pero que Lula les había prohibido terminantemente intervenir. Frente a la destrucción que se estaba haciendo de su discurso, que estaba llegando totalmente distorsionado al auditorio, decidí interrumpirlo, diciéndole lo que sucedía y ofreciéndome a traducirle al inglés. Aceptó y sólo le pedí hablara lentamente y dado que trataba de un tema que me era conocido pude entender el portugués, que no hablo, y la interpretación resultó razonablemente aceptable.

Posterior a esa primera ocasión, han sido varias las veces en que he podido reunirme y cambiar impresiones con él: en congresos del PT en San Bernardo y Recife; en las ocasiones en que ha venido a México para asistir a la segunda reunión del Foro de São Paulo en 1990, en la campaña federal del 94, en sus varias visitas como Presidente del Brasil; en São Paulo y Brasilia en sus campañas y en su primera toma de posesión el 1 de enero del 2003; he compartido con él en reuniones formales y con amigos cercanos. En estos años, en sus distintas calidades de dirigente partidario, legislador constituyente, candidato y presidente, amigo cordial y afectuoso, ha estado también siempre presente en nuestros encuentros el estadista de amplia proyección, el hombre comprometido con su pueblo y su país, el latinoamericanista y el internacionalista, que mantiene vivo su espíritu y condición de trabajador y dirigente obrero.

Acuerdo continental de desarrollo y comercio

Hacia mediados de 1990 empezó a hacerse pública la información de que el gobierno mexicano negociaba con el de Estados Unidos un tratado de libre comercio. Ante las primeras noticias, fuentes del gobierno mexicano negaron la información, pero al poco tiempo el gobierno norteamericano dio a conocer que efectivamente se negociaba un acuerdo, que sería el segundo —se había suscrito ya el acuerdo entre Canadá y Estados Unidos— en el marco de la Iniciativa de la Empresa de las Américas, lanzada poco antes por el presidente Bush. Ahí planteaba que Estados Unidos celebrara, bilateralmente, de uno en uno, en función de sus tiempos y conveniencias, acuerdos de libre comercio con todos los países del continente, hasta abarcarlo todo. Por cierto, en cuanto el gobierno de Canadá se dio cuenta de que Estados Unidos negociaba con México, exigió participar en la negociación y que el acuerdo pasara de ser bilateral a trilateral.

Por otra parte, las primeras evaluaciones sobre la operación del acuerdo vigente entre Estados Unidos y Canadá mostraban resultados negativos para ramas importantes de la economía canadiense, la de lácteos y las vinculadas a la cultura, así como para el empleo y los niveles de vida de la población, entre otras.

Esas negociaciones dominaban la relación entre los tres países del norte del continente, y en ese contexto la Federación de Trabajadores de Columbia Británica convocó para celebrar su convención nacional en Vancouver, invitándome a asistir a ella.

Ahí, el 30 de noviembre, ante esa convención reunida, refiriéndome al tema, hice la propuesta de formular un acuerdo diferente al que se negociaba, que pudiera resultar equitativo y más benéfico para todos los participantes. Dije entonces:

> Otro encuentro sostenido la semana pasada en la ciudad mexicana de Monterrey, entre Carlos Salinas y George Bush, es la expresión de una relación internacional que no respaldamos…
>
> Ya vamos tarde. Otro tipo de agenda se está construyendo, mucho más rápidamente de lo que hubiéramos podido imaginar. Es la agenda de Monterrey, que no está orientada para crear una nueva relación continental, sino a subordinar a nuestros dos países, a nuestro vecino común…
>
> Creemos que los canadienses pueden resolver mejor los problemas que tienen con el acuerdo de libre comercio, uniéndose con nosotros en una estrategia común para diseñar e instrumentar un modelo nuevo para las negociaciones continentales sobre comercio.

No nos oponemos a negociar un pacto continental de comercio y desarrollo con Canadá y los Estados Unidos. Sostenemos que el comercio debe ser visto como un instrumento para el desarrollo y que un nuevo tipo de modelo de desarrollo debe estar en el centro de cualesquiera negociaciones continentales sobre comercio…

Un acuerdo alternativo debiera incluir una carta social y basarse en normas comunes respecto a derechos laborales, sociales y del ambiente. Asimismo, un pacto continental de esta naturaleza fortalecería nuestra lucha interna por la democracia y propiciaría un mejoramiento significativo en la situación de los derechos humanos de los mexicanos en México y en los Estados Unidos, así como en los términos de la competencia política en México. Este arreglo debiera también garantizar los derechos soberanos de cada nación para desarrollar sus propios recursos naturales, particularmente el petróleo, para satisfacer las necesidades de su gente…

Un amplio acuerdo multilateral es por definición un mejor acuerdo que uno bilateral limitado a las cuestiones de comercio e inversión… Estados Unidos optimiza [con dos acuerdos separados —entre Estados Unidos y México por un lado y entre Estados Unidos y Canadá por el otro—] los desequilibrios de su relación con cada uno de nosotros. Estados Unidos deriva obvias ganancias y minimiza las concesiones al negociar separadamente con cada uno de nosotros.

A partir de aquel planteamiento, nuestra tesis ha sido la de substituir los acuerdos bilaterales de libre comercio y de manera particular el trilateral de América del Norte, convenidos o impuestos en un esquema de subordinación a los intereses dominantes en la política y la economía norteamericanas, por un acuerdo continental. Éste se negociaría simultáneamente entre todas las naciones del continente y no se limitaría a la libertad de comercio, sino al mismo tiempo que ésta priorice las necesidades de un desarrollo orientado por decisiones soberanas de todas las naciones, que signifique crecimiento económico y mejoramiento social sostenidos, en el marco de una relación continental que efectivamente sea equitativa.

Rímini: disolución del Partido Comunista Italiano

El último día de enero de 1991 inició en Rímini el 20° Congreso del Partido Comunista Italiano, que había tomado la decisión de transformarse en esa convención en Partido Democrático de la Izquierda.

Fue una decisión, hasta donde los amigos italianos nos comentaron a la delegación del PRD invitada a ese Congreso, difícil y encontró resistencias en varios grupos del partido. Se trataba, según ellos, no sólo de dar respuesta a los tiempos nuevos y a las transformaciones que vivía el mundo a raíz de la caída del Muro de Berlín, sino de despojarse de un nombre y una identidad que habían estado presentes en luchas importantes y trascendentes por derechos, libertades, contra el fascismo y en la resistencia contra la ocupación nazi, por cambios que representaron en su momento nuevas vías de participación y una democracia más amplia, y que así era reconocido por el pueblo italiano. Se trataba, asimismo, decían, de dejar atrás las cargas negativas de las dependencias de los partidos comunistas del poder soviético, anteriores a la caída del Muro y de la percepción popular de esas situaciones, así como de dar respuesta a los tiempos nuevos, en este caso, sobre todo, de la integración europea y de la globalización.

El congreso tuvo lugar justo en los días en que la escena mundial estaba dominada por la guerra del Golfo Pérsico, que había estallado unas cuantas semanas antes, al producirse la invasión de Kuwait por Irak. Detrás estaba la pretensión de los grandes intereses petroleros norteamericanos de afianzar su control sobre los depósitos de hidrocarburos del Medio Oriente y la decisión adoptada por el presidente Bush en el sentido de provocar la agresión y buscar, ya producida ésta, una solución negociada al conflicto, con un Irak enfrentado y debilitado por la presión de la comunidad internacional.

El congreso trajo consigo fuertes sacudidas emotivas en los asistentes: al acordar el cambio de la denominación del partido, al despojarse de su emblema de *la hoz y el martillo*, al entonar formalmente por última vez *La Internacional*. Además de esa carga sentimental, las discusiones y posiciones en el congreso se dieron y fijaron en torno al tema de la Guerra del Golfo, con el denominador común de que en todas las intervenciones se rechazó la actitud belicista y se demandó la intervención de la ONU, de Estados Unidos y de los países europeos para imponer una paz duradera en Oriente Medio. Por otro lado, el cambio produjo también fracturas: los inconformes, quienes rotundamente se opusieron a las decisiones de la mayoría, terminaron tiempo después creando nuevos partidos políticos.

Una reunión frustrada

La madrugada del 30 de enero me despertó una llamada en el hotel en Roma. Era de Daniel Ortega, que se encontraba en Túnez. Sería la primera, en los días que pasé en Italia, de una serie de llamadas que me hicieron dar vueltas a la cabeza y realizar consultas con distintas personas durante la estancia en Europa. Me hizo Daniel una invitación para participar en una reunión que se estaba organizando para celebrarse dos días después en Amman, la capital de

Jordania. Asistirían el rey Hussein, el presidente de Zambia Kenneth Kaunda, Yasser Arafat de la Organización por la Liberación de Palestina, eventualmente Lula y desde luego, el propio Daniel Ortega, para hacer un llamado al cese de las hostilidades entre los contendientes en la Guerra del Golfo.

Le dije a Daniel que vería las posibilidades de atender su invitación, que también agradecía. Pero sabía que era complicado o casi imposible viajar al Medio Oriente, pues los vuelos comerciales estaban cancelados desde que estallara el conflicto y la premura del tiempo dificultaba también la posibilidad de encontrar otro medio para viajar. Además, en caso de ir a Jordania dejaría de estar presente en el 20° Congreso del PCI, que tendría lugar en Rímini y que era la razón de mi presencia en Italia. Le ofrecí que haría las consultas necesarias a partir de la mañana.

Se concertó en la tarde temprano una reunión con el embajador de Jordania en Roma, al que informé de la llamada telefónica de Daniel. El embajador dijo que había hablado con el encargado de negocios de Túnez, quien le había informado que la reunión no se había concretado aún.

Estábamos ya en Rímini el 1 de febrero y poco antes de las 11 de la noche entró otra llamada, esta vez de Argel. Estaba al teléfono Miguel d'Escoto, que había sido ministro de Relaciones Exteriores del gobierno sandinista. A diferencia de las seguridades que daba Daniel en su primera llamada en cuanto a la participación del rey Hussein, me dijo que era muy probable, aunque no seguro, que se incorporara al grupo que proyectaba hacer el llamado a la paz; no había llamado antes porque esperaban hablar antes con el presidente de Argelia, al que creía convencer de sumarse al llamado, así como a Claude Cheysson, ex ministro francés de Defensa, parlamentario europeo, ex comisario de la Comunidad Económica Europea y miembro del Partido Socialista, ubicado en su ala más progresista; también a Edward Heath, ex ministro de Asuntos Exteriores del Reino Unido. Agregó que esperaba se realizara la reunión el 9 de febrero y que lo esencial del documento resolutivo del encuentro sería pedir la retirada de las tropas invasoras de Kuwait, la aceptación por las partes en conflicto que la ley internacional y las resoluciones tomadas en el seno de la ONU relativas al Medio Oriente se cumplieran cabalmente, pues no se habían cumplido y se aplicaban sólo selectiva y parcialmente; por otra parte, que se aceptara la realización de una conferencia en la cual se declarara a la región como zona libre de medios de destrucción masiva.

Contesté a Miguel d'Escoto que estaba de acuerdo con el contenido del llamado, su pluralidad seguramente sería un factor que el gobierno de Irak tomaría en cuenta para atenderlo y para iniciar una negociación entre los contendientes; agregué que era lamentable el costo en vidas y destrucción que había pagado ya Kuwait y el que estaba pagando Irak por el ataque de la fuerza multinacional que encabezaba Estados Unidos y que sería reclamo permanente de su pueblo a Saddam Hussein por haber lanzado la agresión. Pero tenía yo compromisos en Haití y Nueva York en la nueva fecha prevista para el encuentro en Jordania, no podría asistir, pero me mantendría en contacto con él y con Daniel y, desde luego, si lo consideraban conveniente, me incluyeran como firmante del llamado.

Al mismo tiempo que asistía a las sesiones del congreso en Rímini y se celebraban reuniones con miembros del partido italiano, Giorgio Napolitano entre ellos, que hacía cabeza de una de las corrientes moderadas del PCI, así como con representantes de otros partidos asistentes, principalmente latinoamericanos, daba seguimiento a la posible reunión sobre el Oriente Medio. Con ese motivo y dado que en el viaje de regreso haría escala en París para de ahí volar a Puerto Príncipe y asistir a la toma de posesión de Jean-Bertrand Aristide como presidente de Haití, llamé a Claude Cheysson para concertar una cita con él.

Me recibió muy amablemente en su departamento en París. Le comenté de la propuesta de Daniel Ortega sobre la reunión que pretendía se celebrara en Jordania para hacer un llamado a la solución del conflicto en el Golfo Pérsico y que su nombre, como uno de los participantes, me lo había mencionado Miguel d'Escoto. La conversación con Cheysson fue ilustrativa y larga.

Me dijo, primero, que Daniel había intentado involucrar en la iniciativa en relación al Golfo a Rajiv Gandhi y a Willy Brandt, los que habían encontrado su propuesta improcedente. Comentó que la posición correcta era la del embargo a Irak, ya había hecho declaraciones y escrito artículos al respecto, que incluso habían provocado se pretendiera expulsarlo del Partido Socialista francés por su posición pacifista. Al iniciarse la acción bélica y sin variar su posición, dado que estaban comprometidas fuerzas militares francesas en la operación contra Irak, se había abstenido de hacer toda declaración pública y así se lo había hecho saber a Daniel.

Pensaba Cheysson que aunque el llamado hubiera variado su contenido respecto a la idea inicial, no creía que convocar a una conferencia que llamara a la desocupación de Kuwait constituyera una solución viable a los problemas del Medio Oriente: un llamado como el que se proponía podía caer en el vacío.

Se interesó en que me quedara clara su posición. Estuvo muy crítico de las posiciones francesas y norteamericanas. Dijo que si Francia, el 15 de enero, no hubiera ido tras Bush en la agresión a Irak, Estados Unidos seguramente se hubiera limitado al embargo y no se hubiera lanzado a la invasión. Ésta era una gran responsabilidad, entre otras, del gobierno francés.

Por otro lado, fue sumamente crítico de que Estados Unidos se hubiera constituido, por decisión de Bush, en la voz que decide qué es bueno y qué es malo, en el país que se declara combatiente del mal y hace justicia, reviviendo las justificaciones de conquistadores y colonialistas de épocas pasadas. Era necesario denunciar y rechazar ese papel que se habían asignado Bush y el gobierno norteamericano.

Era importante hacer contacto con los norteamericanos que se hubieran declarado contra la guerra, no sólo los pacifistas de siempre, sino con gente como Zbigniew Brzezinsky, Cyrus Vance y otros, y se dijera que Latinoamérica había sufrido ya por esas actitudes prepotentes de Estados Unidos.

Comentó finalmente que Estados Unidos había logrado meter a Turquía al conflicto y extender el campo de acción de la OTAN más allá de Europa y de la lucha contra el Este, llevándola hasta Arabia y volviendo a esquemas que se consideraban superados, como el de SEATO (Organización del Tratado del Sureste de Asia), que tenía como objetivo la defensa colectiva de sus miembros y básicamente, bloquear el avance comunista en Asia.

Fue importante hablar con Cheysson. No parecía claro el involucramiento del rey Hussein. Tampoco creía en la participación del presidente argelino y se preguntaba por qué Rajiv Gandhi y Brandt se habían desvinculado de esa iniciativa.

Después de escuchar las opiniones de Cheysson, una iniciativa como la que Daniel proponía, que no estaba encontrando ninguna respuesta positiva, parecía sólo destinada a disolverse, como finalmente sucedió. ¿Por qué se embarcó en ella? ¿Por qué insistió, a pesar de conocer las negativas para sumarse a ella? Quizá fue la búsqueda de un reposicionamiento internacional, después de haber perdido la reelección.

Estando todavía en Nueva York recibí una llamada más de Daniel Ortega, planteando la reunión en Amman para dos días después. Según dijo por teléfono asistirían el rey de Jordania, varios gobernantes africanos, el obispo de Detroit y algunos parlamentarios de distintos países. Se suscribiría un documento llamando a la solución del conflicto del Golfo Pérsico. Le contesté que me sería prácticamente imposible ya en ese momento asistir a la reunión, le agradecería me hiciera llegar el documento a México, donde estaría al día siguiente, para conocerlo y presentarlo a la dirección del PRD. El documento no llegó y el encuentro de Amman nunca se realizó.

Haití

El 4 de febrero volamos de París a Puerto Príncipe. En los días siguientes hubo oportunidad de conversar con Gerard Pierre Charles, exiliado por largos años en México, profesor distinguido de la UNAM y presente en todas las causas progresistas de México y de América Latina. Había regresado a Haití al producirse la caída de la dictadura, provocada por el Movimiento Lavalas (palabra créole que significa el torrente que cae de la montaña después de una tormenta), del que era uno de los principales dirigentes, con Suzy Castor, su esposa, y William Smart, dirigente también del movimiento; y por otro lado con Sandra y Guy Noël, amigos desde México, muy cercanos a Elena Vázquez Gómez, y con Leslie Voltaire, arquitecto haitiano que colaboró en el proyecto de Ciudad Lázaro Cárdenas en la costa de Michoacán. Todos dieron una visión amplia de la situación de extrema pobreza y depredación que había sufrido el país en los largos y penosos años de las dictaduras de los Duvalier (Papa Doc y Baby Doc), del enorme rezago social, de la escasez de recursos para recuperar crecimiento económico y mejoramiento social, de las difíciles condiciones con que el país enfrentaría el futuro.

El día 7 protestó como presidente Jean-Bertrand Aristide en el Palacio Legislativo de Puerto Príncipe y ese mismo día por la tarde partimos para Nueva York, donde tenía previstas reuniones con varios organismos interesados en conocer con mayor profundidad la situación por la que atravesaba en México la lucha por la democracia. Informaría al respecto a la opinión pública para

lograr cambios de actitud en sectores activos de la política norteamericana.

Condecoración Cardenal Cisneros

Al tiempo que en México el PRD se preparaba para participar en la
campaña federal intermedia para elegir diputados, emprendí un
nuevo viaje al extranjero, en esa ocasión a Canadá y a España.

En Canadá seguía intensa la discusión sobre las consecuencias desfavorables para el país por la firma del acuerdo de libre
comercio con Estados Unidos. Las organizaciones sindicales y los
grupos progresistas, entre ellos el New Democratic Party (NDP),
integrado a la Internacional Socialista, se oponían y demandaban
su modificación. Se discutía también el acuerdo trilateral que se
negociaba con Estados Unidos y México.

El motivo principal de la visita a España era recibir la *condecoración Cardenal Cisneros* que me otorgaba la Universidad Complutense de Madrid, una de sus distinciones máximas. Había sido promovida por un grupo de amigos españoles encabezados por Isabel
Vilallonga, senadora en ese momento de Izquierda Unida, como
reconocimiento a la lucha que se libraba en México por el respeto
al voto y la democratización del país.

La condecoración me la impuso en el aula magna de la Universidad el Rector Gustavo Villapalos. La recibí en nombre de los
mexicanos que luchaban por la democracia y de quienes ofrenda-
ron su vida por darnos una patria libre. Hice referencia a la lucha
que librábamos desde 1988, al grave deterioro de las condiciones
de vida de los mexicanos, los cambios que sufría el orden mundial,
la Iniciativa de la Empresa de las Américas de Bush y el acuerdo de
libre comercio, sus intenciones y consecuencias previsibles. Respecto a España y a México dije:

Hace quinientos años la dinámica de la economía, los juegos políticos, los avances del conocimiento, establecieron el contacto entre europeos y americanos. Se inició entonces la confrontación de las culturas, que con ritmos y trayectorias distintos se habían venido desarrollando en ambos lados del Atlántico, empezó el intercambio de productos y el cruzamiento de etnias…

Hubo luces y sombras. Por tres siglos marchamos con una historia común y ya independientes, seguimos manteniendo vivo el interés del uno en el otro; aspiraciones, enfrentamientos, logros y pasiones de uno u otro, a lo largo del tiempo, en su momento, los hemos hecho propios; las fusiones múltiples nos dieron culturas con un tronco principal que compartimos y mueven y conmueven a nuestros pueblos los mismos valores y sentimientos…

España es parte de la Comunidad Europea y al mismo tiempo integrante de la fraternidad de naciones iberoamericanas. Como ninguna otra, tiene las condiciones para constituirse en el punto que articule una cooperación fructífera entra ambas, que se dé en el marco de la construcción de un mejor orden internacional…

Desde pequeño a través de mi padre Lázaro Cárdenas, empecé a querer a este país y a su gente. Los primeros españoles con quienes me encontré fueron niños que habían dejado su patria y a sus padres y familiares para salvarse de la guerra. El primer nombre de un español que identifiqué como tal fue el de Manuel Azaña, el Presidente de la República Española.

Crecí alineado con la España de espíritu quijotesco, generosa, la del profundo humanismo, la que en México reconocemos en Vasco de Quiroga y Bartolomé de las Casas, en las leyes protectoras de los indios, en Xavier Mina, en Juan Prim, en los fundadores de la Casa de España-Colegio de México, en León Felipe.

Pasó mucho tiempo antes que pisara yo suelo español. Fueron las circunstancias de un prolongado periodo. Vine por primera vez en noviembre del 83, cuando se develó la estatua de mi padre en el Parque Norte, que la emigración republicana regaló a esta ciudad. Ahí, el Alcalde de Madrid don Enrique Tierno Galván, en conmovedora y emotiva intervención, rindió homenaje a Lázaro Cárdenas y recordó sus vínculos estrechos con la España eterna.

11

LA SEGUNDA CAMPAÑA

Prueba piloto de fraude sofisticado:
la elección extraordinaria de Uruapan

La elección municipal extraordinaria de Uruapan tuvo un significado muy particular. Se llevó a cabo el 3 de junio y el 10 ya se demandaba, por parte del PRD, su anulación. Había estado plagada de irregularidades y atropellos aun mayores que la ordinaria, al haberla utilizado el gobierno para poner a prueba en ella formas de fraude sofisticado, que sumó a las burdas con las que usualmente venía imponiendo a sus candidatos. La elección municipal extraordinaria de Uruapan la tomó el gobierno de Carlos Salinas como la prueba piloto de prácticas que a partir de ahí extendería por todo el país.

En la elección ordinaria el gobierno y el PRI recurrieron al fraude burdo: asalto de casillas, expulsión violenta de representantes del PRD, robo y relleno de urnas, rechazo a todo recurso legal interpuesto por la oposición ante la autoridad, decisiones arbitrarias de ésta, etcétera. Todo lo ya conocido. En Uruapan, la elección extraordinaria, fue distinta desde su preparación. Ahí el gobierno, a través de la autoridad electoral federal, empezó por estudiar cómo se habían dado los votos en elecciones anteriores, sección por sección, esto es casilla por casilla, y cuantos votos requería sección por sección para quedar arriba del PRD.

Así, se revisó y modificó la ubicación de las casillas y la conformación de las secciones, se eliminó del padrón, sin aviso y arbitrariamente, a posibles votantes de la oposición, se infló con potenciales votantes oficiales, se entregaron credenciales de elector multiplicadas a gente del PRI para que pudiera votar varias veces, en varias casillas cercanas entre sí, se alteraron en consecuencia las listas de electores y el día de la elección funcionaron lo que después, en la elección federal intermedia de julio de 1991 se vio por todo el país: ratón loco (esto es, negar a un ciudadano la posibilidad de votar en la casilla que le correspondía, decirle que estaba equivocado y se fuera a otra, y en ésa lo mismo, hasta que se cansaba pues no aparecía en ninguna lista de electores y terminaba por no votar); carruseles (gente del PRI que iba con sus credenciales multiplicadas de una casilla a otra votando en el día en seis, ocho o diez ocasiones); acarreos de gente ajena a la sección o en su caso al municipio o al distrito a la que se había dotado de las credenciales adecuadas. En esa elección de Uruapan el gobierno tuvo éxito en sembrar la confusión en los votantes del PRD y de la oposición y todo fueron facilidades para el PRI.

Las prácticas ilícitas ensayadas en la elección municipal extraordinaria de Uruapan, aplicadas con mayor amplitud y mejoradas en las elecciones locales de Hidalgo y del Estado de México, fueron la base para diseñar las formas de participación y las acciones concretas a realizar tanto por parte del Estado federal como del partido oficial en el proceso electoral de medio periodo de 1991. Desde que se puso en marcha ese proceso, que coincidió con el levantamiento del censo nacional de población de 1990, se detectaron prácticas indebidas: en el trabajo censal, de carácter oficial, se ordenó al personal encargado de levantarlo, dar prioridad a realizar el censo de miembros del PRI y consecuentemente detectar a quienes no formaban parte o no votaban por ese partido, lo que ocasionó retraso en dar a conocer los resultados oficiales del censo general de población e introdujo en éste errores que nunca fueron rectificados, como cifras de población presentadas como oficiales, mayores o menores que las reales, para tener un padrón electoral a modo; padrones en las secciones electorales recortados o aumentados, los recortes correspondiendo siempre a potenciales votantes de la oposición, identificados a través del trabajo censal; multiplicación de credenciales de elector, para que una persona pudiera votar varias veces durante la jornada electoral en casillas cercanas; electores de distritos y de estados vecinos dotados de credenciales para votar en uno y en otro; y el día de las elecciones: carruseles, ratones locos, distribución equivocada de padrones al enviar los de una casilla a otra, boletas insuficientes en las secciones donde estaba previsto un voto alto para la oposición, boletas de más para ser utilizadas por votantes acarreados de secciones, distritos y aun estados distintos, etcétera. Esto es, un diseño previo de la organización de la elección y de los votos necesarios en cada casilla para hacer ganar a los candidatos oficiales, y, desde luego, un comportamiento parcial de las autoridades ante protestas y recursos presentados por la oposición.

Así se diseñó la elección federal intermedia de 1991. Las previsiones del gobierno y del PRI que pudieron conocerse eran que el PRD, en su primera prueba en una elección nacional, obtuviera entre 2 y 3 % de los votos. Se obtuvo alrededor de 9 %, con lo que el partido pudo sobrevivir, pues de haberse cumplido los propósitos oficiales hubiera quedado prácticamente liquidado.

A pesar de detectar las prácticas de defraudación y delictivas, fue difícil probarlas ante las autoridades, pues las impugnaciones en muchos casos no se presentaron con la precisión que exige la ley por una capacitación insuficiente de los representantes del partido. A éstos, en otros casos, se les negaron las actas de escrutinio, por la actitud de cerrazón en los comités distritales, por el rechazo que hacían las autoridades de los recursos de impugnación que se les presentaban y, en definitiva, por la decisión de las más altas autoridades del salinato con la intención de liquidar al PRD en ese proceso electoral.

Esa elección dejó ver lo que ya se sabía: que un fraude que involucre manejo del padrón, emisión de las credenciales de elector, impresión, foliado y distribución de boletas electorales, control del sistema electrónico de acopio y conteo de votos, manejo de paquetes de votos en comités distritales, control de las decisiones de autoridad sobre resultados electorales, sólo puede ser planeado, instrumentado y ejecutado por el Estado, con la utilización de los amplios y variados recursos de los que dispone.

El doctor Salvador Nava

Desde finales de 1990 y principios de 1991 se empezó a manejar en el PRD el nombre del doctor Salvador Nava como posible candidato a gobernador de San Luis Potosí. El doctor no era miembro del partido, pero era un reconocido luchador por la democracia y su candidatura se proyectaba con fuerza en el estado, por lo que entre los miembros del partido en San Luis y en la dirección nacional se decidió invitarlo como candidato del PRD.

Al doctor Nava lo conocí y lo empecé a tratar desde las primeras visitas que hice al estado para impulsar la organización de la Corriente Democrática y posteriormente al participar ambos en ADESE (Asamblea por la Defensa del Sufragio Efectivo), organización creada por iniciativa de Luis Sánchez Aguilar. Como su nombre lo indica, para la defensa del voto y la promoción de la democracia, en la perspectiva del proceso electoral que culminaría en julio de 1988. Desde el primer momento, cordial y amable, me abrió su casa, en la que conversamos sobre los propósitos que me animaban, la situación que encontraba en el país, la agresividad de las autoridades y cómo veía él San Luis Potosí.

Cuando al doctor se le planteó la posibilidad de ser candidato, seguramente tomando en cuenta sus experiencias pasadas tanto en la presidencia municipal de la capital del estado como en su anterior búsqueda de la gubernatura desde la oposición, dijo que aceptaría a condición de que fuera postulado por varios partidos políticos; de hecho, por toda la oposición, a fin de formar una fuerza con la capacidad suficiente para enfrentar y vencer al PRI y más que a éste, al régimen antidemocrático que regía en el país y en el propio San Luis.

En el PRD en lo general y yo en lo particular, no simpatizábamos con la idea de apoyar una candidatura conjunta, por un lado con el PAN, por sus posiciones ideológicas radicalmente contrarias a nuestro proyecto y con el que se había tenido una mala experiencia en la campaña electoral de Durango, en la que ambos partidos habían sostenido la candidatura a gobernador de Rodolfo Elizondo; por el otro, con el Partido Demócrata Mexicano, que tenía su origen en el sinarquismo que naciera a finales de los años treinta con una ideología falangista y pronazi, porque encontraba que sería difícil conciliar posiciones, además de que el PAN, aunque supuestamente en la oposición, venía sosteniendo e impulsando el mismo proyecto neoliberal y entreguista del gobierno salinista.

La posibilidad de ganar la elección al PRI, el hecho de que el PRD no se hubiera desarrollado suficientemente en el Estado, pues aunque nació con mucha fuerza y logró una implantación amplia al inicio, cuando Samuel del Villar encabezó la promoción para desarrollar el partido en San Luis, las direcciones que surgieron con posterioridad adoptaron actitudes sectarias que inhibieron el crecimiento del partido y se hacía evidente que la sola fuerza del PRD no bastaría para ganar el gobierno de San Luis.

Por otro lado, la posición del doctor de ir como candidato de una coalición opositora era, hasta donde pude palparlo, inflexible. En esas condiciones, frente a las alternativas de no participar en el proceso electoral o de hacerlo en forma sólo testimonial, que podría dar lugar a que se acusara al PRD de no apoyar una candidatura reconocidamente democrática, se tomó la decisión de aceptar e ir con aquellos partidos en apoyo a la candidatura del doctor Nava, en torno a cuya propuesta programática de carácter democrático coincidía el conjunto de la oposición estatal. Así, de acuerdo la dirección estatal y la nacional, se convino en que el PRD formara parte de la coalición que lo postularía como candidato a gobernador. Aparte del PRD, el PAN y el PDM, participaría el Frente Cívico Potosino, que agrupaba a un amplio movimiento ciudadano formado en el estado a partir de las luchas encabezadas por el doctor Nava.

El 23 de febrero de 1991 protestó en Ciudad Valles como candidato del PRD a gobernador de San Luis Potosí. Lo había hecho con anterioridad por las otras organizaciones que lo apoyaban.

La elección, de acuerdo con el equipo de campaña del doctor, a la información del PRD local y a los medios de información de todas partes, salió totalmente de los cauces de la legalidad. Las autoridades declararon ganador a Fausto Zapata, candidato del PRI, lo que fue rechazado por el amplio movimiento popular que había generado la candidatura del doctor. El 6 de septiembre, con participación de representantes de los partidos coaligados, se llevó a cabo en San Luis Potosí un foro en defensa del voto y la democracia. Salíamos de una y entrábamos en otra. La sucesión de conflictos parecía no tener fin.

El 26 de septiembre se celebró un acto en la Plaza de Fundadores de la capital del estado, en el que el doctor protestó como gobernador reconocido por la amplia movilización popular que lo apoyó. Anunció que iniciaría una marcha hacia la ciudad de México y no cejaría hasta que se restablecieran el orden democrático y la legalidad en San Luis Potosí

El 8 de octubre, pasadas las siete y media de la mañana, con Samuel del Villar, Cuate, Jorge Martínez *El Chale* y Carlos Mandujano, encontramos el campamento del doctor Nava a 63 kilómetros de la ciudad de Querétaro, a punto de reanudar la marcha. Acompañamos a los caminantes durante unas cinco horas (el doctor había impuesto un ritmo de caminar alrededor de una hora, detenerse por un lapso similar, reanudar la marcha, haciéndolo así en dos períodos, uno por la mañana y otro por la tarde). En el kilómetro 52, antes de Querétaro, nos despedimos del doctor y dejamos el contingente. En el tiempo en el que nos incorporamos a la marcha llegó un grupo de veinticinco o treinta personas de Jiquilpan, encabezado por el diputado Pablo García Figueroa; llegó otro grupo de Morelia, del que formaban parte el presidente municipal Samuel Maldonado, Manuel Anguiano, Salvador Hernández Mora y Miguel Ángel Arellano, que habían sido colaboradores de mi gobierno en Michoacán.

Al mismo tiempo en que el doctor Nava arrancaba la marcha de San Luis hacia México por la Carretera Central, protestó ante el Congreso local como gobernador del estado Fausto Zapata, que en los días transcurridos entre su toma de posesión y cuando alcancé la marcha cerca de Querétaro, ya unos doce, no había entrado al Palacio de Gobierno. El acceso estaba bloqueado por un grupo de decididas mujeres navistas que resistieron insultos, jaloneos, presiones y hasta golpes cuando un grupo intentó sin éxito despejar por la fuerza el acceso al Palacio. Ese enfrentamiento constituyó la gota que derramó el vaso. El gobierno federal retiró su apoyo y presionó fuertemente al gobernador para que se separara del cargo, lo que sucedió al día siguiente de que acompañáramos al doctor Nava en su marcha, que ya no llegó a Querétaro y menos a la capital, lo que el doctor consideró ya innecesario.

La marcha, por cierto, ya no había sido acompañada por el PAN, aun cuando este partido formaba parte de la coalición que había postulado al doctor y su participación y apoyo habían sido evidentes en el curso de la campaña. Cuando el doctor anunció que emprendería la marcha hacia México, el gobierno —consciente desde luego de la inequidad y las irregularidades de la elección, así como de las tensiones que día a día crecían—, se valió de Luis H. Álvarez para proponer al doctor una solución como la que se había dado en Guanajuato cuando Vicente Fox contendió contra Ramón Aguirre y denunció el fraude en su contra: que no se dejaría a Fausto Zapata tomar posesión, el doctor Nava sería reconocido como gobernador interino para desempeñar el cargo durante un periodo de alrededor de 18 meses, en el cual se convocaría a nueva elección, y tendría como secretario de Gobierno a un miembro del PRI. Esa oferta fue tajantemente rechazada por el doctor, quien dijo además a Luis H. Álvarez, que iniciaría la marcha, hasta llegar a la ciudad de México.

Respecto a estos hechos, en 2006 conocí una declaración de Juan Ramiro Robledo, que encabezaba la autoridad electoral potosina en 1991, en la que refiriéndose a la elección de aquel año expresó: "Tuvimos una elección de Estado porque entonces no estaba prohibido y era la costumbre que todos los recursos del Estado y del gobierno se aplicaran a favor del partido en el gobierno." Esta declaración no tiene desperdicio.

Desde que aceptó la candidatura, el doctor Nava sufría ya de una grave enfermedad. Él conocía bien la condición de su salud. Llevó a cabo la campaña recorriendo el Estado, en medio de las grandes molestias que le causaba la enfermedad, con gran estoicismo, con serenidad y seguridad que transmitía a todos aquellos con los que se encontraba. Logró sin duda construir un amplio apoyo popular, acompañado de la decisión de la gente de hacer valer sus derechos, que sintió vulnerados con el resultado oficial de la elección. Fue con un enorme esfuerzo para su organismo como llevó a cabo su campaña.

El 9 de mayo de 1992, después de un recorrido por Aguascalientes, pasé a San Luis con el propósito de saludar al doctor en su casa. Lo encontré muy débil, a pesar de ello, con firme presencia de ánimo. Charlamos unos minutos con él. Falleció el 18 y el 19 acompañé a la familia y a muy numerosos amigos y seguidores en su sepelio.

75° Aniversario de la Constitución de Querétaro: advertencia de la debacle económica

El 5 de febrero de 1992 se cumplirían 75 años de la promulgación de la Constitución de 1917. La dirección nacional del PRD se propuso realizar un acto conmemorativo de ese aniversario en Querétaro y se solicitó al gobierno del estado y al ayuntamiento de la capital la posibilidad de realizarlo en el Teatro de la República. Las autoridades negaron el teatro y de todas formas se decidió celebrar el acto en Querétaro, en el cruce de las calles donde se localiza el teatro.

No se trataba de un aniversario más ni de un aniversario cualquiera, sobre todo en las condiciones de ilegitimidad en las que había surgido el gobierno de Carlos Salinas y de las contrarreformas que había impuesto en los artículos 27, 3° y 130, entre otros, con ellas desvirtuaba el espíritu reivindicatorio original de la Constitución. Con Samuel del Villar comentamos, entre otras cuestiones, que las reformas habían cancelado el derecho de los campesinos a ser dotados de tierras, que en los hechos habría una educación pública y otra privada, con visiones encontradas que afectarían la formación del estudiante y dividirían a la juventud, y que abrían la posibilidad a religiosos para impartir educación, y tratamos sobre cómo debían abordarse los distintos temas en esa fecha, preparando juntos el documento que en esa ocasión leí. Fue un discurso duro, que fuertemente disgustó al gobierno y que en

Gobernación calificaron de "arenga alarmista", según nos llegó información por distintas vías.

Inicié mi intervención refiriéndome a que la de 1917 era la primera constitución que contenía garantías sociales para el pueblo y resumía sus avances principales respecto a la constitución anterior. Seguí con el tema de las reformas entonces recientes, diciendo:

Las reformas constitucionales de diciembre de 1991 no corresponden a este espíritu ni quedan comprendidas dentro de este marco. Unas transforman en legalidad actos prohibidos por la ley y otras tienen como propósito recomponer las estructuras productivas del campo para que queden subordinadas a los intereses de una economía ajena...

... el gobierno ha dado un paso adelante: ha procedido a reformar la Constitución en algunos de sus artículos esenciales, alterando su espíritu reivindicatorio y su contenido social y popular, dando con ello un vuelco histórico al desarrollo político del país...

Algunas de las reformas emprendidas por este gobierno significan, técnicamente, un golpe de Estado legislativo. Se dan como producto de un cuartelazo parlamentario.

La propuesta oficial de campaña que presentó el partido del Estado para las elecciones del 18 de agosto no contenía ningún planteamiento referente a modificaciones constitucionales. Quienes libremente votaron por la opción oficial no lo hicieron en función de apoyar posibles cambios a la ley fundamental.

Se han cambiado así los fines y la constitucionalidad de la república que nació de la Revolución Mexicana y del constituyente de Querétaro, sin haber sometido esos cambios, profundos y radicales, a la consideración de la ciudadanía y sin contar con la manifestación expresa de una voluntad mayoritaria para llevarlos a cabo. Estas reformas, aprobadas por dictado autocrático del Ejecutivo a una mayoría legislativa que nunca recibió mandato popular para realizarlas, carecen de autoridad moral, y yendo más al fondo, de validez constitucional. Caen en los supuestos del artículo 136 que invalida toda medida legal o administrativa instituida, como en este caso, cuando se ha interrumpido en los hechos la observancia del orden constitucional.

Me referí después a la crisis que ocasionaba la burla sistemática del voto popular y advertí de los riesgos que podían anticiparse en el área de la economía. Expresé al respecto:

No es sólo la crisis económica que se da por el extraordinario empobrecimiento de la gran mayoría de los mexicanos, la miseria de los salarios, la inseguridad del trabajador y la supresión de los medios para la defensa de su derecho al trabajo remunerativo y estable. La crisis económica se debe también a la improductividad que crean la corrupción, el dispendio y la arbitrariedad con la que se dispone de los recursos del país, y a la estructura de desempleo masivo que genera la protección oficial a los monopolios, a la especulación, a la producción del exterior y a los privilegiados.

Los controles oficiales y su subordinación al extranjero han hecho que la ineficiencia de la economía crezca exponencialmente, así como su inhabilidad para competir internacionalmente. Es la crisis de la descapitalización del país…

El desquiciamiento al que conduce esta política se hace cada vez más claro. Apunta a una ruptura de la estabilidad monetaria más drástica que la ocurrida en las administraciones anteriores, cuando se derrumbó el espejismo oficial sobre la firmeza del peso…

… al ver la realidad no sólo de injusticia sino también de improductividad e ineficiencia, se hace más evidente la profundidad de la crisis y los riesgos a los que se ha arrastrado al país.

Presenté a continuación algunas cifras sobre la caída de los salarios en términos reales, la declinación del ahorro privado, la descapitalización de la economía, la desmedida concentración de la riqueza, las quiebras de empresas, los incrementos del endeudamiento con el exterior, el comportamiento negativo de la balanza comercial y rematé así esa parte:

Los riesgos de una nueva asfixia de la economía están a la vista de nueva cuenta. La estabilidad de la economía está en manos de los especuladores y se hará insostenible cuando ellos decidan que los daños de la política oficial les resultan tan insoportables que impongan una nueva devaluación al peso y restricciones sociales y cargas más pesadas al pueblo en su conjunto.

Fue ésta una advertencia muy adelantada de lo que sería después el famoso *error de diciembre*, que estaba a la vista al analizar las cifras del comportamiento de la economía, pero desde el gobierno de Salinas y desde los grandes negocios que se hacían por su entreguismo y corrupción no se quería ver y menos aún reconocer públicamente.

Hablé también de las reformas necesarias a la legislación electoral para tornarla realmente democrática, de la necesidad de una autoridad electoral confiable y de "la institucionalización del amparo en materia electoral y de los órganos correspondientes del Poder Judicial".

Toqué también el tema de las reformas constitucionales impuestas por la mayoría legislativa, diciendo:

Hemos propuesto el reconocimiento de plenos derechos ciudadanos para los ministros de los cultos y la revisión del marco constitucional de las relaciones entre nuestro Estado laico
y las iglesias, a partir de una amplia consulta al pueblo. Las
recientes reformas constitucionales en la materia resultan insuficientes, son producto de acuerdos cupulares, de posiciones parciales. Es condición de vida democrática preservar y
respetar plenamente los cultos religiosos... Las iglesias existen
por la decisión libre de sus comunidades... No es el Estado el
que debe calificar su existencia legal, pues lo que da vida a las
iglesias es la confianza que reciben de quienes las forman.

Respecto a las contrarreformas introducidas a los artículos 27 y 3°
manifesté:

El gobierno sostiene la teoría, no hecha explícita sino en los
hechos, de que los detentadores del poder económico y los
extranjeros aprovecharían mejor que nosotros, los mexicanos,
la tierra y las riquezas del país. La consecuencia política de
llevar esta teoría a la práctica ha sido que el pueblo se vea
despojado de derechos básicos y que éstos hayan sido transferidos a aquellos...

La solución a los problemas de la miseria y marginación
de los campesinos y de descapitalización de la economía rural
no se encontrarán con los enfoques oficiales, que van al despojo de derechos y a forzar la transformación de la estructura
agraria actual a una estructura de clara base latifundista...

Debe asegurarse eficiencia productiva al ejido, la comunidad y la pequeña propiedad...

Cada ejido, cada unidad productiva de modo general, debe
garantizar producción suficiente para sostener con desahogo
a sus trabajadores. Refuncionalizar el ejido, la comunidad y la

pequeña propiedad reclama un esfuerzo tan grande y masivo
como el que llevó a la realización de la reforma agraria y a la
substitución del régimen de haciendas. Se requieren programas, que cubran todo el país, de capacitación, de inversiones
en infraestructura, de introducción de técnicas avanzadas de
trabajo; se requieren grandes volúmenes de crédito, una asistencia técnica eficiente y programas paralelos de industrialización, tanto para los productos de la agricultura, como el
establecimiento de fuentes productivas y de ocupación en el
campo mismo, para absorber a la población rural...

La reforma introducida al artículo 3° divide al sistema
educativo en sus orientaciones y en los contenidos de planes
y programas. De un lado queda la escuela pública; del otro,
la privada. Ello creará necesariamente visiones que fomenten
la división social y por ende la desintegración nacional. No
estamos por ello de acuerdo en que se haya limitado el ámbito
de la educación laica a las escuelas públicas, sin detrimento
que las privadas puedan impartir cursos sobre otras materias,
incluyendo las religiosas.

Finalmente denuncié las pretensiones que se habían manifestado desde el partido oficial de impulsar la reelección de legisladores como
un primer paso para llegar a la reelección de Carlos Salinas. Eso seguramente molestó grandemente al aparato oficial al evidenciar una
intención que se pretendía ocultar. Y me referí a la aspiración de una
nueva constitucionalidad que precisara y ampliara los derechos de los
ciudadanos, de la colectividad y de la nación y que representara la
verdadera modernidad, capaz de elevar a todos los habitantes del país
a la condición de ciudadanos plenos y contemporáneos a los avances
de la humanidad, y significara liberar a todos los mexicanos de las
ataduras de la ignorancia, la marginación, el autoritarismo, la improductividad, el desempleo y el sojuzgamiento neocolonial.

Princeton y una plática con Jorge Castañeda

En abril de 1993, se celebró en la Universidad de Princeton, organizado por Jorge Castañeda, que estaba dictando en ella un curso, el encuentro "Alternativas en América Latina: un panel de candidatos presidenciales 1993-1994". Participamos Lula, Luis Maira del Partido Socialista de Chile, Antonio Navarro Wolff del M-19 de Colombia, Rubén Zamora de Convergencia Democrática de El Salvador, Pablo Medina de Causa R de Venezuela y yo. El foro trató de las opciones de cambio democrático que se ofrecían en los países latinoamericanos de donde procedíamos los ponentes, de Estados Unidos después de la Guerra Fría y de las vías posibles frente al reto económico y social en la región.

Antes de llegar a Princeton, con Lázaro y David Suro, dirigente del PRD en aquella parte de Estados Unidos, visitamos Kennett Square, Pennsylvania, pequeño poblado que se encuentra en el camino entre Nueva York y Princeton. Saludamos a los trabajadores que se habían declarado en huelga, mexicanos prácticamente todos, de la empresa Kaolin, productora de hongos; nos habían pedido interceder ante la empresa para que reanudara el diálogo con ellos y pudiera encontrarse solución al conflicto laboral que enfrentaban. Los huelguistas reclamaban se mejoraran las condiciones de trabajo, muy duras en el cultivo de los hongos, que se hace en invernaderos obscuros, con muy alto grado de humedad en el ambiente. Después de escuchar y cambiar impresiones con los trabajadores, se habló con representantes de la empresa, que accedieron a restablecer la comunicación con los trabajadores, con los que días después nos enteramos habían llegado a acuerdos. De Kennett Square seguí a Princeton.

Concluida la reunión en la Universidad debía regresar a Nueva York, donde Jack Sheinkman, dirigente de los trabajadores textiles, había invitado a varios de los asistentes al encuentro de Princeton.

Miriam y Jorge Castañeda tenían previsto viajar también a Nueva York ese día y me invitaron a ir con ellos. En el trayecto hablamos de la situación política de México y de la elección del año siguiente, en la que proyectaba participar. Jorge me dijo que la campaña debía estar dirigida por un grupo muy pequeño, eminentemente ejecutivo, con líneas y áreas de competencia y de decisión muy bien definidas. Un grupo constituido por el presidente del partido, Porfirio Muñoz Ledo, el coordinador de la campaña, el vocero del candidato y el candidato mismo. Debían actuar organizados como en las campañas norteamericanas, como *cuarto de guerra* o *war room*. Planteó que Adolfo Aguilar Zínser pudiera ser el vocero y él mismo coordinar la campaña.

Le contesté que me gustaba en principio la idea, pero el coordinador de la campaña, por sus funciones y por mi propio compromiso, debía ser un miembro del partido; y en el grupo de conducción de la campaña me gustaba la idea que participaran quienes él señalaba, quizá agregando a dos o tres personas más, con funciones, como lo sugería, bien establecidas y diferenciadas.

Dijo entonces que a él no le gustaría estar peleando con Adolfo Gilly y Samuel del Villar, aunque yo no había mencionado ningún nombre. Agregó que veía la campaña conducida desde afuera, en paralelo al partido, sobre lo cual le expresé no estaba de acuerdo: el eje en torno al cual debía organizarse la campaña tenía necesariamente que ser el PRD, así como las posibles alianzas y la coordinación con las candidaturas al Congreso. Le dije también que pensáramos en un equipo reducido para la coordinación de la campaña, con funciones específicas, bien definidas, sobre lo que platicaría con Adolfo a mi regreso a México y con él cuando terminara su compromiso en Princeton. Adolfo, efectivamente, se hizo cargo de la comunicación en la campaña de 1993-1994, Jorge me dio algunas colaboraciones ocasionales, como notas sobre algunos temas y opiniones para los debates, pero no fue parte del equipo permanente. En algún libro, Jorge se refiere a esa plática que sostuvimos en el trayecto entre Princeton y Nueva York.

Conchita Nava

La salida de Fausto Zapata del gobierno de San Luis Potosí, provocada por la protesta encabezada por el doctor Nava, llevó a que el Congreso local designara gobernador interino a Gonzalo Martínez Corbalá, quien debía convocar a la elección de un gobernador que concluyera el sexenio.

A los pocos meses de esos hechos, en San Luis y en los medios políticos oficiales empezó a correr la idea de que el gobernador interino renunciara a su cargo y se postulara como candidato del PRI en la elección extraordinaria que debía realizarse. Eso representaba en los hechos la reelección de un ejecutivo en funciones, lo que más allá de las prohibiciones constitucionales y del caso estatal, se veía como un globo sonda para probar si la reelección presidencial, la de Carlos Salinas, podía llegar a ser factible.

Varias voces se alzaron, entre ellas la de la dirección del PRD, rechazando se abriera paso, al darse la reelección en San Luis, a la eventual reelección de Salinas.

Al mismo tiempo que de un lado se medía la posibilidad de la reelección y del otro se le rechazaba tajantemente, en los sectores democráticos del estado —el navismo, organizado como partido político local, y el PRD principalmente— empezó a gestarse un movimiento para demandar una reforma con sentido democrático de la legislación electoral. Así se permitiría, entre otras cosas, que la elección que se avecinaba fuera equitativa, libre, sin injerencias indebidas del Estado, lo que encontró resistencias tanto en el gobierno de San Luis como en el federal. Conchita Nava decidió emprender la *Marcha de la dignidad* a la ciudad de México, que inició antes del 1 de septiembre, día del informe presidencial, para presionar a las autoridades a que se respondiera favorablemente a esas demandas. El 28 de octubre, con varios compañeros, encontramos y nos sumamos a la marcha de Conchita entre México y Querétaro. A los pocos días la marcha llegó a la capital.

Por su solidaridad con el movimiento democrático, que abrió un debate de alcances nacionales sobre las reformas necesarias a la legislación electoral, y como propuesta democrática frente a la reelección que pretendía imponerse, en el PRD de San Luis se fue gestando y se consolidó la candidatura de Conchita a gobernadora del estado. Rindió protesta en esa calidad en Tamazunchale, el 17 de enero, sin contar con el respaldo del PAN, como lo había tenido en su momento el doctor, su esposo.

La *Marcha de la dignidad*, el rechazo tanto local como nacional a la candidatura del Gobernador en funciones, hizo que Carlos Salinas echara abajo la candidatura de Gonzalo Martínez y designara candidato al yerno de Conchita, priista de mucho tiempo, que había cumplido distintas funciones oficiales en el estado. Eso sólo podía calificarse como una sucia maniobra política, pues de no haber sido Conchita la candidata de la oposición democrática, es muy probable que su yerno no hubiera sido el candidato del PRI. Éste, con todo a su favor, fue declarado en su momento ganador de la elección.

Renuncia a la Presidencia del PRD

El 26 de febrero de 1993, ante el pleno del Consejo Nacional del PRD, anuncié que me presentaría como precandidato en la elección interna que debía convocarse y solicité se me aceptara la renuncia como presidente del partido, iniciando desde luego campaña para promover mi precandidatura dentro del partido y para buscar acercamientos con grupos externos.

Al aceptar el Consejo mi renuncia, se designó como presidente del partido a Roberto Robles Garnica. Entre sus responsabilidades tendría la de convocar unos meses más adelante a la elección de una nueva dirección nacional, en la que resultaría elegido presidente Porfirio Muñoz Ledo.

En los meses de campaña como precandidato visité una docena de estados y el 10 de julio presenté a las autoridades electorales del PRD mi solicitud de registro con esa calidad. En los recorridos busqué entrar en contacto con los miembros del partido y con diferentes grupos y sectores de la sociedad, aprovechar los medios de información que abrieran sus puertas: periódicos y revistas, estaciones de radio y televisión que seguían, éstas últimas sobre todo, en general cerradas para el PRD y para mí.

Un incidente tuvo lugar en ese tiempo. Fue el conflicto que se presentó entre el gobierno de Tabasco y los trabajadores de limpia del Ayuntamiento de Villahermosa, que dirigía Aquiles Magaña y demandaban mejores condiciones de trabajo. El gobierno no accedió a sus demandas, los trabajadores se movilizaron, lograron apoyo importante de la población y el gobierno acusó arbitrariamente a los dirigentes de varios delitos, como bloqueo de calles y carreteras, que no se había dado en los términos en que lo presentó el gobierno, y encarceló a Aquiles Magaña, el dirigente principal. Hubo fuertes exigencias para buscar su excarcelación, pero el gobierno se negó a liberarlo y a cualquier negociación política con los dirigentes de los trabajadores de limpia que diera salida al problema. La protesta crecía y el 30 de abril visité a Aquiles Magaña en el reclusorio de Villahermosa. Me entrevisté también con el gobernador Manuel Gurría Ordóñez, a quien pedí considerara las posibilidades que tenía de quitar cargos a Aquiles para que saliera de la prisión. El 7 de mayo le concedió el indulto.

En los recorridos que hacía, trataba de entrevistarme con personas representativas de distintos grupos significativos de la sociedad —colegios profesionales, asociaciones empresariales, organizaciones sociales, medios de información, dirigentes religiosos, instituciones educativas— para hablarles de mi campaña y de los objetivos que perseguía. Así, había previsto una plática con el cardenal y arzobispo de Guadalajara Juan Jesús Posadas Ocampo, la que no llegó a darse, pues fue asesinado tres días antes de la fecha acordada para nuestro encuentro. El 26 de mayo monté guardia ante su féretro y presenté mis condolencias a sus colaboradores en la diócesis en la catedral de Guadalajara.

Ahora que menciono este caso, debo decir que en mi actividad política he encontrado en los dirigentes religiosos, en lo general, una actitud de apertura y de disposición al diálogo; disposición a comentar cómo están las regiones —las diócesis en el caso de los obispos católicos, que son muchos con los que en diferentes momentos he podido cambiar impresiones— en las que ejercen su ministerio; con qué problemas sociales se encuentran con más frecuencia, pues la convivencia a la que obligan sus constantes recorridos los provee de una amplia información; cómo ven incluso la política, cómo perciben que se mueven los negocios.

Concluido el plazo fijado en la convocatoria para elegir candidato del partido a presidente, no se dio, aparte del mío, ningún otro registro. De acuerdo a la propia convocatoria, de haber sólo un aspirante registrado que cumpliera con los requisitos establecidos, como era el caso, sería el candidato que postulara el partido.

A mediados de septiembre manifestaron públicamente su apoyo a mi candidatura el Partido Revolucionario de los Trabajadores, que había perdido su registro, y el Socialdemócrata, que mantenía el pleito judicial y no había podido recuperarlo.

Hacia finales de ese mes hice un recorrido por el estado de Veracruz. En Xalapa tuve una plática con gente del ámbito cultural. Apareció un pequeño grupo de provocadores portando pancartas con letreros alusivos denigrando al PRD y al socialismo, de franco corte macartista, haciendo escándalo; los organizadores del acto, en pocos minutos, los echaron fuera del local en el que nos encontrábamos. Por la noche, en un hotel, cenando con un grupo amplio de ciudadanos que mostraban simpatía por mi candidatura, irrumpió intempestivamente un grupo de seis u ocho travestis, que dijeron iban a brindarme su apoyo. Sorprendió a todos su presencia. Pidieron tomarse algunas fotografías conmigo, a lo que accedí. Iban todos muy pintados, con pelucas de mujer, pero se manejaban con timidez. Cuando se retiraron, pocos minutos después, alguno de los presentes comentó que trabajaban en un centro nocturno de la ciudad. Esa noche, tarde ya, viajamos al puerto.

Al día siguiente tenía un desayuno con un grupo de partidarios en el café "La Parroquia", que se encontraba todavía en su vieja y tradicional ubicación frente a la plaza de armas. De nuevo, intempestivamente, irrumpió el mismo grupo de provocadores del día anterior, echando vivas con poca fuerza. Minutos después se sumó a los provocadores, desplazándose y empujándose entre las mesas llenas de parroquianos, una tropilla de unos diez desarrapados, aparentemente alcoholizados o drogados; unos descamisados, otros con plumas en la cabeza, tocando cornetas, con cartelones del PRD, molestando a la concurrencia del lugar. Esa mañana en los diarios apareció mi fotografía acompañado de los travestis de Xalapa.

Cuando poco más tarde comentamos los sucesos de ambos días con los compañeros de Veracruz y con gente de los medios de información, todo mundo coincidió en que quien estaba detrás de esos hechos era el secretario de Gobierno del Estado, Miguel Ángel Yunes Linares, que era quien realmente gobernaba y mandaba en Veracruz, aunque formalmente cubría el cargo de gobernador Patricio Chirinos. A los travestis los habían presionado para que se aparecieran en la cena de Xalapa, amenazándolos con quitarles el trabajo de no hacerlo y a los desarrapados los reclutaron en las calles céntricas del puerto, por las que deambulaban habitualmente. Se pretendió así afectar mi campaña, pero quienes realmente se degradaron y mostraron sus sucios modos y su forma vil de hacer política fueron quienes estuvieron detrás de esos hechos y el régimen salinista al que con hechos como esos mal servían.

Comienza la campaña

La situación política en la que habría de desarrollarse la campaña para renovar poderes en 1994 era radicalmente distinta a la que se había tenido en 1988. Se contaba ya con un partido constituido y consolidado, con presencias disímbolas si se quiere, pero implantado en todo el país. No se vivía la situación de crisis económica, que disparó la inflación, la devaluación del peso, etcétera, que marcó el final de la administración de De la Madrid. Se estaba frente a un gobierno que parecía terminaría con relativa tranquilidad, que dio continuidad y profundizó las políticas neoliberales del anterior y que sustentaba su estabilidad en los apoyos derivados de su entreguismo al exterior, de concentrar altos beneficios de la acción pública en unos cuantos privilegiados y en políticas sociales con firme control de clientelas.

No había en esta ocasión, por otro lado, la efervescencia social que desató el surgimiento de la Corriente Democrática y provocó la irrupción de una amplia e intensa movilización popular desde los inicios del proceso político que debía culminar con la elección del 6 de julio de 1988, lo que obligaba a que se diera atención, con la movilización del partido, a buscar la incorporación a la nueva campaña de sectores diversos de la sociedad, en lo general sin alineamientos o militancias partidarias.

Previo a los actos de inicio formal de la campaña se tomaron las primeras decisiones: invité a Roberto Robles Garnica y a Lucas de la Garza para que me auxiliaran en la coordinación general de la campaña. La organización de la gira quedó a cargo de Jesús Ortega, y Adolfo Aguilar Zínser sería el responsable de la comunicación.

La campaña se haría en situación menos precaria que la de 1988. El partido contaba ahora con una prerrogativa pública que daba cierto desahogo para llevar a cabo el recorrido por el país, para contar con algo de propaganda gráfica. Pero los medios de información electrónicos, sobre todo la televisión, resultaban inaccesibles. Primero, porque se mantenían cerrados a la presencia de la oposición, y segundo, porque las tarifas que ofrecían resultaban inalcanzables: los canales 2 y 13 de televisión abierta y de cobertura nacional ofrecieron al PRD una tarifa de 300 millones de nuevos pesos por minuto, equivalentes a 100 mil dólares por minuto. No se contaba con recursos ni para un minuto, que, por otro lado, contar con sólo ese tiempo, para nada hubiera servido. Y el acceso a los medios de información, que en la práctica se nos mantuvo vedado, se constituyó en un factor fundamental del resultado de la elección.

El 17 de octubre inicié formalmente la campaña al protestar como candidato del PRD en el Palacio de los Deportes. En las pláticas que había tenido con Jorge Castañeda, ya en México, después de nuestra conversación en el trayecto entre Princeton y Nueva York, convinimos en que él me haría llegar notas y puntos de vista para algunas intervenciones importantes que pudiera yo tener en el curso de la campaña. Una de ellas, sin duda, era el discurso que debía pronunciar al protestar como candidato del PRD y Jorge, efectivamente, me envió una amplia nota, de la que tomé algunas partes, adaptándolas a mis propias visiones; agregué otros temas de mi cosecha y algunos más propuestos por otros compañeros, pues para lo que había que decir ese día pedí varias opiniones.

Jorge conoció el texto que leí en el Palacio de los Deportes. Al volvernos a reunir, uno o dos días más tarde, me manifestó cierta incomodidad porque no aproveché la totalidad del documento que me había enviado y su desacuerdo con algunos puntos de vista expuestos en mi intervención. De ahí en adelante conversamos en distintas ocasiones a lo largo de la campaña, con más frecuencia cuando se acercaron los debates con los demás candidatos. Pero ya no tuvo una colaboración sistemática ni se incorporó al equipo de campaña.

Entre la protesta como candidato del PRD y el fin del año llevé a cabo recorridos por doce estados; el último fue de varios días por Chiapas, en el que visité, entre otras poblaciones, Ocosingo, Oxchuc y San Cristóbal de Las Casas, región en la que pocos días después tendría lugar el levantamiento del Ejército Zapatista de Liberación Nacional. En aquellos momentos no se percibían señales de intranquilidad, más allá de la efervescencia normal en una época de campañas políticas. El año nuevo lo esperaríamos con Celeste y los hijos en la capital.

El levantamiento armado en Chiapas

Serían las diez y media u once de la mañana del 1 de enero cuando recibí una llamada de Jorge Rosillo. Acababa de recibir aviso de que había estallado en Chiapas un levantamiento armado, que no tenía mayor información y me haría saber cualquier noticia que le llegara al respecto. Parecía una noticia increíble.

A partir del medio día traté de hacer contacto con la gente de la dirección nacional del partido y con los compañeros de Chiapas; de los primeros, no encontré a nadie en la ciudad de México. Pude comunicarme a Tuxtla Gutiérrez con el doctor Gilberto Gómez Maza, quien tenía informaciones aún muy vagas del levantamiento. Encontré, por otro lado, a Adolfo Aguilar, quien como yo había permanecido en la ciudad de México para esperar el año nuevo y quedamos de reunirnos por la tarde para comentar el caso y analizar la situación.

En el recorrido que había realizado por Chiapas dos semanas antes, en el que toqué la zona donde ahora se encuentran importantes bases zapatistas, y San Cristóbal de Las Casas, donde hicieron presencia los rebeldes justamente el 1 de enero, no se percibían señales de un levantamiento que estaba ya más que en puertas. Ciertamente la marginación, el atraso social, la pobreza, la indiferencia y el abandono por parte de las autoridades resultaban agobiantes e irritantes en un estado rico por la laboriosidad y creatividad de su gente, la diversidad y abundancia de sus recursos naturales y su alto potencial productivo.

Con el impacto de la noticia abriendo ese primer día del año y tratando de conocer lo que pasaba, recordé un reportaje de la revista *Proceso* de unos meses antes, en el que se informaba que elementos del ejército habían encontrado campamentos abandonados en la región de la selva, en los que eran evidentes, en las fotografías que ilustraban el reportaje, las señales recientes de entrenamiento militar de posibles guerrilleros.

En fin, con Adolfo analicé la situación. La información era confusa y todavía escasa, a partir del conocimiento del serio rezago social del estado, que afectaba y afecta a los grupos indígenas en particular; de la represión violenta de los gobiernos locales como forma de enfrentar las demandas agrarias, lo que había producido en distintos puntos y en diferentes momentos muertes, presos políticos, pueblos despojados y arrasados; de las fuertes carencias de todo tipo de amplio sectores de la población. Adolfo y yo preparamos una declaración que se dio a conocer ese mismo día a los medios de información y que fue la primera de un candidato. Decía:

Son preocupantes las noticias de Chiapas: la toma por grupos armados de edificios públicos y de hecho, de poblaciones

completas en varios municipios, choques con la fuerza pública, muertos y heridos, todo ello en el marco del llamado
de un grupo a levantarse en armas contra el Gobierno y el
Ejército.

La situación es delicada en extremo.

La desesperación en que han caído muchos sectores de la
sociedad debido al drástico deterioro de los niveles de vida, a
la recesión que las políticas del gobierno han traído a la planta
productiva, el cierre de las vías legales y democráticas para la
expresión y la participación políticas y por la insensibilidad
oficial ante el reclamo social, se agudizan en Chiapas. Son sin
duda éstas las causas directas de los acontecimientos que hoy
se reportan desde aquel Estado y que conciernen y afectan
muy en particular a la población indígena.

No debe perderse de vista que en Chiapas los problemas
sociales, agrarios y políticos han sido ignorados por los gobiernos locales, sobre todo los últimos, los cuales han pretendido acallar los reclamos mediante la represión, la intolerancia, la violencia y la provocación de enfrentamientos
entre distintos grupos sociales, todo ello con el propósito de
defender los intereses de un pequeño sector oligárquico. Ha
sido Chiapas uno de los Estados de la República donde mayor
ha sido el fraude electoral y el consiguiente descrédito de los
procesos electorales.

Es indispensable y urgente frenar en Chiapas los desma-
nes de las autoridades locales y de los caciques, resolver conforme a derecho los problemas agrarios e instrumentar programas de emergencia en educación y fomento económico,
especialmente para los grupos indígenas.

El Ejecutivo federal tiene la obligación de informar con
veracidad a la sociedad sobre lo que acontece en Chiapas.
Ocultar la información o desvirtuar el alcance y la gravedad

de los hechos no contribuye a resolver los problemas en esa entidad.

No es recurriendo al uso de las armas como pueden resolverse hoy los grandes problemas del pueblo mexicano y del país.

En Chiapas el Ejército mexicano debe circunscribirse a la más rigurosa observancia de la ley y de los derechos humanos. Debe actuar como un verdadero protector de las vidas, la integridad, la seguridad y el patrimonio de la gente, debe ser factor que impida todo tipo de actos que profundicen desconfianzas, extiendan la inseguridad y alienten mayores desajustes...

Por la noche la televisión transmitió una y otra vez las escenas del palacio municipal de San Cristóbal ocupado por centenares de miembros del Ejército Zapatista de Liberación Nacional, uniformados y armados, con sus caras cubiertas con pasamontañas. Desde el balcón del palacio que mostraba la televisión, se escuchó con toda claridad la declaración de guerra del EZLN al gobierno y al ejército mexicanos, y la denuncia de la injusticia, el atraso y la violencia desatada de mil maneras contra las comunidades indígenas de Chiapas y del país.

En los días que siguieron, las informaciones y las imágenes que pudieron verse en la televisión y en los periódicos fueron de gran impacto y dolor; dolor que calaba hondo por una situación que pensaba nunca tocaría vivir a mi generación: decenas de cadáveres tendidos en banquetas de Ocosingo; noticias del fuerte ataque zapatista contra el cuartel de Rancho Nuevo, que se mantuvo por varios días; ametrallamiento por aviones de la Fuerza Aérea de las colonias periféricas de San Cristóbal, habitadas principalmente por indígenas desplazados por la violencia en el campo (la televisión registraba, impresionantemente, la trayectoria de las balas, que iban a incrustarse en la zona edificada y poblada en los cerros que rodean San Cristóbal); guerrilleros *armados con rifles de madera*, y al mismo tiempo una presión social que crecía demandando el cese de las hostilidades.

El 4 de enero, con mayor información e impresionado, como casi todo mundo, por la intensidad de los combates y el número de víctimas que aumentaba, hice una nueva declaración:

Chiapas continúa viviendo una situación de extrema gravedad que afecta la marcha de toda la República. Revertir esa situación exige se emprendan con urgencia acciones que vayan a la raíz de los problemas y acciones de esa misma profundidad y dimensión para evitar que las condiciones de explotación y deterioro a que se ha llevado al país revienten en otras partes de la República.

La rebelión de miles de indígenas y campesinos de Chiapas, como respuesta al llamado de una organización armada, es producto de las condiciones infrahumanas de opresión, miseria, hambre, privación extrema y negación de derechos democráticos y humanos en que el régimen del PRI y el gobierno de Carlos Salinas de Gortari han sumido a ese Estado y en particular a sus sectores indígenas.

La rebelión de los indígenas es un grito desesperado para defender su dignidad de seres humanos, pisoteada y negada por los sucesivos gobiernos del Estado y de la nación y por sus protegidos, los terratenientes y caciques chiapanecos.

El gobierno, por otro lado, ha modificado a su gusto y placer la Constitución nacional... ha atentado, además, contra derechos substanciales que fueron conquistados con sangre, como los derechos de los campesinos y de los ejidos garantizados en el artículo 27 constitucional y, en su soberbia, ha creído que podía hacerlo impunemente y sin rendir cuentas a nadie...

El responsable del estallido social que se ha manifestado en acciones armadas en varios municipios chiapanecos, que ha cobrado ya dos centenas de vidas de ambos bandos, que profundamente lamentamos, es el gobierno de la República...

Nadie ignora que a Chiapas, desde hace décadas y salvo cortos periodos de luz, se le gobierna mediante la arbitrariedad, la corrupción, la explotación de su gente y la depredación de sus recursos. Durante el último año, además, se ha estado gobernando a trasmano, profundizándose y extendiéndose los actos de corrupción y de arbitrariedad...

Es inadmisible e impensable que el gobierno, a través de sus múltiples agencias: Secretaría de Gobernación, seguridad nacional, policías judiciales federal y estatales, zonas militares, autoridades municipales, etcétera, no se haya percatado —y no haya actuado en consecuencia, dando atención a los agudos y ancestrales problemas de la zona— de la preparación de un movimiento que involucra de manera directa e indirecta a miles de personas, en un vasto territorio, según se desprende de la magnitud de los sucesos que ocurren en Chiapas...

En estos momentos, de acuerdo al desarrollo de los acontecimientos que reportan los medios informativos, lo que más debe temer el país, lo que más debemos temer todos, es la masacre inminente de poblaciones en Chiapas, [temer] que el gobierno piense que la solución del problema está en adoptar políticas de tierra arrasada y aldeas estratégicas.

El conflicto que se vive en Chiapas es un problema político y debe por lo tanto recibir una atención y tener una solución de carácter político.

No basta con el tardío, tibio, insuficiente e indirecto reconocimiento de la existencia de graves problemas sociales, surgidos de la miseria y el atraso en Chiapas, que ha hecho

Carlos Salinas, en un acto de felicitación servil por el año nuevo...

Hace falta que haya en Chiapas una autoridad civil que efectivamente gobierne el Estado y que las acciones militares se subordinen a la búsqueda de una solución política de fondo al conflicto.

... frente a esta situación de extrema gravedad... demandamos... [Que] el gobierno se haga públicamente responsable de la solución de la situación de Chiapas. Es preciso que no se cargue a la institución militar con responsabilidades que corresponden a los más altos funcionarios civiles.

En esos primeros días de enero, invité a Oscar Oliva, Juan Bañuelos, Eraclio Zepeda, chiapanecos los tres, conocedores y estrechamente vinculados con su estado, y a varios integrantes del equipo de campaña y de la dirigencia del partido, para comentar sobre el levantamiento del 1 de enero y de Chiapas. Deseaba tener mayor información sobre el problema y las posibles causas del mismo, así como para tratar de encontrar algunas formas en que se pudiera contribuir para detener los combates y hallar una solución al grave conflicto que se estaba viviendo. La pobreza y marginación de las comunidades indígenas, la violencia oficial desatada contra ellas, la negligencia de autoridades, fueron factores que los amigos chiapanecos mencionaron como posibles causas del levantamiento armado, ratificando lo que desde el primer día veía como las causas del levantamiento.

Las primeras negociaciones del EZLN

El primer contacto con los zapatistas llegó unas semanas después del levantamiento. Ante la fuerte presión popular que se generó en el país y también desde el extranjero, a mediados de enero el gobierno decretó unilateralmente el cese de las hostilidades y anunció su disposición a iniciar pláticas con el EZLN. Esa decisión se vio acompañada por la renuncia de Manuel Camacho como secretario de Relaciones Exteriores y su designación como comisionado del gobierno para negociar la paz en Chiapas. Días después, fue convocado un primer encuentro entre el Comisionado del gobierno y el EZLN, que se celebraría en la catedral de San Cristóbal de Las Casas, al que se invitó al PRD para que enviara una delegación de observadores. Estuvo encabezada por Heberto Castillo y Samuel del Villar, y formaron también parte de ella Lázaro y Cuate. En esa reunión se suscribieron los acuerdos del cese de hostilidades y apertura formal de las negociaciones, reconociéndose al EZLN la calidad de beligerante. En ese encuentro en la catedral de San Cristóbal, Marcos hizo un reconocimiento elogioso a la trayectoria política de Heberto y con los integrantes de nuestra delegación me envió un saludo. Ese fue el primer contacto, indirecto en este caso, que tuve con Marcos y el EZLN.

La muerte de Luis Donaldo Colosio

Proseguí la gira, yendo de un lado a otro del país, tocando por dos o tres días la ciudad de México, donde el 5 de marzo se registró mi candidatura ante la autoridad electoral, que presidía el secretario de Gobernación. El 23 llevé a cabo un recorrido por Tlaxcala, de donde debía seguir a Oaxaca. Ese día, alrededor de las 7 de la noche, encontrándome en un mitin en la capital del Estado, llegó la noticia: el candidato presidencial del PRI, Luis Donaldo Colosio, había sufrido una atentado y su estado de salud era sumamente delicado. Terminado el acto político abordamos el autobús en el que hacíamos la gira y a unas cuantas cuadras de la plaza central nos detuvimos para comentar el caso, sin duda de una gravedad extrema. Se tomó entonces la determinación de regresar a la ciudad de México para reunirnos, en cuanto llegáramos, con la dirección del partido y con quienes más de cerca venían colaborando en la campaña. Nos dimos cita en la casa de Andes.

La reunión en Andes empezaría por ahí de las diez y media de la noche. Llegaron unas cincuenta personas y se prolongó hasta las primeras horas de la madrugada. Estando reunidos, se nos confirmó el fallecimiento de Luis Donaldo Colosio. En la madrugada escribí la nota siguiente:

> ... un hecho desde cualquier punto de vista lamentable, que el país rechaza, que muestra el grave estado de descomposición social al que se ha llevado al país, lo que se ve al encadenarlo al asesinato del Cardenal Posadas, en Guadalajara, en mayo del año pasado, al levantamiento del EZLN, al secuestro, hace unas semanas y aún no resuelto de Alfredo Harp Helú, cabeza del Grupo Banamex.

Al otro día, con Celeste, Lázaro, Cuate y varios miembros de la dirección del partido acudimos a la agencia en la que se velaba a Luis Donaldo Colosio, para presentar nuestras condolencias a su esposa.

A Luis Donaldo Colosio lo conocí como funcionario de la Secretaría de Programación y Presupuesto siendo yo gobernador de Michoacán. Lo saludé en la Secretaría en dos o tres ocasiones en que fui a tratar asuntos relacionados con los programas del estado. Lo encontré de nueva cuenta cuando él era presidente del PRI y yo del PRD, en una ocasión en que pidió reunirse conmigo y lo hicimos en la oficina de Andes. Estaba en curso la campaña electoral por el gobierno de Michoacán, en la que contendían Cristóbal Arias por el PRD y Eduardo Villaseñor por el PRI.

Después de dar vueltas hablando de generalidades, me preguntó qué quería o qué esperaba respecto a la campaña en Michoacán. Mi respuesta fue simple: que se respetaran los votos, pues sería muy grave que se repitieran las situaciones de fraude y violencia vividas en el estado en las elecciones de 1989 y 1991. De ahí no me moví, por más que él, cuidadosamente, buscara obtener de mi alguna otra respuesta.

No nos volvimos a ver. Supe de él, indirectamente, en varias ocasiones, por pláticas de Manuel Marcué, quien me comentó, un par de años antes de que se tomaran las decisiones electorales, después de alguna de las veces que visitó a Carlos Salinas (al que periódicamente veía y había conocido y tratado desde joven, por la amistad que sostenía con sus padres y en especial con su madre), que Salinas le había hecho comentarios muy elogiosos de dos de sus colaboradores, de Colosio y de Ernesto Zedillo y que él, Marcué, pensaba que entre ellos escogería al candidato que el PRI presentaría en las elecciones de 1994.

Permanecí por unos días en México. Era necesario analizar la situación que se presentaba después del asesinato de un candidato presidencial en campaña, en este caso, nada menos que el candidato del grupo en el poder. Una cuestión importante a observar era quien sería designado para substituir a Colosio. Fue público, antes de su deceso, que Colosio mostraba molestia y desagrado por el protagonismo que había adquirido Manuel Camacho en su desempeño como negociador con los zapatistas; había logrado se firmaran los primeros acuerdos para el cese de las hostilidades y la apertura del diálogo en las reuniones en la catedral de San Cristóbal y pocos días después, el EZLN había accedido a la liberación del general Absalón Castellanos, ex gobernador de Chiapas, secuestrado en un rancho de su propiedad por fuerzas zapatistas desde los primeros días de los enfrentamientos armados. Todas sus actividades eran fuertemente destacadas por los medios, compitiendo en ellos Camacho con una campaña de Colosio que no cobraba fuerza y que se daba en medio de comentarios sobre la posibilidad de que el candidato oficial fuera substituido. Finalmente, el candidato que sustituyó a Colosio, fue Ernesto Zedillo.

El debate

Después de propuestas reiteradamente planteadas, de resistencias un tanto veladas por parte del candidato oficial, de pláticas de representantes de los candidatos que participábamos en la contienda electoral, se fijaron la fecha y las condiciones para celebrar un debate con los candidatos del PRI y del PAN. Este acontecimiento se veía, en el grupo más cercano que me acompañaba en la campaña, como un suceso de la mayor importancia, decisivo para el resultado electoral. Con esa visión, había que prepararse para el encuentro.

Por unos días suspendí los recorridos y tuve largas pláticas principalmente con Adolfo Aguilar y Jorge Castañeda, quienes habían estudiado las experiencias de debates en otros países. Habían visto videos de los debates y analizábamos cómo podría darse el nuestro, convenido con un formato acartonado, que en aquel momento se juzgó adecuado. Viéndolo bien ahora, no sé por qué con tiempos muy acotados, con temas preestablecidos, que es como desde entonces se dan los debates entre candidatos. Y visto retrospectivamente, son formatos que no contribuyen a un verdadero debate y no resultan atractivos y de interés para quienes los siguen a través de la televisión y la radio.

En este contexto de preparación, en el que los que se consideraban conocedores de cuestiones de medios de comunicación estaban tensos y daban una importancia inusitada al debate, yo estaba más tenso todavía. De repente me pedían que ensayara con una especie de libreto y no soy de libretos, o leo algo que quiero transmitir a un auditorio o digo las cosas como lo siento, no aprendidas de antemano. Actuar o hablar a partir de un libreto, no se me da.

Unos días antes del debate me buscó Diego Fernández de Cevallos, candidato del PAN. Me dijo que iría al debate a presentar argumentos, a fijar sus puntos de vista y no pretendía hacer descalificaciones personales de sus contrincantes. Respondí que yo iría con la misma actitud.

Así se llegó a ese debate del 12 de mayo, el primero entre candidatos presidenciales en la historia de nuestro país. De ahí la gran expectación que despertó y las tensiones que generó en el equipo de campaña, en mí y tengo la impresión de que lo mismo sucedió a los otros participantes. Quien realmente llegó desinhibido y presentó sus argumentos con más fuerza y golpeando a un lado y a otro, más a mí que a Zedillo, fue Diego. A sus ataques no respondí, lo que visto pasado el encuentro fue un grave error, pues tenía argumentos para rebatirlo. Pero pensando en el tiempo de que disponía me centré en las propuestas, lo que consideraba sería de mayor impacto. Diego resultó, sin duda alguna, el mejor librado en el debate y el mejor valorado por la opinión pública.

La experiencia deja ver con toda claridad que tan importante como puede ser un debate, es la forma como los medios de información lo presentan, lo comentan y evalúan después de que sucede. En este caso, los principales medios, dependientes en alto grado de la voluntad y de los recursos del gobierno, se volcaron destacando el supuesto buen desempeño del candidato oficial, lo que estuvo acompañado de la desaparición de Diego de la escena pública por varias largas semanas. Suspendió por un tiempo sus actividades de campaña, sin que se conozca hasta ahora una explicación clara de los motivos.

El encuentro con los zapatistas

Al día siguiente del debate inicié un recorrido por Chiapas, que habría de llevar a un primer encuentro con el EZLN y con Marcos. Esa posibilidad, cuando se elaboraba el programa del recorrido por Chiapas, provocó cuestionamientos y dudas en el equipo de campaña. Había quienes consideraban inconveniente la visita a la zona de conflicto y más todavía una eventual entrevista con los comandantes del Ejército Zapatista. Sostenían que iría en detrimento de la campaña y restaría votos, pues podría interpretarse como un apoyo o la aceptación a que se recurriera a medios violentos para enfrentar situaciones políticas o sociales.

Mi posición era otra: consideraba que si buscaba yo llegar a la presidencia, si pretendía gobernar el país entero y para todos, había que ir al encuentro de los problemas, no rehuirlos con evasiones o ausencias, y era indispensable hablar con un grupo que se había levantado en armas declarando la guerra al gobierno y al ejército. Luego había aceptado el cese de las hostilidades y estaba dispuesto al diálogo y al que había que decirle que si se ganaba la elección, habría voluntad y disposición para dar solución a los problemas, atendiendo y atacando las causas profundas que le habían llevado a tomar las armas. Prevaleció mi opinión y entonces todo mundo se apuntó para ir a Chiapas. En la organización de la visita a la zona zapatista nos auxiliaron colaboradores del obispo de San Cristóbal, Samuel Ruiz.

El primer día de recorridos empezó en la zona petrolera de Reforma y concluyó en la capital del estado, donde saludé al doctor Felipe Aguirre Franco, obispo de Tuxtla Gutiérrez, y al gobernador Javier López Moreno, que había substituido a Ruiz Ferro, que a su vez ocupó el lugar de Patrocinio González Garrido cuando éste pasó a la Secretaría de Gobernación —al que Salinas separó del cargo días después del estallido de la rebelión zapatista. Con

ambos platiqué de la situación provocada por la rebelión y de la
paz precaria que existía en la región. Al otro día viajamos a San
Cristóbal. Ahí la reunión más importante la tuve con los expulsados de Chamula. Eran grupos de la población que habían chocado
por diferencias religiosas, que más que con las creencias tenían
que ver con la explotación que de ellos hacían los caciques de la
zona, aprovechándose de su situación de privilegio y de los apoyos
oficiales que recibían.

El 15 de mayo, muy temprano, salimos en larga y numerosa
caravana hacia Guadalupe Tepeyac, a donde después de pasar sin
molestia alguna varios retenes militares, llegamos cerca del medio
día, deteniéndonos entonces en un retén del EZLN. Íbamos dirigentes del PRD nacionales y locales, compañeros del partido que
no quisieron perderse el primer encuentro con los jefes zapatistas
y con Marcos, reporteros y camarógrafos de todos los medios
de información habidos y por haber. Una muy larga caravana de
vehículos, no todos aptos para transitar por la brecha, que exigía
el uso constante de los frenos por las empinadas cuestas que había
que pasar, lo que hizo lenta y complicada la marcha.

En ese retén y teniendo ya a la vista Guadalupe Tepeyac,
esperamos unas tres horas, pues los zapatistas querían saber qué
personas componían la comitiva, cuales medios de información
estaban representados y se resistían a permitir el acceso a la gente
de Televisa. Había quienes decían que si no se abría el paso de
inmediato debíamos retirarnos. Consideré que había que tener
paciencia y entender la situación de acoso en que vivía el EZLN y
sus temores a que entre los visitantes llegara alguien que pudiera
causarles algún daño. Así que esperamos.

Finalmente se nos franqueó el paso a todos. Descendimos de
los autos y pasamos en medio de una larga valla, al final de la cual
estaban varios de los comandantes zapatistas. Los que saludamos y
subimos luego a un templete, desde el cual presenciamos cómo en

el campo que nos quedaba al frente apareció y se desplegó corriendo un contingente de unos 400 zapatistas uniformados y armados y de unos 1 200 civiles, que después se agruparon y desfilaron, pasando todos frente a nosotros.

Concluida la parada militar nos separamos Heberto, Porfirio, yo y dos o tres compañeros más para tener un encuentro con varios de los comandantes. Después me reuní a solas con Marcos, quien habló de las injusticias que se cometían y en las que vivían los grupos indígenas; de la violencia ejercida o permitida por los gobiernos locales y de otras causas del levantamiento; habló también de mi padre y de la importancia histórica de su gestión de gobierno, y pasamos luego de nuevo al templete para participar en un mitin.

Marcos hizo un discurso duro. Criticó al PRD, criticó fuerte al sistema de partidos, al régimen político y al gobierno, descartando como vía de acción del EZLN la electoral y reafirmando que no apoyarían a ningún partido y a ningún candidato. Señaló también que no recibirían a ningún otro candidato y las frases amables para quienes visitábamos a los zapatistas brillaron por su ausencia en su discurso. Eso es lo que principalmente destacaron los medios en sus informaciones a partir del día siguiente.

El encuentro con los zapatistas tuvo repercusiones. Los medios oficialistas argumentaron con un carácter que daba presencia al macartismo, que el PRD y yo simpatizábamos con las vías armadas, que aceptábamos las imposiciones de un grupo extremista y violento, sin reconocer la importancia de ir al encuentro de los problemas y buscar las soluciones a través del diálogo y el razonamiento; y por otra parte, empezaron a manejar que de llegar a la presidencia haría yo un gobierno apoyado por los grupos radicales, un gobierno de expropiaciones y cosas por el estilo.

Comenzó entonces con fuerza una campaña para atemorizar a los posibles votantes: que si llegara a la presidencia estaría manejado por los guerrilleros, un gobierno conmigo a la cabeza ahuyentaría las inversiones y se produciría una debacle económica y una crisis interminable. A esta campaña se agregaban los temores y las incertidumbres que seguían flotando en el ambiente político provocadas por el asesinato de Colosio. Por otro lado, estaban también las manipulaciones clientelares de los programas de solidaridad que tenían como intención principal inducir el voto de los ciudadanos a favor de los candidatos del PRI.

Los últimos días de la campaña

El 7 de junio se celebró el Día de la libertad de prensa con una comida organizada y ofrecida por la organización de los editores de periódicos a la que asistimos todos los candidatos presidenciales. Cada uno dispuso de cinco minutos frente al micrófono. Hablé en esa ocasión de la necesidad de ganar para la democracia los espacios de la comunicación social poniendo fin a las complicidades entre muchos medios de comunicación y el poder público; demandé el esclarecimiento de los cuarenta asesinatos de comunicadores cometidos a lo largo de la administración salinista y el que no se dejaran en la impunidad; propuse la creación de un instituto para la comunicación social, independiente del Estado, plural y coadyuvante en las tareas legislativas en la materia; y finalmente, para sorpresa de todos los asistentes y desagrado de más de alguno, pedí se guardara un minuto de silencio en memoria de los periodistas asesinados, cuyos crímenes en su mayoría permanecían impunes. Fue notorio que el único que no se levantó de su asiento mientras se guardaba el minuto de silencio fue Jacobo Zabludovsky. No imagino la razón de su desacuerdo con mi pronunciamiento, más allá de su desagrado respecto a mi candidatura.

Estaba en el último jalón de la gira y al frente quedaba, de hecho, ya sólo la elección.

Una segunda entrevista

Al igual que en julio de 1988, Jorge Rosillo fue el conducto para plantearme un nuevo encuentro con Carlos Salinas, en días previos a la elección que tendría lugar el 21 de agosto y a unos meses de concluir su periodo de gobierno.

Acepté se realizara el encuentro por las mismas razones que la vez anterior: saber para qué quería la reunión, conocer de viva voz sus puntos de vista sobre un hecho importante, en este caso la ya próxima elección, que fue efectivamente el punto que se abordó. Dijo que se conduciría con apego a la ley —no podía decir otra cosa— y yo sólo comenté que lo más conveniente para él sería proceder como lo estaba diciendo, señalando de paso, sí, que en el curso de la campaña habíamos encontrado infinidad de violaciones a la ley en la expedición de credenciales de elector, en la manipulación del padrón, etcétera, lo que no era un buen augurio para la elección que se tenía enfrente.

La elección de 1994

El día de la elección, a primeras horas de la tarde, empecé a conocer los resultados, los que no parecían favorables. Esperaba yo una votación no sólo mejor, sino incluso ganadora, debido a la respuesta y a la intensa movilización que había encontrado en los recorridos por el país: era la forma de auscultar y valorar cómo se movía la opinión electoral, pues aunque se conocía la importancia de las encuestas hechas en serie, no se contaba con recursos para realizarlas, lo que hubiera sido sin duda deseable. Al conocer los resultados oficiales se produjo desaliento en el equipo. En momentos como esos, cuando hace falta reflexionar sobre lo que sucedió y lo que sigue, el análisis más objetivo, la actitud más sensata, la propuesta más lúcida, la he encontrado siempre en Celeste y nuestros hijos.

En los últimos días de campaña convoqué a una concentración en el Zócalo para el día siguiente al de las elecciones, el 22 de agosto. Llegó un número apreciable de gente, la plancha del Zócalo estaba llena, pero había sin duda tristeza en los rostros. Colocado en el tercer lugar en las preferencias electorales de acuerdo a las cifras oficiales, había que tener muy claro cuál había sido la calidad de la elección, revisar con objetividad y responsabilidad nuestra fuerza y nuestras capacidades de acción frente al Estado y a las demás fuerzas políticas del país y plantearnos qué hacer hacia adelante. Dije ese día en el Zócalo:

Una vez más se quebranta el orden constitucional.

La elección reventó cuando millones de ciudadanos con su nueva credencial para votar, con fotografía, no pudieron sufragar donde les correspondía ni en las casillas especiales a donde fueron remitidos...

Yo no me proclamo, en este momento, triunfador, pero nadie con responsabilidad puede aceptar los resultados que oficialmente se nos están dando...

Anoche también escuchábamos una declaración del candidato presidencial del Partido Acción Nacional. Me parece que aunque denunció fallas en la elección, acepta por lo general los resultados oficiales, que en caso dado impugnará ante el Tribunal Federal Electoral. Nosotros ya sabemos lo que ese tribunal va a decidir y la dirección de su partido y él se enfrentarán al juicio de quienes les otorgaron respaldo y confianza con su voto y enfrentarán también el juicio de la historia. Ojalá respondan al compromiso que tienen, por el bien de la nación.

Yo prefiero desde ahora y más que yo y más que hacer de este un caso personal, prefiero someter esta elección más que al Tribunal Federal Electoral —a donde se llevarán los recursos que procedan— y más que a la calificación en su momento de la Cámara de Diputados, al juicio del pueblo de México...

El pueblo creyó en la vía electoral para buscar el cambio y esta vía la pretende seguir manteniendo cerrada el régimen...

El fraude no es derrota, el fraude es fraude y si no logramos derrotarlo en las urnas lo derrotaremos con nuestra firme determinación de restaurar la legalidad...

La lucha no ha terminado. Simplemente empieza una nueva etapa.

En la parte final de mi intervención, considerando que en el curso de la semana se conocerían los resultados oficiales definitivos de la elección, convoqué de nuevo a una reunión en el Zócalo para el 27. Llegó más gente que el 22 y expresé en esa ocasión:

Acabamos de pasar por una elección que fue todo menos elección. Fue montaje de una gran operación del Estado, fue manipulación violenta de la opinión pública por los medios informativos, la televisión en particular, fue un fraude electoral cometido de mil maneras, fue la intimidación de los votantes por el aparato estatal, fue la utilización de dinero público y de aportaciones de los grandes favorecidos para efectuar una campaña en todos los sentidos excesiva, fueron los grandes acarreos, fue todo eso, hecho por un grupo que teme como nada perder el poder porque sabe que el pueblo en cuanto se libere, habrá de exigirle cuentas...

Casos concretos, que ilustran y ayudan a entender lo sucedido: en 20 estados, según se desprende de los datos computados, se reportan más boletas en las urnas que votantes, en porcentajes que se elevan hasta en el 9 y 7 %, como en

Colima y Michoacán; en esas casillas donde hubo más boletas en la urna que votantes, el PRI tiene en promedio votaciones del orden del 46 % y como media nacional por ese procedimiento, el PRI se adjudica un 5 % de los votos, esto es, unos dos millones...En el acta circunstanciada de la sesión de la Comisión local de vigilancia del Registro Nacional de Electores del D. F., del 12 de abril pasado, se reconoce la existencia de más de un millón de homónimos como lo había señalado el PRD, y no veinte mil como inicialmente informó el Registro; haciendo el estudio de homónimos reales y falsos y proyectando el dato nacionalmente, resultan en el país cuatro millones y medio de falsos homónimos. Pero la forma más grave de defraudación fue cancelar el derecho al voto a millones de ciudadanos, que se presentaron a votar en su casilla y no aparecían en la lista nominal. Podemos estimar, con base en la auditoría o verificación del padrón electoral que realizaron el Registro Nacional de Electores y todos los partidos políticos, con excepción del PRD, que la cifra de ciudadanos con credencial y excluidos de las listas de electores asciende en el país a unos ocho millones... Esa fue la forma de defraudación que sin duda marcó más para construir los resultados oficiales. Pretender contar, con métodos de aficionados, el número de quienes fueron a votar y no pudieron hacerlo, no aclarará nada, porque lo que falta es una nueva elección en la que esté garantizado y protegido el voto de los ciudadanos...

Después del 21 hemos visto largos silencios del sistema de conteo de los votos y los manipuleos precipitados de las cifras electorales por los funcionarios y los técnicos del IFE, como el que dejó fuera de captura, el pasado 25, los datos correspondientes a 11 000 casillas, en las que se estiman de cuatro a ocho millones de votantes. También en estos días posteriores a la elección conocimos del tráiler cargado con credenciales para votar destruidas, cientos de miles, que apareció en las calles de Tezozómoc...

Y antes del 21 de agosto vimos... el pase de charola a los millonarios favoritos; los gastos sin medida de los gobiernos estatales; los Secretarios de Estado haciendo campaña con fondos públicos; los resultados exactos de la elección ya anunciados por las encuestas; los centros de cómputo alternos, listos para filtrar los flujos de la información electoral...

El PRD en todas sus campañas gastó alrededor de N$12 000 000, que fue lo mismo que gastó sólo uno de los candidatos del PRI al Senado por el Distrito Federal. Según distintas estimaciones, la campaña presidencial del PRI tuvo un costo efectivo que puede ubicarse entre los 1 000 y los 4 000 millones de nuevos pesos, esto es, gruesamente, de 100 a 333 veces más que el gasto total del PRD...

Por todo eso fuimos a la elección bajo protesta y finalmente llegó y pasó el 21 de agosto y no sabemos cuáles fueron los resultados reales de las elecciones...

Hicimos un mal cálculo: nos equivocamos en nuestra apreciación de que con una alta votación superaríamos el manejo electoral viciado del aparato del Estado, que las trampas serían superadas por los votos. No fue así. El régimen, que no sus candidatos, resultó, según cifras oficiales, con más votos que los candidatos de los demás partidos. La legalidad quebrantada en 1988 no pudo restablecerse como lo pretendíamos, teniendo una elección impecable este pasado 21. La usurpación y la ilegitimidad no hicieron sino reproducirse en esta elección...

Por los votos que me reconocen oficialmente —algo así como seis millones—, por los que ilegalmente me hayan quitado, por los de aquellos, pocos o muchos, que iban a sufragar a mi favor pero no pudieron hacerlo, por la confianza que como candidato a Presidente de México me otorgaron muchos en esta lucha por la democracia, tengo la obligación de defender, con todos los recursos de la ley, tanto la legalidad de todo el proceso electoral como mi candidatura y mi propia elección, insisto, no para maniobrar y que yo resulte, cueste lo que cueste, el ganador, sino para que haya legalidad, moral y ética en nuestra vida pública y en la democracia que queremos construir.

En las circunstancias en que se dio la elección, hoy, no podemos reclamar triunfo, pero tampoco podemos reconocer la victoria de nadie, pues hacerlo, sin conocer cifras verdaderas, que son las únicas que legitiman en la democracia victorias y derrotas, sería traicionar nuestros compromisos y nos haría cómplices apresurados de los delincuentes electorales. Dejaremos ese papel a quienes en esta elección se presentaron, como siempre, con dos caras: una, la de supuestos opositores; otra, la de subordinados del sistema y cómplices del partido de Estado...

El partido de Estado y quienes legitiman sus atracos diciendo que de todos modos ganó su candidato, aunque reconocen que las cifras oficiales están alteradas, tienen una concepción patrimonial, autoritaria y primitiva del Estado y del gobierno; incluso aquellos que así lo ven de buena fe, asumen una actitud de sometimiento y derrota que resulta indigna e inadmisible...

Desde diversas iniciativas sabemos que nos busca la gente del régimen. Quieren acuerdos a partir de que reconozcamos, lo digamos o no, lo hagamos público o no, que hay ya un ganador de la elección presidencial con legitimidad. Mientras no se dilucide qué pasó con la elección, debe quedar claro a propios y extraños que nuestro camino no es el de las negociaciones con el voto...

En los posibles escenarios a los que el gobierno quisiera llevarnos está el que nos embarcáramos en una lucha de desgaste, repitiendo mecánicamente experiencias anteriores que en su momento fueron útiles: manifestaciones continuas, plantones, ocupación de edificios públicos, etcétera. Para eso han preparado a sus granaderos y a sus tanquetas con cañones de agua. No les tenemos miedo, pero no habremos de caer en formas de movilización que, en las condiciones presentes, nos lleven inevitablemente al desgaste y agotamiento para nosotros y para el conjunto de la sociedad que busca un cambio y responderemos, por lo tanto, con nuevas estrategias...

El régimen de partido de Estado que en cada elección se convierte en contendiente electoral está, por su esencia misma, por la forma que tiene de reproducirse, incapacitado para aceptar la realización de elecciones auténticas. Éstas constituyen necesariamente su desaparición.

Hagamos de ello objetivo central de nuestra lucha, para que desaparezcan del país y de nuestra vida pública el presidencialismo y el dedazo, la impunidad y el saqueo, el gobierno sin límites y sin responsabilidad ante nadie...

Vienen muchas presiones. De mil modos nos estarán diciendo "ya para qué, no hay remedio, confórmense, ustedes son menos..."

Los términos de la lucha nos imponen hoy dos líneas a seguir: encontrar la verdad de esta elección, para respetar a nuestros gobernantes, para no verlos como capos de la delincuencia o en el mejor de los casos como jefes de la mapachería electoral; y recurrir a todas las instancias legales para defender el derecho a que nuestro voto se respete y así impedir que se nos gobierne en la ilegalidad, para mantener nuestra dignidad de ciudadanos y nuestra dignidad de mexicanos.

El resultado del proceso electoral federal de 1994 reflejó las consecuencias de las contrarreformas legislativas en la materia llevadas
a cabo en el curso del sexenio; el control del gobierno sobre la autoridad electoral; las manipulaciones en la elaboración del nuevo
padrón a partir de la expedición de la nueva credencial de elector
con fotografía; el enorme dispendio de recursos públicos, esto es,
dinero para las campañas, personal del gobierno puesto al servicio
de los candidatos oficiales, apoyos de dependencias del Estado para
impulsar la campaña del PRI; las presiones clientelares de los programas de *Solidaridad*; el debate del 12 de mayo y la manipulación que
posteriormente se hizo en los medios de información para favorecer
al candidato oficial; acceso ilimitado de la propaganda del candidato presidencial oficial y del PRI en la televisión: en propaganda
directa, en los noticieros con notas muy amplias, en la promoción
de los programas de *Solidaridad* y, por el otro lado, la limitación de
recursos nuestra para tener acceso a esos medios de información; en
el proceso mismo de elecciones: la elaboración y reparto del material electoral, listas de electores alteradas distribuidas en las casillas,
esto es, padrones inflados y recortados, con el consecuente desconcierto de los electores y la imposibilidad de votar por ello para un
alto porcentaje de ciudadanos con derecho a hacerlo.

Por otra parte, no puede dejarse de reconocer que en los resultados de la elección, además de la parcialidad oficial, las manipulaciones de padrones, credenciales y votantes, y la enorme
disparidad en los recursos disponibles, influyó también la incertidumbre que se creó con el asesinato de Colosio. Fue un hecho
que empañó el proceso, y la campaña que desarrollaron los medios
de información para disminuir mi candidatura, principalmente los
televisivos, instigados y cómplices del régimen: de diferentes maneras presentaban una y otra vez que el haber ido a Chiapas a encontrarme con los comandantes del EZLN significaba que Marcos
y los zapatistas estarían detrás de mi gobierno, que simpatizaba yo

con los métodos violentos, que se extendería la violencia y, de llegar yo al poder, se desataría una crisis económica permanente, que alejaría a las inversiones y no tendría relaciones con la comunidad financiera internacional.

Ahora bien, qué influyó más y qué menos, imposible saberlo. Pero del gobierno de Carlos Salinas no podía esperarse otra cosa que atropellos al derecho e imposición.

Pocos meses después de haber tomado posesión, Ernesto Zedillo, en uno de sus viajes a Europa declaró que la elección había sido "inequitativa"; aunque nunca aclaró qué quiso decir con eso, estoy en este caso plenamente de acuerdo con él.

La develación de un busto de mi padre

Varios meses después de la elección, el 15 de octubre, volamos Cuate y yo a Madrid, donde el 16 nos recibieron Carlos Carnero y Pepe Cobo, del área de relaciones internacionales de Izquierda Unida. En los días que siguieron acompañamos a Julio Anguita en varias actividades en Bilbao, relacionadas con la campaña de Izquierda Unida-Ezker Batua-Berdeak por la presidencia del gobierno del País Vasco.

El 23 llegamos a Córdoba, atendiendo la invitación del alcalde Herminio Trigo, de Izquierda Unida, para develar un busto de mi padre. El busto tenía su historia: había sido donado a Córdoba por el gobierno mexicano varios años antes, quedándose empacado en una bodega, de lo que se enteró Rodolfo Echeverría, embajador de México en España; lo comentó con el alcalde Trigo, quien de inmediato consideró con simpatía la posibilidad de colocar el busto en la calle Veracruz, denominada así para recordar al puerto de nuestro país. Trigo hizo contacto conmigo para invitarme a la inauguración del monumento y convinimos en una fecha para ello.

Llegó el día de la develación. A media mañana nos reunimos con el alcalde y el embajador y nos encaminamos a la calle Veracruz, una bonita calle en pleno centro de la ciudad, cerrada al tránsito de vehículos. Ahí estaba un pedestal cubierto por un gran mantón de Manila; nos colocamos Herminio y yo a un lado y otro del monumento, tomamos cada uno una punta del mantón y dimos un jalón para descubrir el busto. Aplausos de todo mundo. En ese momento los mexicanos: Cuate, el embajador, yo y los demás mexicanos asistentes a la ceremonia, nos quedamos helados, al darnos cuenta que se trataba de un busto de Benito Juárez y no de mi padre, pero nadie dijo nada en ese momento.

Vino entonces el discurso del Alcalde. Hablé yo después, agradeciendo el homenaje que la ciudad de Córdoba hacía a mi padre. Terminó la ceremonia. No faltó una señora que dijera a Cuate "cuanto te pareces a tu abuelo" y dejamos el sitio, el Alcalde y yo en un auto, para dirigirnos a cumplir con otra actividad del programa previsto. En el trayecto le dije a Herminio lo que había sucedido. Se apenó y me dijo habría que cambiarlo. Afortunadamente no pasó así: meses más tarde, sin remover a Benito Juárez, se colocó en lugar vecino, en la misma calle Veracruz, un busto de mi padre, que habrá que visitar.

12

EL EZLN

Nuevos encuentros con el EZLN

En los primeros días de noviembre, en México, estuve comentando con Celeste, Lázaro, Cuate y Adolfo Gilly sobre la conveniencia de buscar un encuentro con comandantes del EZLN. Deseaba plantearles la conveniencia de hacer llegar al nuevo gobierno algunas de sus ideas o propuestas para dar solución al conflicto existente a partir del levantamiento del 1 de enero; si consideraban que pudiera ayudar a que establecieran contacto las partes confrontadas. En nuestras pláticas estimamos que sería positivo hacerlo y entré en contacto para ello tanto con Rosario Ibarra como con don Samuel Ruiz, para pedirles hicieran conocer mi idea al EZLN.

Recibí respuesta proponiendo nos reuniéramos. El 9 de noviembre viajamos de San Cristóbal de Las Casas a Guadalupe Tepeyac Rosario Ibarra, Adolfo Gilly, Lázaro, Sergio Rodríguez, miembro de uno de los grupos del PRT más cercanos a Rosario Ibarra, Carlos Mandujano y Antonio Chávez.

En Guadalupe Tepeyac conversamos primero todo el grupo con el subcomandante Marcos, el mayor Moisés y el comandante Tacho. Después me reuní solo con ellos tres. Les comenté que consideraba conveniente se tuviera un encuentro con representantes del nuevo gobierno para que, hablando entre ellos, pudieran encontrarse los términos de entendimiento. Aceptaron la idea y me ofrecí para hacerla llegar a la nueva administración.

El nuevo gobierno se estrenó con las protestas y complicaciones derivadas del fraude cometido en la elección local de Chiapas, en la que contendió como candidato del PRD a gobernador Amado Avendaño, prestigiado periodista de San Cristóbal, que había recibido una amplia respuesta de los ciudadanos del Estado. Con ese propósito se celebró en la ciudad de México, el 8 de diciembre, día de la toma de posesión del nuevo gobierno en Chiapas, una marcha y mitin exigiendo la restitución de la legalidad en aquel estado.

En esos primeros días de la nueva administración hice contacto con el secretario de Gobernación, Esteban Moctezuma, a quien comenté mi plática con los comandantes del EZLN. Él me pidió hacer nuevo contacto con ellos, pues me expresó que había interés del gobierno en dar solución al conflicto.

Utilizando los mismos conductos se fijó fecha para una nueva reunión que tendría lugar el 15 de diciembre. El día 10, a las 7 de la mañana sonó el teléfono y contestó Celeste. Me llamaba Rosario Ibarra, diciendo era muy urgente reunirse conmigo.

Media hora más tarde llegó ella a casa, acompañada de Laura García. Se refirió a mi próximo viaje a Chiapas, diciendo que el Subcomandante Marcos consideraba que el 15 sería tarde para nuestra reunión. Les comenté que la noche anterior me había llamado Miguel Álvarez para decirme lo mismo y que le había yo pedido consultara si el martes 13 sería una buena fecha para nuestro encuentro.

Así, el 13 viajamos Cuate, Andrés Manuel López Obrador, Ventura Pacheco y yo a Tuxtla, de donde seguimos en auto, uniéndose a nosotros Rosario Ibarra y Laura García en Comitán, para continuar hasta Guadalupe Tepeyac.

Ahí, en un galerón que había ocupado *Conasupo*, tuvimos nuestro encuentro. Nuevamente con el subcomandante Marcos, el comandante Tacho y el mayor Moisés, primero todos, después yo solo. Marcos habló del esfuerzo que representaría echar a andar el proyecto de la Convención Nacional Democrática, que como organización plural y no partidaria ni electoral consideraba yo útil en el momento político que vivía el país. Estuvieron de acuerdo en que por mi conducto se conviniera un encuentro en algún lugar de la zona controlada por el EZLN con representantes del nuevo gobierno para dar inicio a las pláticas que pudieran conducir a una paz definitiva. Con ese mensaje regresamos a México. Todo parecía ir bien. Las señales que daba el gobierno indicaban que pronto se iniciarían los encuentros con el EZLN.

Llegó el nuevo año y con él turbulencias de todo tipo. Días antes se había hecho visible y tangible *el error de diciembre*: la economía cayó en un torbellino y esa crisis llegó acompañada por el descrédito y la sensación pública de la casi inexistencia de gobierno. Por otra parte, la nueva administración, como cité, decía tener la intención, al menos así manifestada por Esteban Moctezuma, el secretario de Gobernación, de hacer contacto con el EZLN y abrir los encuentros que pudieran dar solución de fondo a los conflictos que originaron y los que pudiera haber provocado el levantamiento zapatista en Chiapas, pero en este caso tomó un camino distinto: el 9 de febrero, en una operación militar sorpresiva sobre Guadalupe Tepeyac, intentó traicioneramente aprehender a Marcos.

La operación fracasó. Marcos y los jefes zapatistas que se encontraban en el lugar en aquellos momentos vieron volar sobre ellos, a pocos metros de sus cabezas, los helicópteros; a pocos metros también vieron pasar vehículos transportando soldados, pero pudieron escabullirse.

Al mismo tiempo que tenía lugar la incursión sobre Guadalupe Tepeyac, que sólo pudo ser acordada por el Presidente de la República con los más altos mandos militares y que el secretario Moctezuma siempre negó tener conocimiento previo de ella, el gobierno procedió a la aprehensión de varios civiles a los que acusó de estar vinculados con el movimiento zapatista, Gloria Benavides, Fernando Yáñez, Javier Elorriaga y Jorge Santiago entre ellos. Desde el momento de su detención, la opinión pública los consideró presos políticos.

Unos días antes del ataque a Guadalupe Tepeyac, del 2 al 5 de febrero, se celebraron en Querétaro las reuniones en las que por iniciativa de la comandancia del EZLN se constituyó la Convención Nacional Democrática (yo asistí a la sesión del día 5). Se formó con un buen número de organizaciones sociales. Marcos hizo llegar un mensaje convocando a la recién formada Convención a constituir el Movimiento de Liberación Nacional. Previamente me había planteado que yo encabezara el Movimiento. Le hice saber que tenía compromisos de militancia con mi propio partido que no me permitían una participación en el proyecto.

El frustrado intento de aprehensión de Marcos causó gran estruendo en el medio político, ya muy sacudido por la crisis económica, cuyos efectos desastrosos empezaban a sentirse en la vida de todos los días. Marcos, airado y justificadamente, denunció la traición del gobierno con el que estaba parlamentando. Una parte importante de la opinión pública se lanzó también contra el gobierno, exigiéndole el cumplimiento del armisticio suscrito con el EZLN y que se buscara la solución del problema respetando los acuerdos a los que se había llegado y por medios pacíficos. Ello me abrió la posibilidad de plantear nuevamente, a ambas partes, los encuentros cancelados por la irrupción militar sobre Guadalupe Tepeyac.

Cuate, testigo de honor

Sin tener que viajar a Chiapas restablecí el contacto con Marcos y por otro lado lo mantuve con el secretario de Gobernación. Convinieron en celebrar un primer encuentro entre representantes del gobierno y del EZLN para el 3 de abril. Marcos pidió que Cuate fuera testigo de esa primera comunicación directa que habría de darse entre las partes confrontadas, a lo que Cuate accedió.

Transcribo a continuación las notas que Cuate hizo de ese viaje y del que le siguió el 7 de abril. Pocos días después me entregó una copia:

Prado Pacayal, Chis., 3 de abril de 1995.

[Cuate] Llegué a Prado Pacayal procedente de Villahermosa, Tabasco, a las tres de la tarde aproximadamente, acompañado del Dr. Gabriel Mendoza Manzo y de Brígido Briseño. Es un pequeño poblado de cerca de mil habitantes, en el municipio de Ocosingo (Francisco Gómez para el EZLN). Producen café, maíz y frijol principalmente. Tienen algo de ganadería, pero a raíz de la entrada del Ejército Federal, los ganaderos han entrado a las distintas comunidades de la zona y se han llevado parte del ganado.

Saludamos a algunos pobladores y a los integrantes del "campamento de paz" que salieron a recibirnos curiosos por saber quiénes éramos; nos identificamos y de inmediato pregunté por el representante de la comunidad, con quien debía yo hacer contacto y a quien debía darle la contraseña acordada (Soy el veterinario y vengo a ver lo de los animales). Me informaron que no se encontraba en ese momento allí, que debía esperar. Al cabo de una hora, una persona me pidió mi identificación y se la llevó al representante de la comunidad, cuando regresó me pidió la contraseña y se volvió a ir. Regresó sólo a decirme que estaba bien, que siguiera esperando.

Aproveché el tiempo de espera para platicar con los integrantes del campamento y les dije que estaba recorriendo los distintos campamentos y comunidades para tener infor-

mación de primera mano acerca de las condiciones en que se
encontraban, sobre todo a partir del 9 de febrero... lo cual
por supuesto no era cierto.

El licenciado Luis Maldonado Venegas, enviado del Secretario de Gobernación, licenciado Esteban Moctezuma,
llegó pasadas las cinco de la tarde, acompañado solamente
por su chofer. Se presentó con nosotros y pidió a un miembro del campamento hablar con el representante de la comunidad. De inmediato vinieron por él y a los pocos minutos
vinieron por su chofer.

Como a las 8 de la noche vinieron por mí y me llevaron
por un camino distinto al que habían tomado cuando se llevaron a Maldonado. Llegamos a una casita de madera de tres
cuartos, con piso de cemento y luz eléctrica. Allí encontré
a los enviados de Gobernación hartos de esperar y bastante
molestos; al chofer lo llevaron de regreso a su camioneta y
nos dejaron solos. Como a las 8:30 apareció Daniel, el representante de la comunidad, y nos dijo que ya no tardarían mucho en llegar los enviados del Subcomandante Marcos. Veinte
minutos después aparecieron por la puerta cuatro personas
fuertemente armadas que se presentaron como el mayor Benito, quien perdió el ojo derecho en enero del 94 y que venía
al mando del grupo; el mayor Rolando, operador del radio y
lugarteniente del mayor Benito; Pablo y Maxo (me parece que
lo escriben así aunque lo pronuncian Masho), miembros del
Comité Clandestino Revolucionario Indígena-Comandancia
General del Ejército Zapatista de Liberación Nacional. Daniel permaneció afuera de la casa durante toda la reunión,
acompañando al mayor Rolando en el radio.

**Reunión con el mayor insurgente Benito, mayor insur-
gente Rolando, Pablo y Maxo, miembros del CCRI-CG del**

EZLN y el licenciado Luis Maldonado Venegas, enviado del Secretario de Gobernación, licenciado Esteban Moctezuma Barragán.

8:55 p.m.

El Lic. Luis Maldonado, enviado de E. Moctezuma entrega carta cerrada, sellada, confidencial y secreta.

Pide al EZLN abrirse al diálogo y acogerse al marco legal surgido a consecuencia de las acciones tomadas por el gobierno el 9 de febrero.

Reitera enfáticamente que Esteban Moctezuma no tuvo nada que ver con las decisiones que se tomaron el 9 de febrero y que se enteró cuando se encontraba reunido con la CONAI (Comisión Nacional de Intermediación).

La ley aleja la guerra, E. Moctezuma busca la vía política, está comprometido con esa vía y se debe llegar a un diálogo directo para solucionar problemas concretos, entendiendo por diálogo directo un nuevo encuentro. Moctezuma propone sea antes del 10 de abril.

Se requiere un diálogo frente a frente para mostrar a la opinión pública y a "los grupos que buscan destruir la vía política" que solamente con soluciones políticas se va a resolver el conflicto.

Propone que se designen negociadores para un próximo encuentro en estos días. El gobierno mandaría a sus negociadores a cualquier lugar del territorio zapatista, proponen que sean confidenciales y que hasta no haber resultados no se darían a conocer. Tendría que haber un acuerdo entre las partes para decidir el mecanismo por el cual se hacen públicos los resultados y para dar una explicación satisfactoria a la opinión pública y a otros actores del conflicto de cómo y por qué se habrían dado dichos encuentros.

Dice que el Ejército Federal sale del área de competencia e influencia del Secretario, pero propone pactar un cese de fuego formalmente, lo cual daría condiciones de mayor distensión y podría lograrse reposicionar al Ejército Federal.

Esteban Moctezuma no es partidario de una salida militar, pero de no darse el encuentro entre los grupos negociadores que se proponen, para pactar un cese al fuego y condiciones de mayor distensión, entonces se podría ver rebasado por quienes han apostado a una solución militar. Después de dicho encuentro se pasaría a un diálogo público para ahí acordar cuestiones concretas.

9:30 p.m.
Subcomandante Marcos (por radio):

Manda preguntar qué poder de decisión trae el enviado y éste responde que todo lo que sea necesario para concretar un nuevo encuentro está en sus manos.

La propuesta es que en ese momento se arregle el punto 1 propuesto en la agenda del EZLN, llamado medidas de distensión. Que se acuerde en ese momento que no haya choques armados y piden que el Ejército Federal regrese a las posiciones del 8 de febrero y que se restablezcan las zonas grises. A cambio ellos ofrecen que no tomarán posesión del territorio, manteniendo a todas sus fuerzas armadas en las montañas y tampoco pondrán retenes ni obstruirán carreteras.

Si se acuerda eso, entonces que quede el día de hoy como el primer contacto y que hoy mismo pongan fecha para el siguiente encuentro, puede ser ya público y en otra parte.

Lic. Maldonado:

Plantea que regresar al Ejército Federal a las posiciones del 8 de febrero sale de su competencia y de la del Secretario, pero reitera la solicitud de un nuevo encuentro para hacer una propuesta de reposicionamiento de las tropas federales que sería puesta a consideración del EZLN en los próximos días.

Subcomandante Marcos:

Que la Secretaría de Gobernación ponga la fecha para el nuevo encuentro que sería sin la CONAI y sin la COCOPA (Comisión de Concordia y Pacificación). Sólo con el testigo de honor "que llegó ahorita" (yo) y con quienes vinieran con él. Sería en Prado y en las mismas condiciones.

No aceptan en principio el reposicionamiento del Ejército porque ellos están ofreciendo quedarse en las montañas, es decir, como estaban en diciembre del 93, renunciando a todo lo que habían avanzado pero que de todas maneras escucharían la propuesta de reposicionamiento.

Cuando regresen, que regresen con el mismo testigo (yo).

Que la sede del diálogo siguen pensando que debe ser el D. F.

Mensaje del Subcomandante Marcos para Esteban Moctezuma:

Que tome en cuenta tres cosas:

Le estoy quitando de encima a la CONAI para negociar sin la CONAI.

No estoy haciendo caso que desde el 10 de febrero me está buscando para asesinarme el gobierno de Esteban Moctezuma.

Necesitamos condiciones físicas para consultar con nuestra gente, no se pueden hacer las consultas si está amenazando el Ejército Federal y si no hacemos la consulta bien, entonces no tenemos control de la gente, pueden salirse grupos que no obedezcan los acuerdos que tome la Comandancia General y el Comité Clandestino Revolucionario Indígena. Por eso necesitamos que se salga el Ejército Federal, por eso estamos ofreciendo que mantendremos las posiciones de montaña. Si no nos dan esas condiciones, no podremos consultar a nuestra gente y se nos van a salir del huacal muchos.

Que está bueno, que agradecemos que hayan venido, su valentía de no tener miedo frente a los peligros que implicaba venir, que está bien el día seis como ya quedamos y a ver si va a salir de una vez (el enviado hacia México).

Mensaje del Subcomandante Insurgente Marcos para Cuauhtémoc Cárdenas Batel:
Es usted testigo, señor Cuauhtémoc Cárdenas Batel, que a estos enviados del gobierno no se les amenaza ni se les molesta, ni en sus vidas, ni en sus bienes, ni en su libertad, que en todo momento los tratamos con respeto y no los hemos agredido, por lo tanto es usted testigo que llegaron con bien, que se van con bien.

Le pedimos por favor que cuando ellos salgan también salga usted, para checar que nosotros no hacemos ningún daño y que salieron con bien de esta reunión.

Le pedimos por favor que le diga a su señor padre, al señor Cuauhtémoc Cárdenas Solórzano, que para la próxima reunión también, si puede enviarlo de testigo de honor para atestiguar que no hay ningún atentado en contra de los enviados gubernamentales.

[**Cuate**] Desde el momento en que entré a la pequeña casa donde se llevó a cabo la reunión, noté que Maldonado estaba desesperado por lograr un nuevo encuentro y algún acuerdo, y que no comprendía por qué los habían llevado tan temprano a la casa, si la reunión se iba a efectuar tan tarde; yo creo que el representante de la comunidad recibió la orden de no dejarlos en el pueblo para que no tuvieran que dar explicaciones a la gente y para que efectivamente fuera secreto el encuentro. Si no pueden tomarse una tarde para negociar la paz, entonces va a ser muy difícil que el diálogo llegue a buen término, entiendo la urgencia y la necesidad del enviado de efectuar estas reuniones y lograr acuerdos, pero también es cierto que el tiempo corre más despacio para la gente de estas comunidades, que se tendrán que acostumbrar los "urbanos" al ritmo de estos pueblos y si el gobierno muestra desesperación por la aparente lentitud de las negociaciones y por ello presiona a los delegados del EZLN para alcanzar acuerdos al vapor, entonces todo se va a complicar. Si el gobierno considera más importante dar golpes de opinión pública en los medios que tomarse el tiempo necesario para llegar a acuerdos reales y duraderos, dignos para ambas partes, y si su actuación en estas negociaciones fuera regida por los tiempos y las presiones políticas de la Ciudad de México y no por el afán verdadero de buscar una solución definitiva, entonces estaría poniendo en grave peligro el que el desenlace y la solución de este conflicto se dieran por la vía política.

Si el Ejército Federal no sale de la zona de conflicto y se vuelven a establecer las zonas "grises", el EZLN no podrá realizar las consultas necesarias para que sus delegados a cualquier encuentro tengan un mandato claro acerca de lo que pueden negociar y lo que no. Ésta es la importancia de la petición zapatista para que el Ejército Federal regrese a las posiciones del 8 de febrero, no es un capricho de la dirigencia del EZLN para burlarse del Ejército Federal, es una necesidad que impone la negociación y si no se quiere ver así, entonces no se está reconociendo la buena disposición del EZLN para arribar al diálogo con el gobierno o se le están poniendo trabas para que se presente a dialogar en una posición débil o se niegue a establecer el diálogo público, pero sucede que el EZLN no negociará nada sustancial si no se le permite consultar con las comunidades, deben entender en el gobierno que son, efectivamente, las comunidades las que toman gran parte de las decisiones, no es solamente el Subcomandante Marcos. El problema parece ser que el gobierno le da menos importancia, en el "diálogo directo y público", al diálogo en sí que a su carácter público, porque ven en el establecimiento público del diálogo un triunfo, cuando en todo caso el triunfo se daría al final de las negociaciones y no sería del gobierno sino de ambas partes.

Prado Pacayal, Chiapas, 7 de abril de 1995.

Llegue a Prado como a las 5:30, acompañado nuevamente por el Dr. Gabriel Mendoza Manzo y Brígido Briseño. La gente nos recibió ahora con menos curiosidad pero con mayor cordialidad. Daniel vino inmediatamente a saludarnos y estuvo un rato platicando con los tres, la gente del campamento nos invitó café y nos preguntó si teníamos alguna noticia nueva acerca del conflicto. Les prestamos los periódicos que llevábamos y después de que los leyeron se los entregamos a Daniel, igual que la vez pasada.

Unos veinte minutos más tarde que nosotros llegó Luis Maldonado, esta vez acompañado por el doctor Jorge del Valle, ambos enviados del Secretario de Gobernación, venía con ellos el mismo chofer. Apenas nos saludaron, cuando apareció un Jeep blanco con cuatro periodistas que al ver pasar las dos camionetas, con una diferencia de tan pocos minutos, imaginaron que algo sucedería y siguieron a los enviados de Gobernación.

Al llegar los periodistas, Daniel pidió que lo acompañáramos los tres que asistiríamos a la reunión y nos llevó a su casa, nos invitó café y a mí, además, unas tostadas de maíz con azúcar y allí nos dejó por un rato, hasta que incómodo por los periodistas, regresó a preguntar si éstos venían con nosotros. Nosotros dijimos no conocerlos, que simplemente nos habíamos cruzado con ellos en el camino.

Daniel recibió órdenes del Subcomandante Marcos por radio y les dijo a los periodistas que no podía platicar con ellos, éstos insistieron en hablar conmigo pues me habían reconocido al llegar. Yo accedí porque consideré que sería muy sospechoso negarme; regresé a la camioneta y me abordaron, uno de ellos reportero de *El Universal*, una muchacha de una estación de radio de Tuxtla Gutiérrez y otros dos que no dijeron nada. Me preguntaron qué estaba haciendo por allí y les dije que me interesaba llevar información a México acerca de la situación de las comunidades y de los "campamentos de paz", puesto que toda la información que teníamos era principalmente la aparecida en los medios de comunicación y esto no nos permitía saber, bien a bien, cómo podíamos ser útiles. Me preguntaron si es que haría contacto con el EZLN, yo les respondí que no, que desafortunadamente no tenía yo ningún canal de comunicación con ellos y que además el motivo de mi viaje era solamente conocer, acompañado por algunos compañeros, la situación de algunas comunidades; les dije que venía, por ejemplo, el Dr. Mendoza Manzo, quien sabría entender mejor que yo las necesidades de salud e higiene de las comunidades. Quedaron satisfechos y aunque ya era de noche se fueron.

Yo regresé a casa de Daniel, las mujeres y los niños limpiaban el portal del la casa porque iba a haber un baile de despedida para los del campamento, entre ellos un italiano de nombre Roberto que hacía reír a los más pequeños, dejándose jalar la barba, que supongo es la más larga que han visto nunca.

Unos minutos antes de que empezara el baile, Daniel nos pidió que lo acompañáramos pues la reunión ya iba a comenzar y nos llevó por un camino bastante complicado y resbaloso —y más estando a oscuras— hasta una pequeña choza de madera y techo de lámina, donde tenían guardados unos cuantos bultos de Maseca y otros de avena, no más de diez en total, y algunas cosas recientemente destruidas, supongo, por el Ejército Federal.

La hora que estuvimos esperando la aproveché para platicar con Daniel acerca del pueblo, le pregunte, cuando lo habían fundado y cómo, le pregunté por la fauna de los alrededores y por los árboles, por los cultivos y el comercio, por la carretera, etcétera. Daniel me dijo que el pueblo lo fundó "el finado Marcos Guzmán" en los años treinta, gracias a que el gobierno de "un Presidente que se llamaba Lázaro Cárdenas y que ha de ser algo tuyo", les repartió tierras, me contó que su abuelo había sido uno de los beneficiados con el reparto y que en honor a ello, le puso Lázaro a uno de sus hijos, el padre de Daniel. Le dije que Lázaro Cárdenas era mi abuelo y que mi hermano también se llama Lázaro. Se alegró y me dijo que se reía porque él también tiene un hermano que se llama así y acababa de regresar de la montaña, donde estuvo como operador de radio del EZLN, solo, desde el 9 de febrero; estaba muy contento porque su hermano Lázaro había regresado con bien.

A las 8:40 nos avisaron que los enviados del Subcomandante Marcos habían llegado.

Asistimos al encuentro las mismas personas que la vez anterior, más el Dr. Jorge del Valle.
8:45 p. m. 6 de abril de 1995.
Subcomandante Marcos (por radio):
Quiero saber si para el gobierno ya estamos dialogando o no, porque a los allí presentes los nombraron para ir a dialogar.

Lic. Maldonado

Hace un resumen de la reunión anterior y después contesta la pregunta de Marcos. Dice que vienen buscando vías útiles para llegar al diálogo, un diálogo frente a frente. Entrega unas propuestas por escrito y dice que no se puede considerar diálogo porque no entra dentro de las condiciones del marco legal establecido en la "Ley para el diálogo...", puesto que dicha ley establece la participación de la CONAI y de la COCOPA y resultados concretos como fechas y continuidad en las negociaciones.

Subcomandante Marcos:

Los que están allí sentados frente a ustedes, son representación directa del EZLN, Pablo, Maxo y el mayor Benito.

Si no vienen a dialogar, entonces se van a retirar porque ellos no van de tan lejos, ni están arriesgando la vida nada más para ir a platicar. Si quieren platicar mejor vayan con la CONAI o con los periodistas, así que ya se van. Cuando quieran venir a dialogar nos avisan.

Lic. Maldonado:

Dice que son representantes sólo de Esteban Moctezuma y vienen a hacer propuestas para instalar el diálogo, vienen de buena fe y lamentarían el que no pudiera realizarse este encuentro. Dice que tienen propuestas concretas sobre el cese definitivo de hostilidades y sobre la instalación del diálogo formal.

Subcomandante Marcos:

Propongo que sigamos con encuentros a este nivel privado, que cuando sea público ya sepamos de antemano qué vamos a tratar, los acuerdos a los que vamos a llegar.

Ofrezco esto y estoy seguro de que el gobierno sabrá apreciarlo porque refuerza la posición de la representación gubernamental y asegura que el diálogo vaya teniendo éxito.

Esto lo podemos hacer en todo lo referente a los acuerdos entre el gobierno y el EZLN. En los otros, donde entran otros actores, pues sería con ellos. Por eso estamos proponiendo dialogar ahorita, para que cuando lleguemos al encuentro formal, entonces ya sepamos qué vamos a hacer; por eso queremos ya empezar a trabajar.

A ver si aceptan así.

Lic. Maldonado:

Proponen analizar las propuestas de cese definitivo de hostilidades y las bases para la negociación. Dice que coinciden en el primer punto del "Protocolo" del EZLN, solamente el apartado tres (repliegue del Ejército Federal) sale de la competencia de los allí presentes y de su representado.

Quieren sentar bases para un primer encuentro público que tendría que ser antes del 10 de abril para quedar enmarcado en la "Ley para el diálogo...". En esta reunión "tomarían el acuerdo" (previamente establecido hoy) respecto a las bases para el diálogo y acordarían discutir el reposicionamiento del Ejército Federal en la segunda reunión pública.

Aceptan tener reuniones privadas, sin la CONAI, entre las reuniones públicas. En las reuniones privadas se tomarían los acuerdos y en las públicas se formalizarían.

Subcomandante Marcos:

A nosotros no nos importan ni las fechas ni las órdenes de aprehensión, sólo queremos saber si lo que acordemos tiene valor para el gobierno o no le importa. A ver qué piensan de esto.

Lic. Maldonado:

Los acuerdos tienen el aval de Esteban Moctezuma, pero en algunas cosas tendrían que consultarse incluso más arriba. Si aquí se toma un acuerdo, se cumplirá.

Mayor Benito:

Dice el Subcomandante Marcos que si vamos a dialogar, entonces no son necesarias las armas y que las pongamos en otro lado, porque para hablar no se necesitan armas. Ahora si podemos empezar a dialogar, también pregunta Marcos si podemos hablar claramente o vamos a usar palabras de doble sentido o trampas verbales para engañar a la otra parte.

Mensaje del Subcomandante Insurgente Marcos para Cuauhtémoc Cárdenas Batel:

Usted es testigo que estamos ya dialogando con el gobierno, que el EZLN demostró su voluntad verdadera de diálogo al aceptar iniciar el diálogo con el gobierno, sin condiciones para hablar. Si el gobierno dice mentiras después, para tener algún pretexto para usar su fuerza militar en contra de los zapatistas, le pedimos que usted haga público que ya estábamos dialogando.

Ahora si estamos dispuestos a escuchar sus propuestas.

11:00 p.m.

[Cuate] Se levantan los representantes del EZLN, salen de la choza y regresan unos minutos después ya desarmados.

Mientras los delegados zapatistas se encuentran afuera, el Dr. Del Valle me dice que Marcos es fundamental para las negociaciones, porque negociar con los indígenas solamente, sería muy difícil y tardarían demasiado tiempo en entenderse. Yo le contesto que, en mi opinión, el gobierno tiene que

aprender a entender y a dialogar con los indígenas, que creo
que una de las razones del levantamiento es precisamente que
el gobierno no sólo no los escucha sino que no los entiende.
No les dije que pienso que tendrán que encontrar la manera de
negociar con los indígenas de todo el país, que la gran mayoría
de los grupos étnicos no cuenta con un "Marcos" que funciona
entre muchas otras cosas como un "traductor de realidades",
con alguien que entienda los dos mundos y que a quien le toca
hacer el esfuerzo de ser comprendido y comprender a todos es
al gobierno. Los indígenas, y la gente del campo en general, no
tienen por qué cambiar su manera de ver al mundo ni tienen
que sacrificar su lengua y sus tradiciones para que un grupo de
funcionarios desinformados y desinteresados los entiendan.

Lic. Maldonado:

Agradecen el gesto de dejar las armas. Dice que no hay trampas ni engaño. Insiste en que vienen con carácter informal
y solamente como enviados del Lic. Moctezuma, no del gobierno federal. Consideran que los encuentros son de todos
modos útiles aunque no se pueden saltar el marco legal. Tendrían que consultar si es que pudieran ostentarse como representantes del gobierno y no sólo de Esteban Moctezuma y en
función de eso podrían o no, tomar decisiones.

Subcomandante Marcos:

Si, aceptamos que vienen con carácter informal, aceptamos lo
que están diciendo. Por favor presenten su propuesta, no es
diálogo formal.

Lic. Maldonado:

Proponen realizar una reunión preliminar que pudiera ser
simplemente la instalación formal del diálogo. Proponen de-

signar para esta reunión a un grupo negociador por bando y acordar allí el lugar y fecha para la siguiente reunión y de ser posible el lugar definitivo para las negociaciones. Con esto acatarían la "Ley para el diálogo...".

Mayor Benito:

Ofrezco una disculpa por mi equivocación. Cuando Marcos dijo que nos quitáramos las armas, pensó que se acordaría algo, por eso dijo lo de Cuauhtémoc. No fue una trampa, que Cuauhtémoc no haga caso de lo que dijimos hace rato.

Subcomandante Marcos:

Lo que ocurrió hace rato fue un error de los compañeros, iban preparados para otra cosa. Para nosotros está claro pues, porque ya lo dijeron antes, que éste no es un diálogo formal, que es un intercambio de propuestas y opiniones para llegar al diálogo formal; por lo tanto no tengan pena, pueden hablar libremente. Pregunto pues, si basta con esta explicación o quieren, pues, que se saque un comunicado diciendo que no fue un encuentro formal.

Estoy revisando las propuestas.

Lic. Maldonado:

Agradecen la explicación y la aceptan. Reitera que aceptan encuentros privados entre los encuentros públicos.

Subcomandante Marcos:

Estamos de acuerdo, proponemos el día 8 en el Ejido San Miguel, municipio de Francisco Gómez, antes Ocosingo. Proponemos avanzar en otros puntos, ahorita de una vez.

A ver si están de acuerdo.

Lic. Maldonado:
Están de acuerdo.

Subcomandante Marcos:
Queremos ver lo de las medidas de distensión.

Lic. Maldonado:
Dice que no existen condiciones para comprometer el repliegue del Ejército Federal, eso, insisten, sale de su competencia.

Proponen que una vez instaladas formalmente las negociaciones se pueda discutir el reagrupamiento del Ejército Federal, puesto que tendría que darse una distensión progresiva, recíproca y proporcional. Ofrecen que el primer asunto a negociar sea lo relativo al Ejército Federal.

Subcomandante Marcos:
No estamos de acuerdo, pensamos que están jugando con nosotros, cancelamos la reunión del día 8. Si quieren podemos seguir hablando como estamos ahorita, pero no vamos a hacer una reunión pública si no quieren tratar el asunto del repliegue del Ejército.

Lic. Maldonado:
Dice que no están jugando, que no está en su ánimo venir a jugar, pero que no pueden comprometer el repliegue.

Si rechazan de plano analizar sus propuestas, entonces todo se complica.

Piden que Marcos reconsidere la reunión del día 8.

Subcomandante Marcos:
Necesitamos conocer la propuesta de medidas recíprocas de distensión, si nos la dan a conocer para estudiarla, no va a ha-

ber reunión el día 8. Cuando nos la den a conocer, ahí vamos a poner la fecha para la reunión.

[**Cuate**] En ese momento los enviados de Moctezuma piden salir a hablar a solas. Me quedo yo solo con los enviados zapatistas y el Mayor Benito me dice: "Yo no sé por qué no nos mandan a alguien que sí pueda negociar lo del repliegue de los federales."

Los enviados del gobierno comienzan a desesperar a los zapatistas, estos últimos no entienden cómo el gobierno viene a hablar con ellos sin haber resuelto sus diferencias internas. No aceptan que los enviados de Gobernación digan que el repliegue sale de su competencia. Para el EZLN el gobierno es uno solo, si se llama Secretaría de Gobernación o Ejército Nacional Mexicano, a ellos no les importa. Los enviados del Secretario de Gobernación son, para ellos, enviados del gobierno y si no vienen mandatados para tomar decisiones que abarquen al Ejército Federal, es un problema que los zapatistas no les van a resolver.

Si el gobierno quiere de verdad llegar a una solución definitiva, entonces debe primero arreglar sus divisiones y presentarse ante los zapatistas como uno solo. Esto le daría además, al gobierno, la imagen de fortaleza que tanto le interesa.

Lic. Maldonado:

Proponen una suspensión definitiva de hostilidades y medidas de distensión proporcionales, siempre mayores para el gobierno que para el EZLN.

Si no aceptan esto, entonces lamentarán (los enviados de Moctezuma) el no haber logrado la instalación del diálogo formal en el tiempo establecido por la "Ley para el diálogo…"

[Cuate] Creo que aquí hubo una confusión en el mensaje que dieron los enviados de Moctezuma. Decían: "… lamentaremos no haber logrado…" y creo que Marcos recibió el mensaje con la palabra "lamentaremos" cambiada por "…lamentarán…" y lo tomó como una amenaza, así que ya no contestó y terminó enviándome un mensaje.

Mensaje del Subcomandante Insurgente Marcos para Cuauhtémoc Cárdenas Batel:

Señor Cuauhtémoc Cárdenas Batel:

Usted ha sido testigo de que no hemos amenazado ni agredido a estas personas, se les ha respetado su persona, sus bienes, su libertad y su vida.

Usted es testigo que el EZLN tiene palabra y tiene honor; también ha sido testigo de nuestra voluntad de diálogo.

Le agradecemos que se haya tomado la molestia de venir hasta acá y de haber contribuido con su esfuerzo en la solución pacífica del conflicto, esperamos que siga contribuyendo en este esfuerzo para evitar la guerra y que acepten, usted y su familia, ser testigos de honor en este proceso de diálogo y negociación.

[Cuate] Por último, me piden que acompañe a los enviados de Moctezuma en su salida, hasta Ocosingo, para verificar el que salgan con bien. (La reunión terminó a las 4:00 a.m. del 7 de abril.)

7 de abril de 1995.

9 a.m.

Al pasar por el ejido San Miguel una patrulla del EZLN nos hace señas para que nos detengamos, supongo que los enviados de Moctezuma se pusieron nerviosos porque no sabían lo que sucedía, la persona que hacía cabeza en la patrulla habló conmigo y me pidió que descendiéramos de las camionetas para bajar al pueblo. A Brígido, al Dr. Mendoza y al chofer de Maldonado no los dejaron entrar al pueblo.

Nos llevaron a una casa y nos sentaron en el portal, es la misma casa a donde llegamos Lázaro y yo, con Julio Moguel en julio del 94. Al parecer esta casa pertenece a uno de los dirigentes de la comunidad y en el mismo predio se encuentran otras tres casas donde viven los hijos de este dirigente. Los enviados del gobierno todavía no recuperan el color, el trato hacia ellos fue educado pero sumamente frío, a mí en cambio me trataron con cordialidad y fueron ellos quienes recordaron nuestro paso por allí el año anterior.

De inmediato nos comunicaron que había un mensaje del Subcomandante Marcos para los enviados del gobierno. Me pidieron que los acompañara solo, dejando a Maldonado y a del Valle en el portal y que me hiciera cargo de transcribir los mensajes que por radio transmitía el Subcomandante y así tuve oportunidad de hablar con él de manera indirecta, la transmisión era captada por una persona que, supongo yo, se encontraba en un tercer equipo de radio y retransmitía los mensajes, nunca escuché al Subcomandante de manera directa. El haberme hecho cargo del radio no gustó a los de Gobernación porque todos los mensajes, de un lado y del otro, tenían que dármelos a mí, pero no tuvieron la oportunidad de escoger.

Llegué a una pequeña choza de madera donde había cuatro personas cuidando el radio y me pidieron que me sentara frente al equipo, lo tomé y agradecí la confianza que me daban, pensando al mismo tiempo que mi voz quedaría grabada en alguna cinta del Ejército o de Seguridad Nacional.

Subcomandante Marcos:

Hacemos otra nueva propuesta para que el encuentro formal sea mañana (8 de abril) allí en San Miguel, la propuesta es que se vean dos puntos:

1.- Principios del diálogo.

2.- Lugar del diálogo.

Que lo de la fecha quede pendiente porque los comités no están de acuerdo en que se vean fechas y no se vea lo de los soldados, lo de las posiciones.

Lic. Maldonado:

Dice que necesitan fecha para cumplir con lo establecido en la ley de pacificación. Necesitan avisar a la CONAI y a la COCO-PA para cumplir con las formalidades y por seguridad.

Subcomandante Marcos:

Estamos de acuerdo y así es como voy a decir ahorita: que se acuerde allí que la siguiente reunión es para ver las medidas de distensión. El lugar y fecha que se van a decidir es para ver lo de las medidas de distensión recíprocas y proporcionales y que usen esas palabras, *medidas de distensión recíprocas y proporcionales*, que no pongan otras palabras porque luego hacen trampa con las palabras.

Ésta es una propuesta, y la otra es que mañana en la reunión formal el gobierno entregue una propuesta secreta de cómo propone resolver lo del Ejército. Esas dos cosas. Estamos de acuerdo así como dicen y pregúntales si se aprueba como te dije ahorita.

Dr. Del Valle:

Que la reunión sea el día 9 y no el 8 allí en San Miguel.

Lic. Maldonado:

Aceptan el día 9 pero piden que sea al medio día y proponen avisar a la CONAI y decir que fue por vía epistolar y no por medio de un contacto como llegaron al acuerdo.

Subcomandante Marcos:

Nosotros estamos de acuerdo con la propuesta de que la reunión sea al medio día, pero se tiene que terminar el mismo día, ese mismo día tienen que estar los delegados en sus lugares porque hay fiesta. Puede ser a la hora que quieran pero en la tarde tienen que estar en donde los recogieron.

Los de la CONAI y la COCOPA tienen que recoger a los delegados en varias partes y llevarlos a San Miguel, luego ya, hacer la reunión y en la tarde los tienen que regresar a donde los recogieron. La reunión se tiene que acabar a las cuatro de la tarde. Es todo.

Lic. Maldonado:

Proponen iniciar a las diez de la mañana y terminar antes de las cuatro de la tarde. Que la COCOPA designe una sede en la comunidad de San Miguel.

Pregunta si avisaron a la CONAI y la COCOPA lo del traslado de delegados.

Subcomandante Marcos:

Que el lugar lo arreglen con las autoridades del Ejido. Lo que diga el Ejido, nosotros estamos de acuerdo. De los lugares donde se va a recoger a los delegados sólo le avisamos a la CONAI y que ellos le avisen a la COCOPA.

[Cuate] Pregunto si ya llegaron el libro, la carta, las cosas y el escudo y le digo que no asistiré el día 9, le digo que no me parece bueno que me vean por aquí los de la Comisión Nacional de Intermediación y los de la Comisión de Concordia y Pacificación del Congreso. Creo que no habría ninguna explicación satisfactoria para justificar mi presencia y no debemos quemar los canales de comunicación. Le digo que ya sabe que si nos requiere de nuevo más adelante, él sabe cómo hacernos llegar el mensaje y que allí estamos para ayudar en lo que nos sea posible.

Lic. Maldonado:
Agradecen la disposición y dicen que aquí estarán el día citado.

[Cuate] Aparentemente todo terminó como un primer acuerdo para intentar buscar soluciones. Vamos a ver qué pasa. Me pidieron que acompañara a los enviados hasta Ocosingo para ver que salieran de territorio zapatista sin problemas y así lo hice. Ese mismo día regresamos a Villahermosa, Tabasco, y al día siguiente a la ciudad de México.

Mensaje para Cuauhtémoc Cárdenas Batel del Subcomandante Insurgente Marcos (privado):
Todavía no llegan el libro ni el escudo pero vienen en camino, ya mero llegan. Te agradecemos haber venido y ya no te preocupes, no conviene que estés presente, solamente cuando las reuniones sean en privado.

Mensaje para Cuauhtémoc Cárdenas Batel del Subcomandante Insurgente Marcos:
Vamos a decir que después de un intenso intercambio epistolar, llegamos a un acuerdo para una primera reunión formal el día tal en el lugar tal.

Mensaje del Subcomandante Insurgente Marcos para el Dr. Jorge del Valle y el Lic. Luis Maldonado Venegas, enviados del Secretario de Gobernación, Lic. Esteban Moctezuma Barragán y para Cuauhtémoc Cárdenas Batel, testigo de honor de estas reuniones:
El testigo sólo va a estar presente en las reuniones privadas, en las públicas no. Le agradecemos que nos acompañara en este primer momento en que se llegaron a acuerdos.

Cuando vuelva a haber otra reunión en privado, entonces le vamos a pedir que nos vuelva a acompañar.

[Hasta aquí la transcripción de las notas de Cuate.]

La Realidad y Nuevo Guadalupe

Después del ataque sorpresivo y frustrado del 9 de febrero, la demanda civil se centró en exigir la liberación de los presos políticos. El 12 de marzo, con Isabel Vilallonga y Carlos Carnero de Izquierda Unida de España, Adolfo Gilly, Alicia Torres, Imanol Ordorika, Lázaro, Cuate y Esteban León Serpa, visitamos a Javier Elorriaga y a Jorge Santiago en el penal de Cerro Hueco, en Tuxtla Gutiérrez. Algunas semanas después, al mismo tiempo que Gloria Benavides, que se encontraba detenida en México, fueron puestos en libertad.

A principios de diciembre de 1995 Lázaro, Cuate y yo tuvimos un nuevo encuentro con Marcos, el comandante Tacho y el mayor Moisés, con los que hablamos de nuestra posible intervención para que se reanudaran las reuniones con representantes del gobierno y pudiera llegarse a una solución definitiva del conflicto.

En esta ocasión llegamos en auto a unos kilómetros más adelante de Guadalupe Tepeyac. Alrededor de las 9:30 estábamos en La Realidad, donde nos encontró un enviado de la comandancia zapatista. Pidió los nombres de quienes habíamos llegado y esperamos unos momentos.

Como a la media hora se acercó otra persona que preguntó si los tres sabíamos montar a caballo. Faltando veinte minutos para las diez nos invitó otra persona a caminar hasta la orilla del poblado y ahí montamos en los caballos que nos tenían preparados. En fila, dos soldados zapatistas al frente, Lázaro, yo, Cuate, Moisés y dos jinetes más; cerraban la marcha tres infantes, a los que seguramente habían desmontado para prestarnos sus cabalgaduras. Pasamos por veredas estrechas, con el lodo llegando hasta los codillos de los caballos, pues hacía muy pocos días había llovido fuerte, subidas y bajadas empinadas, cruce de cauces de arroyos de aguas cristalinas, y en poco menos de media hora estábamos viendo una casa de madera en la punta de un cerro, que anunciaba estábamos llegando a Nuevo Guadalupe. Conversamos ahí con los jefes zapatistas y pasadas las tres de la tarde emprendimos el regreso.

Fue en esa ocasión cuando de manera más distendida conversamos con Marcos. Desde nuestro primer encuentro y así lo constaté en las diversas ocasiones en que nos reunimos, me dio la impresión de ser una persona de gran sensibilidad, con un firme compromiso con la causa que había abrazado, bien identificado con el sentir y las formas de pensar y comportarse de los indígenas, justamente indignado por las injusticias sociales, económicas y políticas del país, con amplia información sobre la situación política nacional y del mundo. Nos entendíamos, había respeto a las posiciones y visiones de cada quien y coincidíamos en que era necesario encontrar una solución pacífica e institucional a los problemas que estaban en la raíz del levantamiento zapatista, lo que aún considero debe lograrse.

Al año siguiente, 1996, en marzo, se dio continuación en San Cristóbal de Las Casas al *Diálogo de San Andrés*, con una serie de mesas redondas en las que junto a los zapatistas y a representantes del gobierno participamos gente del PRD y de organizaciones sociales. Otra reunión se celebró en los primeros días de julio, de nueva cuenta en San Cristóbal, convocada por el EZLN, para tratar sobre la reforma del Estado y la transición a la democracia. Esta vez, el grupo del PRD que participó en el encuentro lo constituimos: Adolfo Gilly, Cuate, Gilberto López y Rivas, Ricardo Pascoe y yo; nos reunimos con Marcos y los comandantes Tacho, David y Zebedeo. Por otra parte, en esa misma ocasión, con Cuate, Virginia y Camila, tuvimos oportunidad de cambiar impresiones, en privado, con Marcos y varios comandantes del EZLN. Fue ésa la última vez que me reuní con Marcos y con jefes del EZLN.

1994: En campaña.

México, D. F., 1994. Zócalo.

San Cristóbal de las Casas, Chis., 1995: Camila y Cuauhtémoc Cárdenas Batel, CC y el Subcomandante Marcos.

San Cristóbal de las Casas, Chis., 1995: Camila Cárdenas
Batel y el Subcomandante Marcos.

Nuevo Guadalupe, Chis., 1996: CC, Cuauhtémoc Cárdenas
Batel y el Subcomandante Marcos.

México, D. F., 1997. En campaña por la Jefatura de Gobierno
del Distrito Federal: René Arce, Armando Quintero, CC,
Celeste, Cuauhtémoc Cárdenas Batel y Gilberto Enzástiga.

México, D. F., 1997: Campaña por la Jefatura
de Gobierno del Distrito Federal.

Buenos Aires, Argentina, 6 de agosto de
1997. Jefatura de Gobierno: CC y
Fernando de la Rúa.

Montevideo, Uruguay, 5 de agosto de 1997:
Gral. Líber Seregni y CC.

México, D. F., 5 de diciembre de 1997. Asamblea Legislativa. Protesta como Jefe de Gobierno del Distrito Federal: Martí Batres, Ernesto Zedillo y CC.

México, D. F., 5 de diciembre de 1997. Después de protestar como Jefe de Gobierno: con Cuauhtémoc, Camila y Lázaro.

México, D. F., Palacio del Ayuntamiento, Salón de Cabildos, 1998. Entrega de las llaves de la ciudad y declaratoria de huésped distinguido al Premio Nobel Antonio Tabucchi.

México, D. F., Palacio del Ayuntamiento, 1998. Recepción de Kofi Annan, Secretario General de la ONU, para hacerle entrega de las llaves de la ciudad y declararlo huésped distinguido.

Roma, Italia, octubre de 1998. Capitolio: Adolfo Gilly, CC y Francesco Rutelli, Alcalde de Roma.

Ciudad del Vaticano, octubre de 1998. Entrega del cuadro "La Virgen del Pueblo" de Alfredo Zalce, al Papa Juan Pablo II.

México, D. F., 1999. Inauguración de la Casa Refugio Iztaccíhuatl: Alejandro Aura, Jorge Legorreta, Carlos Monsivais, CC y Salman Rushdie.

México, D. F., 1999. Inauguración de la entrada de la Estación Bellas Artes del Metro: Patricia Zorrilla, CC, Jacques Chirac, Presidente de Francia, y Jorge Martínez y Almaraz.

México, D. F., enero de 1999. Museo de la Ciudad de México: Con el Papa Juan Pablo II al declararlo huésped distinguido y entregarle las llaves de la ciudad.

México, D. F., 1999. Palacio del Ayuntamiento, Salón de los Virreyes: Gerry Adams, CC y Lázaro y Cuauhtémoc Cárdenas Batel.

2000. En campaña: CC. Sture Graffman, Lázaro y Cuauhtémoc Cárdenas Batel y Alberto Herrejón.

Apatzingán, Mich., 2000: en campaña.

Estado de Michoacán, 2000:
en campaña: Lázaro y CC.

México, D. F., 2000. Campaña
presidencial.

México, D.F., 23 de Mayo de 2000. ¡Hoy!, ¡Hoy!, ¡Hoy!: Vicente Fox y CC.

Estado de Veracruz, 2000. En campaña: con Camila.

México, D. F., 2000. En campaña: con Cuauhtémoc
Cárdenas Ruano.

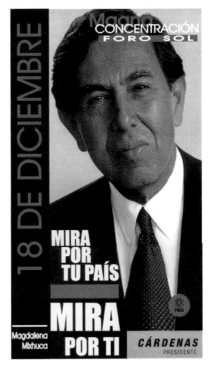

Cárdenas Presidente.

Póster. Campaña Presidencial 2000.

2000. Póster de Alianza por México.

México, D. F., 2000. Ciudad Universitaria: Celeste, CC y Pablo González Casanova.

México, D. F., diciembre de 2000: CC, Comandante Fidel Castro, Amalia Solórzano de Cárdenas y Lázaro, Cuauhtémoc y Camila Cárdenas Batel.

Caracas, Venezuela, julio de 2001. Palacio de Miraflores: asistentes a la
Cumbre de la Deuda Social con el Presidente Hugo Chávez.

México, D.F., 7 de Julio de 2001,
Museo de Culturas Populares:
Homenaje a Amalia
Solórzano de Cárdenas.

Caracas, Venezuela, julio de 2001. Cumbre
de la Deuda Social.

São Paulo, Brasil, octubre de 2002. Cierre de la campaña presidencial del PT: CC y Lula.

Buenos Aires, Argentina, agosto de 2003: Miguel Bonasso, Camila Cárdenas Batel, CC y Néstor Kirschner.

Morelia, Mich., 2001. Campaña de Lázaro Cárdenas Batel como candidato a Gobernador de Michoacán.

Montevideo, Uruguay, 1 de marzo de 2004, día de la toma de posesión de Tabaré Vázquez como Presidente del Uruguay: Lázaro Cárdenas Batel, Mariano Arana, ex alcalde de Montevideo y ministro de Vivienda, y CC.

México, D. F., 2004: con Lázaro Cárdenas Coffigny.

México, D. F., 20 de enero de 2005. Club Asturiano. Reunión en la que anuncio que buscaré la candidatura presidencial: con Celeste.

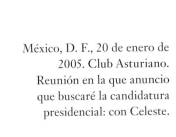

México, D.F., 29 de Junio de 2005: CC con sus nietos Lázaro Cárdenas Coffigny y Cuauhtémoc Cárdenas Ruano.

La Paz, Bolivia. 22 de Enero de 2006.
Cuauhtémoc Sandoval, Amalia García,
Adolfo Gilly, CC, Ildefonso Aguilar y
Cuauhtémoc Cárdenas Batel en ocasión
de la toma de posesión de Evo Morales
como Presidente de Bolivia.

La Paz, Bolivia. 23 de Enero de 2006:
Cuauhtémoc Cárdenas Batel, Atilio Borón,
CC, Álvaro García Linera, Vicepresidente
de Bolivia, Emir Sader, Ildefonso Aguilar
y Adolfo Gilly.

Morelia, Mich., 23 de febrero de 2007. Casa
de la Cultura. IV Foro Internacional sobre
Gobernabilidad y Desarrollo Democrático:
con el ex presidente de Argentina, Dr. Raúl
Alfonsín.

México, D.F., 3 de Noviembre de 2007:
Joan Manuel Serrat, CC y Joaquín Sabina.

México, D.F., 20 de Noviembre de 2007. Embajada de España. Condecoración de la Orden de Carlos III a Amalia Solórzano de Cárdenas: Virginia Ruano, Lázaro Cárdenas Coffigny, Lázaro Cárdenas Batel, CC, Camila Cárdenas Batel y Amalia Solórzano de Cárdenas.

México, D. F., 20 de noviembre de 2007. Embajada de España. Condecoración de la Orden de Carlos III a Amalia Solórzano de Cárdenas: Lázaro Cárdenas Batel, Mayra Coffigny de Cárdenas, CC, Lázaro Cárdenas Coffigny, Amalia Solórzano de Cárdenas, Amparo Batanero y Trinidad Jiménez, Secretaria de Cooperación del Gobierno de España.

México, D.F., Junio 2008. Cuauhtémoc Cárdenas Batel y Cuauhtémoc Cárdenas Ruano, con póster de CC de fondo. (Fotografía de Ulises Castellanos)

Tacámbaro, Mich., 24 de Abril de 2009.

México, D. F., 21 de mayo de 2010. Monumento a la Revolución: Camila.

13

COMIENZA LA TRANSICIÓN

El error de diciembre

Apenas tres semanas tenía la nueva administración cuando reventó la crisis económica. Empezó manifestándose con una violenta, y para el público, inesperada devaluación del peso frente al dólar, producto de malos manejos y corrupción acumulados. En lo inmediato, como gota que derramó el vaso, el reclamo del pago inmediato de más de 29 000 millones de dólares de deuda contraída en pesos, pero que el gobierno había decidido pagar en dólares (los entonces famosos tesobonos); más vencimientos de deuda externa por 6 000 millones de dólares que debían cubrirse también con premura.

Para enfrentar la situación el gobierno anunció haber aceptado nuevo endeudamiento por 18 000 millones de dólares impuesto por el presidente Clinton: la reducción del gasto público en un monto equivalente a 1.3 % del producto interno bruto; la aceleración de la venta de activos públicos como concesiones de carreteras, puertos y aeropuertos; enajenación de ferrocarriles y pacto con las cúpulas sindicales y empresariales para no elevar los salarios de los trabajadores. Esto es, para descargar el peso del desastre provocado por el régimen, una vez más, sobre los trabajadores.

Frente a esta situación, consideré necesario tomar posición pública y di a conocer un documento en el que planteaba se tomaran las siguientes medidas, opuestas a la línea propuesta y seguida por la administración:

1.- Negociar con la comunidad financiera internacional una moratoria en el pago de intereses y renegociar la deuda externa en lo general, para que aun tolerando niveles razonables de inflación, se garantice el crecimiento de la economía.

2.- Renegociar los acuerdos comerciales internacionales para adecuarlos al interés nacional y a las condiciones de emergencia económica que se viven.

3.- Decretar un aumento salarial de emergencia que compense la inflación causada por la devaluación y permita iniciar la recuperación del poder adquisitivo y efectuar revisiones trimestrales para llevar a cabo los ajustes que en su caso correspondan.

4.- Establecer controles a los precios de los artículos de primera necesidad para impedir mayor inflación y proteger el salario.

5.- Reducción de las tasas de interés, haciéndolas equivalentes a las de los países con los que se realiza el comercio internacional principal y no limitar a la banca nacional las posibilidades de otorgamiento de crédito.

6.- Con la intervención de una banca de fomento activa, crear un fondo para el apoyo de la micro y pequeña empresa.

7.- Desarrollar un programa de apoyo integral al campo.

8.- Reestructurar las carteras vencidas de productores y empresas.

9.- Instrumentar una política de comercio que apoye a los productores nacionales para recuperar el mercado interno y elevar las exportaciones.

10.- No reducir la inversión y el gasto públicos considerados en el presupuesto federal, ni elevar el pago de la deuda externa estimado en pesos en el mismo presupuesto. Esto es, no transferir a pago de deuda recursos destinados a inversión y gasto público.

11.- Poner en práctica un programa de obras públicas de emergencia, que se concentre en la construcción de infraestructura, vivienda y obra hidroagrícola, que sea detonador del crecimiento mediante la expansión de la demanda y el aumento en la rentabilidad de la inversión privada que se logre con el mejoramiento de la infraestructura, eleve la generación del empleo y permita proteger el salario, tal como lo propusimos en julio del año pasado en Tuxtla Gutiérrez.[19]

12.- Reorientar el gasto público para fortalecer el desarrollo regional, la infraestructura básica y los sectores agrícola e industrial.

13.- Elevar los impuestos a los bienes suntuarios.

14.- Establecer impuestos para las ganancias de capital.

Hice también propuestas en el terreno político, planteando un claro viraje respecto a las medidas anunciadas por la administración y cuestionando si los responsables de la crisis podían ser quienes le dieran solución con medidas contrarias a sus intereses y a sus visiones. Dije además:

En los regímenes democráticos, cuando los gobiernos se ven envueltos en crisis o pierden la confianza del parlamento o de los electores o cuando el jefe del Estado o el jefe de gobierno provocan una crisis, existen mecanismos constitucionales para revocar mandatos, para llamar a formar gobierno con otras gentes, con otras fuerzas políticas y sociales, para convocar a nuevas elecciones en las que la ciudadanía, al decidir

---

[19] Propuesta hecha durante la campaña electoral.

democráticamente y en libertad el rumbo que haya de seguir el país, resuelva la crisis. Recientes y en la memoria de todos están los casos de Nixon, de Collor, de Berlusconi...

El actual gobierno PRI-PAN ha dado al país claras muestras de ineptitud político-administrativa, de insensibilidad social y de una carencia absoluta de patriotismo, ingrediente necesario para gobernar y lograr que la crisis se supere.

Es preciso que exista en el país un gobierno que recupere la confianza de la gente.

Es necesario que se forme un gobierno de salvación nacional, que saque al país de la crisis, reconstruya sus capacidades productivas y de curso a una reforma democrática de fondo, que cuente con el apoyo y se integre con representaciones auténticas de las fuerzas patrióticas de los sectores productivos, sociales y políticos.

Para ello es necesario que Ernesto Zedillo lleve a cabo un relevo total de su equipo de gobierno, que lo integre con personas de otras convicciones y otros compromisos, que sean capaces de llevar a la práctica las transformaciones democráticas que el país reclama y una política económica que se oriente, con prioridad, a salvaguardar la soberanía nacional, a lograr el crecimiento de la economía, del empleo, el bienestar y la competitividad internacional.

De no hacerlo así, Ernesto Zedillo debe convocar a nueva elección de Presidente de la República sobre bases democráticas y equitativas, o renunciar para que en los términos constitucionales, un Presidente interino convoque a nueva elección.

El planteamiento de reestructurar el gobierno y la demanda, en caso dado, de la renuncia del presidente y la convocatoria a una nueva elección no cayó bien en algunos grupos y en gente del propio partido, Porfirio Muñoz Ledo, el presidente del partido entre ellos. Centraron su oposición a mi propuesta en rechazar que debiera conformarse "un gobierno de salvación nacional", argumentando que era una expresión arcaica, de la época de la Revolución Francesa. Pero sin objetar y discutir el fondo de la propuesta, que era la necesidad de una política diferente a la oficial y que era necesario un equipo de gobierno distinto, para poner en práctica una política pública diferente.

Substituir al equipo de gobierno y eventualmente relevar al presidente no era, desde luego, una cuestión sencilla. Desde mi punto de vista, el tamaño del desastre exigía una solución también de grandes decisiones.

A la propuesta de un gobierno de salvación nacional opuso Porfirio la propuesta de una transición pactada, lo que llevó a una discusión de meses en el partido y, en los hechos, a una división de éste en función de una y otra propuesta. La discusión llegó hasta el Congreso Nacional del partido, celebrado en Oaxtepec en los últimos días de agosto de 1995. Ahí, en una de sus plenarias, Porfirio y yo presentamos nuestras respectivas posiciones, llegando el congreso a un acuerdo en el que tomaba partes de una y de otra, para evitar lo que parecía venir, que era una franca división y la fractura del partido. El criterio dominante en el congreso fue priorizar la preservación de la unidad, aunque se perdió el objetivo de presionar para un cambio político y económico profundo, que hubiera sido de gran beneficio para el país. Viendo retrospectivamente, quizá hoy se tendría un mejor partido y un mejor país si desde entonces cada fracción, con sus diferentes puntos de vista, hubiera tomado su propio camino.

El documento lo había presentado a título personal y a diferencia de lo que sucedió con parte del partido, tuvo una buena acogida entre la opinión pública. En esos primeros días del año, un grupo encabezado por Ofelia Medina se instaló en huelga de hambre en el monumento a la Independencia, llamando a la paz definitiva y como reclamo además por el fraude en la elección local de Chiapas. Por otro lado, se realizaron varias movilizaciones importantes, que reunieron a 25 o 30 000 personas, reclamando la tregua en Chiapas y el apoyo a la propuesta de un gobierno de salvación nacional.

Celeste, Cuate, Camila y yo hicimos presencia en esos días, en varias ocasiones, para brindar nuestra solidaridad a los ayunantes en el Ángel. Hubo además un mitin muy concurrido en Guadalajara y el 24 de enero uno más en la ciudad de México, convocado en defensa de la soberanía por Adolfo Gilly, Demetrio Sodi, Jesús González Schmal, Enrique González Pedrero y yo, entre otros. De nuevo se reunieron varias decenas de miles de personas. La marcha más concurrida y de mayor fuerza en demanda de un cambio político y económico tuvo lugar el 11 de febrero en la capital, con más de 120 000 asistentes.

La Fundación para la democracia

En las semanas posteriores a la elección celebré reuniones regulares con quienes habían formado parte del equipo que me acompañó en la campaña. Había en todos, incluyéndome, la inquietud de determinar qué podríamos hacer en adelante, pues teníamos la intención de seguir participando en la vida pública. En algún momento Rubén Aguilar, que había colaborado en la coordinación de comunicación, me planteó la idea de crear una fundación, una organización que permitiera, desde una estructura institucional, participar en la vida política presentando, sobre todo, propuestas en relación a las políticas públicas.

De esa idea nació, como asociación civil, la Fundación para la democracia —alternativa y de debate—, cuya constitución se dio a conocer públicamente el 21 de abril de 1995.

Primer aniversario de la matanza de Aguas Blancas

El 28 de junio de 1995 se produjo un brutal asesinato de campesinos en Aguas Blancas, municipio de Coyuca de Benítez, Guerrero. Fueron asaltados por policías del Estado, según versiones
confiables, por órdenes directas del gobernador Rubén Figueroa
Alcocer. El 1 de julio participé en una marcha que culminó en un
mitin en la plaza principal de Coyuca, para protestar por los asesinatos y demandar justicia y castigo a los responsables. De Coyuca,
ese mismo día, fui a los poblados de Atoyaquillo y Paso Real para
montar guardias en las tumbas de los asesinados y presentar mis
condolencias a sus viudas y familiares. Estuve también en Acapulco, donde en el hospital civil se encontraban los heridos en el vado
de Aguas Blancas.

Un año después, al cumplirse el primer aniversario de la masacre, Samuel del Villar, Félix Salgado Macedonio, Antonio Tenorio, otros compañeros del partido de Guerrero y yo, asistimos al
acto organizado para recordar a las víctimas y reforzar la demanda
de justicia. Los convocantes eran la Organización de Campesinos
de la Sierra del Sur (OCSS) y el FAC-MLN (Frente Amplio para la
Construcción del Movimiento de Liberación Nacional).

Concluido el acto, nos despedimos de los organizadores y en
cuanto arrancó la camioneta en que viajábamos, vimos que por la
ladera detrás de la tribuna que se había levantado para el acto luc-
tuoso, descendía un grupo de treinta o cuarenta personas armadas,
portando uniformes militares y con las caras cubiertas con paños
blancos.

Tuve la impresión, desde ese momento y así lo comentamos
quienes viajábamos alejándonos del lugar —ninguno consideró
prudente que nos detuviéramos—, que los organizadores, dirigentes de la OCSS y del FAC-MLN, sabían lo que sucedería y pretendían
que estuviera yo todavía en el templete, desde el cual había par-

ticipado en el acto, cuando la gente armada hiciera irrupción y tomara el micrófono para leer un manifiesto llamando a levantarse en armas contra el gobierno, que fue lo que hicieron y de lo que nos enteramos en Iguala. Poco después, la gente de medios que se encontraba cubriendo la información sobre el suceso de Aguas Blancas, nos dijo además que se trataba de un grupo que se identificó como Ejército Popular Revolucionario (EPR). Por unos cuantos minutos no estuvimos ahí cuando eso sucedió. Fallaron sus tiempos.

Mi primera impresión al ver descender al grupo armado por la ladera, fue que se trataba de una representación, de una pantomima para rememorar los acontecimientos y no creí que se tratara de nada serio. Pensando después sobre lo ocurrido, considero que fue un acto de oportunismo y sobre todo de doblez de los organizadores a la gente de la zona y a los deudos de las víctimas, pues esa irrupción intempestiva bien podría haberse constituido en el pretexto para desatar la represión en una vasta región campesina.

Centenario del natalicio de mi padre

El 21 de mayo de 1995 se cumpliría el centenario del natalicio de mi padre. Desde el año anterior, Celeste nos planteó en familia que de alguna manera especial teníamos que conmemorar esa fecha y nos propuso la preparación de un libro que contuviera testimonios, impresiones y visiones de gente que hubiera convivido con mi padre en diferentes circunstancias: colaboradores de él en diferentes momentos, familiares, amigos personales, incluso personas que no lo habían conocido de forma directa o indirecta, pero que tenían alguna influencia o referencia de él.

Celeste, Cuate y Virginia se echaron encima la tarea de preparar la obra. Hicieron una lista de personas a las cuales solicitar un testimonio. Elaboraron y enviaron cartas, empezaron a conocer las aceptaciones y a dar fechas para recibir los trabajos, horas y horas de teléfono. Finalmente empezaron a recibir los materiales para el libro.

Previamente se había hablado con la editorial Grijalbo para realizar la impresión, como coedición con el Centro de Estudios de la Revolución Mexicana Lázaro Cárdenas de Jiquilpan.

Resultó una obra con 208 valiosos e interesantes testimonios sobre la obra, la personalidad, los hechos, los beneficios recibidos de Lázaro Cárdenas. Aparecen firmas de una enorme diversidad, en las que se encuentran académicos, campesinos, políticos, amigos, republicanos españoles, nietas y nietos de Lázaro Cárdenas, *Niños de Morelia*, paisanos de Jiquilpan. El conjunto de colaboraciones constituye, sin duda, una de las visiones más completas que puedan tenerse de quién y cómo fue mi padre.

El título del libro, *Se llamó Lázaro Cárdenas*, así como la composición fotográfica que ilustra la portada, se deben a Celeste.

Por otro lado, por iniciativa igualmente de Celeste y Cuate, y con la entusiasta, decidida y muy valiosa colaboración de René Villanueva, se editaron los discos que con el título de *¡Viva Cárdenas muchachos!* contienen canciones alusivas a mi padre y a hechos de su gobierno.

Condecoraciones a mi madre

La actividad en el país estuvo mezclada con actividades en el exterior. Hice en febrero de 1995 una primera salida a San Antonio, en Texas, para participar en un simposio que se celebró en el San Antonio College. Era contra la Propuesta 187, iniciativa que proponía negar servicios sociales, médicos y de educación pública a los inmigrantes indocumentados, presentada en el Congreso de

California, que la aprobó. Se oponían los sectores progresistas del país vecino y finalmente fue revocada por una corte federal.

En octubre Cuate y yo viajamos a Madrid para recibir, en nombre de mi madre, quien no pudo viajar en esa ocasión, el Premio "Carmen García Bloise", otorgado por la Fundación Españoles en el Mundo, que recibimos de manos de su presidente Ramón Rubial, presidente también del PSOE.

El 20 de noviembre, aniversario de nuestra Revolución, recibió mi madre, en nombre y en memoria de mi padre, la condecoración de la Orden de José Martí, entregada por Raúl Castro en el Palacio de la Revolución, en La Habana.

Cursos de verano en la Universidad Complutense

Desde agosto de 1995 en que asistí como ponente a uno de los cursos de verano de la Universidad Complutense en El Escorial, conversando con el coordinador de éstos, Gonzalo Santonja, me planteó que organizara un curso de una semana y le propuse hacerlo sobre las luchas por la democracia y las libertades que se libraban en distintos países latinoamericanos. Le gustó la idea y desde que regresé a México empecé a enviar invitaciones a quienes pudieran participar como expositores en el curso "Democracia en Latinoamérica: nuevos caminos", que tuvo lugar a mediados de julio. Él por su parte, hizo otras invitaciones.

Fue un curso rico en participantes e interesante por sus presentaciones. Julio César Strassera, juez argentino que había condenado durante la dictadura a militares por tortura y actos represivos, expuso: "Los derechos humanos en América Latina"; doña Hortensia Bussi de Allende: "El legado democrático de Salvador Allende"; Pablo González Casanova: "La democracia en América Latina: problemas desde una perspectiva global"; Orlando Fals

Borda se refirió a "La transformación política en Colombia"; Tabaré Vázquez: "El Uruguay del 2000 desde la perspectiva de izquierda"; Oscar Arias, ex presidente de Costa Rica, habló en contra de la miltarización; Juan Pablo Cafiero tocó el caso de Argentina; Rubén Barreiro el de Paraguay; Luis Maira habló de las relaciones entre Estados Unidos y América Latina en la postguerra fría; Antonio Navarro Wolf, del M-19, se refirió al caso colombiano; Alfonso Barrantes, exalcalde de Lima, al de Perú; y Juan Barranco, senador y ex alcalde de Madrid del PSOE, dio su punto de vista sobre el tema con la visión europea. A mí, como coordinador del curso, me correspondió hacer al principio una presentación de carácter general y cerrar, agradeciendo a los asistentes y a los ponentes sus participaciones.

Esos cursos, muy variados en su temática, con duración de una semana, se llevaban a cabo en El Escorial, en instalaciones que tenía la Universidad Complutense, con apoyo de alguno de los bancos importantes del país. A los ponentes nos alojaban en un hotel del que disponía la universidad para apoyar esos cursos, lo que permitía encontrarse con mucha gente interesante que no necesariamente participaba en el mismo curso que uno.

Candidato a Jefe de Gobierno

La crisis de la economía se prolongó a lo largo de 1995. El gobierno la enfrentó tomando nuevos créditos del exterior, comprometiendo los ingresos derivados de las exportaciones petroleras y aplicando con ortodoxia neoliberal y gran rigidez medidas restrictivas a la inversión pública y al mejoramiento social. Los problemas económicos no llegaron solos, fuertes presiones se hicieron sentir también en lo político, lo que hizo que la administración buscara en este terreno, válvulas de escape a la situación.

Así, al año siguiente, 1996, se concedió autonomía al Instituto Federal Electoral, que dejó de estar presidido por el secretario de Gobernación, poniéndose al frente del mismo a un consejo de ciudadanos sin pertenencia a partidos políticos; se ampliaron las facultades de la Asamblea de Representantes del Distrito Federal, la que se transformó en Asamblea Legislativa; y se reformó la legislación para abrir la posibilidad para que se eligiera, por primera vez, en julio de 1997, coincidiendo con las elecciones legislativas intermedias, al jefe de Gobierno del Distrito Federal. Esa figura quedó intermedia entre la de gobernador de un estado y la de presidente municipal, pero finalmente una autoridad elegida con jurisdicción en todo el Distrito Federal. En el caso de esa primera y como única vez por tres años y no por seis, como sería en los casos subsecuentes a partir de 2000.

Se trataba de reformas que se habían venido demandando desde la creación del partido y por distintas organizaciones políticas. Aunque no se dieron con la amplitud que se venían proponiendo (por ejemplo, que el Distrito Federal se constituyera en el estado 32 de la Federación, con un Congreso que tuviera las mismas facultades de los congresos locales, y con municipios, como el resto de las entidades del país) representaron avances significativos.

Con las reformas se abrían posibilidades interesantes. La más atractiva políticamente, que el Distrito Federal contara con una autoridad elegida con jurisdicción en toda la entidad. Con vistas a ese cambio en el régimen político de la ciudad, en la que se asientan los poderes federales, empezaron a surgir las inquietudes. De quien primero escuché interés por buscar la candidatura de su partido (el PRI) a jefe de Gobierno fue de Oscar Levín, con quien conversé a finales de mayo, cuando faltaba más de un año para le elección. El 9 de septiembre me volví a encontrar con el tema, esta vez en la mesa redonda a la que convocó Alejandro Aura en "El hijo del cuervo", en la plaza de Coyoacán, con el tema *¿Qué gente* *es el regente?*, en la que tomamos parte Jaime González Graf, Ana Lilia Cepeda y yo.

Por ese tiempo estaba realizándose la campaña para renovar la dirección del PRD. Abiertamente apoyé a Andrés Manuel, al que consideraba el candidato que mejor podía impulsar el proyecto del partido, tomando en cuenta la experiencia de Tabasco, donde se había logrado consolidar una amplia y cohesionada organización, que me parecía podría extenderse por el país, a quien acompañé en el recorrido que hizo por Michoacán, donde Lázaro coordinó su campaña. Cuate fue el coordinador en el Estado de México. El 4 de agosto protestó como presidente del partido.

Pasada la elección interna, en la que los miembros del partido habíamos puesto nuestra atención principal, el nuevo objetivo fue la elección que debía celebrarse en julio del año siguiente. Además de renovar la Cámara de Diputados se presentaba la novedad de la elección del jefe de Gobierno de la ciudad de México.

En algún momento, compañeros del PRD me plantearon la posibilidad de que buscara la candidatura del partido a Jefe de Gobierno de la ciudad. Lo pensé seriamente. Era difícil creer que el régimen de partido de Estado pudiera soltar el control político de la capital. Discutí la posibilidad en casa, con Celeste y mis hijos. Comenté el caso con amigos de confianza. Ausculté a quienes en el partido hacían política en el Distrito Federal. Un pequeño grupo de amigos y compañeros (Emilio Pradilla, Elizabeth Anaya, José Blanco Gil, René Coulomb, Roberto Eibenschutz, Samuel del Villar, Iván García Solís, Cristina Laurell, Carlos Lavore, Oliva López Arellano, Telésforo Nava, Enrique Ortiz, Ricardo Pascoe, Santos Ruiz y Paco Ignacio Taibo II) elaboramos un documento que titulamos "Una ciudad para todos", texto que pudiera constituir mi propuesta como candidato, tanto al partido como a la ciudad. Y el 27 de enero anuncié públicamente que contendería por la candidatura del PRD a Jefe de Gobierno.

El 2 de marzo tendría lugar la elección interna para elegir al candidato del PRD. Por otro lado, Porfirio Muñoz Ledo se registró también como precandidato. Contra él iba a contender.

La campaña fue muy intensa, desarrollándose en un tiempo muy corto. En el tiempo de campaña por la candidatura del partido, escasas dos semanas, tomé parte en 54 actos en las 16 delegaciones, fui entrevistado en siete programas de radio y en tres de televisión, y no fueron más porque el tiempo ya no alcanzó. Uno de los cambios más importantes en esta campaña, fue la actitud de los medios de información: abiertos, dispuestos e interesados en dar oportunidad a la oposición de manifestarse a través de ellos, lo que no había sucedido ni en 1988 ni en 1994. Un cambio fundamental en la vida política que también se debió al *error de diciembre*.

Dos semanas era poco tiempo para entrar en contacto con los distintos sectores de la población del Distrito Federal, aunque se trataba de una elección abierta a quien quisiera participar en ella. Con el equipo cercano se pensó que de ganar la elección interna, ya habría tiempo de establecer contacto con los distintos componentes del electorado de la ciudad. Por ello se diseñó una campaña para entrar preferentemente en contacto con los grupos organizados y activos del partido y aprovechar al máximo posible la apertura que se encontraba en los medios. Del seguimiento que se hizo de la campaña de Porfirio, pudo percibirse que él, más que acercarse a los grupos del partido, buscó encontrarse con grupos de ciudadanos en lugares públicos. Nuestra hipótesis era que en la campaña interna se movilizaría y votaría la gente del partido y no tanto otros sectores de la ciudadanía. Acertamos. El 2 de marzo votaron unos cien mil ciudadanos, en su gran mayoría miembros activos del PRD, que con sus votos me dieron la candidatura en una proporción de 7 a 3.

El 2 de marzo, pardeando la tarde, nos concentramos en el Hotel Marco Polo, en la Zona Rosa —cuyo salón principal habían facilitado nuestros amigos Estefanía y Carlos Ortega— la familia, el equipo coordinador de la campaña, amigos, compañeros del partido, para esperar los resultados de la elección. Alrededor de las 9 de la noche teníamos ya la certeza de un resultado favorable. Así me lo comunicó más o menos a esa hora el presidente del partido, Andrés Manuel, y convinimos en ir juntos a saludar a Porfirio a su casa.

Llegamos cerca de las 10 de la noche. Estaba con su esposa. En la plática, Andrés Manuel le propuso que aceptara ser candidato a diputado, encabezando la lista de representación proporcional en la circunscripción del Distrito Federal. Mostró al principio alguna resistencia, pero después, ante la insistencia de Andrés Manuel, cedió.

La campaña fue de corta duración, pero de gran impacto en la opinión pública, lo que hizo que llegara yo con un gran impulso y generando un fuerte apoyo ciudadano desde el principio de la campaña formal, que arrancó con gran fuerza y así se mantuvo.

La campaña por la Jefatura de Gobierno

El 18 de marzo, aniversario de la Expropiación, se inició propiamente la campaña por la Jefatura de Gobierno. El primer acto fue una reunión con más de mil mujeres, en un salón a reventar, algo muy emotivo, cargado de entusiasmo y humor, que resultó un arranque de campaña muy vigoroso y de gran impacto.

El 26 de mayo participé, con Alfredo del Mazo, en el debate convocado por la Cámara Nacional de Radio y Televisión, moderado por Carmen Aristegui.

Como ha sido usual desde que se llevan a cabo encuentros entre candidatos frente a la opinión pública a través de la televisión, el posible debate entre candidatos a jefe de Gobierno des-

pertó interés en la ciudadanía. Máxime que en esta campaña se
había abierto el acceso a los medios de información para todos los
candidatos y partidos y la campaña del Distrito Federal, si bien
era local, se proyectaba e impactaba nacionalmente, pues la noticia
local, sobre todo la transmitida por la televisión abierta, tenía un
alcance nacional.

Al discutirse cómo y cuándo se llevaría a cabo el debate,
asumí la posición de que debatiría sólo con Alfredo del Mazo,
candidato del PRI, que representaba en la contienda al régimen de
partido del Estado, y no con Carlos Castillo Peraza, candidato
de Acción Nacional, que desde 1988 apoyaba el mismo proyecto nacional que el régimen priista instrumentaba. Por lo tanto,
representaba lo mismo que el candidato oficial y de acuerdo con
las encuestas que hacía nuestro equipo de campaña y lo que éstas
reflejaban, no tenía ninguna oportunidad de ganar. Del Mazo sostenía que en el debate debíamos participar los tres. Castillo Peraza
insistió reiteradamente en que "tenía derecho" a participar. Yo me
mantuve firme en que el debate no constituía obligación legal, que
era potestad de cada candidato o de cada partido decidir si se participaba o no, según las conveniencias políticas de cada candidato.
Finalmente tanto Del Mazo como la Cámara de Radio y Televisión aceptaron que el debate fuera sólo entre dos.

La campaña se realizó con los lemas "Juntos haremos una
ciudad para todos" y "¡Por ti y por tu ciudad!", que resultaron de
jalón para los electores. Hubo una dirección colectiva para pro-
gramar recorridos y entrevistas, diseñar pósteres, los spots que se
transmitieron por televisión y radio, comentar sobre el debate, levantar encuestas y para analizar aquellos temas que debían tratarse
en el curso de la campaña.

El 6 de julio

El 6 de julio tuvo lugar la elección. Con Celeste y Cuate, acompañados por Camila, todavía menor de edad, votamos en la casilla cercana a la casa.

Lázaro votó ese día en Apatzingán, cabecera del distrito por el que contendía como candidato a diputado. Desde procesos electorales anteriores, los amigos de la Tierra Caliente lo habían estado invitando para que se presentara como candidato. En esas ocasiones les había contestado que no entraba en sus planes hacer una carrera legislativa. Con la elección de 1997 a la vista, los amigos volvieron a insistirle se presentara como candidato a diputado por el distrito con cabecera en Apatzingán, donde empezó a hacer trabajo político y votaba desde que alcanzó la edad ciudadana.

Comentamos en familia la invitación que le estaban haciendo los amigos de la región. Le dije, yo como candidato a jefe de Gobierno, que no lo dejarían llegar a la diputación en Michoacán; si tenía interés en hacer un trabajo legislativo podía buscar la candidatura por las dos vías, uninominal, es decir, de mayoría, y de representación proporcional. Contestó que ya que se había decidido a contender por la diputación, le interesaba hacer campaña y si llegaba al cargo, que fuera por votación mayoritaria. En esas condiciones contendió y ganó con muy amplio margen.

El día de las elecciones, al caer la noche, nos reunimos el equipo de campaña, amigos y dirigentes del partido, en un salón del Hotel Camino Real, para esperar los resultados de la elección. Tenía confianza en obtener una votación favorable por la respuesta que había encontrado y lo que indicaban las encuestas realizadas, pero tenía al mismo tiempo la duda de que se aceptara entregar el gobierno de la capital a la oposición y en particular a mí.

La información que fue llegando era favorable. Había alegría en todos los reunidos. A eso de las nueve de la noche ya no había

duda del resultado, que estaban dando a conocer los medios de
información, y más o menos a esa hora entró una llamada del presidente Zedillo para felicitarme por el triunfo electoral. Se había
ganado la Jefatura de Gobierno. Se ganaron además 38 de las 40
diputaciones locales en disputa, por lo que el PRD ya no tuvo acceso a las diputaciones plurinominales. Ese 6 de julio, por primera
vez, el PRI, el partido del Estado, perdió la mayoría absoluta en la
Cámara de Diputados. El PRD obtuvo 126 diputaciones federales,
el mayor número en toda su historia. Fue éste, sin duda, uno de
los efectos que arrastró la elección del Distrito Federal, que siendo
local, la televisión abierta la convirtió en nacional.

Vale la pena señalar que cuando se estaban designando las
candidaturas a las diputaciones locales, en un proceso paralelo a la
elección del candidato a jefe de Gobierno, las corrientes del partido en el Distrito Federal bien puede decirse que se apoderaron y se
repartieron todas las candidaturas, federales y locales. Se aseguró
en ellas, además, a los principales dirigentes de los grupos, los primeros lugares de las listas de candidatos a diputados de representación proporcional, dando a éstas más importancia que a las de
mayoría. A mí, como una concesión, me pidieron propusiera un
nombre para encabezar la lista de candidatos a la Asamblea y les
di el de Jesús González Schmal. Ni éste ni los dirigentes de las corrientes, que quedó a la vista no confiaban en el triunfo electoral,
llegaron a la Asamblea. Como dije antes, al ganar la mayoría de los
distritos uninominales, el PRD ya no participó en la asignación de
las diputaciones plurinominales.

Un periodo de vacío

El 14 de julio, a invitación suya, me reuní en Los Pinos con el
presidente Zedillo. Reiteró su felicitación y me ofreció la colabo-

ración del gobierno del Distrito Federal para transmitir, a quienes yo designara, la información sobre los programas de trabajo, los problemas y la situación general de las diferentes áreas de la administración de la ciudad.

A los pocos días me reuní con el Jefe del Departamento del Distrito Federal, Óscar Espinosa Villarreal. Me reiteró el ofrecimiento del presidente y con él convinimos que empezarían a reunirse personas que yo designara con los funcionarios a cargo de las distintas dependencias del gobierno de la ciudad. Esos encuentros, a los que a un buen número de ellos asistí, tuvieron lugar a partir de esos momentos y hasta casi la fecha de la toma de posesión de la Jefatura de Gobierno. Desde que empezaron las reuniones comenzó a través de los medios el hostigamiento a la administración que vendría, por cualesquiera razones, alentado sin duda por gente del gobierno que no se resignaba a la pérdida política de la capital del país.

Entre las cuestiones a tratar en la transición de un gobierno a otro estaba la de la oficina que yo ocuparía y sus necesidades. Para ver este asunto pensé que Cuate y un par de amigos más podían ayudarme, por conocer bien mi forma de trabajar, quiénes podrían ser mis colaboradores más inmediatos, y las consecuentes necesidades de espacio y equipamiento. En cuanto los medios dieron a conocer su nombre para participar en esa tarea, se desataron los ataques, aduciendo nepotismo, señalamiento totalmente injusto, siempre había estado claro que se trataba de una actividad sin remuneración y que él no sería colaborador del gobierno. Algunos de los ataques más ácidos e irracionales provinieron de gente sectaria y amargada del PRD. Ante los primeros ataques, Cuate hizo público su retiro de esa encomienda.

Visto en retrospectiva, fue un grave error haber aceptado la formación de grupos de enlace para la transición de un gobierno al otro, pues no se dio a conocer al equipo entrante información fundamental de las diferentes áreas de la administración, sobre todo de cuestiones confidenciales, conflictivas o potencialmente conflictivas. Ese tiempo lo aprovecharon quienes no veían con buenos ojos al nuevo gobierno para atacar a quienes pudieran ser posibles colaboradores de la nueva administración, porque no se tomaban medidas antes de tomar posesión respecto a problemas importantes y más que nada, porque al ganar la Jefatura de Gobierno, se quisiera o no, me proyectaba como candidato a la presidencia y esa eventualidad, intereses muy diversos de distintos colores y procedencias, pretendían desde luego bloquearla.

Mejor hubiera sido, sin duda, esperar para hacer la entrega-recepción de la administración a partir del 5 de diciembre, día de la transferencia del gobierno. Y la misma información que nos fue dada antes de esa fecha hubiera sido de cualquier manera la que se hubiera recibido de los funcionarios de la administración que se iba. La confidencial, la que pensaran que no les convenía hacérnosla conocer, se la hubieran guardado de cualquier forma.

El 5 de diciembre rendí protesta en la Asamblea Legislativa como Jefe de Gobierno del Distrito Federal.

14

EL DISTRITO FEDERAL

La Jefatura de Gobierno

Empezaba una nueva etapa. En los días anteriores a la toma de posesión había integrado el equipo de gobierno en lo que hace a los cargos principales. Sabía que gobernar la capital, siendo oposición al gobierno federal, implicaría ir a contracorriente de éste en muchos sentidos. Se tendría una situación complicada también por la corrupción y el clientelismo que habían privado en el gobierno de la ciudad a lo largo ya de varios sexenios, vicios acentuados en los tres años de la administración que terminaba.

Desde que decidí contender por la Jefatura de Gobierno tenía muy claro que gobernar la ciudad sería una tarea compleja, que por la forma como se había venido manejando la administración —sobre todo en los últimos sexenios, además de lo que pude conocer en el curso de la campaña recorriendo de arriba abajo el Distrito Federal y entrando en contacto con los diversos sectores de su población— habría que enfrentar problemas mayores.

Pero hasta que se recibió la administración fue posible establecer la magnitud del deterioro social y material de la ciudad, la corrupción e ineficiencia de la administración saliente y, por lo tanto, la dimensión y la complejidad del trabajo que estaba por delante. El primer gobierno elegido en el Distrito Federal se encontró con que la tarea prioritaria era poner orden en la casa. No habría tiempo para mucho más en tres años, aunque, desde luego, estaba consciente de que, además, había que enfrentar y atender los problemas que fueran saliendo al paso.

La nueva administración se encontró con que no había planes, programas ni reportes debidamente presentados y actualizados de las actividades u obras en proceso; no había seguimiento de las acciones de gobierno ni información documental, incluso, en buen número de casos, se hallaron las computadoras completamente vaciadas de información. En la Secretaría de Gobierno se encontró un oficio, de fines de noviembre, sólo unos días antes del relevo, en el que "por órdenes superiores" se pedía concentrar la documentación "confidencial", retirándola del conjunto de documentos que se dejaran o se entregaran a los nuevos funcionarios.

Se dio el caso, por ejemplo, de que no se pasó información sobre pagos fuertes que tenían que hacerse en plazos muy cortos, como un adeudo de 450 millones de pesos para cubrir compromisos a cargo del presupuesto de 1998, correspondiente ya a la siguiente administración. O de otros 500 millones de adeudos de ejercicios fiscales anteriores utilizados para enfrentar compromisos de 1997. El nuevo gobierno empezó así con un déficit del orden de 1 000 millones de pesos, del que sólo hubo conocimiento después del 5 de diciembre.

Un caso semejante se tuvo respecto a los compromisos tomados en materia de construcción de vivienda: después del 15 de octubre, esto es, en las últimas semanas de la administración saliente, el Fideicomiso de Vivienda y Desarrollo Urbano se comprometió con diversas organizaciones sociales a construirles 11 500 viviendas, a sabiendas de que no contaba ni estaban previstos los recursos presupuestales para ello.

Por otra parte, al ser el Departamento del Distrito Federal una entidad de la administración federal, se carecía en muchos aspectos de leyes o reglamentos locales y siendo la Jefatura de Gobierno un organismo local, las leyes federales mostraban serios vacíos en el momento de tratar de aplicarlas en cuestiones de la jurisdicción del Distrito Federal. No existía reglamentación local en lo que respecta a la planeación o a los partidos políticos, o disposiciones específicas en materia de obra pública, adquisiciones, responsabilidad de funcionarios o protección ambiental.

Puede decirse que la labor principal del nuevo gobierno consistió en crear una administración que se pusiera verdaderamente al servicio de la ciudad y de sus habitantes, que dejara de ver a la ciudad como un gran botín, abandonara y dejara de fomentar las prácticas clientelares, erradicara la corrupción en los estratos altos y la combatiera con decisión en todos los demás niveles, fuera abriendo posibilidades a la participación ciudadana en la gestión de la ciudad y recuperara espacios públicos para su utilización y beneficio de la gente.

En la Secretaría de Transporte se encontró, por ejemplo, que había al menos un centenar de contratos por honorarios de inspectores del transporte público, que recibían pagos mensuales de 500 pesos, muy por debajo del salario mínimo y en consecuencia de lo legal; esto era para que quienes tenían esos contratos se despacharan y completaran su ingreso *como pudieran.*

Hubo pues que vencer resistencias de intereses creados, erradicar prácticas viciadas, reestructurar y revalorar áreas de trabajo creándose los Institutos de Cultura y del Deporte. Se consolidó el Instituto de Salud (que poco después se convertiría en secretaría), en el que se integraron los servicios del Departamento del Distrito Federal y los transferidos por la Secretaría de Salud federal a la nueva administración elegida. Se crearon asimismo la Subsecretaría de Trabajo, la de Coordinación Metropolitana, la Secretaría de Turismo, actividades que estaban ubicadas en dependencias de rango muy inferior a sus necesidades de gestión y potencial de desarrollo. Asimismo, se realizaron acciones prioritarias de escasa proyección hacia la opinión pública, internamente básicas y de fuerte impacto para ordenar y racionalizar la administración, con efectos tanto inmediatos como diferidos, que requirieron dedicarles atención y consumieron tiempo, como elevar los salarios de los agentes judiciales, identificar y certificar la existencia de los bienes registrados como patrimonio del gobierno de la ciudad, la formulación de los proyectos de legislación y los reglamentos necesarios para adecuar las funciones de una administración que había estado dependiente de la federal a las de una entidad autónoma, para citar sólo algunos ejemplos.

Desde el inicio de la gestión tomé la decisión de atacar los problemas desde sus raíces. En eso estuvieron de acuerdo quienes hacían cabeza de las diferentes dependencias del gobierno y con esa visión se estructuraron los programas de trabajo. Convinimos en dar continuidad a todo lo positivo, sobre todo a no suspender obras en proceso y no caer en la práctica de desechar todo lo hecho o planeado por autoridades anteriores. Era claro que no se haría ninguna obra de carácter suntuario y nada para lucimiento personal de los funcionarios de la nueva administración.

Teníamos conciencia, por otro lado, que mucho de lo que se haría no sería visible sino en el largo plazo, no tendría repercusión través de los medios de información y no se prestaría para ceremonias de inauguración y cortes de listón. Respecto a ello di indicaciones a mis colaboradores de que en las placas que se acostumbra poner para señalar los inicios y sobre todo las terminaciones de obras públicas, se diera a conocer el año correspondiente, pero en ningún caso apareciera el nombre de ningún funcionario, empezando, desde luego, porque no apareciera el mío.

Así, en lo que hace a obras públicas, por ejemplo, se dio importancia y se reforzó el programa iniciado por el gobierno anterior para la detección y reparación de fugas en la red de distribución de agua. Se dio atención a la limpieza de la extensa red de drenaje (más de 12 000 km), desazolve y limpieza de presas, cauces y barrancas, a la repavimentación de calles, que superó por mucho lo hecho en ese renglón en los seis años anteriores. Al relleno de viejas minas de arena sobre las que existen edificaciones, obras efectuadas muchas de ellas bajo tierra, fuera de la vista de la gente y no susceptibles de inauguraciones. En otros aspectos, se redujeron los rangos salariales de los llamados mandos superiores, empezando por el Jefe de Gobierno, eliminando los bonos, sobresueldos y pagos asignados discrecionalmente.

Entre las acciones del gobierno que presidí en el Distrito Federal, además de que, como dije antes, se buscó poner la administración al servicio de la ciudad y de sus habitantes, dando en muchos aspectos un giro de ciento ochenta grados a prácticas anteriores, atacando los problemas desde su raíz y no sólo en sus manifestaciones visibles, destacaría las políticas sociales. Tuvieron que ver con las condiciones de vida de distintos sectores de la población o con la población en general, como fue la entrega de libros de texto a los alumnos de secundarias públicas de manera gratuita y la creación de centros de atención para la población indígena; que a las actividades culturales, además de darles la calidad que la población requería y merecía, se orientaron, fundamentalmente, a la democratización del consumo cultural, a tomar la calle e ir hasta los vecinos, confiando en la gente; así se crearon más de mil libroclubes, en plazas y calles se realizaron centenares de funciones de teatro en atril, se organizaron talleres de distintas disciplinas para niños y adultos, se llevaron a cabo conciertos públicos de artistas reconocidos, nacionales y extranjeros, y espectáculos accesibles a grandes auditorios; la celebración de las ferias del empleo permitieron la contratación de varios miles de personas en busca de trabajo; el convenio celebrado con la Asociación Nacional de Tiendas de Autoservicio para que se atendieran los riesgos de salud, se estableciera una jornada máxima de seis horas de trabajo y se prohibiera ocupar en labores distintas al empacado a los cerca de 7 000 adolescentes, llamados comúnmente *cerillos*, que laboraban en esos establecimientos comerciales.

La creación de centros de apoyo integral a la mujer en cada una de las delegaciones, las unidades de atención a la violencia familiar; el albergue temporal para mujeres víctimas de la violencia familiar; los programas preventivos en materia de educación para la salud de la familia, que desplegaron 1 200 auxiliares, jóvenes entre 18 y 25 años de edad, debidamente capacitadas, residentes en las zonas que atendían, que se encargaron de registrar la cédula de identificación de riesgos de la salud de 720 000 familias de las áreas marginadas de las 16 delegaciones, y de darles seguimiento mediante acciones educativas, preventivas y de atención en cada visita; el convenio suscrito con el Parlamento Internacional de Escritores para sumar a la ciudad de México a la red de ciudades refugio y la instalación de la Casa Refugio de Escritores Citlaltépetl; la rehabilitación de unidades deportivas, incluyendo la más importante de la ciudad, la de la Magdalena Mixhuca, y su rescate del manejo mafioso que organizaciones burocrático-deportivas (algunas llamadas federaciones entre ellas) hacían; el traslado y reacomodo de vendedores ambulantes a recintos cerrados y el rescate de las calles de Seminario y Moneda, el Portal de Mercaderes en el Zócalo y La Alameda; los programas de reforestación en las áreas rurales, en las que se plantaron unos diez millones de arbolitos, aplicándose en ello la modalidad de cubrir una pequeña cantidad a los campesinos poseedores de los terrenos tanto por la plantación como por el cuidado de las plantaciones, pagándoseles en este caso en función de la sobrevivencia de las plantas durante sus primeros años de vida.

En materia de civismo quiero señalar que se emitió un decreto para que todos los años, el 2 de octubre, en los edificios del gobierno del Distrito Federal, se izara la bandera a media asta en señal de duelo por los asesinados en Tlatelolco, en la violenta represión del 2 de octubre de 1968. Empezó a cumplirse con esa disposición el 2 de octubre de 1998, al izarse la bandera en el antiguo Palacio del Ayuntamiento a las 8 de la mañana; por otro lado, ese mismo día se dio cumplimiento al acuerdo obtenido por voto mayoritario de los diputados de la Asamblea Legislativa, con las abstenciones de las fracciones del PAN y el PRI, al develarse en uno de sus muros la inscripción en letras de oro: MÁRTIRES DEL MOVIMIENTO ESTUDIANTIL DE 1968.

Ha sido usual que a los jefes de Estado y personalidades extranjeras que visitan la ciudad de México, el gobierno del Distrito Federal los distinga reconociéndolos como huéspedes distinguidos y les otorgue las *llaves de la ciudad*. Estos actos se coordinan con la Secretaría de Relaciones Exteriores, pues esos visitantes, en general, desarrollan múltiples actividades en su estancia en nuestro país.

Durante mi gestión, entre aquellos a quienes se otorgaron las llaves de la ciudad estuvieron el papa Juan Pablo II y Kofi Annan, Secretario General de la ONU, y cuento entre quienes fueron recibidos como huéspedes distinguidos a Jacques Chirac, Carlos Flores Facussé y Mary McAleese, presidentes, respectivamente, de Francia, Honduras e Irlanda. Cuando la Secretaría de Relaciones pidió que recibiera y entregara las llaves al Presidente de Bolivia Hugo Bánzer (que en su gobierno anterior había llegado por un golpe militar contra el gobierno constitucional y progresista del general Juan José Torres, quien fuera poco tiempo después asesinado en su exilio en Argentina por instigación y complicidad del propio Bánzer, que además había ejercido una feroz y sangrienta dictadura hasta que fue a su vez derrocado) simplemente me negué a reconocerlo como visitante de nuestra ciudad capital.

En enero de 1999 tuvieron lugar dos hechos de la política internacional del gobierno del Distrito Federal, que repercutieron

en la política interna: la visita del papa Juan Pablo II a la ciudad de
México y mi presencia en el Foro Económico Mundial de Davos,
Suiza, que al darme relevancia, provocaron que arreciaran los ataques tendientes a impedir que me presentara nuevamente como
candidato presidencial. Ése fue el clima político que se mantuvo
hasta que dejé el gobierno a finales de septiembre.

Algunos problemas en el gobierno

El nuevo año, 1998, empezó con el estiaje más severo del que se
tuviera memoria en el Distrito Federal, vinculado en este caso al
fenómeno climatológico de *El Niño*. La sequía extrema que se presentó hizo más graves las consecuencias de los incendios en las
áreas forestales, que ese año estuvieron acompañados de vientos
que soplaron de sur a norte, lo que casi nunca sucede y menos
por periodos prolongados, pues los vientos dominantes soplan de
norte a sur.

Además de los incendios de arbolados y pastizales que ese año
se presentaron en el Desierto de los Leones y en la Sierra de Chichi-
nautzin, que hace límite con el estado de Morelos, se provocaron dos
serias contingencias ambientales, una del 25 al 30 de mayo y la otra
el 5 de junio, y una precontingencia originadas por la presencia de
cantidades importantes de partículas sólidas suspendidas en el aire.

Esas emergencias se enfrentaron con medidas de aplicación
inmediata, como la reducción de la circulación de vehículos y la
suspensión de emisiones de gases de industrias a la atmósfera, pero
el gobierno de la ciudad se encontró con que no existían previsiones ni normas para manejar ese tipo de situaciones. En coordinación con el gobierno del Estado de México y con la colaboración
de especialistas, hubo que considerar las medidas a adoptar frente
a la situación que se estaba viviendo y las que debieran tomarse

al presentarse contingencias ambientales en el futuro. Eso llevó a actualizar y de hecho a elaborar con carácter de urgencia la normatividad a cumplir y aplicar en esos casos.

Ese año, para complicar más la situación, la temporada de lluvias llegó tardíamente, pero desde que empezó, las precipitaciones fueron de gran intensidad (como la que cayó el 6 de agosto en Azcapotzalco y Contreras, de 64 milímetros de lluvia en dos horas, equivalentes a 8 % de la precipitación media anual). Provocó inundaciones en el periférico, en los pasos a desnivel y de hecho en toda la ciudad; fallas en los semáforos y congestionamientos de tránsito que paralizaron amplios sectores de la ciudad y fuertes golpes de agua e inundaciones también en Cuajimalpa y Milpa Alta, donde el 14 de agosto cayó una tromba como a las ocho de la noche que afectó varios barrios de esta delegación, principalmente el de San Antonio Tecómitl: dañó el hospital, una escuela y unas ochenta casas, debido no sólo a las altas precipitaciones en tiempos muy cortos, sino también a construcciones que indebidamente, por la permisividad de autoridades anteriores, habían invadido cauces de arroyos, reduciendo sus capacidades para el desfogue del agua.

Al visitar San Antonio Tecómitl al día siguiente, la gente del lugar recordó que sesenta años antes había caído en San Pedro Atocpan, otro poblado de la delegación de Milpa Alta, una tromba semejante cuando se realizaba un festejo tradicional, que cobró varias víctimas y dañó viviendas, y que mi padre, siendo presidente, los había visitado.

Ese año las lluvias parecían no dar tregua. El 26 de septiembre se presentó la mayor precipitación registrada en la ciudad de México en 101 años: cayeron 97.2 milímetros y sólo entre agosto y septiembre las precipitaciones sumaron más de 600 milímetros, después de una prolongada sequía, registrándose en mayo una temperatura superior a 34° C, la más alta del siglo. Las lluvias de fines de septiembre afectaron varias colonias del oriente de la ciudad.

El endeudamiento

El gobierno federal, involucrando al Departamento del Distrito Federal, suscribió desde años antes que yo llegara al gobierno compromisos de carácter internacional para construir las plantas para el tratamiento de las aguas residuales de la ciudad, descargadas a la cuenca del río Moctezuma, que consideraban la obtención de importantes créditos de fuentes extranjeras. Fue así que la administración de la ciudad, de acuerdo con lo previsto por la ley y para dar cumplimiento a los compromisos internacionales del país, solicitó al Ejecutivo federal, para el ejercicio de 1999, que pidiera al Congreso se autorizara al gobierno del Distrito Federal la contratación de un endeudamiento neto por 7 500 millones de pesos. En su mayor parte se destinaría a la construcción de esas plantas de tratamiento, el resto principalmente para continuar la línea B del Metro que se encontraba ya en construcción.

El 30 de diciembre, pasadas las 8 de la noche, recibí una llamada de Francisco Labastida, secretario de Gobernación. Hablaba por indicaciones del presidente para decirme que no avanzaba en el Congreso la aprobación del monto de endeudamiento solicitado por el gobierno del Distrito Federal, que en esa situación se había hecho un acuerdo con "un partido" (no quiso mencionar al PAN, que bien sabíamos los dos de cuál se trataba) para aprobar una cantidad mucho menor a la solicitada. Elevar esa cantidad dependía de que se hablara con "ese partido" para llegar a un acuerdo político. Le respondí que el gobierno del Distrito Federal requería de esos recursos para sus programas de obras públicas y no tenía nada que ofrecer a cambio de que se los aprobara el Congreso con el voto, entre otros, de los diputados de Acción Nacional, y le pregunté cuál sería su propuesta. Me contestó que se llegara a un acuerdo político para que Andrés Manuel, presidente del PRD, no hablara como hablaba del presidente, sobre todo por el asunto del *Fobaproa*;

y que Porfirio, coordinador de los diputados del PRD, hablara con más respeto de los diputados de otros partidos, lo que evidentemente nada tenía que ver con las finanzas de la ciudad.

Una hora más tarde volvió a comunicarse conmigo. Me dijo que había hecho "los sondeos" y no era posible ya cambiar las decisiones. Que podríamos conversar en enero y ver si en un periodo extraordinario del Congreso pudiera replantearse la cuestión, pero que antes había que construir un clima de entendimiento, de buenas relaciones.

La decisión en el Congreso, impuesta por la mayoría que hacían las bancadas del PRI y el PAN, fue contraria a las necesidades de trabajo del gobierno, pero sobre todo a las de los servicios de la capital y, por el otro lado, al cumplimiento de compromisos internacionales para reducir la contaminación de nuestros cuerpos de agua. Adujeron que el endeudamiento no era necesario, que se pretendía desviar fondos para la promoción de mi candidatura a la presidencia; negaron la solicitud y solamente autorizaron un endeudamiento de 1 700 millones, con lo cual no fue posible iniciar la construcción de las plantas de tratamiento de las aguas residuales de la ciudad.

La realidad fue que esa decisión, perjudicial para la ciudad, la tomó la mayoría para restar posibilidades de trabajo al gobierno del Distrito Federal en la atención a sus problemas y como represalia al PRD por no avenirse a respaldar las políticas entreguistas y contrarias al interés nacional del gobierno federal, como eran la transformación de deuda privada en pública en el caso del *Fobaproa* y el comprometer el ingreso petrolero para respaldar el crédito impuesto por el gobierno norteamericano al de México para enfrentar el *error de diciembre*.

Prepotencia y excesos

El 20 de julio, circulando con Celeste por Polanco, manejando yo nos encontramos a elementos de la Policía Judicial de la ciudad deteniendo a todos los autos, indiscriminadamente. Hacían descender a sus ocupantes, revisándolos por si portaban armas, así como pidiéndoles la documentación de los vehículos con un trato muy brusco y prepotente. Llamé al responsable de la operación, al que pregunté qué era lo que se estaba haciendo. Respondió que revisaba autos de escoltas, aunque lo que yo vi era una revisión indiscriminada de vehículos y de sus ocupantes. Le ordené suspendiera la operación de inmediato y se reportara con sus superiores y envíe a Samuel del Villar, el Procurador del Distrito Federal, la siguiente nota:

> El sábado, alrededor de las 21:30 horas regresé a la ciudad y por fortuna (porque en mi condición de Jefe de Gobierno del Distrito Federal pude ordenar se desmontara) me encontré en la Av. Masaryk un operativo (como gustan llamarles ahora) de la Policía Judicial del D. F. —con ametralladoras, apuntando a quienes por ahí circulaban, tipos con aspecto agresivo con la gente—, según me informó el responsable del mismo, para revisar si quienes van dentro de los autos de escolta (guaruras dice la gente común y corriente) portan legalmente sus armas.
>
> El primer sentimiento que vino a mí: una enorme irritación, que no desaparece. La sensación: la que debe haberse vivido en el Santiago de Pinochet, en el oscurantismo franquista y en la Europa de la ocupación. Terror para la gente. Guerra interna contra los ciudadanos, contra la convivencia pacífica. Asustar y alarmar a la gente, para que sepan quien tiene y quien ejerce la fuerza. Nada distinto del fascismo más feroz.

Esto es lo que en imágenes e impresiones viví la noche del sábado.

La reflexión que el habitante de la ciudad puede hacer: este gobierno, el de Cuauhtémoc Cárdenas (no el de sus colaboradores), es igual a los de antes. Nada ha cambiado. Los mismos o peores atropellos. Ya sólo falta el toque de queda. ¿Nos falta sensibilidad humana en el gobierno? ¿Dónde quedó el restablecimiento del Estado de derecho? ¿Dónde la razón? ¿Dónde la solidaridad humana? ¿No habrá otra forma de detectar y poner en orden a las escoltas? ¿Podemos ser ejemplo si gente del propio gobierno trae escoltas, que hasta ahora lo único que han demostrado es que sirven para que el que choca con la trompa sea embestido por la escolta por detrás?[20]

La instrucción al Procurador General de Justicia del D. F.: que de inmediato cesen en todo el territorio del Distrito Federal este tipo de operaciones.

Sé que mi amigo muy querido y respetado Samuel del Villar, que me consta, está haciendo un gran esfuerzo por cumplir con la encomienda que tiene del gobierno de la ciudad, entenderá mi reacción al haberme encontrado con esta operación que va contra toda la lógica del compromiso político que refrendamos (así en plural) con los habitantes del Distrito Federal el 6 de julio de 1997.

Tiene que haber otros modos de combatir la delincuencia.

En varias ocasiones te pronunciaste contra los "rambos". No caigamos (así en plural también, porque ésta es una responsabilidad que comparto) nosotros en esas mismas formas. Que no se nos vea con las armas desenfundadas contra la gen-

---

[20] Se había dado el caso pocos días antes que el auto que transportaba al Director General de la Policía Judicial había sido alcanzado y chocado por el auto en el que viajaban sus escoltas.

te. Que no se vea que carecemos de inteligencia y sólo tenemos como recurso la amenaza y el uso de la fuerza.

Va esta nota personal para ti, con un abrazo afectuoso.

La primera reacción de Samuel fue tratar de justificar la revisión de vehículos y sus ocupantes que se había ordenado. Dijo se habían detectado escoltas de particulares indebidamente armados. Pero al revisar la forma como se cumplían sus instrucciones, esto es, revisando indiscriminadamente vehículos y personas, aceptó que ese tipo de medidas no debían seguirse aplicando y me dijo se buscarían las formas adecuadas, que no afectaran al conjunto de la gente, para controlar a las escoltas. Coincidimos una vez más, como siempre lo habíamos hecho, en el proceder público de ambos.

Linchamiento mediático

El 7 de junio de 1999 fue asesinado Francisco *Paco* Stanley, conductor de programas en Televisión Azteca. Todo indicaba que el asesinato, por sus características, había sido cometido por el crimen organizado y de acuerdo con todos los indicios, a la voz pública y a los resultados de las investigaciones preliminares del caso, se encontraba vinculado al narcotráfico. Fue un hecho grave, sin duda alguna. La Procuraduría del Distrito Federal, a cargo de Samuel del Villar, de inmediato se abocó a atender con prioridad el caso.

Televisión Azteca y otros medios de información, desde el momento mismo en que conocieron del crimen, trataron de aprovecharlo políticamente para desacreditar al gobierno del Distrito Federal y golpearme políticamente. La televisora dedicó al caso más de seis horas continuas de transmisión; en un comunicado oficial exigió el esclarecimiento del crimen y expresó: "Si no son capaces de hacerlo que renuncien", dirigida esta exigencia sin duda a mí y a Samuel (en ese orden), cuya rectitud siempre les incomodó.

Jorge Garralda y Rocío Sánchez Azuara, conductores ambos de programas en el Canal 13, me responsabilizaron personalmente del asesinato; Garralda tajantemente expresó ante las cámaras: "Yo lo hago a usted responsable, ingeniero Cárdenas, porque no ha cumplido lo que nos prometió" (en 2006 me visitó Jorge Garralda en las oficinas de la Fundación y entre otras cosas me dijo que la suya había sido, respecto a aquellos acontecimientos, una actitud indebida por la que se disculpaba. Agradecí su visita y sus expresiones cordiales hacia mi persona).

Por su parte, el dueño de la televisora, Ricardo Salinas Pliego, desgañitándose y con gesto descompuesto frente a las cámaras, manifestó al aire: "Hoy le tocó a Paco, mañana le puede tocar a usted o a mí o a cualquiera. La impunidad nos aplasta y ¿dónde está la autoridad?, pregunto yo, preguntamos todos. ¿Dónde está la autoridad?, ¿para qué pagamos impuestos?, ¿para qué tenemos elecciones?, ¿para qué tenemos tres poderes?, ¿para qué tanto gobierno si no hay autoridad?".

Jacobo Zabludovsky, fue en Televisa, menos enfático que la competencia, pero no se quedó muy atrás. Dijo al aire: "Ahora es Paco Stanley, que es figura famosa y conocida, pero a todos nos consta que en todos los lugares de México, a todas horas, somos rehenes de la delincuencia. Estamos perdiendo la batalla contra los delincuentes. Alguien debe renunciar y dejar el paso a gente que tenga capacidad de protegernos... ¿En qué país y en qué ciudad estamos viviendo los ciudadanos? Esto es una protesta formal y no podemos seguir así".

Reacciones como ésas no se dieron frente a los asesinatos del cardenal Posadas, de Colosio o de Ruiz Massieu. En aquellos casos los medios no se lanzaron al linchamiento mediático como lo hicieron en el caso de Stanley.

Una candidatura presidencial común de la oposición

La elección de Jefe de Gobierno de 1997 fue por muchas razones una elección singular. Aun cuando la reforma constitucional preveía que el gobierno elegido para el Distrito Federal fuera de seis años, en un artículo transitorio se estableció que el primero sólo sería de tres. Se trataba, se argumentó entre otras cuestiones, de un periodo de transición, aunque en seis años hubiera habido más tiempo y sin duda mejores condiciones para consolidar la propia transición de lo federal a lo local. Por otra parte, la elección de 1997 proyectaría a quien resultara ganador, fuera quien fuera y de cualquier partido, como eventual candidato presidencial de su partido. Ha sido usual que en el segundo trienio de un gobierno se dé inicio a los movimientos dentro de los partidos y grupos políticos, al menos los que se hacen visibles, con vistas a las contiendas por la sucesión; y considerando además la relevancia política de la capital de la República, quien llegara a la Jefatura de Gobierno en esa primera elección histórica, se convertiría automáticamente en una personalidad política con fuerte potencial electoral. Ahora bien, lo que nunca consideró el gobierno de Zedillo al promover las reformas que cambiaron la condición política del Distrito Federal, es que el PRI pudiera perder la elección y menos que eso sucediera teniéndome como candidato.

La posibilidad de ser de nuevo candidato a la presidencia, trayendo detrás un triunfo contundente en el Distrito Federal, hizo que desde el momento mismo en que se conoció el resultado de la elección, por una parte, yo mismo considerara esa posibilidad, visualizándome como el candidato con mayor fuerza dentro del PRD; por la otra, que se desatara una campaña de hostigamiento con el fin de disminuir mis posibilidades como candidato en el 2000.

Se tuvo así un trato hostil y distante de parte del gobierno federal, aunque guardando siempre las apariencias y las formas.

Muchos funcionarios, aunque hubieran querido por sus funciones y responsabilidades una más estrecha colaboración con el gobierno de la ciudad, tuvieron siempre temor a mostrar un acercamiento o simpatía con éste; lo mismo sucedió con distintos sectores activos en la vida económica de la ciudad, que se manejaron con desconfianza por posibles represalias del gobierno federal si colaboraban abiertamente en actividades que pudieran representar ganancias en los activos políticos del gobierno de la ciudad.

Al cumplirse el primer año de gestión, se entró ya de hecho al tiempo electoral. Empezaron a darse movimientos en los distintos partidos y el PRD, desde luego, no fue la excepción. Después del triunfo en el Distrito Federal, en elecciones que tuvieron lugar al año siguiente, el partido ganó las gubernaturas de Zacatecas, Tlaxcala y Baja California Sur. Dentro del partido, sus principales dirigentes tanto nacionales como estatales me manifestaron su simpatía y apoyo para que lanzara mi candidatura, que empezó así a consolidarse.

Hacia finales de febrero, ya de 1999, Causa Ciudadana, organización política surgida en Morelos, con presencia importante en aquel tiempo en Cuernavaca y en Cuautla, me invitó a una reunión para celebrar sus cinco años de vida. En esa ocasión, al hacer uso de la palabra, además de referirme a los cambios que se vivían desde la elección de 1997 y los que estaban aún pendientes de realizarse, hablé de la necesidad de unir a las fuerzas de la oposición realmente comprometidas con el cambio, para lograrlo efectivamente. Dije entonces:

El primer paso es relevante: substituir a quienes han venido ejerciendo el poder con las graves consecuencias que conocemos para el país, para asegurar así un futuro distinto al pasado inmediato y al presente.

Y yendo a lo práctico, estimo que lo primero que las fuerzas opuestas al régimen actual, opuestas al modelo político, económico y social que el país ha sufrido en las últimas décadas, lo primero que debemos buscar es un candidato que unifique, un candidato que tenga la confianza y en quien y con quien se pueda dar el compromiso de todas las fuerzas y ciudadanos decididos a lograr el cambio...

Pero hoy estamos frente a una situación que rebasa al Partido de la Revolución Democrática y que rebasa a todos los partidos con registro y por registrarse, a los grupos sociales, a las agrupaciones políticas, a todos aquellos que individualmente o como grupo estamos buscando el cambio, y en base a ello planteo —y me parece que este es el mejor escenario que podría haberse encontrado para hacerlo— que se lleve a cabo una elección primaria con candidatos de todos los partidos y grupos que realmente estén decididos a luchar por un cambio de régimen político. A una primaria de las fuerzas de la renovación que se comprometan a aceptar los resultados de una elección para seleccionar un candidato común de una gran coalición, de una gran convergencia.

Esperaría yo que mi partido, el PRD, acepte una iniciativa de estos alcances... donde candidatos, precandidatos de distintas fuerzas políticas pudieran contender por una candidatura única y llegar al 10 de diciembre, que es cuando se cierran las posibilidades de acuerdos entre partidos según la actual ley, con un candidato de todas las fuerzas dispuestas a llevar al país a un cambio profundo.

Por esos días, Dante Delgado, presidente de Convergencia, me buscó y me planteó la posibilidad de promover encuentros entre todos los partidos de la oposición para tratar de llegar a las elecciones del año siguiente con un programa común y un candidato único, que se enfrentara al del partido del Estado. En el mismo sentido, según me comentó, hablaría con Vicente Fox, quien desde julio del año anterior había iniciado campaña buscando ser el candidato presidencial de Acción Nacional en el proceso electoral de 2000.

En ambos encontró una respuesta positiva y a partir de ello empezaron a darse reuniones entre representantes de los partidos de oposición: Convergencia, Partido del Trabajo, Acción Nacional, Alianza Social, Partido de la Sociedad Nacionalista, Verde Ecologista de México, Auténtico de la Revolución Mexicana, del Centro Democrático y Partido de la Revolución Democrática. En todos, en principio, según declaraciones de sus respectivos dirigentes, había voluntad para participar en las elecciones con un candidato común a la presidencia, así como con un programa formulado también en común.

Se avanzó en la elaboración de los borradores de los convenios de coalición, en los proyectos de declaración de principios, programa y estatutos de la coalición, en la plataforma electoral; documentos en los que trabajó principalmente y con mucho empeño Dante Delgado, quien se convirtió en el principal y más entusiasta promotor de la candidatura única y de la coalición.

Los problemas empezaron cuando se llegó a la necesidad de acordar el procedimiento para seleccionar al candidato a presidente. Vicente Fox y Acción Nacional proponían una encuesta. Yo era partidario de una elección abierta, en la que pudiera participar toda la ciudadanía. Ahí se trabaron las cosas. No se caminaba ni para atrás ni para adelante. Surgió entonces, ya hacia finales de agosto, la propuesta de que un grupo que se formara por acuerdo del PAN y del PRD planteara el procedimiento para dirimir el asunto de la candidatura.

Se reunieron para ello Santiago Creel, por parte de Acción Nacional, y Jesús Zambrano, con la representación del PRD. Convinieron en la formación de un grupo de once personas, que fueron las siguientes: Sergio Aguayo, de la Academia Mexicana de Derechos Humanos, el empresario Gerardo Aranda, la analista política Denise Dresser, Jaime González Graf, politólogo y ex consejero electoral en el Estado de México, el periodista Miguel Ángel Granados Chapa, Lorenzo Meyer, de El Colegio de México, el ex consejero del IFE José Agustín Ortiz Pinchetti, el abogado Javier Quijano, presidente de la Barra Mexicana de Abogados, los empresarios Antonio Sánchez Díaz de Rivera y Juan Sánchez Navarro, y Hugo Villalobos, ex presidente de la CONCANACO; se invitó además, con el carácter de suplentes al escritor y ecologista Homero Aridjis y a María Amparo Casar, investigadora del Centro de Investigación y Docencia Económicas.

En los primeros días de septiembre, en cuanto se dio a conocer cómo estaba integrado el grupo, al que los medios de información bautizaron como *de los notables*, declaré que aceptaría cualquier procedimiento que propusiera para definir al candidato común.

Después de varios días de reuniones y consultas, *los notables* propusieron un procedimiento que consideraba la realización de una encuesta y también una elección abierta. Para ello planteaban la instalación en el país de algo así como 2 500 casillas para la votación. Fox y Acción Nacional rechazaron de plano la propuesta.

Hasta ahí se llegó. En adelante cada quien siguió su camino. A partir de ese momento quedaron definidos los campos. Con el compromiso de la coalición opositora se mantuvieron el PRD, el Partido del Trabajo, Convergencia, el Partido Alianza Social y el de la Sociedad Nacionalista, sosteniendo mi candidatura. El Partido Verde negoció coaligarse con el PAN, sosteniendo la candidatura de Vicente Fox. El PARM decidió ir solo, con Porfirio Muñoz Ledo como su candidato a presidente, y lo mismo el Partido del Centro Democrático, que postuló a Manuel Camacho, uno de los que con mayor énfasis habían insistido en la candidatura común.

La Alianza por México, que así se denominó a la coalición, parecía un agrupamiento con fuertes contradicciones internas, pues convergían en ella el PRD, el PT y Convergencia, en cuyas propuestas programáticas y en sus propias estructuras de organización se encontraba un buen número de coincidencias; y por otro lado formaban parte también del mismo el PAS, cuyo origen era el sinarquismo y podía en consecuencia considerarse un partido de la reacción, y el Partido de la Sociedad Nacionalista, que aparecía como una organización familiar más que partidaria, pero que había tenido capacidad para lograr su registro.

Entonces así quedó la coalición debido al antecedente de buscar un acuerdo de todos los partidos de oposición para participar en la elección con una plataforma y un candidato presidencial comunes. Al no lograrse ese objetivo, quedaron en ella los partidos que decidieron mantener su compromiso con la finalidad que los había llevado a coincidir.

Ha habido críticas posteriores, cuestionando acuerdos con el PAS y con la Sociedad Nacionalista, porque eran partidos pequeños y supuestamente poco aportaban a la coalición. Pero la razón de haber quedado incluidos esos partidos en la alianza es la que aquí expongo. Y, por otro lado, debo reconocer, sobre todo en el caso del PAS, que sus miembros y sobre todo sus dirigentes, hicieron su máximo esfuerzo para cumplir su compromiso como parte de la coalición.

Relevo en la Jefatura de Gobierno

El 17 de septiembre presenté ante la Asamblea Legislativa mi segundo informe de gobierno y me preparé para dejar la Jefatura de Gobierno e iniciar campaña de nuevo.

Al tomar la decisión de participar en el proceso electoral como candidato de la coalición de los partidos que se mantuvieron unidos en la búsqueda de un candidato común de la oposición, que formaron la Alianza por México, debía yo decidir cómo dejar la Jefatura de Gobierno. Podía ser mediante licencia o licencias sucesivas que solicitara, dejando abierta la posibilidad de volver al puesto después de las elecciones, o solicitando separarme del cargo de manera definitiva, argumentando, como lo establece la ley, causa de fuerza mayor. Opté por la segunda, que implicaba ser substituido en la Jefatura de Gobierno por alguien que determinara la Asamblea Legislativa para terminar el periodo para el que había sido elegido, y no por la primera, caso en el cual la secretaria de Gobierno podría substituirme mientras no me reintegrara al cargo.

De acuerdo con lo establecido por la Constitución, el Jefe de Gobierno del Distrito Federal podía mantenerse en el cargo y ser al mismo tiempo candidato a presidente (me parece que se hizo una reforma constitucional en 2006, que establece que el Jefe de Gobierno del Distrito Federal, al igual que otros funcionarios, está obligado a renunciar seis meses antes de la elección si pretende ser candidato a presidente). Consideré que si iba a ser candidato, lo que exigía responsabilidad de tiempo completo, no podía y sobre todo no debía mantenerme en un puesto que exige también dedicación y atención de tiempo completo. Tampoco sería válido ir a una elección con paracaídas, pues se daría además la impresión de que no creía en la posibilidad de ganar.

Tomada entonces esa decisión, tenía que considerar cuándo presentar a la Asamblea la solicitud para separarme de la Jefatura, que estimé podría ser después de rendir el informe anual de gobierno, y cómo planteárselo a los diputados del PRD, miembros de la Asamblea, en la que constituían mayoría y en cuyas manos estaría la decisión de designar a quien me sucediera en el cargo.

Respecto a quién podía substituirme no lo comenté con nadie. Me llegaron rumores de que varios colaboradores habían estado haciendo comentarios respecto a que se consideraban abocados para ocupar la Jefatura en mi lugar.

El 27 de septiembre, por la tarde, me reuní con los diputados del PRD a la Asamblea. Les anuncié oficialmente que presentaría la solicitud para separarme del cargo. Les dije que estaba yo muy claro que a ellos correspondería en exclusiva designar a quien me substituyera en el cargo, pero que me sentía en la obligación, como jefe de Gobierno, como compañero de partido y como candidato presidencial del propio partido, de darles mi punto de vista sobre qué persona consideraba más adecuada para hacerse cargo de la Jefatura de Gobierno al dejarla.

Sabía que entre ellos había distintas preferencias, relacionadas principalmente con sus pertenencias a grupos o corrientes dentro del PRD y a las relaciones que habían desarrollado con distintos funcionarios de la administración. Les dije que el tiempo que restaba al periodo de gobierno sería un tiempo eminentemente político, que requeriría que quien estuviera al frente del gobierno de la ciudad mantuviera relaciones con todos los actores políticos, sobre todo aquellos en juego en el proceso electoral, con el gobierno federal, con la propia Asamblea Legislativa; dije que quien a lo largo de dos años había llevado esas relaciones y mejor conocía el ambiente político de la ciudad era, a mi juicio, Rosario Robles, la secretaria de Gobierno. Reiteré que les daba mi opinión, pero a ellos y sólo a ellos correspondería la responsabilidad de designar al Jefe de Gobierno substituto y cualquiera que fuera su decisión, la entendería y la respetaría. Después de reunirme con los diputados, informé a Rosario sobre mi plática con ellos.

Mi primer encuentro con Rosario se dio a través de Oscar Pintado, en los arranques de la Corriente Democrática. Años después, como integrante de la dirección nacional del partido, colaboró activa y eficazmente en la campaña por la Jefatura de Gobierno. Ahí constaté sus capacidades como organizadora, su sólida formación política y su conocimiento e involucramiento con las cuestiones sociales. Concluida la campaña, la invité para que se

hiciera cargo de la Secretaría de Gobierno, desde la cual me prestó
un valioso apoyo para el trabajo que se desarrolló en el Distrito Federal. Al proponer su nombre a los diputados perredistas de
la Asamblea para substituirme, tenía confianza en que tendría un
buen desempeño al frente de la ciudad.

El 29 de septiembre Rosario se hizo cargo de la Jefatura de
Gobierno. En esa fecha terminó mi segunda experiencia de gobierno.

Michoacán y el Distrito Federal

Mi paso por los gobiernos de Michoacán y del Distrito Federal
constituyeron dos experiencias totalmente distintas. Se dieron en
contextos políticos diferentes: en un caso, con el predominio de un
partido o mejor dicho de un régimen en la vida política del país,
con el ejercicio del poder fuertemente centralizado en el Ejecutivo;
aun cuando no era yo un priista ortodoxo, era parte de la mayoría
política gobernante; en el otro, con un sistema multipartidista en
el que la división de poderes iba cobrando cada vez mayor realidad
y vigor y colocado en franca oposición al gobierno federal.

En Michoacán no faltaron problemas, pero la gestión se desarrolló, sobre todo en su segunda mitad, sin contar con la simpatía del presidente hacia el gobierno local, aunque sin la hostilidad
de éste y del gobierno federal; lo que no sucedió en la ciudad de
México, donde la agresividad contra el gobierno de la ciudad por
parte de todo el aparato oficial formado por funcionarios, partido,
medios de información vinculados con los intereses del gobierno
federal, se manifestó desde el momento mismo en que se conocieron los resultados de la elección.

En Michoacán la identidad de la gente con el estado, con sus
distintas regiones, con su tierra, hizo más fácil encontrar colabo-

ración para llevar a cabo acciones conjuntas con el gobierno; en el Distrito Federal, quizá por la diversidad de orígenes de gran parte de la población, quizá porque es débil la identidad de la gente con la entidad como tal, también por la dimensión demográfica de la urbe, porque en muchas partes de la ciudad no hay vida comunitaria, no se supo buscar o no se encontró la misma disposición que en Michoacán para la colaboración con el gobierno.

En Michoacán, aunque tenía diferencias en enfoques, énfasis y matices con la administración anterior, estilos muy distintos de conducir la gestión de gobierno y la necesidad de hacer cambios tanto en la administración misma como en las políticas por instrumentar, el trabajo propiamente dicho pudo iniciarse de inmediato. En el Distrito Federal el trabajo de ordenar y limpiar la administración, de sanearla, de deshacerse de muchos lastres, fue una labor de una dimensión mucho mayor y encontró resistencias de intereses creados mucho más fuertes; lo que hizo que el trabajo propiamente dicho de la nueva administración, visible para la opinión pública, arrancara con más dificultades y tomara más tiempo.

Aun cuando, como digo, no exenta de dificultades y problemas, fue cotidianamente menos conflictiva la gestión en Michoacán que la realizada al frente de la ciudad de México. Aquí, debo también decirlo, no faltaron satisfacciones sobre todo por la respuesta de la gente en las distintas delegaciones, colonias y pueblos a donde pudo llegarse con la acción del gobierno de la ciudad.

15

LA TERCERA CAMPAÑA

De nuevo en campaña

En esta campaña volvió a aparecer la crítica por los largos recorridos y por destinar tiempo para visitar poblaciones con escasos habitantes. Es cierto que además de ir a las capitales, a las cabeceras distritales y a poblaciones importantes, acudí a sitios pequeños, que otros candidatos no sólo no visitaron sino quizá nunca pensaron siquiera poner un pie en ellos, independientemente de lo prolongado de los recorridos y del tiempo consumido para llegar a ellos.

Esas visitas, además de permitir ver un país a cuyo encuentro quienes hacen política poco o nunca van, no quitaron tiempo a encuentros con gente de diferentes actividades y distinta relevancia política nacional o regional; tampoco habría que pensar que las varias horas de un recorrido pudieran haber sido horas destinadas a estar frente a los micrófonos de una estación de radio o a las cámaras de un canal de televisión. Esto es, no hubiera sido posible, para dar un ejemplo, estar dos, tres o seis horas frente a una cámara de televisión, pues no hay quien lo aguante (sobre todo no hay auditorio que lo aguante), y lo que hice fue, eso sí, aprovechar todos los espacios que abrieron los medios.

Por otro lado, siempre dispuse del tiempo necesario para grabar los anuncios de la televisión que fueron parte de la campaña en ese medio. Pero hay que decir que un spot de radio o televisión por amplio que sea su impacto en la opinión pública, no substituye un contacto personal, por difícil y tardado que pueda ser llegar a éste, ni éste substituye a aquéllos. Ambas cosas pueden y pudieron realizarse y para ambas hubo tiempo.

Siempre he pensado además, que un candidato, un político militante, debe tener presencia no sólo en los lugares de fácil acceso, sino tener y mostrar voluntad para ir a cualquier parte, escuchar a cualquier grupo de población, grande o pequeño, y estar dispuesto a contribuir, en la medida de sus posibilidades, a la solución de los problemas. Entonces, la actitud que se asuma frente a hacer presencia o no en poblados pequeños, que exijan de largos recorridos para llegar a ellos, da una muestra de cómo sería el funcionario o el representante en el caso de llegar al puesto que está pretendiendo.

En la campaña de 2000 hubo recursos asignados a la Alianza por México para hacer propaganda del candidato presidencial en televisión y radio (más adelante me referiré a los retardos para disponer de esos recursos y a sus efectos). El trabajo que se hizo para elaborar los anuncios y ubicarlos en los horarios adecuados fue altamente profesional. En la contratación que se hizo con las televisoras y estaciones de radio se buscó que las transmisiones se dieran en los tiempos que permitieran tener los mayores impactos en los sectores de la población destinados a recibir los mensajes. Los pagos que hizo la coordinación de la campaña a los medios fueron en función no de los tiempos, los segundos de transmisión, sino de los impactos medibles sobre el auditorio receptor. Fue así como en ese aspecto se hicieron rendir los recursos, siempre más escasos que los de los adversarios que se enfrentaron.

La propaganda en la televisión se orientó principalmente a destacar el contacto directo con la gente y la importancia de las concentraciones que se daban en la campaña, más que a mensajes con mi imagen y mi voz, y fue opinión de todos, propios y extraños, que el mejor spot, el de mayor impacto, fue el último que se produjo, en el que apareció Celeste hablando de mí y llamando al voto.

Ella lució hermosa y convincente, habló con firmeza y desenvoltura, con gran naturalidad. Dijo lo que sintió que debía decir, sin guión previo y sin ensayar. A la primera quedó el anuncio. Cuando los encargados de elaborar la propaganda para la televisión me plantearon que Celeste hiciera un spot, les dije que me encantaría, pero era a ella a quien debían planteárselo. Su respuesta fue de inmediato positiva, aunque nunca le han gustado ni micrófonos ni cámaras. Lo que dejó ver en este caso, una vez más, es que compartimos ideales, su solidaridad y, debo decirlo, su cariño hacia mí.

Retrasos y obstáculos

El acuerdo de los cinco partidos para integrar la coalición Alianza por México se tomó con toda oportunidad y se presentó en tiempo ante las autoridades electorales la documentación necesaria para su registro oficial. Dante Delgado seguía siendo, como desde el principio, el motor para consolidar la Alianza y al tiempo que se hacían los trámites, habilitó una casa como sede oficial de la coalición. Pero no todo caminó con la rapidez y oportunidad que algunos deseábamos, sobre todo el equipo encargado directamente de coordinar los distintos aspectos de la campaña, yo incluido. Se atravesaron trabas puestas por quienes tenían que cumplir con la realización de algunos trámites, en estos casos gente de la dirección nacional del PRD. Entre ellos los relativos a la disposición de fondos para la producción de anuncios para la televisión y la radio y para la elaboración de carteles y otros elementos de propaganda, los que a pesar de iniciar campaña desde octubre, estuvieron disponibles hasta febrero. Por ello durante los primeros meses de campaña los recorridos se hicieron sin contar con propaganda, ni impresos para colgar, pegar y repartir, ni presencia en los medios electrónicos.

A este retardo en contar con elementos indispensables en la campaña, que afectó negativamente no sólo el curso de ésta sino también el resultado de la elección, deben agregarse otros factores más, que igualmente incidieron en los resultados finales: el comportamiento indebido de los candidatos y sus partidarios y finalmente la anulación de la elección interna del PRD en marzo de 1999, los desencuentros entre el equipo de campaña y los responsables de la propaganda y la acción electoral en el partido, el distanciamiento entre las campañas nacional y por el Distrito Federal del PRD y, sin duda, la penetrante campaña de Fox.

El PRD convocó a una elección para elegir a su nueva dirección en marzo de 1999. Los candidatos que disputaron la presidencia del partido fueron Amalia García y Jesús Ortega. La elección resultó sumamente desaseada, con acusaciones de uno a otro candidato por recurrir a malas artes. Ambos candidatos se proclamaron ganadores y reclamaban el triunfo. Ante las dudas respecto a los resultados por lo sucio e incierto de la elección, Andrés Manuel propuso al Comité Ejecutivo y al Consejo Nacional la anulación y la convocatoria a una nueva elección, agregando que de no aceptarse su propuesta él renunciaría a la presidencia y además renunciaría como miembro del partido. Su propuesta fue aceptada, resolviendo de momento la crisis interna, pues Andrés Manuel concluyó su periodo al frente del partido en la fecha en que debía, Pablo Gómez fue designado presidente interino, convocó a nueva elección que tuvo lugar unos meses después, en la que resultó elegida Amalia García. Pero la anulación tuvo un efecto desastroso en la opinión pública, que vio a un PRD que manejaba con desaseo sus procesos internos, proclive al fraude y a realizar todo tipo de manipulaciones que criticaba en otros, incapaz de cumplir con las reglas que había establecido para su vida interna. La anulación de esa elección tuvo un fuerte impacto en la ciudadanía, que valoró negativamente esos hechos e hizo extensiva esa calificación a todo y a todos los que tuvieran que ver con el PRD, afectando en una proporción que no podría cuantificar la elección que se dio un año después.

Los resultados de la elección se vieron también influidos por una falta de coordinación, que se dio a todo lo largo de los meses de campaña, entre las decisiones que tomaba el comité de campaña, en el que participaban miembros del Comité Ejecutivo del PRD, incluyendo a su presidenta, y éstos en las funciones que cumplían en el partido relacionadas directamente con la campaña presidencial. Los casos más graves, con la disposición tardía de recursos para la producción de propaganda para televisión, que pudieron detectarse en muchísimos sitios durante los recorridos, fue, por una parte, la propaganda que se quedó en muchos casos amontonada en los locales del partido sin distribuirse, responsabilidad y en ese caso incapacidad del área nacional encargada de la propaganda y la comunicación y de algunos comités estatales y municipales; por la otra, que no se contara, en un alto porcentaje, con representantes del partido en las casillas el día de las elecciones, responsabilidad de los encargados de la acción electoral.

Influyó también negativamente en los resultados electorales, a partir de la percepción generada en la ciudadanía, el hecho de que la campaña que yo realizaba por la presidencia y la que llevaba a cabo Andrés Manuel por la Jefatura de Gobierno del Distrito Federal, se condujeran cada una por su lado, como si no correspondieran a la misma opción política. Eso se hacía evidente cada vez que los coordinadores de mi campaña trataban de ponerse de acuerdo con Andrés Manuel y la gente de su campaña para que coincidiéramos haciendo campaña en la ciudad, en las pocas fechas que yo podía destinar a ello, pues yo recorría todo el país y no sólo el Distrito Federal.

Así, la mayor parte de los días en que hice campaña en la ciudad de México no coincidimos, por su decisión, con el candidato a jefe de Gobierno. El desencuentro más serio se dio en mi visita a Ciudad Universitaria el 22 de junio —se trataba del encuentro con los universitarios, que habían constituido desde 1988 un apoyo decisivo para la lucha por la democracia.

Al tratar de coordinar esa visita con el programa de campaña de Andrés Manuel me encontré con que él se negaba a asistir a ese encuentro. Hubo que insistirle través de varios enviados y fue hasta poco antes de la hora prevista para el mitin que aceptó asistir, resistiéndose hasta el último minuto a hacer uso de la palabra. Finalmente dio un corto saludo, pero era ya claro ante el PRD, los otros partidos de la Alianza por México, los medios de información y sectores importantes de la opinión pública, que él llevaba las cosas por su lado y yo por el mío. Se marcaba con ello un claro distanciamiento político que sin duda afectó también los resultados electorales.

Otro factor, decisivo en el resultado electoral de 2000, fue la campaña misma de Fox, que comenzó con dos años de anticipación a la fecha de las elecciones, que fue cuando se separó del gobierno de Guanajuato. La buena mercadotecnia de esa campaña y la abundancia de los recursos de los que dispuso, legales e ilegales, con lo que creó una corriente de opinión en el sentido de que había que sacar al PRI del gobierno y que el PAN y Fox constituían la opción única para lograrlo, a lo que se sumaba la idea gestada interesadamente de que el régimen nunca entregaría la presidencia a un candidato del PRD.

¡Hoy, hoy, hoy!

El 25 de abril tomé parte en un primer debate con todos los candidatos, en el que estuvimos Vicente Fox, Francisco Labastida,

Gilberto Rincón Gallardo, Manuel Camacho, Porfirio Muñoz Ledo, el que tras renunciar al PRD se presentaba como candidato del PARM (candidatura que pocas semanas después declinó para sumarse a la de Acción Nacional) y yo. Un debate, como todos los hasta ahora realizados, con un pésimo formato, tanto para lo que los participantes teníamos que decir, como para quienes recibieron nuestros mensajes a través de la televisión. De ese debate puede decirse que nada salió, ni para bien ni para mal, para ninguno de los candidatos.

El siguiente y último debate sería el 26 de mayo y de éste lo más trascendente fue la reunión previa entre los tres candidatos que participaríamos en él, que tuvo lugar tres días antes.

Con anterioridad, como es lógico, representantes de los tres candidatos se habían reunido con dirigentes de la Cámara de Radio y Televisión para acordar los términos en que se realizaría el debate, quién moderaría, etcétera, cuya fecha se fijó para el 26.

Para dar a conocer el formato y los detalles del debate, cuestiones convenidas entre nuestros representantes, habíamos quedado Francisco Labastida, Vicente Fox y yo en reunirnos la tarde del 23, en la casa de campaña que yo ocupaba, frente a los representantes de los medios de información. Estaba yo en mi oficina cuando me avisaron que el candidato del PRI había llegado y como faltaban 15 o 20 minutos para la reunión ante los medios, lo invité a pasar, a tomar un café y a que aguardáramos la llegada de Fox, antes de salir al jardín en donde estaba reuniéndose la gente.

Fox premeditadamente retrasó su llegada y, al igual que a Labastida, lo invité a pasar a mi oficina, a lo que se negó. Entonces, al no ir Fox a mi oficina para salir los tres juntos para presentarnos ante los medios, bajamos Labastida y yo a reunirnos con él y dar inicio a la reunión que los tres habíamos convocado.

Sentados ya los tres candidatos frente a los representantes de los medios, Fox declaró que Labastida y yo, premeditadamente, nos habíamos reunido antes de su llegada para ponernos de acuerdo y lanzarnos ambos contra él en el debate. Además, que el debate estaba convenido para ese día, el 23, y no para el 26 como sosteníamos los otros dos candidatos y lo habían acordado previamente los representantes de los tres.

Como anfitrión, yo conducía la reunión. Empezamos a discutir entre los tres y al ver que el tono de la discusión subía, sin hacer caso a que estábamos hablando ante micrófonos abiertos y frente a un centenar de reporteros, las televisoras y la radio empezaron a transmitir el encuentro en vivo. Fox discutía con una absoluta cerrazón y terquedad, diciendo que el debate debía celebrarse "hoy, hoy, hoy" y afirmando contundentemente que tenía la confirmación de la Cámara de Radio y Televisión de que todo estaba listo para celebrar el debate ese día y que esperaban ya a los candidatos en las instalaciones de Televisión Azteca.

Acordamos abrir un compás de espera mientras llegaba la respuesta que se había pedido a la Cámara, para que confirmara o aclarara lo dicho por Fox. Suspendí la reunión, invité a los dos a pasar a mi oficina a lo que Fox de nuevo se negó. Le dije "te quedas en tu casa" y Labastida y yo pasamos por unos momentos a mi oficina, para aguardar ahí la respuesta de la Cámara, que a poco llegó. Reanudamos la reunión, se dio a conocer la respuesta de la Cámara en voz de su presidente, Joaquín Vargas, que desmentía a Fox y aún así, éste todavía insistió en que tenía todo arreglado y que el debate debía tener lugar "hoy, hoy, hoy"; que si Labastida y yo no queríamos acompañarlo, él de todos modos se iría a Televisión Azteca, donde nos aguardaban y lo aguardaban para el debate. Di por terminada la reunión y él, efectivamente se fue a Televisión Azteca.

La necedad, inconsecuencia, mentira y cerrazón que Fox mostró esa tarde ante todos los medios, en una transmisión no prevista que duró fácilmente unas dos horas, dejaba ver características relevantes de la forma de ser del candidato de Acción Nacional. Fue aprovechada hábilmente por quienes manejaban su propaganda para presentar esos rasgos negativos como cualidades positivas y hay que decir que tuvieron éxito en ello.

El encuentro entre los tres se realizó, de acuerdo con lo convenido, el 26, pero más importante y más atractivo que el debate montado para ser transmitido por televisión, fue la imprevista discusión de tres días antes.

Un accidente que no llegó a ser

En uno de los recorridos de campaña hubo que volar de Minatitlán-Coatzacoalcos a la ciudad de México. Llegué así con varios compañeros al aeropuerto para tomar el vuelo de Mexicana. A los pocos minutos los altoparlantes anunciaron que el vuelo se retrasaría al menos un par de horas, pues debían hacerse algunas reparaciones menores al avión. Finalmente lo abordamos, se había hecho de noche, y ya para llegar, sobrevolando la ciudad de México, la voz del capitán anunció que se haría un aterrizaje de emergencia, que nos despojáramos de todo objeto cortante como anteojos, plumas y cosas por el estilo, que en el momento oportuno la tripulación nos daría indicaciones para que colocáramos la cabeza entre las rodillas, nos tomáramos los tobillos con las manos y esperáramos *tranquilos*, dijo, el aterrizaje.

Después de ese aviso se me hizo eterno el tiempo transcurrido. Quizá fueron no más de 15 minutos en los que pensé que sería ridículo y estúpido acabar en un avión estrellado, después de tantas andanzas, por tanto tiempo y de un lado a otro. Por otra parte, hice una nota en un par de tarjetas refrendando mi profundo cariño a Celeste, recordando a mis nietos nacidos muy poco antes, a mi madre, mis hijos, las nueras y reafirmando mi compromiso y convicción políticos.

Llegó entonces el aviso de que aterrizaríamos, que colocáramos la cabeza entre las rodillas y demás instrucciones, lo que hice, y cuando el avión se posó en tierra lo hizo apaciblemente, como si nada hubiera sucedido. Ya carreteando sobre la pista se nos informó a los pasajeros que las luces de algún indicador de la situación del tren de aterrizaje no encendían y en consecuencia los pilotos no sabían en qué condiciones se podría dar el aterrizaje. Fueron momentos de tensión y de dar vueltas en la cabeza a muchas cosas.

Semanas después entregué esas tarjetas a Celeste, que por ahí las debe tener.

Los resultados de la elección

El 2 de julio, día de las elecciones, deposité mi voto para presidente a favor de Pablo González Casanova. Por la tarde con Celeste, Cuate y Camila llegamos a la casa de campaña. Lázaro contendía como candidato a senador por Michoacán y esperaba allá los resultados de su propia elección. Entre amigos, integrantes del equipo de campaña, dirigentes de los partidos de la Alianza y la gente de medios que cubría la campaña estábamos ahí unas 300 personas, la mayor parte en el jardín, en el que se había colocado un pequeño estrado y un toldo de lona.

Alrededor de las 9 de la noche me encontraba reunido en mi oficina con Celeste, Cuate, Camila, Lucas de la Garza, que había sido el coordinador del equipo de campaña, Adolfo Gilly, Imanol Ordorika, Ildefonso Aguilar y unos cuantos amigos más. Las primeras encuestas de salida de diferentes encuestadores, cuyos resultados conocí poco después del mediodía, no aparecían favorables. Por la tarde, después de las 6, hora en la que empezaron a cerrarse las casillas y a contarse los votos, las informaciones sobre los resultados de la elección que llegaban tampoco eran favorables. En ese mismo sentido era la información obtenida de las encuestas y conteos rápidos de nuestra propia gente. Había tensión y tristeza en el ambiente.

Comentando la situación con el pequeño grupo reunido en mi oficina, esperábamos, después de que las informaciones que recibíamos por las televisoras, dudosas a esa hora todavía pero que parecían favorecer a Fox y al PAN, que hubiera alguna declaración del PRI, de su candidato o del gobierno. Discutíamos si esa declaración podría darse reconociendo la derrota o reivindicando el triunfo para el PRI y su candidato. Pasadas las 9, esa declaración no llegaba. Decidí entonces preparar algunas notas para presentarme ante los medios, con la idea de hacerlo antes de que hubiera alguna declaración del lado del PRI o del gobierno. Declaré, entre otras cosas, lo siguiente:

… No tenemos todavía cifras oficiales. Éstas seguramente en algunos momentos más las darán a conocer las autoridades electorales. Sin embargo, las tendencias que muestran las encuestas de salida, las tendencias que nos muestran nuestras propias encuestas y conteos rápidos, nos dejan ver que quien ha recibido el mayor número de votos en esta elección es el candidato de la Alianza por el cambio, y ésta ha sido la decisión de una gran mayoría del pueblo mexicano.

Hemos logrado algo muy importante. En esta elección se ha iniciado el desmantelamiento del régimen de partido de Estado. Este es un logro muy importante, del cual nosotros debemos preciarnos y al cual hemos dado nosotros una contribución decisiva, y de esto debemos estar satisfechos y orgullosos cada uno de los que estamos aquí presentes y cada uno de los que dieron su voto a favor de la Alianza por México el día de hoy…

Tenemos que constituirnos en la oposición más firme, efectiva, tenaz al entreguismo, al neoliberalismo económico, al oscurantismo y a la improvisación. Nosotros tenemos, desde las filas de esta oposición real y firme, que seguir impulsando nuestro proyecto que es el único que puede resolver los problemas del país y del pueblo y es el único que puede encauzar a nuestro país hacia vías de independencia, de ejercicio de nuestra soberanía y de las reivindicaciones de nuestro pueblo.

Nuestra lucha es una lucha de principios, esto debemos tenerlo muy claro. Sabemos por qué luchamos y sabemos cuáles son las motivaciones que tenemos. Es una lucha de principios por las causas superiores del país, por nuestra soberanía y por nuestro petróleo, por la paz con justicia y dignidad en Chiapas, por un gobierno de gente honrada y un gobierno que esté dispuesto y lo demuestre en la práctica, a combatir la corrupción, por una educación pública gratuita y laica, por un sindicalismo independiente, en fin, es una lucha por México y es una lucha por las reivindicaciones del pueblo de México...

La lucha es larga, pero conociéndonos, conociéndolos, ¿qué son unos cuantos días más? Aquí no hay ni puede haber desánimos ni flaquezas. Vamos para adelante con la misma convicción y la misma decisión. Vamos a unirnos más estrechamente, a fortalecer nuestras organizaciones, a superar diferencias. La lucha evidentemente no será fácil. Quizá vaya a ser más difícil, más obstáculos, más resistencias en otros campos en los que hasta ahora no nos hemos encontrado luchando con la misma necesidad con la que hemos tenido que hacerlo hasta estos momentos. Pero aquí estamos, seguiremos juntos, seremos más, tenemos la razón, nos movemos en el sentido de la historia...

Poco después se produjo la declaración del PRI reconociendo su derrota. El mal llamado *voto útil*, que dieron muchos que después se han manifestado arrepentidos, había hecho su trabajo.

En esta elección se logró la alternancia, un miembro de un partido distinto al que hacía cabeza del Ejecutivo desde 54 años atrás lo haría a partir del 1 de diciembre. El PAN substituía al PRI y Vicente Fox sería el primer presidente surgido de Acción Nacional. Los votos en mayoría habían sido en su favor, pero la alternancia de partidos o personas en el ejercicio del poder no significaba que fuera a darse una participación ciudadana más amplia en la toma de decisiones, ni que se hubieran logrado mejores condiciones de igualdad para la gente en lo social, económico o político. Objetivos a ese respecto quedaban pendientes de alcanzarse y la lucha por alcanzarlos debía continuarse.

La experiencia del primer gobierno de la alternancia ha dejado ver que el llamado *voto útil* no es sino un voto oportunista, ajeno a todo compromiso ideológico y programático, es decir, no obliga a aquel al que favorece a cumplir en ningún sentido con el elector, como lo demuestra con toda claridad la gestión de gobierno surgidas de un voto de tal calidad. La alternancia en el ejercicio del poder, que es sin duda el logro del *voto útil* del 2000, mantuvo el proyecto nacional entreguista y socialmente excluyente, concentrador de la riqueza en unos cuantos, generador de pobreza y desigualdad social, promotor y protector de la corrupción y la impunidad, incapaz de abatir la violencia y de vencer a la delincuencia organizada que se expande en el país desde un cuarto de siglo atrás, y nada más.

En el curso de los últimos meses de campaña se conocieron documentos de instituciones financieras internacionales, del Banco Mundial en particular, en los que se hacía la consideración de que si en la próxima elección el país decidía por la alternancia, México estaría entrando al primer mundo. Esta idea, tengo la certeza, pesó mucho en el ánimo de Ernesto Zedillo.

Dos visitas

Unas cuantas semanas después de la elección me llamó Alfonso Durazo, secretario Particular de Vicente Fox durante la campaña, ex secretario también de Luis Donaldo Colosio, para decirme que el presidente electo quería reunirse conmigo, ya fuera solos los dos o cómo y donde yo quisiera. Convinimos fuera al día siguiente, 26 de julio, en casa, a las 6 de la tarde. Unos momentos después me llamó Fox para confirmar lo que me había dicho Durazo, y quedamos que la reunión sería sólo entre él y yo. A la hora acordada llegó a casa. Lo recibimos en el estacionamiento del edificio Lázaro y yo y subimos los tres al departamento, donde se encontraban Celeste, Cuate y Camila.

Como a la una de la tarde de ese día me había vuelto a llamar Alfonso Durazo para preguntarme si deseaba que nuestra reunión se anunciara a los medios y si quería que Fox fuera acompañado de un fotógrafo. A ambas cosas le respondí negativamente, sobre todo después de que Fox me había dicho que prefería que estuviéramos solos, pues me parecía absurdo tener un fotógrafo para hacer pública una reunión privada.

Conversamos unos minutos, solos. Empezó diciéndome que ofrecía disculpas por las agresiones que se dieron en la campaña, que tenía interés en continuar con la reforma política, en montar una mesa con los partidos para discutir con el gobierno las reformas necesarias; pensaba conformar un gobierno plural y que pronto haría un viaje a Sudamérica. Comentó también que pensaba invitar a alguien del PRI y del PRD para integrarse a su equipo de gobierno y me preguntó si yo le podía sugerir algún nombre. Le respondí que en lo personal no tenía a nadie a quien sugerirle y que pensando en la representación del partido, sólo la dirección nacional podría darle nombres.

Dijo también que se había encontrado con Amalia García, la presidenta del partido, y que se reuniría con la dirección del PRD en pocos días. Añadió que a él le hubiera gustado que el PRD y el PAN hubieran ido juntos en la elección local de Tabasco, con un candidato del PRD, pero que su dirigencia nacional no había estado de acuerdo con esa propuesta. También dijo que no se privatizaría la Comisión Federal de Electricidad, aunque me preguntó mi punto de vista sobre la inversión privada en la electricidad, con el objeto de aumentar la capacidad de generación. Respondí que podía aumentarse esa capacidad sin dejar de observar las disposiciones constitucionales. Expresó que quería tener una buena relación con el gobierno del Distrito Federal y para concluir me dijo "voy a la presidencia, dime en qué te puedo servir". Agradecí su ofrecimiento y le dije que sabía que tendría las puertas abiertas con él para buscarlo de considerarlo yo necesario. Fue un encuentro breve, de no más de media hora.

El 1 de noviembre tuvo lugar una segunda visita, ésta de Santiago Creel, en la casa de campaña. Él se había encontrado previamente con Lázaro, con el que coincidió en la Cámara de Diputados, al que había manifestado su interés en reunirse conmigo. De entrada me dijo que llevaba un saludo del presidente electo y que se buscaba un acercamiento conmigo para ver cómo se daba la transición del régimen de partido de Estado a un sistema efectivamente democrático, para diseñar las acciones correspondientes tanto en el mediano como en el largo plazo. Que Fox deseaba llevar a cabo ese cambio con nosotros (yo entendí en este caso que se refería al PRD). Había la posibilidad de colaboración en varios niveles y de establecer acuerdos sobre asuntos como el petróleo, la educación pública, la venta de activos de la industria eléctrica, el federalismo y la reforma electoral entre otros. Comenté algunas diferencias importantes entre los puntos de vista de un lado y del otro en torno a cuestiones como ésas y finalmente planteó lo que a mí me pareció era el objetivo principal de su visita, que Fox pensaba ofrecer a miembros del PRD las secretarías de Desarrollo Social y del

Medio Ambiente, concretamente a Rosario Robles y a Alejandro Encinas respectivamente, y que había interés en conocer mi posición al respecto. Agregó que ese asunto se manejaría con absoluta discreción, que sólo estábamos enterados de ello Fox, él y yo y que así se manejaría hasta que hubiera una decisión definitiva.

Expresó también que la integración de miembros del PRD al nuevo gobierno tendría como propósito fortalecer a los partidos mediante su participación en el gobierno. Le contesté que en relación a las cuestiones que me había comentado, sólo me daba por enterado, pues salían del ámbito en el que yo podía tomar decisiones, pues no tenía ningún cargo ni responsabilidad de decisión en el PRD. Que las pondría en conocimiento de la presidenta del partido y que en todo caso sería ella quien lo planteara en las instancias correspondientes del propio partido. Por lo que hacía a Rosario y a Alejandro Encinas, le dije que sólo ellos podían darle una respuesta.

De acuerdo con mi particular punto de vista, le expresé que para un acuerdo con el partido sería indispensable conocer las propuestas y prioridades de la nueva administración. Le reiteré que sobre los asuntos que tenían que ver con el partido, informaría yo a su presidenta, que la enteraría de la idea de invitar a dos miembros del PRD a formar parte del gabinete, pero que no le daría los nombres que él había mencionado. Le pregunté si estaba pensando en una invitación similar a miembros del PRI, a lo que categórico respondió que no, aunque sí se estaba considerando la posibilidad de invitar a colaborar a algunos miembros de ese partido, pero no en función de un acuerdo formal con éste ni consultando la opinión de ninguno de sus dirigentes. Me pidió finalmente que dejáramos abierta la posibilidad de seguir conversando, a la que desde luego accedí y se despidió.

Como partido, considero que hubiera sido muy difícil, prácticamente imposible, establecer un acuerdo para la participación en el gobierno, pues el PRD sostenía posiciones francamente contrarias a las del PAN y a las propuestas de Fox en temas para nosotros fundamentales, tales como la política energética, la petrolera particularmente, o la intención anunciada en campaña de privatizar la educación superior, las modalidades de la reforma fiscal o la evidente falta de voluntad y la ausencia de opciones para dar solución a los conflictos de Chiapas, que actualmente siguen sin resolverse.

De haberse integrado el PRD al nuevo gobierno a partir de un acuerdo, considero que hubiera perdido identidad y entrado en contradicción con sus principios y compromisos. De haber aceptado formalmente el partido que algunos de sus miembros ocuparan cargos en la administración, sin mediar un acuerdo programático en cuestiones básicas, se iba a ver al PRD a la cola de un gobierno reaccionario, entreguista, colocado en posiciones contrarias a aquellas por las que desde que nació ha venido luchando.

16

LOS TIEMPOS DE LA ALTERNANCIA

Refundación del PRD

El 20 de enero de 2001 se celebró en el Polifórum un acto organizado por compañeros del partido que habían formado parte o estado cerca del gobierno de la ciudad durante las gestiones de Rosario y mía. Hablamos ambos con miras a lo que algunos llamaron la refundación del partido; esto es, volverlo a sus orígenes, enmarcar su actividad en los principios con los que surgió a la vida pública y convertirlo, como fue antes de quedar atrapado en las disputas de *las corrientes*, en elemento activo para alcanzar los fines planteados en su programa de acción; superar los conflictos y confrontaciones surgidos del predominio, en las decisiones partidarias, de los intereses de *las corrientes* y aún más que de éstas como colectivos, de sus dirigentes en lo individual o como grupos cupulares. El acto fue visto, por otro lado, como el lanzamiento de Rosario como candidata a presidir el partido, cuya dirigencia tendría que renovarse en poco tiempo.

El predominio alcanzado por *las corrientes* en la vida del partido ha hecho que éste se maneje por cuotas, tanto en el reparto de candidaturas como en la estructuración de las direcciones; es decir, de los consejos y comités ejecutivos, desde lo nacional hasta lo municipal, que se dé atención no sólo prioritaria sino casi única a las cuestiones electorales, constitucionales e internas, y que pasen a un segundo término, se sectaricen o de plano se abandonen actividades como la afiliación, el impulso al incremento del número de militantes, la organización y multiplicación de comités de base y municipales, la formación política, la discusión ideológica y programática y la comunicación regular, periódica, institucional, entre las dirigencias y las bases mismas del partido.

Las corrientes del PRD se diferencian por sus liderazgos, es decir, por las personas que las encabezan, no por sus plataformas o porque representen, como sucede en partidos de otras partes, tendencias o alas que hagan énfasis ideológico o programático en determinadas materias. En el PRD las disputas internas han sido por posiciones de mando, candidaturas, por el reparto de los recursos del partido o por aquellos a los que éste abre acceso.

Había conciencia en muchos de que el predominio de *las corrientes* venía disminuyendo incluso cancelando oportunidades de avance al partido y que no sin dificultades, una posibilidad de reorientación de sus actividades podría abrirse al darse el cambio de dirección.

Con esos planteamientos, efectivamente, al poco tiempo de la asamblea del Polifórum se presentó formalmente la candidatura de Rosario a presidenta del PRD y poco después resultó elegida al cargo. Lo desempeñó todo el tiempo en medio de confrontaciones mayores o menores justamente con *las corrientes*, lo que la llevó finalmente a su dimisión en agosto de 2003.

Lázaro, candidato a Gobernador de Michoacán

Con la llegada de 2001 se abrió el juego para el relevo constitucional en el gobierno de Michoacán, que tendría que elegir nuevo gobernador en noviembre, para que tomara posesión el 15 de febrero del año siguiente. Desde tiempo antes, sobre todo después de ganar su sitio en el Senado en la elección de julio de 2000, amigos y compañeros del partido en el Estado habían estado invitando a Lázaro para que se presentara como candidato a gobernador. Él, aunque había ganado con un buen margen su elección al Senado y tenía, por la reciente campaña, la sensibilidad de cómo pudiera responderle el electorado, dudaba en buscar esa nueva candidatura pues sentía que había pasado poco tiempo en el Senado, que le gustaría concluir su periodo de senador y que más adelante podría eventualmente considerar la posibilidad de buscar el gobierno del estado.

Frente a la necesidad de tomar una decisión, pues los tiempos para ello se acortaban, nos comentó sus dudas en familia. Había ambiente favorable para él en Michoacán, en el PRD se le veía sin duda como el candidato con las mayores posibilidades de ganar esa elección. Por otro lado, era imposible saber si en otro momento se le presentarían condiciones similares y sabía, por otro lado, que de decidirse a participar enfrentaría a un régimen local aferrado al ejercicio del poder y dispuesto a atropellar para mantenerse en él. Sobre esta situación estuvimos cambiando impresiones y finalmente decidió enfrentar el reto.

El 5 de agosto inició campaña en Apatzingán con una muy concurrida concentración. Hice ese día la siguiente nota:

Estoy profundamente orgulloso de Lázaro, muy contento. Ha desarrollado un liderazgo que lo convierte, sin duda, en el dirigente de las fuerzas democráticas y progresistas de Michoacán, un liderazgo que él ha labrado recorriendo el Estado, entrando en contacto con gente de los más diversos sectores, mostrando su conocimiento de los problemas de Michoacán, quien es quien en el Estado, y una gran sensibilidad social.

Él escogió entrar de lleno a la vida política, vida de satisfacciones, que las ha tenido por el cariño de la gente, por sus vínculos con Michoacán y al ganar la diputación de Apatzingán (1997) y su asiento en el Senado (2-VII-2000), pero también de grandes sinsabores. Él ha tomado este camino con responsabilidad.

Para mí, lo que va dejando el trabajo de Lázaro son satisfacciones, primero, porque está cumpliendo el proyecto de vida que él se ha trazado, además, por el cariño que se ha ganado de gente de todo el Estado, a la que conoce y reconoce.

Ganar la elección no será sencillo. Cuenta, sin duda, con una opinión mayoritaria, pero serán muchos los obstáculos que le atraviesen el gobierno del Estado y el PAN, que ven ya en él un riesgo de liderazgo progresista...

Objetivamente, va a esta campaña con las mejores condiciones —salvo la escasez de recursos económicos, que parecen sobrar a sus oponentes—...

En fin, una gran alegría ver a Lázaro contento, al mismo tiempo responsable y cauteloso en su campaña.

El día de la elección

Desde que Lázaro lanzó su candidatura, Celeste, Cuate, Camila y yo cambiamos nuestro domicilio electoral a Michoacán, con la intención de emitir nuestros votos, cuatro, a su favor. Camila recién había alcanzado la mayoría de edad y esperaba que su primer voto fuera para su hermano.

El 11 de noviembre llegamos a votar en la casilla que nos correspondía, en Cointzio, municipio de Morelia. Los cuatro estábamos tensos, por una parte, porque no teníamos la certeza de que fuera a respetarse el resultado electoral; por la otra, porque la suerte que estaba en juego era la de Lázaro y eso calaba muy hondo en nuestras emociones. Al salir de la casilla, después de votar, Celeste y Camila salieron con los ojos brillantes por las lágrimas recién enjugadas, aunque alguna no dejó de resbalar. Para Camila había sido su primer voto y al irse retirando de la casilla vio a Cuate, se le abrazó, y soltó de plano el llanto. Emociones varias, alegría, incertidumbre.

Por el mediodía empezaron a llegar informes de encuestas de salida, que parecían favorables a Lázaro, alguna por tres puntos arriba del candidato del PRI, otras por ocho o nueve. Con todo, el escepticismo y las dudas no desaparecían, pues no podíamos perder de vista, lo que principalmente Celeste externaba, cómo se las gastaba la gente del PRI y del gobierno de Michoacán en particular.

Alrededor de las seis de la tarde estaba ya toda la familia en el salón donde se había convocado al equipo de campaña de Lázaro, a los dirigentes del partido y a los amigos para esperar los resultados oficiales de la elección. Tres o cuatro minutos antes de las seis, hora del cierre de las casillas, Pablo Latapí, de Televisión Azteca, dio a conocer, con cobertura nacional, los resultados de las encuestas de varias firmas que habían llegado a sus manos. Aunque no era todavía información oficial disminuía nuestras tensiones, y al poco rato, cerradas ya las casillas, empezaron a llegar datos de distintas partes del estado que dejaban ver que Lázaro estaba ganando la elección.

Con esa información, aportando las cifras que habían llegado, ya por las nueve de la noche, Lázaro anunció su triunfo. Al mismo tiempo, hacía lo propio el candidato del PRI, Alfredo Anaya, pero sin aportar cifra alguna para respaldar su dicho.

El primero que lanzó al aire la noticia de que las encuestas de salida mostraban una clara ventaja para Lázaro fue Pablo Latapí. Su noticia resultó en un hecho que dificultaba ya ir en contra de lo que estaba constituyéndose en una verdad aceptada por la opinión pública. Televisa, por su parte, había encargado una encuesta a la empresa Mitofsky, cuyos resultados también dejaban ver que Lázaro estaba arriba del candidato que le seguía por más de 8 %. Pero todavía después de las nueve de la noche se resistía a hacer pública esa información, esperando quizá alguna indicación oficial. Al poco rato, Televisa también anunciaba la ventaja para Lázaro.

Finalmente, ya cerca de las diez de la noche, los datos eran contundentes a favor de Lázaro y así lo estaban reconociendo ya las autoridades y el candidato de Acción Nacional. Se había ganado la elección, lo que nos quitó un gran peso de encima y nos llenó a la familia de alegría y orgullo.

El 15 de febrero de 2002 Lázaro tomó posesión y protestó ante el Congreso del estado. En su mensaje empezó haciendo un reconocimiento a la familia, particularmente a Celeste, lo que me tocó fibras muy profundas. Ese día fue el final de una etapa y principio de otra, día de anhelos, expectativas y generación de nuevas preocupaciones. Tenía la certeza de que Lázaro sabría cumplir con su compromiso, pero se abría ante él un camino de acechanzas e incertidumbres, como es todo camino que debe recorrer una gestión pública con profundo compromiso ideológico y social.

Manos por la paz

Con el lema de *Manos por la paz*, teniendo en mente la invasión de Afganistán, la muerte y la destrucción que estaban causando en aquel país las tropas de varios países encabezados por Estados Unidos, Camila tuvo la idea de convocar a un acto plástico y musical en el Zócalo, en el que la gente pudiera estampar sus manos en mantas al tiempo que actuaban grupos musicales, que constituyera un llamado por la paz. Comentó la idea con algunos de sus compañeros de *La Esmeralda*,[21] así como con amigos que forman parte de conjuntos musicales, y en volantes para celebrar ese acto

---

[21] Escuela de Artes Plásticas.

convocaron Roberto Beltrán, Pablo Elizondo, Jimena Schlaepfer y Camila.

El día anterior al acto, 13 de octubre, con sus compañeros del Centro Nacional de las Artes, asistió a una marcha de universitarios, también llamando a la paz, en la que repartieron sus volantes invitando al encuentro del día siguiente.

Celeste y yo estábamos un tanto temerosos por una respuesta escasa que pudiera recibir la iniciativa de Camila, pues aunque la causa era más que justa, la convocatoria había sido limitada.

El acto resultó un éxito. Camila se fue al Zócalo con varias piezas de manta, botes de pintura, brochas, y cuando llegamos Celeste y yo, alrededor de una hora después del inicio, encontramos que había ya tres o cuatro mantas de unos veinte metros de largo, extendidas en la plancha del Zócalo. Había centenares de personas pintando en ellas leyendas llamando a la paz y estampando las palmas de sus manos. Los organizadores corriendo de un lado a otro, buscando micrófonos para los grupos musicales que no dejaron de tocar y pidiendo más mantas y más pintura.

Camila feliz y Celeste y yo de paso.

Desencuentro con el EZLN

El 2 de enero del 2003 apareció la noticia que el Comandante Tacho, del EZLN, había expresado en un discurso que:

> [...] la dirección del PRD, cuando vio en la marcha que mucha gente apoyaba al EZLN se pusieron de acuerdo entre los dirigentes para hacer todo lo posible para evitar que los zapatistas se pudieran convertir en una organización política abierta.
>
> Así hizo el PRD incluso los que se supone que son más de izquierda de ese partido, votaron en contra de la Ley COCOPA.

El señor Cárdenas Solórzano recomendó votar con todos los senadores en contra de la Ley COCOPA, para que no parecieran senadores zapatistas. El premio de ese voto es la gobernatura de Michoacán.

Y no crean que no nos dolió, porque pensábamos hasta entonces que si había gente comprometida en los altos puestos del PRD.

Pensábamos que el señor Cárdenas sabe que son más importantes los principios que lo que digan los demás...

Esa nota en la prensa me llevó a enviar al Comandante Tacho la siguiente carta, fechada el día 7:

Mucho lamento que el haber estado fuera del país no me hubiera permitido sino hasta hoy, leer las palabras que pronunciara el pasado 1° de enero, en San Cristóbal de Las Casas, en las que hace diversas alusiones a mi persona y a mi proceder.

Lamento y me duele, que haya usted caído en el infundio al afirmar que yo recomendé votar a los Senadores del PRD en contra de la *Ley Cocopa* y que el premio de ese voto fuera la gubernatura de Michoacán.

Sé que en las profundidades de la selva de Chiapas hay noticias que llegan y noticias que no llegan, y noticias que se quieren leer y noticias que no se quieren leer.

Desde el momento en que se dio el voto sobre la iniciativa de la *Cocopa* en el Senado, manifesté públicamente mi parecer en contra de ese voto. Así lo he hecho posteriormente en ocasiones reiteradas (como puede verse, sólo como ejemplo, en la página de internet de *La Jornada*, del 1 y 5 de mayo del 2001).

Respecto a que recomendé a los Senadores el sentido en que debía darse el voto, no acostumbro ir a donde no me llaman ni interferir en las responsabilidades de otros. A quien afirme que le indiqué votara en tal o cual forma puedo mirarle a los ojos y decirle que miente. Y respecto a que el premio de ese voto fue el gobierno de Michoacán y se trasluce en su discurso, sin haberse atrevido a hacerlo explícito, que es un premio a mí en la persona de mi hijo, me duele ver qué tan bajo llega usted, comandante, cuando reacciona visceralmente, no se informa pudiendo hacerlo y no utiliza la razón.

Sostener que el gobierno de Michoacán es un premio al voto de los Senadores del PRD es menospreciar la inteligencia, el valor en la lucha y la contribución que el pueblo michoacano en su conjunto ha dado para los avances democráticos que hayan podido lograrse en aquel Estado y en el país. Y lastima a quienes como yo, reconocemos el valor del la lucha del EZLN por la dignidad y la justicia, que un comandante de ese contingente menosprecie los esfuerzos y sacrificios populares.

Por lo demás, han sido públicas las varias ocasiones en que Lázaro, mi hijo, Senador por Michoacán en los momentos del voto sobre la iniciativa de la Cocopa, ha expresado que reconoce su error al haber votado como lo hizo en aquella ocasión (ver la misma página de *La Jornada* en internet el 1 de mayo del 2001).

Nunca pensé en "dar una explicación" sobre el voto de los Senadores del PRD y mi actitud al respecto, primero, porque públicamente fijé desde un principio mi posición, que no ha variado ni variará, y después, porque nada tenía que explicar de lo que nunca hice.

Por los conductos que en otros momentos fueron eficaces, he tratado desde hace ya muchos meses, más de 12, 18 o 20 quizá, de convenir un nuevo encuentro con los dirigentes zapatistas con los que en distintas ocasiones me reuní en el pasado. La respuesta a mi planteamiento ha sido hasta ahora el silencio.

Quisiera en esta ocasión, por las menciones que en su discurso hizo de mi persona y de mi partido, dejar claro ante usted que mi relación con el EZLN, y puedo agregar que la relación de mi familia con el EZLN, no ha sido en función de militancia partidaria alguna, sino en función de las convicciones más íntimas que compartimos, de que debemos hacer toda contribución posible a las causas de la paz, la justicia y la equidad en Chiapas, en México y donde nos sea posible.

Pensaba usted, afirmó en San Cristóbal, que yo sabía que "son más importantes los principios que lo que digan los demás". Lo sé y puedo sin ningún rubor afirmar que mi conducta ha estado siempre guiada por mis principios, que éstos son firmes y que no han variado. Sigo creyendo que en su mayoría y en lo fundamental los comparto con aquellos del EZLN con quienes en diferentes oportunidades he podido cambiar impresiones.

He considerado necesario dar esta respuesta a sus palabras y quiero al mismo tiempo expresarle que mantengo mi convicción y mi disposición para contribuir, en la medida de mis posibilidades y capacidades, para que se alcance una solución de paz con justicia y dignidad en el conflicto que se vive en Chiapas y en el país entero a partir del levantamiento del 1° de enero de 1994.

Una afirmación en el mismo sentido, apareció el 4 de febrero del mismo año, en una crónica del recorrido de los representantes zapatistas por el país en 2001, que decía:

[...] el asunto es que los senadores de la izquierda mexicana defendieron una ley que es de derecha. Y cuando el señor Cárdenas Solórzano indicó votar por la contrarreforma indígena (¿Eres un senador del EZLN o del PRD? ¡Vota por la unidad del partido!, habría dicho, olvidando que los senadores no son del EZLN, pero tampoco del PRD, del PRI o del PAN, sino senadores DE LA REPÚBLICA) lo hizo por una ley de derecha.

Esa nueva referencia al caso me hizo enviar una nueva comunicación, esta vez a los integrantes del Comité Clandestino Revolucionario Indígena-Comandancia General del Ejército Zapatista de Liberación Nacional, que decía:

> En el comunicado del vocero de esa Comandancia, publicado en el diario *La Jornada* el día de hoy, 4 de febrero, aparece de nueva cuenta el infundio de que yo indiqué a los senadores del Partido de la Revolución Democrática votar por la contrarreforma indígena.
>
> Parece que la comunicación que dirigí el pasado 7 de enero al Comandante Tacho, por conducto del propio diario "La Jornada", no llegó a los ojos de su destinatario o éste no lo hizo del conocimiento del vocero de esa Comandancia.
>
> Me preocupa que un movimiento social como el EZLN, con el que se puede coincidir o discrepar, pero que se había distinguido por conducirse con verdad, con su verdad, caiga y al menos en este caso vuelva a caer —quiero pensar que conscientemente— en la mentira. ¿Las razones? Ojalá se llegue a conocer una respuesta.
>
> Quisiera pedirles, soliciten a su vocero les dé a conocer de dónde obtuvo la información tan detallada de mi supuesta indicación a los senadores miembros del PRD —¿con quiénes hablé, dónde, cuándo?—. No quiero pensar que se trate de una mentira que a sabiendas que lo es, se quiera convertir en verdad a fuerza de repetirla.

Reitero lo que expresé en mi comunicado del 7 de enero: mantengo mi convicción y mi disposición para contribuir, en la medida de mis posibilidades y capacidades, para que se alcance una solución de paz con justicia y dignidad en el conflicto que se vive en Chiapas y en el país entero desde el 1° de enero de 1994.

El caso no quedó ahí. En nota titulada "Respuesta de Marcos a Cuauhtémoc Cárdenas", aparecida en *La Jornada* el 7 de febrero, el Subcomandante Marcos expresó:

Señor Cárdenas:

El texto publicado el día 4 de febrero en el periódico *La Jornada* no dice que usted indicó a los senadores del PRD votar por la contrarreforma indígena. Vimos su carta del 7 de enero dirigida al Comandante Tacho, sí. Por eso el texto actual dice "¿Eres un senador del EZLN o del PRD? ¡Vota por la unidad del partido!", o sea que está en singular. Usted le indicó eso a UN senador. Nosotros no tenemos por qué decir mentiras, no somos precandidatos a nada, así que no nos diga mentirosos.

En todo caso, a quien tiene usted que dirigirse es al entonces senador de la República, y hoy gobernador del estado de Michoacán, Lázaro Cárdenas Batel, que fue quien dijo, para todo aquel que lo quisiera escuchar, lo que ocurrió con motivo del voto en el senado sobre la contrarreforma indígena. Así que los mentirosos serían el señor Cárdenas Batel y todos los que lo escucharon.

Por si le interesa, a nosotros no nos importa si fue a uno o a cien, ni siquiera si le hicieron caso o no (el señor Cárdenas Batel puede y debe responder de sus propios actos). Lo que nos dolió es que usted, en quien creíamos ver una persona comprometida con la paz y la justicia con dignidad para los pueblos indios de México y para todos los mexicanos, haya pensado y dicho eso.

Es todo.

Desde las montañas del Sureste Mexicano.

Subcomandante Insurgente Marcos.

México, febrero del 2003.

A esa carta había que darle respuesta. Dirigida al Subcomandante Marcos, publicada en *La Jornada* del día 8, expresé:

Lamento tener que seguir adelante con este asunto que se prolonga ya por más de un mes, pero su insistencia en reiterar una mentira me obliga a hacerlo.

En una carta que aparece ayer en el diario *La Jornada*, usted afirma que yo le dije al entonces senador Lázaro Cárdenas Batel lo siguiente: "¿Eres senador del EZLN o del PRD? ¡Vota por la unidad del partido!".

Quiero pedirle que me dé a conocer dónde y cuándo sucedió esa supuesta conversación.

Quien tiene el valor de acusar tiene la obligación de presentar pruebas que sustenten su dicho o de tener la humildad para aceptar que se está en un error.

Lázaro, por su parte, también respondió, dirigiéndose a la Directora de *La Jornada*:

Estimada Carmen:

Te pido publicar la siguiente aclaración en el diario que atinadamente diriges:

Apatzingán, Michoacán, 7 de febrero de 2003.

Subcomandante Marcos:

He señalado en repetidas ocasiones que mi voto en el Senado cuando se aprobó la ley indígena, fue un error. También he reconocido que éste fue grave. Siempre he respondido por mis actos y los asumo plenamente.

Debo señalar a usted que mi padre siempre ha expresado en forma clara, abierta y comprometida sus opiniones y definiciones políticas. Las que se conocen públicamente son exactamente las mismas que externa y sostiene en el ámbito familiar. Su posición en torno al movimiento zapatista y a la llamada ley indígena ha sido la misma antes y después de la votación en el Senado.

De mi padre he recibido invariable respeto a mis decisiones personales y políticas, aunque no necesariamente las comparta. La afirmación que usted hace de que él me indicó en qué sentido votar en el Senado falta a la verdad. Aquellos que le informaron, también.

Lázaro Cárdenas Batel.

Ni Lázaro ni yo recibimos respuesta a nuestras contestaciones públicas. Llegar a formalizar la paz definitiva entre el EZLN y el Estado mexicano, previa la aprobación de la Ley de Derechos y Cultura Indígenas, en los términos en que fue presentada por la Comisión de Concordia y Pacificación (COCOPA), sigue siendo un pendiente de la lucha de los sectores democráticos y progresistas y una condición, entre otras, para recuperar la vigencia plena del Estado de derecho en el país.

Recuperación de la memoria histórica

Mi madre había recibido una invitación de Alfonso Guerra, Presidente de la Fundación Pablo Iglesias, del Partido Socialista Obrero Español (PSOE), para clausurar, en los días finales de octubre de 2002 la Exposición sobre los Exilios, montada en el Palacio de Cristal del Parque del Retiro de Madrid.

Se trataba de una exposición importante. Por primera vez, veintisiete años después de la caída de la dictadura franquista, se presentaba en España una exposición sobre los exilios, los republicanos destacadamente, el más numeroso de ellos el que vino a México. Exposición que, por cierto, incluía también el exilio por el que había pasado la familia real al instaurarse la República. La exhibición llamó mucho la atención. Cuando la visitamos, una larguísima cola de gente esperaba para entrar y recorrerla, lo que nos dijeron había sido la constante desde que abrió. En ella se mostraban fotografías, documentos y objetos de los exiliados en diferentes partes del mundo, así como de la gente recluida en los campos de concentración de Francia, a donde llegaron decenas de miles de españoles a raíz de la caída de la República, y de los campos de prisioneros creados dentro de la propia España durante el franquismo y que llegaron a albergar a más de un millón de republicanos, de los que poco o nada se conoció mientras existieron.

El gobierno franquista ocultó a los propios españoles la existencia de esos campos, que subsistieron desde el final de la Guerra Civil hasta mediados de los años cincuenta, cuando empezó la expansión económica del país con los proyectos turísticos, la construcción de presas y otras obras de infraestructura. Asimismo, se evidenció una gran falta de trabajadores especializados de diferentes oficios, por lo que hubo que echar mano de los únicos con los que se contaba, que eran principal y precisamente los prisioneros en aquellos campos de concentración. Conforme se fueron vaciando, se convirtieron en grandes urbanizaciones y en pingües negocios para los altos funcionarios de la dictadura en diferentes ciudades del país.

De los exilios y prisiones, las generaciones actuales poco o nada sabían, por lo que esa exposición constituyó, con un par de videos sobre el tema que se transmitieron por la televisión pública en esos días, una vía para recuperar una parte muy importante de la memoria histórica del país, que la dictadura quiso borrar y ocultó a varias generaciones de españoles. A raíz de la Exposición del Retiro y de los videos, surgieron muchos libros sobre el exilio, la Guerra Civil, las mujeres en la guerra, el destino de niños que fueron llevados fuera del país, con visiones a veces de un lado, a veces del otro. Pero en todo caso, ejercicios todos de recuperación de la memoria y del reconocimiento de hechos que habían permanecido desconocidos para varias generaciones de españoles.

Por cierto, mi madre no pudo clausurar la exposición porque ante la gran afluencia de público para visitarla, los organizadores consideraron conveniente mantenerla montada y abierta al público por varias semanas más. Aunque, desde luego, organizaron una visita especial a la exhibición y un acto de reconocimiento para ella, en el que hablaron Alfonso Guerra y Virgilio Zapatero, curador de la exposición, así como Cuate, que expresó el reconocimiento de ella y de la familia.

Durante esa misma estancia en España acompañamos a mi madre a la Universidad de Alcalá, donde se impusieron los nombres de *Lázaro Cárdenas y Amalia Solórzano de Cárdenas* a un aula de la Facultad de Filosofía, en el edificio que la Universidad ocupa desde hace siglos. Fue un acto emotivo, precedido de una sesión solemne en el Aula Magna, en la que habló el rector Manuel Gala. Cuate agradeció la distinción en nombre de mi madre.

Una de las noches que pasamos en Madrid tuvo lugar una velada en el Círculo de Bellas Artes, en la que con mucha emotividad se recordó a mi padre y se exaltó a la República, participando en ella reconocidos artistas e intelectuales. Presidieron el acto las banderas de México, la republicana y la actual de España y se tocó, nos dijeron que por primera vez en un acto público, el Himno de Riego, el himno republicano.

En defensa del petróleo y la electricidad

El 7 de noviembre coincidimos en una conferencia de prensa en defensa de una política energética soberana Manuel Bartlett, José Murat, Leonel Godoy, presidente del PRD, Pablo Gómez, Demetrio Sodi y varios senadores más, tanto del PRI como del PRD. Llamó mucho la atención y surgieron críticas porque hubiéramos coincidido Manuel Bartlett y yo, pues ha estado presente en la opinión pública que fue él uno de los responsables de la *caída del sistema*, el gran fraude electoral de 1988, y yo el candidato sobre cuya elección se cometió el fraude.

Volvimos a encontrarnos y a coincidir en una marcha que se celebró unos días más tarde, convocada por el Sindicato Mexicano de Electricistas y otras organizaciones, para oponerse a la privatización que el gobierno foxista pretendía llevar a cabo de los mercados eléctricos de los grandes consumidores, los más productivos. No faltaron comentarios en el mismo sentido a los que se hicieron en distintos medios de información en ocasión de nuestro anterior encuentro.

Participé en esas ocasiones en actos para defender que los recursos energéticos del país se utilicen tal como lo marca la ley y a partir de decisiones soberanas de la nación, y en esa defensa hemos coincidido Manuel Bartlett y yo. Él en su calidad de senador mientras estuvo en el cargo y después como ciudadano, al igual que yo. El que hayamos estado juntos en actos públicos se ha debido justamente a que coincidimos en una causa que está más allá de las cuestiones personales y partidarias. Pero lo he dicho y repetido: el pasado ni se borra ni se olvida, ahí está; y en este caso, él tiene sus motivos para haber actuado como lo hizo, yo tengo los míos; considero que la razón me asiste, pero podemos seguir coincidiendo en la defensa de nuestro petróleo, la electricidad nacionalizada y los recursos energéticos del país.

La búsqueda, de Enrique Semo

En julio de 2003 Enrique Semo presentó su libro *La búsqueda. 1. La izquierda mexicana en los albores del siglo XXI*, en el que hace juicios y afirmaciones sobre mi padre y sobre mi persona con los que no estuve —ni estoy— de acuerdo. En él encuentro, como intención principal, golpearme en aquel momento en mi calidad de posible contendiente por la candidatura presidencial del PRD, para abrir paso a la de Andrés Manuel, lo que me llevó a dirigirle una larga comunicación, que hice pública. Le dije a Semo en esa ocasión:

> Los fracasos en la política, las frustraciones en la vida en general, generan en ocasiones, rencores, amarguras, antipatías, aun en personas que a los ojos de los demás, la vida no ha tratado mal. Pero en fin, sólo quien lleva adentro esos sentimientos que corroen, sabe a qué obedecen. Para otros, es difícil desentrañar sus orígenes.
>
> Este es un primer sentimiento, una primera reflexión que me surge de la lectura de *La búsqueda. 1. La izquierda mexicana en los albores del siglo XXI*, que recientemente presentaras, en cuyas páginas encuentro juicios y afirmaciones sobre mi padre y su actividad política, así como sobre mi persona y mi actuación en la vida pública sin sustento en hechos que hayan verdaderamente acaecido y sin referencias documentales, lo que sólo me explico porque lo que haya hecho mi padre o lo que pueda yo representar o lo que haya logrado, en positivo o negativo, según quien lo mire, rompe patrones, contradice dogmas, echa abajo mitos, destruye ilusiones, de lo que hubieras querido sucediera en el curso de la historia, en el devenir político o en los destinos personales.
>
> A lo largo del texto me calificas de neopopulista, concepto que defines en la página 17 como "un estilo de hacer política

que se nutre del clientelismo, el corporativismo y la corrupción endémica". Tajantemente rechazo que se me identifique, por ti o por quien sea, con la corrupción, el clientelismo y el corporativismo, lacras que he combatido como funcionario público y en mi actuar político...

Coincido contigo en que el populismo, tal como lo defines, "es un obstáculo para el desarrollo de la democracia y una rémora" (página 19) y si bien una de las formas de expresión de la contrarrevolución ha sido el populismo, la obra constructiva de la Revolución ha dejado logros de gran importancia y trascendencia para el país: la efectividad del sufragio, demanda fundamental de aquel movimiento, apenas ahora en vías de consolidación, la no reelección, la reforma agraria, el control de los recursos del subsuelo por parte del Estado, una política exterior caracterizada por la no intervención, el respeto a la autodeterminación y la prevalencia de la paz, la educación pública laica y gratuita, entre ellos...

Por la resistencia que siento tienes para reconocer la obra positiva de la Revolución Mexicana, te pregunto ¿fue malo que se derrocara a la dictadura porfiriana? ¿No debió haberse combatido la usurpación huertista? ¿Constituyó un paso hacia atrás la promulgación de la Constitución de 1917? ¿Fueron acaso equivocadas las luchas por el respeto al voto, el reparto de la tierra, el reconocimiento a derechos sociales como el de huelga?

"Por tradición cultural, historia personal y visión del futuro soy socialista —escribes en la página 23, y continúas— ... debe aceptarse que el socialismo sólo es una de las corrientes de la izquierda."

Para hacer una mejor lectura de *La búsqueda*, estarás de acuerdo, sería muy bueno para los lectores tener precisión respecto a la corriente de la izquierda y/o del socialismo con la cual te identificas, a cual te asimilas, pues al igual que tú, socialistas y de izquierda se declaran o declararon los miembros del PSOE español, varios de los gobernantes escandinavos, Carlos Andrés Pérez de Venezuela, Lenin, Trotsky, Stalin, Mao, Pol Pot. Conocer bajo qué enfoque están hechos los juicios en tu libro, mucho nos hubiera ayudado a los lectores.

Las ideas que dan fortaleza a la izquierda, se dice en las páginas 27 y 28, son la democracia integral, la emancipación radical de la mujer, el respeto a la diversidad, un Estado democrático de responsabilidad social, una globalización incluyente, un nuevo orden político mundial. Son éstos los mismos objetivos de la Revolución Mexicana o existe con ellos una gran coincidencia, lo que me explico, por la idea expresada por algunos revolucionarios, mi padre entre ellos, que al desarrollarse el proyecto de la Revolución a plenitud, se llegaría a un sistema y a una sociedad socialistas.

Quiero ahora hacerte una precisión: asientas en la página 66, que en 1952 el "Partido Comunista Mexicano... acabó apoyando a Lombardo Toledano". Hasta donde yo recuerdo, y consultando además la documentada obra de Elisa Servín *Ruptura y oposición. El movimiento henriquista, 1945-1954*, en 1952, en el curso de la campaña electoral de ese año, se trató de formar una alianza entre la Federación de Partidos del Pueblo Mexicano (FPPM), que postulaba como su candidato a la presidencia al general Miguel Henríquez Guzmán, el Partido de la Revolución, que postulaba al general Cándido Aguilar, el Partido Popular (PP) que llevaba como candidato al licenciado Vicente Lombardo Toledano, y el Partido Comunista Mexicano (PCM). El candidato con los apoyos más numerosos y amplios y por lo tanto con las mayores posibilidades de llegar a la presidencia era, sin duda, Henríquez. Se trató de avanzar en los acuerdos y finalmente el general Aguilar declinó su candidatura a favor de la de Henríquez, y Lombardo decidió sostener la suya, para llegar hasta la elección.

Hasta donde yo recuerdo, y así se lee en la obra de Elisa Servín a la que he hecho referencia, el Partido Comunista mantuvo su acuerdo con la FPPM, de la que Dionisio Encina, Secretario General del PCM, fue candidato a senador por Coahuila.

¿Se trata, entonces, en este caso, de presentar a un PC *sin pecado*, según la visión que percibo en ti, esto es, repetir la vieja y conocida práctica stalinista (y también del salinato) de escribir la historia al gusto, a modo, en este caso, para tranquilizar tu conciencia?...

"En la estructura de oportunidades de hacer carrera que ofrece el PRD —escribes en la página 130—, el político depende íntegramente de la cercanía al caudillo principal, Cuauhtémoc Cárdenas, y/o su pertenencia a alguna de las camarillas."

No creo que me caiga el calificativo de caudillo, pero eso no es lo importante de este párrafo. Me parece que por lo que aquí escribiste, ofendes y menosprecias a muchos compañeros míos —no sé si tuyos— del PRD, que han sido luchadores de larga trayectoria, que tienen merecimientos y valores que no merecen un juicio como el que haces de ellos. No lo creo justo, ni siquiera, para aquellos con los que a lo largo de la convivencia dentro del partido o en la vida política nacional he tenido profundas diferencias o llegado incluso al rompimiento.

No tienes derecho a calificar, como lo haces, a Roberto Robles Garnica, Porfirio Muñoz Ledo, Andrés Manuel López Obrador, Pablo Gómez, Amalia García y Rosario Robles, que en distintos momentos han presidido —Rosario lo preside— al partido; ni tampoco a otros compañeros que se han distinguido en el trabajo legislativo, en las administraciones municipales y estatales, en las dirigencias del PRD por todo el país o en la militancia firme y cotidiana.

No sé si el historiador, pero si sé que el militante del socialismo y de la verdadera izquierda tiene la obligación de ser valiente y veraz, por lo que te pregunto ¿quiénes de los políticos del PRD han tenido oportunidades de hacer carrera dentro del partido por su cercanía a mí o por pertenecer a las camarillas? Nombres y apellidos es lo menos que puedes dar para la historia...

Empezamos ahora con el capítulo "El cardenismo y el neocardenismo", y leo en la página 145 que debido a su encuentro con la Corriente Democrática (que surgió, como sabes, como un movimiento de recuperación del rumbo revolucionario y de renovación del PRI, con el que al poco tiempo rompió) "la izquierda perdió su pureza sectaria y dogmática".

Me parece entender, en primer lugar, que es con esa izquierda pura, sectaria y dogmática con la que te identificabas y te identificas, añorando la pérdida de su pureza. Tu pertenencia a esa izquierda —y esa precisamente—, me explica, aunque sea parcialmente, el por qué de los juicios y valoraciones que haces a lo largo de *La búsqueda* sobre las ideas y la obra de mi padre, Lázaro Cárdenas, sobre mi persona y mi actuación pública.

En la página 147 se dice que la izquierda del siglo XXI —que la veo y la quiero necesariamente desprovista de sectarismos y dogmatismos— no puede construirse sobre mitos y cultos, en lo que estoy de acuerdo, y que "Cuauhtémoc Cárdenas, el hombre, resiste la prueba de la verdad. Los cultos y los mitos que lo acompañan, ya sean de izquierda o de derecha, sólo crearán a la larga añoranzas utópicas de un pasado paternalista y estatista o un caldo de cultivo óptimo para el ascenso de la extrema derecha".

Me asalta la curiosidad: ¿qué prueba de la verdad resisto como hombre? Yo considero que todas, pero me gustaría conocer tu opinión, porque por el contenido del libro, me quedo en ascuas.

Me interesaría mucho saber también cuales son los mitos y cultos que me acompañan, de la izquierda —y de cual izquierda— y de la derecha, y entre quienes crees que se han creado o se crearán las añoranzas de ese pasado estatista y paternalista al que mencionas. ¿Será entre los antiguos militantes puros del dogmatismo y el sectarismo, que se decían de izquierda y lo más probable es que no lo fueran? No reconozco, por otra parte, en lo que pudiera llamarse mi entorno, de quienes hayan hecho presa esas mentadas añoranzas.

Yo, por cierto, no veo al dogmatismo y al sectarismo acompañándome en las lides políticas, ni por la derecha ni por la izquierda. Los he encontrado, sí, pero como adversarios y como obstáculos en uno y otro lado de la geometría política, siempre moviéndose en sentido contrario a como yo lo hago.

Sería, además, muy importante para la buena izquierda, la que verdaderamente trabaja por México y por la humanidad, desentrañar cuales son los mitos y cultos que tienes en mente, para no caer en posiciones de constituirse en "caldo de cultivo óptimo para el ascenso de la extrema derecha", como el mito o el culto —aclárame qué fue— del *voto útil* que constituyó, sin lugar a dudas, un factor importante, si no es que decisivo, para "el ascenso de la extrema derecha" que hoy representa y defiende el gobierno de Vicente Fox y de Acción Nacional.

"1940 —se escribe en la página 149— es un año decisivo en la historia de México y del cardenismo. Terminó la revolución social y se inició la era de la contrarrevolución. Una contrarrevolución pasiva, astuta y gradual, pero no por eso menos efectiva. Y Lázaro Cárdenas se enfrentó a una gran disyuntiva. Optó finalmente por colaborar con el régimen, guardando su identidad personal. Sin dejar de apoyar explícitamente a todos los presidentes que lo sucedieron y ocupar puestos en el gobierno, auspició en dos ocasiones movimientos de protesta y oposición. Las salidas fueron cruentas, pero terminaron siempre en la reconciliación pactada."

La colaboración de Lázaro Cárdenas con el gobierno después de 1940, tuvo siempre propósitos muy claros y fue siempre acorde con los principios de la Revolución Mexicana y sus objetivos. Colaboró con el gobierno que le sucedió, como Secretario de la Defensa Nacional, desde que estalló la Segunda Guerra Mundial hasta la rendición del Japón en 1945, cuando México se sumó a la lucha contra el nazifascismo. Colaboró más tarde en las Comisiones del Tepalcatepec (1947-1958) y del Balsas (1962-1970), así como en los estudios del proyecto siderúrgico de Las Truchas, en la costa de Michoacán. Con los proyectos regionales del Tepalcatepec y del Balsas se crearon condiciones para un mejor desarrollo de esas regiones y se abrieron nuevas oportunidades de mejoramiento a su población. El proyecto industrial de Las Truchas ha contribuido al aprovechamiento de un importante recurso natural, a complementar la estructura productiva de la siderurgia y a crear mejores condiciones para el desarrollo de la zona de la desembocadura del río Balsas.

Al dejar la presidencia de la República Lázaro Cárdenas llevaba consigo su determinación de no volver a intervenir en asuntos electorales y de cuidarse de no repetir la experiencia del *maximato*, que él había liquidado.

En esas condiciones es que aceptó colaborar con los gobiernos que le siguieron, pero aun colaborando con ellos, nunca dejó de hacer presencia pública y oportuna en aquellas cuestiones que consideró de su obligación y de su interés, como la defensa del petróleo nacionalizado, la reforma agraria, la soberanía de la nación, el rechazo a las intervenciones norteamericanas en América Latina o la lucha por la paz mundial.

Cabe hacerte una pregunta: ¿qué debió hacer Lázaro Cárdenas, según tú, como ex presidente y tomando en cuenta la trayectoria de su vida, su formación y compromisos políticos y con la nación? ¿Irse a su casa? ¿Alejarse de la vida pública o actuar en ella, cómo? ¿Afiliarse al o a los partidos de los que tú has formado parte? ¿Qué es lo que consideras que no debió haber hecho y por qué?

Lázaro Cárdenas nunca pactó con ningún gobierno, como falazmente lo afirmas, ni auspició movimientos de protesta y oposición.

Si el general Miguel Henríquez decidió lanzar su candidatura a la presidencia de la República, fue por decisión propia y no porque Cárdenas lo alentara a ello. Cuando Henríquez, que había sido su colaborador en el área militar, le planteó su interés de postularse, Cárdenas fue muy claro con él, al decirle que la amistad y el afecto entre ambos se mantendrían inalterables, pero que conocía bien su determinación y sus razones para no intervenir en asuntos de carácter electoral, y que no brindaría por lo tanto apoyo a ningún candidato. Cárdenas en ningún momento ni circunstancia ofreció a Henríquez acompañarlo en su empresa electoral.

Participando en la campaña henriquista estuvieron amigos cercanos y queridos de mi padre y de la familia, como el general Francisco J. Múgica y el licenciado Raúl Castellano, incluso miembros de la familia, como José Raymundo, hermano de mi padre, quien jugó como candidato a senador por Michoacán, y Salvador Solórzano, hermano de mi madre, quien fue candidato a diputado por un distrito del mismo Estado. En contra de Henríquez estuvieron otros amigos tan queridos y cercanos como el licenciado Ignacio García Téllez y el general Heriberto Jara.

Me das la impresión de que eres de las personas, quizá por tu formación política y la militancia que has practicado, que no conciben que pueda haber gente que tome decisiones y asuma responsabilidades sin pedir permiso, sin necesidad de pedir o recibir instrucciones. Las hay, y tanto mi padre como aquellos más cercanos a él en el terreno político fueron de esa clase de personas.

De lo que sucedió al movimiento henriquista después del 6 de julio de 1952: los anuncios velados de un levantamiento que nunca llegó, el desgranarse del movimiento y la desbandada cuando en 1954 Henríquez se ofrece como el Castillo Armas mexicano, sólo sus integrantes fueron responsables.

Lázaro Cárdenas tampoco auspició el Movimiento de Liberación Nacional (MLN), como no lo hizo con el henriquismo. Lázaro Cárdenas no estuvo detrás del MLN, fue fundador y miembro del Movimiento, dando siempre la cara como tal.

Y Cárdenas no pactó a nombre de nadie y con nadie la disolución del MLN. Otros fueron los factores que condujeron a ello y pronto estaré tratando el punto.

"Durante el primer año de existencia de la nueva organización, Cárdenas —afirmas— se mantuvo firme en su apoyo. Por eso sorprendió a todos un acto que no parece guardar congruencia con esa posición. El 7 de diciembre de 1961 el gobierno anunció que siete ex presidentes, entre ellos Lázaro Cárdenas, habían sido nombrados para ocupar puestos secundarios pero significativos en la administración pública… Su posición no dejaba lugar a dudas. Estaba con el Movimiento de Liberación Nacional, pero no abandonó su colaboración con el gobierno."

Lázaro Cárdenas brindó su apoyo al Movimiento de Liberación Nacional mientras éste tuvo presencia en la vida pública del país, no sólo en su primer año de existencia.

En relación a la aceptación de Cárdenas para ocupar la vocalía ejecutiva de la Comisión del río Balsas y respecto a la forma como presentas el caso y tu conclusión fulminante, omites un hecho muy importante, lo que constituye una omisión intencionada o en el mejor de los casos una falla del historiador-investigador: la visita que mi padre hizo a los presos políticos —dirigentes ferrocarrileros, entre los que se contaban Demetrio Vallejo y Valentín Campa, David Alfaro Siqueiros, Filomeno Mata y el general Celestino Gasca—, para hacerles conocer de la invitación que le estaba haciendo el presidente, al igual que a los demás ex presidentes, y de que al aceptarla, consideraba estaría en mejores condiciones para insistir ante el propio titular del ejecutivo en su liberación, que fue una lucha que sostuvo Lázaro Cárdenas desde que aprehendieron a los dirigentes del movimiento ferrocarrilero, hasta su muerte en octubre de 1970.

"... cisma en el MLN —se lee en la página 152, y continúa—, pero la verdadera y definitiva división vino relacionada con la sucesión presidencial de 1964. Mientras que un sector consideraba que había que oponerse al candidato oficial y construir una fuerza de oposición independiente, otro proponía colaborar con él, negociando su participación futura.

En el mes de abril del mismo año, un ala del MLN organizó el Frente Electoral del Pueblo... El lanzamiento del FEP y el apoyo de Cárdenas al candidato oficial dividió definitivamente al MLN que no tardó en dispersarse, mientras Cárdenas regresaba al seno del régimen y guardaba silencio".

Mentiras, falacias y reticencias plagan este párrafo. ¿Por qué te resistes a llamar a las cosas por su nombre? ¿Por qué ese pudor? ¿Otro stalinazo a la historia? No fue "un sector" o "un ala" del MLN la que organizó el FEP, fue el Partido Comunista y nadie más.

Es falso, en consecuencia, que quienes no eran miembros del Partido Comunista, dentro del MLN hayan apoyado, como miembros de éste, al candidato oficial. En el MLN nadie proponía colaborar con ningún candidato, partiendo del principio de que el Movimiento se había constituido como un organismo plural en el que militaban miembros de diferentes partidos políticos y gente sin partido, quedando cada quien en libertad de participar o no en cuestiones partidario—electorales. El MLN adoptó desde su nacimiento un carácter no electoral y lo que efectivamente lo dividió fue la creación del FEP y las presiones que ejercieron los miembros del PC para que el MLN como organización, se sumara a su proyecto, o mejor dicho, a su aventura electoral.

Quienes en esa época decidían en el PC no respetaron el carácter plural del Movimiento, en el que militaban miembros del PRI, del PP que presidía Lombardo, del PC y de varios partidos más, algunos surgidos de fracturas del propio PC, y sus presiones para incorporar al MLN al FEP precipitaron un conflicto que debilitó al Movimiento y lo llevó a su disolución poco tiempo después. No comprendieron que se requería de más tiempo para madurar el proyecto del MLN y lograr su consolidación como un frente plural en la lucha por la soberanía, contra el imperialismo, por la democracia.

Ahora si llegamos a lo verdaderamente personal, aunque en notas de prensa que he leído, relacionadas con la presentación del libro, se dice que habías declarado que en *La búsqueda* no habías hecho juicios sobre personas.

"Cuauhtémoc Cárdenas —veo en la página 153—[Aun] cuando habla repetidamente de su interés por la historia, nunca hizo estudios de ciencias sociales o de humanidades ni creyó que fueran necesarios para su formación política. Cuauhtémoc ha sido siempre un funcionario y un político. Nunca se identificó con los empresarios ni convivió con los intelectuales. Su visión de México es la que se tiene desde ese mirador y su idea del cambio es la que se puede promover desde la presidencia de la República, no a través de la acción popular autónoma, la empresa privada o el pensamiento."

Desconoces en lo absoluto cómo ha sido mi vida y me juzgas por tus prejuicios. Desconoces —¿pereza del historiador?— cómo crecí y cuál ha sido mi formación, qué ejemplos familiares he tenido, cómo fueron las relaciones en particular con mi padre y cómo han sido y son con mi madre, con quienes he tratado y convivido y con quienes he cultivado la amistad.

No tienes la menor idea de lo que ha leído. He leído, por ejemplo, sobre la historia, las ciencias sociales y las humanidades, de temas que me han interesado, aunque ciertamente nunca he realizado un estudio sistemático y profesional sobre esas disciplinas, como tampoco he seguido cursos para militar en un partido y aspirar o llegar a cargos de elección popular. También he leído, para tu información, sobre muchas otras cuestiones que son de mi interés y he tratado de informarme lo más posible, por diferentes medios: lecturas, conversaciones, en conferencias, congresos, visitas a sitios, para cumplir en mejor forma con las responsabilidades políticas, profesionales, técnicas, etcétera, con las que me he comprometido.

He sido, es bien sabido, funcionario público con distintos cargos, unos de carácter técnico, otros políticos, y antes de pensar en cualquier cargo, tuve interés por las cuestiones políticas. Ahora bien, incurres en falsedad al escribir que siempre he sido funcionario. En los últimos años no lo he sido de 1986 a 1997 y del 29 de septiembre de 1999 hasta hoy, esto es, en poco más de 16 años; he sido funcionario, cobrando lo estipulado en la ley correspondiente, un año y casi diez meses, esto es, poco menos del 11 % del tiempo.

Atinaste: mi vocación no ha sido la de ser empresario, pero debo decirte que cuento entre mis amigos cercanos, con los que convivo regularmente, a un buen número de empresarios, por cierto, empresarios exitosos.

Para fortuna mía, te lo digo también, he conocido, tratado y mantengo amistad con intelectuales, a los que yo —me pongo en este caso por delante— y la opinión pública calificamos de muy valiosos. Que no conozcas mis relaciones con ellos te lleva a la apreciación errónea —una más— de afirmar que no he convivido con gente de la cultura. Es cierto, debo confesarlo, a ti te he tratado muy poco.

Mi visión del país y de la política no puede ser sino la mía, la que surge de cómo se ha dado mi vida y de las relaciones que a lo largo de ella he desarrollado, como sucede a cualquier persona, que ve con los ojos propios, que asume sus responsabilidades, y no espera que sean los ojos de otros los que impongan los rumbos de su vida. A este respecto lo que sí puedo decirte, es que considero que mi visión de México no es la que da la combinación del sectarismo con el dogmatismo.

Estimo, por otra parte, no que la única forma de impulsar los cambios que el país está exigiendo sea desde la presidencia de la República, sino que para un partido, para un equipo político o para un individuo, esos cambios se pueden impulsar con menores dificultades si se tiene el ejercicio del poder. Te pediría que con objetividad pensaras en lo que hace el grupo político con el que colaboras en el Distrito Federal. ¿Crees, de veras, que lo que está haciendo sería más fácil o preferible hacerlo desde la acción popular autónoma, la empresa privada o el pensamiento, que desde el gobierno? Lo que en este sentido sí puedo afirmar, es que el *voto útil* no es el factor para alcanzar los cambios, al menos no aquellos por los que millones de mexicanos, yo entre ellos, hemos venido luchando.

No estoy en la oposición política al régimen por el deseo o el ánimo de ser oposición. Esto es, no creo en la oposición por la oposición misma. Estoy donde estoy, en el terreno político, porque lo que considero benéfico para México y los mexicanos es precisamente lo contrario de lo que está haciendo el gobierno de derecha extrema que llegó, entre otros factores, por el *voto útil*. Creo firmemente en la acción autónoma del pueblo y por eso comparto con muchos el proyecto político del PRD o en un sentido más amplio, el proyecto que surge de la parte avanzada de la Revolución Mexicana y que comparten importantes sectores progresistas del país. Y no creo que el cambio necesario pueda lograrse por la sola acción de la empresa privada o por un pensamiento que no esté vinculado a la acción popular, la organización política y social y muchas cosas más.

Escribes también: "Cuauhtémoc no creció entre revolucionarios, se desarrolló en el seno de la elite gobernante. Desde niño tuvo tratos con los presidentes, los ex presidentes y sus familias. Por la casa paterna desfilaron muchos funcionarios y escuchó innumerables conversaciones sobre asuntos políticos."

Verdaderamente desconoces cómo crecí, que efectivamente no fue en el fragor de la lucha revolucionaria ni entre el polvo que levantaban las caballerías de los revolucionarios. Nací cuando hacía años ya que había concluido la fase armada de la Revolución, pero conocí, principalmente de niño y de joven, a muchos que si empuñaron las armas para alcanzar un ideal.

Por otro lado, conocer de los revolucionarios, de las ideas que desataron aquel movimiento o que se generaron en él, cuéntalos entre mis muchos intereses. Y una buena parte del conocimiento que tengo de estas cuestiones, lo adquirí por personas que se lanzaron a la Revolución.

No me formé con la elite gobernante, si con ello quieres decir que conviví cotidianamente y trabé amistades con los hijos de los políticos en el poder. Conozco a un buen número de hijos de altos funcionarios de la administración de distintas épocas, incluyendo a algunos hijos de ex presidentes, algunos de los cuales traté y con los que cultivé afectuosa amistad, como Adolfo y Arturo de la Huerta Oriol y Mayo Obregón Tapia, desafortunadamente ya fallecidos. Con quienes ahora puedan caber en esa categoría, puedo decirlo sin equivocarme, no he mantenido amistad y mis encuentros con esas personas puedo contarlos con los dedos de una mano.

He tenido, en el curso de la vida, la oportunidad de conocer a quienes ocuparon la presidencia de la República de 1929 en adelante. A quienes ocuparon la presidencia antes que mi padre y a quienes lo hicieron en los dos periodos que le siguieron, los conocí, me encontré con ellos en distintas ocasiones, pero no puedo decir que los haya tratado, si por ello se entiende haber intercambiado ideas y opiniones y haber tenido encuentros con ellos como una finalidad específica, de mi parte o de la de ellos.

Con Adolfo Ruiz Cortines conversé en cuatro o cinco ocasiones, como joven estudiante o como ingeniero recién titulado que conversa con una persona mayor. A Adolfo López Mateos y a Gustavo Díaz Ordaz los saludé en distintas ocasiones, en las visitas que hicieron a la cuenca del Balsas o en visitas a las regiones petroleras, a las que invitaron a mi padre y a quien acompañé. Por invitación que me hizo, acompañé a Luis Echeverría en la gira que hizo como candidato al Sureste, tuve oportunidad de acompañarlo también en otros recorridos, siempre en compañía de otros invitados más, y de tratar con él algunos asuntos de orden técnico relacionados con el proyecto siderúrgico de Las Truchas. Con ninguno de todos ellos traté cuestiones de orden político.

En la campaña electoral de 1976 fui electo senador, representante de Michoacán, y por invitación del presidente José López Portillo ocupé la Subsecretaría Forestal y de la Fauna, cargo al que renuncié para presentarme como candidato a gobernador de Michoacán. Con él, para tratar asuntos forestales y ya como gobernador de Michoacán, charlé en muchas ocasiones. Mantuve con él y con su gobierno una evidente relación política.

Durante el gobierno de Miguel de la Madrid surge la Corriente Democrática y se produce mi rompimiento con el régimen y con el PRI.

Por otra parte, en distintos periodos de mi vida he tenido y tengo relaciones tanto en el trabajo político como de amistad, con personas y grupos que han actuado en campos muy diversos de las luchas sociales, desde Rubén Jaramillo y Jenaro Vázquez Rojas, con quienes coincidí en el Movimiento de Liberación Nacional, hasta Rosario Ibarra, Rafael Galván y Heberto Castillo, pasando por un sin fin de personas y grupos de campesinos, obreros, profesionales, migrantes, etcétera.

En el curso de los años, por casa de mis padres ha pasado mucha gente. Con muchos, evidentemente conversé, establecí relación y trabé amistad. Pero cuando mi padre o mi madre debieron tratar algo con alguno de sus visitantes que exigiera discreción, lo trataron sólo entre ellos. Para tu ilustración como historiador, no fui un niño metiche ni soy persona que se entrometa en lo que no debe.

Y no aflojas. "Pero al mismo tiempo y bajo la tutela de su padre —sigues páginas adelante—, participó en dos momentos importantes del desarrollo de la oposición de izquierda. Esta dualidad se mantendrá. Cuauhtémoc es, a la vez, parte de la elite gobernante y un hombre respetado por la izquierda independiente. En 1988 se produjo la ruptura política, pero las relaciones personales y familiares persistieron. La comunicación se mantiene abierta."

La tutela formal de mi padre terminó al cumplir yo la mayoría de edad y en realidad desde mucho antes, pues siempre encontré en él respeto a mis decisiones. La plática con él, la opinión que yo pedía sobre muchas cuestiones, fueron para mí siempre orientadoras, formativas y enriquecedoras. Las decisiones que he tomado, puedo decirte que desde niño y adolescente, han sido mías y de mi responsabilidad, sin tutela y sin tutor, aunque sí escuchando muchas opiniones y con ellas y mi propio razonamiento, tomando mis decisiones.

Repites el argumento y repito el comentario: me da la impresión que a ti y a gente con tu formación política, les resulta cuesta arriba aceptar que haya personas que tomen decisiones con independencia, asumiendo sus responsabilidades, sin recibir la consigna o la instrucción

En el Movimiento de Liberación Nacional participé por convicción y decisión propias, no bajo la tutela de mi padre. En la campaña henriquista no participé, como tampoco lo hizo mi madre, como erróneamente —un error más del investigador— lo escribes en la página 155. Tuvimos simpatía por la candidatura del general Henríquez. Ni ella ni yo podíamos votar el 6 de julio de 1952, ella por ser mujer, yo por ser menor de edad. Sabíamos que mi padre había tomado la decisión, desde el 30 de noviembre de 1940, de no participar en la política electoral del país y en este caso, por decisiones propias, decidimos tampoco nosotros participar.

No sé en qué te basas para afirmar que soy parte de la elite gobernante. La palabrita, el concepto como lo aplicas, no me gusta, pero acepto haber sido parte del grupo gobernante cuando he debido desempeñar responsabilidades públicas, las que para mí terminaron al dejar la jefatura de gobierno de nuestra ciudad capital. Ni antes lo fui, ni ahora lo soy.

Señalas que a pesar de haber pasado a la oposición "las relaciones personales y familiares persistieron. La comunicación se mantiene abierta". Una vez más falla o escribe falazmente el historiador. Desde que inicié mi participación en la Corriente Democrática, no digamos ya con el Frente Democrático Nacional o con el PRD, muchos que se decían amigos e incluso algunos familiares, cortaron la relación conmigo y con la familia cercana. Esas relaciones, para tu conocimiento, no se han restablecido.

Con políticos del gobierno, con gente de diferentes partidos, hasta con algunos del *voto útil*, hablo. Me parece importante para quien está activo en la vida pública como yo, conocer puntos de vista diversos sobre el país y el mundo, si a esto te refieres cuando señalas que "[La] comunicación se mantiene abierta". Si es por mí, seguirá abierta.

"Lo que Cárdenas hijo oye —dices con absoluta verdad en la primera parte de estos renglones de la página 158— no puede ser lo mismo que lo que oyó Cárdenas padre... el eco de los nuevos reclamos, de las nuevas mentalidades, del nuevo lenguaje, no se oye en su pensamiento y en su propuesta."

Dos personas diferentes, que viven en tiempos distintos, no pueden, efectivamente, escuchar lo mismo.

En párrafos como éste, queda muy claro que a tus apreciaciones no les das un sustento documental. En la parte final del libro se encuentra una abundante bibliografía, que no podría decir que sea completa en función de los temas que se tratan en el texto, pero en ninguna parte aparece una referencia a esa bibliografía, como se encuentran en estudios serios. ¿Cuál es el eco que no oyes? ¿Qué documentos de mi autoría has leído para afirmar lo que afirmas? ¿En qué actos y en qué fechas expresé los conceptos que te llevan a las conclusiones que presentas? Preferiste, con seguridad, no recurrir a las referencias bibliográficas, pues hubieran derrumbado lo esencial de tus argumentaciones.

"Los años que pasó en el poder en la gubernatura de Michoacán y el Distrito Federal se desenvolvieron en medio de un ascenso de la derecha y en lugar de refrendar lo prometido en las campañas, sirvieron para sembrar la duda en su veracidad o su posibilidad"; se lee en la página 159.

El ascenso de la derecha lo he combatido desde mucho tiempo atrás, como lo hice cuando serví en el gobierno de Michoacán, en la Corriente Democrática, en el Frente Democrático Nacional, en el gobierno del Distrito Federal y todo el tiempo en que he militado en el Partido de la Revolución Democrática.

Te pregunto: ¿Conoces acaso mis promesas de campaña —en Michoacán y en el Distrito Federal— y has hecho con ellas un estudio comparativo para analizar qué cumplí y qué no cumplí? ¿Revisaste algún documento, algún informe de gobierno? Ojalá pudieras dar a conocer hechos comprobables y aportar datos concretos.

Debo admitir que los años 1980-1986 y 1997-1999, en que fui gobernador y Jefe de Gobierno respectivamente de Michoacán y del Distrito Federal, fueron años de ascenso de la derecha, pero puedo afirmar que en ninguna forma contribuí a ese ascenso, como si lo hicieron, por ejemplo, quienes se fueron tras el espejismo y cayeron en el oportunismo del **voto útil**. Lo curioso de tu apreciación es que no reconoces que ahí donde he gobernado se concentra hoy la mayor parte de la fuerza electoral de la izquierda.

Eres persistente. ¿En qué basas tu afirmación (página 159) de que veo "con gran recelo la organización estable y la dirección despersonalizada"? ¿Has visto algún escrito mío en ese sentido o en qué hechos concretos —sitios, fechas, personas participantes— sustentas tus dichos? ¿He violado con mi conducta, en algún momento, los *Estatutos* del PRD? ¿He atropellado el derecho de alguno de sus miembros? Para un sedicente socialista deben hablar los hechos, no la antipatía, la que respeto como un sentimiento pero no le doy validez como argumento.

Por lo que dices, el lector de *La búsqueda* debe entender que exceptuando mi caso, han sido presidencias despersonalizadas del PRD las de Roberto Robles Garnica, Porfirio Muñoz Ledo, Andrés Manuel López Obrador (¿también es despersonalizada su Jefatura de Gobierno? ¿tampoco tiene sello personal su paso por la administración de la ciudad?), Pablo Gómez, Amalia García y Rosario Robles. Te contradigo: considero que cada uno de ellos —y cada una de ellas, para estar a tono con el **voto útil**, más allá de las reglas de la gramática— condujo al partido en su periodo con su estilo personal de hacer política.

Para tu información, no medí a mis colaboradores en la presidencia del partido por su identificación conmigo —como expresas en la página 159—, sino que a quienes invité o en su momento designé, con base en nuestros *Estatutos*, lo hice en función de sus capacidades, trayectoria política y representatividad dentro del partido. Colaboraron conmigo, en cargos del Comité Ejecutivo Nacional, Heberto Castillo, Ifigenia Martínez, Adolfo Gilly, Samuel del Villar, Porfirio Muñoz Ledo, Ricardo Valero, Cristóbal Arias, Jesús Ortega, Rosario Tapia, Mario Saucedo, Armando Quintero, Saúl Escobar, Graco Ramírez, Jesús Zambrano, Gilberto Rincón Gallardo, entre otros. ¿Consideras que estas personas sólo ocuparon cargos en el CEN por su identificación conmigo? ¡Qué poco y qué mal conoce el historiador al PRD! ¡Qué poca consideración y reconocimiento te merecen compañeros como ellos! ¿Sectarismo, vanidad, mentira?

Afirmas un poco más adelante (página 160), que el papel de caudillo que he ejercido "es fundamental tanto en la ideología como en el estilo de hacer política. A caudillo fuerte, partido débil", rematas.

¿En qué sentido he impuesto la ideología del PRD? ¿Podrías dar algún ejemplo, que esté reflejado en nuestra *Declaración de principios* o en nuestros *Estatutos* o en cualquier otro documento oficial del PRD, como, por ejemplo, sus plataformas electorales? No puedo decir sino que hablas por hablar o, mejor dicho, que escribes por escribir, o que escribes para calmar los cargos de tu conciencia, tratando de justificarte descargándote sobre los demás.

Debo entender por estas líneas, que he manejado el PRD y/o a los presidentes que han sido del partido a mi antojo. ¿Los consideras peleles, sujetos a mi voluntad y capricho? ¡Cuánto subestimas y cómo desprecias a la gente! Con este sentir, veo al sectario y al dogmático, pero el socialista, ni por asomo aparece.

"El interlocutor directo de los movimientos es Cárdenas y las disputas internas del PRD consolidan su función de guía moral", escribes en la página 160.

Si acaso soy interlocutor de los movimientos ¿es porque lo busco, porque me interpongo para que la dirección del PRD no lo sea o por qué? Sería ético, en la argumentación de un intelectual, que señalaras en qué casos he sido un interlocutor —si es que lo he sido— indebido, y por qué sostienes que soy el interlocutor de los movimientos sin precisar quién o quiénes debieran serlo, según tú.

Insinúas, sin atreverte a expresarlo con todas sus letras, que me beneficio de las disputas internas que se dan en el seno del PRD. Es una de las tantas falacias que pueblan tu texto. ¿No te parece que los conflictos internos del partido fueron uno de los factores con una influencia decisiva y negativa en los resultados electorales del 2000 que, estaremos de acuerdo, en nada me beneficiaron?

Quisiera pedirte como intelectual, historiador e investigador me aclararas cual es mi "función de guía moral" —mote que enérgicamente rechazo.

"Mientras que Lázaro Cárdenas fue el fundador de un partido nuevo, el Partido de la Revolución Mexicana (PRM), Cuauhtémoc Cárdenas se aferra a las reglas del populismo caudillista", sigues en la misma página 160.

Si, como lo defines en la página 17, por populismo debe entenderse corrupción endémica, clientelismo y corporativismo, veo en todo caso en ti la corrupción endémica, el clientelismo y el corporativismo que no veo en mí. No he caído en prácticas ética, intelectual y políticamente corruptas o de un pragmatismo oportunista como bien puede calificarse, por ejemplo, al *voto útil* que dieron, entre otros, sedicentes izquierdistas.

Si en mi actuación dentro del PRD me aferro a reglas indebidas, ¿por qué no se me aplican las sanciones que establecen para ese tipo de conductas los *Estatutos*?

Está cargada la página 160, en la que también aparece que "el cardenismo es en el gobierno un reformismo moderado, incluso en el marco neoliberal. [...] Su dirección es una alianza entre Cuauhtémoc Cárdenas y la izquierda movimientista universitaria surgida a raíz del movimiento de 1968. Su atractivo reside precisamente en su capacidad de conciliar las expectativas de los priistas con el estilo de la izquierda social".

¿Cardenismo o neocardenismo? Pongámonos de acuerdo para entendernos.

La dirección del cardenismo —¿o neocardenismo?— en el gobierno o cuando ha estado en el gobierno, agrego sólo para precisar, es una alianza entre la izquierda movimientista universitaria y yo. Por fin, ¿soy caudillo y mando solo, o ya cambié, o sólo cambié cuando estoy en el gobierno y fui parte de un gobierno que compartía sus decisiones?

Ilústrame: ¿cuál es "el estilo de la izquierda social" que concilia con "las expectativas de los priistas"?

"Oponiéndose —yo, Cuauhtémoc Cárdenas, desde luego— a la intervención del Fondo Monetario Internacional (FMI) y del Banco Mundial (BM) en la elaboración de la política económica del Estado, rechaza la apertura comercial irrestricta, la restricción del gasto y la inversión pública, las privatizaciones, la congelación de los salarios, y exige una renegociación del TLCAN", se lee en las páginas 160 y 161, y te pregunto: ¿todo eso está bien o está mal, es bueno o es malo para México?

Me he opuesto y me opongo, efectivamente, a que sean el Fondo Monetario Internacional y el Banco Mundial los instrumentos para decidir e imponer la política económica del Estado mexicano, sin tomar en cuenta los intereses de la gran mayoría de la población y manteniendo al país, por ya largas dos décadas, en el estancamiento económico y en el empobrecimiento de la gente. La definición de toda política pública debiera hacerla el Estado mexicano, sin imposiciones ni interferencias del exterior, y esa lucha por la soberanía nacional y contra el entreguismo habré de darla mientras tenga un aliento de vida.

Con la instrumentación de políticas o medidas como estas que señalas, a las que me he venido oponiendo, ¿crees que se ha beneficiado el país? Es eso lo que dicen los del *voto útil*. Yo afirmo que han ocasionado graves perjuicios a la nación.

Rechazo por eso la forma irrestricta y sin compensaciones como se abrieron nuestras fronteras, los recortes criminales al gasto público social, el freno al crecimiento de la economía y el favoritismo hacia el productor del extranjero, la corrupción endémica y desatada que constituye el denominador común de las privatizaciones, la salvaje congelación y la consecuente disminución en términos reales de los salarios de los trabajadores, que no es el caso de los altos ejecutivos ni privados ni públicos, y considero conveniente una revisión del TLCAN.

Todo eso no lo he sostenido sólo yo, sino que esas han sido las posiciones del PRD, aun después de que yo dejara la presidencia del partido en 1993, como han sido, para darte un ejemplo más que considero va en el mismo sentido de oponerse a lo que perjudica tanto al país como a la gente, la denuncia y el rechazo a las cargas adicionales a la economía y a las condiciones de vida de los ciudadanos, que representa el *Fobaproa-Ipab*, imposición también a nuestro país de los organismos financieros internacionales manejados por los intereses políticos y económicos que hoy gobiernan los Estados Unidos.

Un punto a mi favor: "Cuauhtémoc nunca ha visto en la oposición un fin en sí mismo". ¿Consideras, tu sí, que hay que ser opositor por la oposición misma? Yo estoy en la oposición porque no estoy de acuerdo con lo que hace el gobierno y no lo estaría si las políticas públicas, por ejemplo, se correspondieran con los principios del PRD.

Sostienes, equivocándote y sin poderlo comprobar una vez más (página 162), que estoy convencido "que la única manera de cambiar el rumbo del país es acceder al gobierno y sus actividades [las mías, desde luego] hacia los movimientos sociales y el Partido de la Revolución Democrática estuvieron siempre dominados por ese objetivo. Su influencia hizo electoral la política de la izquierda hasta el extremo y la hundió en un pragmatismo del cual tardará mucho en salir... Los partidos de izquierda tenían militantes, el PRD sólo tiene políticos profesionales y simpatizantes. En su seno, los ideales se han esfumado para dejar lugar a los intereses descarnados".

Estoy convencido, lo afirmo una vez más, no que desde el gobierno está la posibilidad única de cambiar el rumbo del país, sino de que desde el gobierno se puede impulsar con mayor fuerza y con menos dificultades u obstáculos cualquier proyecto político. Esto puede verse y de ello dan cuenta, con todas sus limitaciones y a pesar de ir a contracorriente con el gobierno federal, los gobiernos estatales del PRD.

Soy, según tú, por lo que veo, el responsable o mejor dicho, el culpable de que la izquierda se haya hundido en el pragmatismo y de que no salga de él. Me sobreestimas, pero independientemente de ello, si yo lo hice mal al presidir el partido de 1988 a 1993, ¿por qué quienes me sucedieron en esa responsabilidad no reorientaron correctamente —según tu visión— el rumbo del partido? ¿Qué ha pasado en todo este tiempo con los —¿incorruptibles?— pensadores e ideólogos de la izquierda sectaria y dogmática? ¿Por qué esperaste, siendo tú mismo miembro del PRD, diez años para manifestar tu desacuerdo con el rumbo del partido y mi proceder político? Sólo falta que digas que tu silencio es también responsabilidad mía.

La afirmación de que en el PRD sólo quedan los intereses descarnados es muy fuerte. ¿Así ves **a todos** los miembros del partido? ¿Habrá algunos quizá, que escapen a esta categorización? ¿Tus compañeros de trabajo a lo mejor? ¡Ah qué el oportunismo!

Ya estoy casi para terminar estas largas notas. En la última página del texto (163) leo lo siguiente: "El neocardenismo carece de las connotaciones universales que distinguieron al pensamiento de Lázaro Cárdenas... El neocardenismo, en cambio, se distingue por la magnitud de sus silencios sobre los grandes problemas de nuestro tiempo y la ausencia absoluta de valores universales. Su inspiración no es la emancipación del hombre sino la emancipación del mexicano en el sentido más estrecho del concepto... Las vías que propone en su lucha contra la pobreza y por la democracia, la educación y la soberanía, tienden a ser más estatistas y nacionalistas que las de las otras grandes fuerzas políticas... Guarda silencio sobre los desastres del nacionalismo revolucionario en el último cuarto de siglo y sus propuestas rara vez recogen los avances de las izquierdas en otras partes del mundo".

Das cuenta de lo que no ha hecho el neocardenismo, que no se si te refieres únicamente a mí o englobas a alguien más en este calificativo, aunque tus juicios, más de alguno condenatorio y fulminante, carecen de sustento. Ya había hecho yo mención que esta falta de sustento a tus afirmaciones, es una de las características que más resaltan en este libro.

Resulta por decir lo menos, curioso, que un texto en el que se califican actos de otros, y se atribuyen dichos y hechos a otros, carezca de referencias bibliográficas o hemerográficas, precisiones sobre sitios y fechas, sobre personas que pudieran haber proporcionado informaciones. No existe un solo entrecomillado en todo lo largo del texto. La bibliografía que aparece en las páginas finales no hace ninguna aparición a lo largo del escrito. Parece quererse impresionar a los lectores con la larga lista de la bibliografía, que quizá fue leída por el investigador, pero no fue utilizada para dar base a lo escrito, que parece surgido de los prejuicios y predisposiciones, así como de la intención de formar una corriente de opinión para reforzar una antipatía tanto política como personal.

Una característica del buen quehacer político es la congruencia. Quienes nos ubicamos en la izquierda del espectro político, sea en el mundo, sea en nuestro país, valoramos la congruencia de los luchadores de la verdadera izquierda, de aquellos que aun en la adversidad se mantienen firmes, sin desviarse de los principios ni claudicar. A esos luchadores, sólidamente asentados en la izquierda, ¿cómo explicarles la promoción y emisión del *voto útil*?...

17

HACIA EL 2006

Un México para todos

El grupo de amigos que preparamos *Una ciudad para todos*, que fue el programa básico que presenté al lanzar mi candidatura a Jefe de Gobierno de la ciudad de México, nos veníamos reuniendo regularmente. Hacia mediados de 2003 consideramos conveniente preparar una propuesta de alcance nacional que pudiera contribuir al debate que tendría que darse al abrirse las campañas para renovar los poderes federales en 2006.

La idea era presentar a la opinión pública un documento no partidario, no dirigido en particular a un partido político, sino un documento cuyos contenidos pudieran ser adoptados, parcial o totalmente, por los diferentes actores de la vida pública que se plantearan impulsar políticas que rescataran el ejercicio de la soberanía nacional; que buscaran ampliar los espacios de nuestra vida democrática y tuvieran como prioridad atender las necesidades y responder a las aspiraciones de los grupos más numerosos de la población. Se presentó como un documento abierto para ser complementado, con la pretensión ambiciosa de que pudiera constituirse en eje articulador de una nueva mayoría política.

Durante varios meses sostuvimos reuniones regulares, casi cada semana, Enrique Calderón Alzati, René Coulomb, Roberto Eibenschutz, Carlos Lavore, Jorge Martínez y Almaraz *El Cha-*

le, Julio Moguel, Salvador Nava, Telésforo Nava, Francisco Pérez Arce, Emilio Pradilla, Carlos San Juan, Iris Santacruz y yo, para discutir y afinar borradores y finalmente hacia finales de febrero de 2004 se hizo la presentación de *Un México para todos*.

La primera presentación pública tuvo lugar en la Casa Lamm. Se contó con una asistencia nutrida y la presencia de prácticamente todos los medios de información. Esperábamos una buena repercusión en los medios al día siguiente, pero coincidió con que justo ese día, por la noche, los noticieros transmitieron el video en el que aparecía Jorge Emilio González, presidente del Partido Verde, cuando está en una aparente negociación turbia relacionada con un asunto inmobiliario, y fue esa la noticia que acaparó los titulares principales. A la semana siguiente presentamos *Un México para todos* en el Palacio de Minería. Fue, como la anterior, una presentación ante una alta concurrencia, que recibió con interés y entusiasmo el documento. Y como en el caso anterior, esta presentación coincidió con la exhibición, la noche de ese día, del video en el que aparecía René Bejarano recibiendo dinero, noticia que atrajo la mayor atención y ocupó los mayores espacios en los medios informativos de los días subsecuentes.

A pesar de que las noticias de la presentación de nuestra propuesta habían sido opacadas por los llamados *videoescándalos*, *Un México para todos* había ganado una posición en la vida política. Empezamos entonces a presentarlo y discutirlo en diferentes partes del país, ante distintos auditorios, a afinar sus textos con las observaciones que se iban recogiendo. El 5 de febrero de 2005 se hizo una nueva presentación pública en la ciudad de México, esta vez de una publicación mejor editada, de nueva cuenta en el Palacio de Minería. Hasta ese momento, nuestro documento seguía siendo la única propuesta presente en la vida política del país, con proyección nacional y previa a que hubiera partidos y candidatos en campaña.

Congreso del PRD

Al tiempo que iniciábamos recorridos para presentar *Un México para todos* y las noticias y comentarios políticos principales tenían que ver con los videos que exhibían a miembros del PRD y a un funcionario del gobierno del Distrito Federal involucrados en supuestos actos de corrupción, dañando fuertemente al partido, éste celebró en marzo del 2004 su 8° Congreso Nacional. Fui invitado para dirigir un mensaje en esa ocasión y entre otras cosas expresé:

> Llega el Partido de la Revolución Democrática a su 8° Congreso Nacional en el medio de una de las situaciones de degradación de la vida nacional más graves y extremas, que se revela, entre otros aspectos, en la pérdida de los valores éticos en las relaciones de la sociedad, y cuando el partido no acaba de salir de una crisis que se prolonga desde la última elección de dirigentes y delegados...
>
> Veo, con profunda preocupación, que el desprecio a los principios, el oportunismo, los sectarismos, las prácticas clientelares y las burocracias parasitarias se han enquistado en algunas estructuras importantes y en algunos mecanismos de toma de decisiones de nuestro partido, y no percibo sino voces sueltas, ciertamente certeras y enérgicas, y esfuerzos valiosos, que hasta ahora han resultado insuficientes, que llaman y buscan corregir esta situación...
>
> Aceptemos todos, que los problemas vienen de atrás y que no se han atendido ni enfrentado con la oportunidad y la decisión debidas. La situación actual tiene como sus antecedentes más inmediatos, por una parte, el largo retraso —que lleva consigo la necesaria sospecha de desaseo y manipulación de los resultados— que se tuvo para dar a conocer los resultados de la última elección de dirigentes y, por la otra,

las recomendaciones de la *Comisión de legalidad y transparencia* que creó y mandató el pasado 7° Congreso Nacional, que si bien fueron formalmente atendidas, todos sabemos en conciencia que fueron prepotentemente ignoradas. Se impuso en muchos casos el oportunismo, la parcialidad del interés de grupo, y al haberse procedido así, el partido no ha podido recobrar su estabilidad interna para abocarse, sin otra preocupación mayor, al esfuerzo por su reposicionamiento en el espectro político nacional...

Ayer leía yo el encabezado de una nota en la primera plana de un importante diario de esta capital: "Se justifica en el PRD: hay corrupción, pero tantita".

Es una vergüenza que quienes se dicen compañeros nuestros repartan, según la nota a la que me refiero, un volante en cuyo texto se asienta que "los 4.5 millones que habría recibido Bejarano sólo representan el 0.5 % de los mil millones de pesos..." etcétera. Ni cuatro y medio ni mil millones de pesos, ni medio ni ciento por ciento. Corrupción es corrupción, tantita y mucha. Nada la justifica. La corrupción no tiene cabida en la lucha por la soberanía y la democracia; su presencia la pervierte y la nulifica.

A grandes males, grandes remedios. Los problemas del partido son políticos, las soluciones tienen que darse por lo tanto en el terreno de la política.

El informe de la *Comisión de legalidad y transparencia* analizó a conciencia y responsablemente los problemas internos del partido y señaló un camino para darles solución. Hoy no tenemos una alternativa mejor y de considerar que existe, ante la perspectiva real de que los problemas se agudicen y compliquen, no hay tiempo para generarla.

Atrevámonos, con audacia y sobre todo, con responsabilidad para con el partido, con la ciudadanía y el país, a instrumentar el cumplimiento de las recomendaciones de la *Comisión*. Aceptemos que se cometieron errores y que la salida de la crisis que vive el PRD pasa por restaurarle su legalidad interna, que sea así reconocida tanto por la militancia partidaria como por la opinión pública nacional.

Al dar cumplimiento a las recomendaciones de la *Comisión*, lo que acaso podría perderse es una cierta representatividad de las corrientes en las instancias de decisión, así como su participación en el reparto de los recursos del partido, pero confiemos en que la sensibilidad política y la convencida y limpia militancia de las bases partidarias, llevarán a las decisiones que representen el efectivo reencauzamiento del partido, de acuerdo a sus principios y a los compromisos que tiene contraídos con el pueblo y el país, para posicionarse como la fuerza política de mayores capacidades y proyecciones...

Por otra parte, liberemos a la dirección del partido de las ataduras que le imponen los sectarismos y las cuotas. Demos plena libertad a nuestro Presidente para que lleve a cabo la reestructuración de los órganos de dirección —del Comité Ejecutivo y el Consejo nacionales para abajo— que conduzca al fortalecimiento de nuestra organización y a dar viabilidad efectiva a nuestro proyecto.

Dejemos nuestros cargos en los comités ejecutivos y en los consejos en todos los niveles. Brindemos confianza a la responsabilidad política de nuestro Presidente para que recomponga, con carácter provisional y con la temporalidad que esta asamblea acuerde, los órganos de nuestra dirección.

El trabajo más importante no está al interior del partido sino hacia el exterior. Debemos trabajar para reimplantar al PRD en toda la República, reimplantarlo como partido de ideas, donde las pugnas por cuotas y recursos no vuelvan a verse más, reimplantarlo como un partido de propuestas y de ideas, de discusión constructiva, en el que no quepan in-condicionalidades ni unanimidades impuestas, un partido cuyos miembros trabajen cotidianamente para hacerlo crecer ganando la confianza de nuevos militantes y recuperando la de aquellos que al correr del tiempo, de las confrontaciones entre corrientes y de las exigencias de parcialidades, se dis-tanciaron de nosotros.

Estos últimos párrafos de mi intervención aquí transcritos mere-cieron en los medios de información una declaración despectiva del presidente del partido. Por eso, cuatro días después, cuando se celebraba la sesión de clausura del congreso que presidía Leo-nel Godoy, pedí la oportunidad de tener una corta intervención, fuera de la orden del día prevista. Leí la carta que en ese momento entregué a Leonel, que tenía la intención, tal como mis palabras en la sesión inaugural del congreso, de dar a éste espacio de ma-niobra, capacidad para reestructurar los cuerpos de dirección del partido y fortalecer sus capacidades de decisión como presidente. Sobre todo, considerando que pronto se daría la renovación de las direcciones del partido y tendría que participarse en una nueva contienda electoral. Expresé en esa carta:

A fin de mantener congruencia conmigo mismo, te agrade-ceré ser conducto para presentar mi renuncia, ante las ins-tancias que correspondan, con carácter de irrevocable, a mi cargo de Consejero Nacional del Partido de la Revolución Democrática y como integrante de la Comisión de Relacio-nes Internacionales, dependiente del Comité Ejecutivo Na-cional que presides.

Acudí, como sabes, a la sesión de apertura del 8° Congreso Nacional y hablé en ella, a invitación expresa que me hiciste. Lo que ahí expresé tuvo y tiene como intención recuperar la legalidad interna del PRD y abrir paso a la integración de dirigencias con legitimidad democrática, que verdaderamente integren equipos de trabajo y que tengan la autoridad moral y la capacidad política para conducir al fortalecimiento y al reposicionamiento del partido en el ánimo de los ciudadanos.

Considero que al otorgar confianza al Presidente del partido para que reestructure sus dirigencias, se podría avanzar en el sentido que plantee en mi intervención ante el pleno del Congreso, pensando, quizá equivocadamente en el caso actual, que el Presidente del partido procedería, a partir del conocimiento que tiene del mismo, con sensibilidad política y alto sentido de responsabilidad para con el propio partido y sobre todo, para con las causas que el PRD abrazó desde que lo formamos.

He sido respetuoso de quienes disienten conmigo en la actividad partidaria y en la política en general, como creo te consta, y no esperaba que mi propuesta mereciera de tu parte una respuesta irreflexiva o despreciativa, al afirmar que de aceptarla *te convertiría en un dictadorzuelo* (así, en diminutivo y en despectivo, según entrecomillado periodístico).

Con la misma finalidad de mantener la congruencia conmigo mismo y por el respeto que debo a mi persona, te presento, y por tu conducto al Comité Ejecutivo Nacional, mi renuncia, también con carácter de irrevocable, como integrante de la Comisión Política Consultiva del partido.

Este pronunciamiento cayó como una bomba, sembró desconcierto en muchos. Pero lo consideré necesario para rescatar los principios que dieron vida al partido y para mantener congruencia en mi actuación política.

Islas Coronado

A finales de ese mismo mes viajé a Tijuana para expresar mi solidaridad y apoyar la causa de un grupo de ambientalistas de Baja California. Se oponía a la instalación, a unos cuantos metros de uno de los islotes conocidos como Islas Coronado, que se localizan en el Pacífico a muy poca distancia del continente, frente a la ciudad de Tijuana, de una planta regasificadora de gas natural licuado.

Con el grupo de ambientalistas hicimos un recorrido en lancha por las islas, en el que nos explicaron que su oposición se debía a que de realizarse en ese sitio la planeada instalación de la regasificadora, se afectaría tanto la flora y la fauna de las islas, que cuentan con algunas especies únicas, como la vida marina; se vería dañada con los escapes de gas, aun cuando pudiera suponerse que serían de cantidades muy pequeñas, por el constante movimiento de embarcaciones y por la iluminación de las instalaciones que se requiere mantener para su operación a lo largo de las veinticuatro horas del día.

Nos expresaron también que su oposición obedecía a que esa planta daría servicio a la industria de la costa de California, en Estados Unidos y no a México; que su ubicación en las inmediaciones de las Islas Coronado tenía que ver con el rechazo existente entre la población de California para que se instalara esa regasificadora en territorio de aquel estado norteamericano.

El desafuero

Desde el segundo semestre del 2004 empezaron a gestarse dos procesos: uno, la pretensión del gobierno de Fox y de éste en particular, para desaforar a Andrés Manuel López Obrador por un supuesto desacato al mandamiento de un juez respecto a la restitución de un terreno a un particular. Un caso realmente menor que difícilmente podría, en la realidad, merecer la atención directa del Jefe de Gobierno. Pero de él se hizo un caso político para bloquear la eventual candidatura presidencial de Andrés Manuel, quien reiteradamente declaraba que no la pretendía, que a ese respecto decía lo dieran por muerto. El otro proceso: la promoción de mi propia candidatura, que al plantearme amigos y compañeros del partido la posibilidad de presentarme en su momento como precandidato dentro del partido y buscar la candidatura de éste, empecé a contemplar con seriedad. Faltaban más de dos años para llegar a las fechas definitivas y había por lo tanto tiempo para tomar decisiones.

En esos mismos días, recibí una llamada de Emilio Goicoechea, secretario Particular de Vicente Fox, diciéndome que éste tenía interés en reunirse conmigo. Quedamos en que lo buscaría a mi regreso de un viaje que tenía ya programado y así nos encontramos el 7 de septiembre, por la mañana.

Fue nuestro primer encuentro después del que tuvimos recién pasada la elección de 2000. Empezó por decirme que la transición política no se estaba dando con la tersura que él hubiera esperado, pero que poco a poco iba caminando. Se refirió también, brevemente, a que los programas de trabajo, si bien lentamente y no sin dificultades, iban avanzando, y por fin llegó a lo que quería: hablarme del posible desafuero de Andrés Manuel. Dijo que se trataba de un caso judicial, que se estaba manejando con estricto apego a los cauces legales. Andrés no había querido llevarlo dentro de esos mismos cauces, pero que sería dentro de éstos en los que se mantuviera. De su parte no existía animosidad alguna en su contra. Fue una reunión corta, de unos 20 o 25 minutos. Mi comentario se redujo a decirle que, tal como él lo planteaba, esperaba que el caso se condujera con absoluto respeto a los mandatos de la ley.

La plática con Fox sólo me confirmó la idea que ya tenía: se trataba de una manipulación política y no de un asunto manejado dentro del ámbito judicial. El gobierno, a través de la Procuraduría de la República, llevó el caso hasta que la Cámara de Diputados votó por el desafuero de Andrés Manuel, lo que Fox ya no se atrevió a instrumentar. Fue un proceso que tomó meses, provocó un gran debate en los medios de información y grandes movilizaciones de apoyo a Andrés Manuel, fortaleciéndolo en su proyección hacia la candidatura presidencial.

La cuarta candidatura

El 12 de septiembre asistí, con Lázaro, a la toma de posesión de Amalia García como gobernadora de Zacatecas. Ahí encontramos a Andrés Manuel, a quien Lázaro invitó para que regresara con nosotros. Hicimos los tres el trayecto de Zacatecas a Morelia, donde bajó Lázaro, y Andrés Manuel y yo seguimos a Toluca.

En el trayecto de Morelia a Toluca, Andrés Manuel me dijo quería que platicáramos en cuanto pasara su informe el día 17 (días antes le había llamado para decirle que no lo acompañaría ese día por el compromiso que tenía de asistir a un homenaje a mi padre en la Escuela de Agricultura de la Universidad de Guadalajara). Me expresó también su deseo de que llegáramos a un acuerdo referente a la candidatura a la presidencia, sin mayores precisiones. Yo sólo veía en la adopción de la propuesta programática contenida en *Un México para todos*, esto es, en un compromiso ideológico-programático sólido, que considerara la lucha por la soberanía, una política energética favorable a la nación, la integración latinoamericana, que en alguna forma pudiera estar políticamente garantizado, lo que no encontraba ni en sus 20 ni en sus 50 puntos, ni al recordar actitudes como su resistencia a aparecer conmigo en la campaña del

2000 ante los universitarios en Ciudad Universitaria o su crítica a la defensa de la paz y la no intervención que hiciera Adolfo Aguilar Zínser en el Consejo de Seguridad de las Naciones Unidas.

En esas condiciones, ambos continuamos el resto del año valorando nuestras respectivas posibilidades de obtener la candidatura. El 20 de enero ya de 2005, en una concurrida reunión de amigos, sabiendo que iba en una lucha cuesta arriba, anuncié públicamente que buscaría ser el candidato del PRD a presidente. En mi intervención en ese acto, dije entre otras cosas:

Voy por una candidatura con compromiso y objetivos. No se trata de construirla y fortalecerla sólo para llegar a un cargo de elección popular. Mi participación política no se da en función de un proyecto personalista. Se trata de construir la candidatura que cuente con el respaldo de la mayoría política del país, la mayoría que tenga en la mira y piense no sólo en las próximas elecciones, sino que se comprometa y vea hacia las próximas generaciones, que construya un proyecto colectivo de largo aliento y empiece por acompañar al nuevo gobierno en su gestión, para hacerla más fructífera, más sólida y de mayor proyección.

Empezaré por dar respuesta a dos preguntas con las que frecuentemente me encuentro. La primera: ¿por qué una cuarta candidatura? La respuesta es simple: con ustedes y miles de mexicanos más, venimos luchando desde hace dos décadas por un proyecto nacional que no hemos logrado que se ponga en práctica. Seguimos pensando que es el que más conviene al país y estamos decididos a no cejar en nuestra lucha. Estamos convencidos, además, que hoy, como nunca antes, existen las condiciones para que una mayoría democrática lo empiece a convertir en realidades a partir del 1º de diciembre del 2006...

La otra pregunta: ¿por qué buscar la candidatura si en las encuestas de popularidad no aparezco en los primeros o en el primer lugar? Primero, porque considero que tenemos, lo digo en plural, la mejor propuesta para el país, el proyecto que México debe llevar a la práctica. Porque tendremos el mejor equipo de gobierno, con gente probada, capaz, honrada y sin tacha. Porque nadie como nosotros, lo vuelvo a decir en plural, tiene la posibilidad de edificar una mayoría política que trascienda a partidos y organizaciones y genere la confianza de una amplia pluralidad política y social…

El 7 de abril la Cámara de Diputados votó el desafuero de Andrés Manuel. Envié y se publicó en *La Jornada* el texto siguiente:

Hoy, jueves 7 de abril del 2005, el voto mayoritario de los diputados, instalados como jurado de procedencia, al desaforar al Jefe de Gobierno del Distrito Federal, Andrés Manuel López Obrador, rompió la legalidad y el Estado de derecho en el país.

El voto de los diputados del PAN y del PRI, que nunca tuvo otra intención que no fuera la de impedir el ejercicio de los derechos políticos de un ciudadano, tiene consecuencias mucho más graves y de alcances mayores que sólo sacar del juego político a una persona, ya que pone en entredicho a todo nuestro aún endeble sistema electoral, vulnera los derechos no de uno sino de todos los ciudadanos, e impone al mismo tiempo un fuerte y grave retroceso a nuestra incipiente democracia, que para llegar a donde se encontraba hasta este día ha costado vidas, sangre, sacrificio y esfuerzo a millones de mexicanos.

El embate parece dirigido y centrado sólo en una persona, pero es un embate contra todos los mexicanos, contra el ejercicio pleno de nuestros derechos, contra nuestras posibilidades de avance democrático, contra nuestra vida institucional y nuestra convivencia constructiva.

En este desafuero están presentes y se hicieron evidentes al menos dos complicidades: la del Ejecutivo y las mayorías del Legislativo, a la que ojalá no se sume en los días próximos también la del Poder Judicial; y la del PAN y el PRI, que tienen más de un cuarto de siglo de caminar orgánicamente juntos y que impulsan, sin tapujos ni recato alguno, el proyecto neoliberal de subordinación que en poco más de dos décadas ha llevado a la mayoría de los habitantes del país a la pobreza y a millones a verse forzados a abandonar el país y cruzar la frontera para precariamente subsistir, a la insuficiencia de la economía y a la parálisis política, y por otro lado, a una de las más ofensivas concentraciones de riqueza en unos cuantos, a favorecer a los productores del exterior en detrimento de los nacionales y a una humillante dependencia de decisiones ajenas y contrarias a los intereses del país.

El juicio de procedencia montado en la Cámara de diputados para abrir la vía que permita despojar de sus derechos cívicos al Jefe de Gobierno de la Ciudad de México, es una de las tantas muestras de cómo la justicia se aplica selectivamente, de que la justicia no es igual para todos, de cómo la justicia se sabe poner a disposición y se acomoda al servicio de los intereses inconfesables —y éste es aquí un calificativo bien aplicado— de un poder político torcidamente ejercido.

La ilegalidad no podrá superarse con otra u otras ilegalidades; es con la más rigurosa legalidad como tiene que combatirse y restaurarse, haciendo uso pleno de los instrumentos de la ley. Con éstos tendrá que recuperarse la legitimidad de los procesos electorales, que es la que otorga y de donde surge la legitimidad democrática y popular de nuestros gobernantes y legisladores, y con éstos también recuperarse la legitimidad de la vida política en su conjunto.

El juicio de procedencia, el desafuero votado hoy, representa la politización de la justicia, la toma de una decisión no para abrir paso a la justicia, sino para supeditar ésta a intereses circunstanciales del poder político; si en la procuración de justicia, en sus responsabilidades federales, prevalecen éstos, esperemos que al llegar el caso al Poder Judicial se aplique la ley con rectitud y se restaure con ello el Estado de derecho hoy perdido. Se cumplirá así con una responsabilidad constitucional y se hará un gran bien al país y a nuestra democracia.

El 24 de abril participé en una marcha que partió del Museo de Antropología y que acompañé hasta cerca de la estatua de Colón. Independientemente de tener como propósito muy válido defender los derechos de Andrés Manuel y protestar contra el desafuero, la cúpula dirigente del PRD la estaba aprovechando principal y abiertamente, desde la forma de convocarla, para promover la candidatura de Andrés Manuel. Excedía con ello sus funciones y su responsabilidad de mantenerse dentro de la imparcialidad, dado que se estaba todavía fuera de los tiempos formales para llevar a cabo el proceso de elección interna en el partido. Fue una marcha con una muy alta participación y al final de ella, ya en el Zócalo, Andrés Manuel, lo que había previsto y comentado con los amigos, hizo un discurso que sólo pudo tomarse como el lanzamiento de su candidatura presidencial.

En marzo se había llevado a cabo la elección de la nueva dirección nacional del PRD. El 26 de abril me llamó Guadalupe Acosta Naranjo, el nuevo Secretario General, para decirme que me enviaría el proyecto de convocatoria para el registro de precandidatos y la elección del candidato a presidente, pidiéndome le hiciera cualquier observación que tuviera al respecto. Le dije que le agradecía su atención y que le adelantaba que no tendría observación alguna que hacer al proyecto de convocatoria. Cuando éste llegó a mis manos vi dos fechas clave que estaba planteando: la de registro de precandidatos del 2 al 6 de mayo, a unos cuantos días de distancia, y la de la elección el 31 de julio. Esto confirmó lo que ya preveía: los plazos establecidos resultaban demasiado cortos, tanto para tomar la decisión de contender o no, como para llevar a cabo una campaña que alcanzara a todo el país, para realizar un debate amplio sobre la plataforma que debía presentar el partido en las elecciones. Sobre todo, para establecer los acuerdos y tejer las alianzas con partidos, grupos y ciudadanos fuera del PRD, que efectivamente llegaran a constituir una mayoría política. Era claro que esos tiempos estaban acomodados a las conveniencias y circunstancias de Andrés Manuel, al que la campaña que había venido haciendo el gobierno por el asunto del desafuero había hecho subir como candidato a grado tal, que con los tiempos fijados en la convocatoria nada tenía yo que hacer.

Reforzando la posición de Andrés Manuel como potencial candidato, el 27 de abril por la noche Fox dirigió un mensaje a través de todos los medios en cadena nacional. Anunció que la Procuraduría de la República revisaría el caso de Andrés Manuel y ya había aceptado la renuncia del procurador de la República y de dos subprocuradores, entre éstos la de quien había presentado en nombre de la Procuraduría el alegato en la Cámara de Diputados el día que se votó aprobatoriamente por mayoría el desafuero de Andrés Manuel.

Se trató del desenlace de la confrontación que desde hacía un año se venía dando entre Fox y Andrés Manuel. Se tradujo en el fortalecimiento al máximo de la posibilidad para Andrés Manuel no sólo de ser candidato, sino incluso de llegar a Presidente de la República, justo al día siguiente en que me hicieron llegar el proyecto de convocatoria para la elección interna del partido.

Valorando la situación en aquel momento, recién elegida la nueva dirección del partido encabezada por Leonel Cota, advertí que era favorable mayoritariamente a la candidatura de Andrés Manuel. Las direcciones estatales recién elegidas estaban en manos de *las corrientes*, que a pesar del trato despreciativo que habían venido recibiendo de Andrés se habían colocado oportunista e incondicionalmente a su favor. Sólo podía decir que el partido se encontraba secuestrado por los intereses de éste y absolutamente alineado con él.

Triunfador Andrés Manuel y con un Fox doblegado, sin explicaciones de por medio, el partido cambió las fechas del proceso interno: movió el registro de precandidatos del 2 al 6 de mayo para la decena del 20 al 30 de julio y la fecha de la elección del 31 de julio para el tercer domingo de septiembre. Pero además de esos cambios, se acentuó la situación de secuestro del partido, de parcialidad de las direcciones y de inequidad de la competencia interna.

Participar en esas condiciones, a sabiendas de que la elección se perdería, sólo serviría para reconocer formalmente una imparcialidad absolutamente inexistente en la dirección nacional del partido y para legitimar el proceso mediante el cual Andrés Manuel obtuviera la candidatura, abriéndole de paso la oportunidad de tener con quién confrontarse en la campaña interna, habiéndose descontado ya a Fox como adversario.

El 11 de mayo, a invitación suya, me reuní nuevamente con Andrés Manuel. Pensaba dejar el gobierno de la ciudad en julio, que le hubiera gustado hacerlo antes, pero había considerado que mientras no se resolviera el asunto del desafuero, debía mantenerse en el cargo. Pensé entonces, una vez más, que los cambios de fechas en la convocatoria del partido relativa al proceso interno de elección, me confirmaban que correspondían al cambio en los tiempos de Andrés Manuel y al control que éste ejercía sobre las decisiones de los cuerpos de dirección del partido. Agregó que ha-

bía ya tomado la decisión de registrarse como precandidato para
tomar parte en el proceso interno. Le expresé que estaba yo valorando las posibilidades de mi participación.

En el curso de la conversación me dijo que había tenido conocimiento de que el gobierno pretendía acumularle otros casos
de desacato, relacionados con pagos a particulares por excesos en
el cobro de impuestos. Al respecto, el procurador Bernardo Bátiz,
por instrucciones suyas, había hablado con el presidente de la Suprema Corte para manifestarle la disposición del gobierno de la
ciudad de cubrir esos adeudos, a lo que el presidente de la Corte
comentó que en ese caso, la Corte no ejercería ya acción alguna.

Así se llegó el tiempo de tomar una decisión y el 6 de julio
anuncié que no me registraría como precandidato para la contienda
interna del PRD. Hice público un documento en el que expresé:

> Desde febrero del año pasado, un grupo compuesto en su ma-
> yor parte por miembros del partido, hemos estado convocan-
> do al debate de ideas y propuestas sobre el proyecto a realizar
> en el país y el rumbo que deba darse a éste para resolver sus
> ya acuciantes problemas de creciente deterioro social, insufi-
> ciente crecimiento económico y parálisis política, encauzán-
> dolo en un proceso de progreso económico, bienestar social y
> edificación democrática que se sostenga en el largo plazo.
>
> En ya casi año y medio, a pesar de llamados reiterados, el
> medio político no ha dado los pasos necesarios para comenzar
> y alentar el debate sobre la pertinencia de los proyectos —in-
> cluso el PRD respecto a los surgidos desde su interior. Nunca
> se abrieron los espacios para que esa discusión pudiera rea-
> lizarse a profundidad y en las condiciones actuales del país,
> teniendo muy presente, entre otras, la experiencia vivida a
> lo largo de la administración en curso, se hace cada vez más
> evidente que tanto o más importante que definir quienes lle-

guen a ocupar los cargos de elección popular, es el programa
y el compromiso que partidos y candidatos establezcan con
los ciudadanos.

Los tiempos fijados para la campaña interna, que iniciará
el 1 de agosto y habrá de concluir el 18 de septiembre, resultan insuficientes para una discusión seria, amplia y objetiva
de las alternativas, lo que debiera verse como central para ra-
zonar y emitir el voto.

Consideré, por otro lado, y así lo planteé públicamente,
que en paralelo a la discusión de los proyectos, el PRD podría
encabezar la iniciativa para construir una mayoría política
plural y activa que llevara a la práctica un proyecto de país
ampliamente consensuado...

En consecuencia, he tomado la decisión de no participar
en el proceso interno del Partido de la Revolución Democrática en el cual habrá de elegirse al candidato a Presidente de
la República para contender con su emblema y representación
en las elecciones de julio del 2006.

No inscribirme para participar en ese proceso, no quiere
decir renunciar a tomar parte activa en la vida pública del
país. Mantengo mi compromiso y fidelidad con las luchas y
los principios que dieron origen al partido y como militante, tengo la firme decisión de seguir presente en el esfuerzo
porque la izquierda vuelva a colocarse en la vanguardia de
las luchas por la soberanía, la profundización del cambio democrático y el bienestar de los mexicanos, porque desde la
izquierda se construya la candidatura de la mayoría política
del país, y por participar activamente en la lucha para incidir
en el rumbo que desde la conducción del Estado se impone a
la nación...

Homenaje del exilio

En los primeros días de octubre comenzó una serie de actos en
Madrid, que se desarrollarían durante varios días, en homenaje
a mi padre por haber acogido México, durante su presidencia, al
exilio republicano.

El primer acto de éstos, fue el homenaje que rindió la Universidad Complutense a los exiliados, entregando medallas de reconocimiento a la Universidad Nacional, en la persona del doctor
Adolfo Sánchez Vázquez, a El Colegio de México, que recibió su
presidente Javier Garciadiego, y al Instituto Politécnico. Cuate, en
nombre de mi madre y la familia, hizo una muy sentida intervención, que fue aplaudida por un público emocionado puesto de pie.
Dijo entre otras cosas:

> Honrar hoy a Lázaro Cárdenas es recordar la solidaridad que
> todo un pueblo, el mexicano, brindó a la España en desgracia.
> El México de entonces, que vivía grandes transformaciones
> sociales, supo entender como nadie la gravedad de la guerra
> civil española pero se quedó solo en advertir las consecuen-
> cias que ésta traería para el mundo...
>
> Ningún gobierno atendió las advertencias que hizo Méxi-
> co en la Sociedad de las Naciones, nadie pareció dar validez
> a los tratados internacionales de cooperación y amistad, y los
> buenos oficios del gobierno mexicano fueron poco menos que
> inútiles. El conflicto español se agravó cuando las fuerzas del
> fascismo decidieron intervenir y las potencias aliadas nada
> hicieron. España sirvió de laboratorio para gobiernos y ejér-
> citos extranjeros que pretendían desde entonces conquistar
> nuevas zonas de influencia. Allí se inició una cuenta que se
> elevó a más de 50 millones de muertos al término de la Se-
> gunda Guerra Mundial.

En 1937, aún antes de concluida la guerra civil y ante el avance de la rebelión contra su gobierno, el presidente Manuel Azaña dejó en manos del gobierno mexicano a un grupo de cerca de 500 niños para ponerlos a salvo de la barbarie. Ahí se inicia el éxodo que aumentaría con la marcha forzada de miles de hombres, mujeres y niños. Lázaro Cárdenas escribió en sus apuntes personales el primero de mayo de ese mismo año: "La traída a México de los niños españoles (...) no fue iniciativa del suscrito. A orgullo lo tendría si hubiere partido del Ejecutivo esta noble idea. Fue de un grupo de damas mexicanas que entendieron cómo debe hacerse patria y que consideraron que el esfuerzo que debería hacer México para aliviar la situación de millones de huérfanos no debía detenerse ante las dificultades que se presentan (...) México no pide nada por este acto; únicamente establece lo que debe hacerse con los pueblos hermanos cuando atraviesan por situaciones difíciles como acontece hoy a España."

Entre ese grupo de damas estaba Amalia Solórzano. Desde entonces su relación con los defensores de la República Española ha estado marcada por el reconocimiento y el cariño recíprocos. Su presencia aquí el día de hoy, representa a los muchos hombres y mujeres que, como ella, recibieron y protegieron a los perseguidos.

Ante la inminencia de la derrota de la República, el gobierno mexicano no hizo más que lo que debían haber hecho todos: recibir a todo el que quisiera irse. Las puertas de México se abrieron a todas las conciencias que buscaron un lugar donde seguir siendo libres. Nunca el gobierno de Lázaro Cárdenas condicionó el otorgamiento de asilo a nadie, incluso sabiendo que en numerosos casos podría afectar las relaciones con los gobiernos de otras naciones; nunca se exigió a nadie renegar de su ideología o de su patria de origen, a nadie se le pidió renunciar a sus luchas y objetivos, porque para Lázaro Cárdenas el derecho de asilo venía acompañado de la continuidad en la lucha y fue siempre sinónimo del derecho a la vida en libertad.

Somos muchos los que hemos crecido con el ejemplo de los defensores de la República Española, ejemplo de congruencia, de entrega y lealtad a los principios. De ellos aprendimos que la patria no está donde marcan las fronteras; la patria se lleva con uno, por difícil que sea el peregrinar; la patria está en la justicia, en la libertad y en la dignidad. México, al abrir sus puertas hizo posible que la legitimidad democrática y la razón histórica sobrevivieran y fueran intocables para la brutalidad de la fuerza, y permitió a los perseguidos que la España de la libertad siguiera siendo su patria...

La riqueza humana que en ese entonces se perdía en España por la guerra, la ganábamos del otro lado del Atlántico para México, pero más que eso, la ganábamos para la preservación de una España libre y su futuro...

Con su dedicación al trabajo, los republicanos españoles fundaron en México centros de enseñanza de todos los niveles, empresas, centros de investigación, hospitales, industrias agrícolas, centros culturales, bancos, comercios, talleres de un sinfín de oficios, revistas, editoriales, y en ellos florecieron poetas y escritores, obreros, pintores, escultores, médicos, campesinos, arquitectos, científicos, mineros, ingenieros, abogados, maestros, economistas, cineastas y actores, editores, padres, madres, hijos, nietos, en fin, mujeres y hombres que conforme se fueron haciendo mexicanos nos han enseñado a todos a ser también republicanos españoles.

"Yo creo, mi General, —escribió León Felipe a Lázaro Cárdenas— que ha gobernado usted seis años el gran caserón de México con el aire de los grandes mayordomos que tienen como lema: *No importa errar en lo menos si se acierta en lo esencial.*

Probablemente se va usted sin enderezar el cuadro que estaba torcido en la entrada, sin componer la pata desconchada de la mesa y sin quitarle el polvo a los grandes armarios de la Biblioteca. Pero encendió usted una luz que estaba apagada en el mundo y abrió usted el Libro por la Página del Amor y de la Justicia. Esto le llevó a hacer una política no de *Buen Vecino* sino de *Buen Samaritano*; y a poder decir como dijo: 'Señores, la justicia hay que defenderla más allá del huerto de mi compadre.'"

Sería imposible enumerar a todos los hombres y mujeres que han contribuido a preservar a esa España de la libertad —conocidos los nombres de muchos, casi anónimos los más—, pero a más de 20 años de la Constitución que hoy rige a España, hay todavía una parte de la patria española que reclama ver la luz en su propia tierra. La democracia se enriquecerá enormemente cuando esta nación reivindique a la segunda República Española como un periodo luminoso de su historia.

Hoy pensando en tantos hombres y mujeres que, obligados por la fuerza bruta, tuvieron que dejar esta tierra, y en los que aquí sufrieron el oscurantismo y la violencia de la tiranía, solamente me resta decirles que, por la memoria de los que ya no están, por derecho y por lealtad, en nuestros corazones vive y vivirá por siempre la bandera tricolor de España.

En la Casa de América se realizó durante dos días el Congreso Cárdenas y el Exilio Español, que se complementó con mesas redondas que tuvieron lugar en el Ateneo. El Ayuntamiento de Madrid celebró una sesión solemne en homenaje a mi padre, en la que hicieron uso de la palabra el alcalde y concejales de todos los partidos con representación en ese cuerpo. En el monumento a mi padre que se levanta en el Parque Norte se develó una placa ofrecida por la Asociación de descendientes del exilio español con un pensamiento de Álvaro de Albornoz, parte de un autógrafo entregado con otros muchos a mi padre en 1940, que dice: "Extranjero, detente y descúbrete: este es el presidente de México Lázaro Cárdenas, el padre de los españoles sin patria y sin derechos, perseguidos por la tiranía y desheredados por el odio."

El último acto, con el que cerró la serie de homenajes, fue un concierto celebrado en Madrid Arena, un auditorio nuevo, con cupo para unas diez o doce mil personas que estuvo abarrotado. Participaron Joan Manuel Serrat, Ana Belén, Miguel Ríos, Jaguares, Víctor Manuel, Joaquín Sabina, Lila Downs, Astrid Hadad y un conjunto de músicos michoacanos; leyeron textos alusivos al exilio y a mi padre, con el respaldo de imágenes sobre los mismos temas, Eduardo Haro Tecglen, Nuria Espert, Charo López, José Luis López, José Sacristán e Iñaki Gavilondo. En ese recital, que resultó sumamente emotivo, se interpretaron varias canciones dedicadas a mi padre, tomadas del disco editado por Cuate en 1995, en ocasión del centenario de su natalicio.

Orden del Libertador José de San Martín

El 23 de marzo de 2006, recién llegado de la Universidad de Berkeley, en la que estuve impartiendo un curso sobre los inicios de la transición democrática en México, participe en la ceremonia de inicio de la semana oficial de recordación del golpe de Estado y de la dictadura militar, treinta años atrás. Rememoración para que hechos como aquellos no se repitan nunca más, que se llevó a cabo en la Embajada de Argentina en México, al igual que en las representaciones de ese país en todo el mundo. Celso Delgado, quien fuera embajador de México en Argentina en aquellos años, Luis Ortiz Monasterio, actual embajador de México en Irán, representado en este caso por su hijo, y yo, recibimos de manos del embajador Jorge Yoma la *Orden del Libertador San Martín*, otorgada por acuerdo del presidente Néstor Kirschner. En mi caso, por la participación que tuve en el Comité de solidaridad con los argentinos que debieron salir de su país a raíz del golpe de Estado y de la instauración de la dictadura militar. Al agradecer la distinción que me representaba recibir la condecoración, en nombre de los mexicanos que habían sido solidarios con los argentinos perseguidos por su oposición a la dictadura, manifesté:

México ha sido tierra reconocida de asilo. A lo largo de su historia, la diplomacia y la práctica política mexicanas contribuyeron a desarrollar y fortalecer el derecho internacional del asilo, han sido ejemplo de su práctica en el pasado, al abrir este suelo, en innumerables ocasiones, con decisión y generosidad a quienes en sus países estaban siendo perseguidos y reprimidos por poderes torcidos, dictaduras y autocracias por disentir en sus ideas y posiciones políticas...

La práctica del asilo político fue, a lo largo de mucho tiempo y en los muy distintos gobiernos del país, elemento importante tanto del ejercicio de la soberanía nacional como de la política internacional en la búsqueda de un mundo regido por el derecho y la razón, sin sometimientos y sin dominadores, efectivamente equitativo y solidario...

México y la Argentina se encuentran en los extremos de la Patria Grande latinoamericana, pero la distancia no ha sido nunca motivo para el alejamiento de nuestros pueblos. Cuando ambas naciones luchaban por independizarse, hace ya casi dos siglos, marinos argentinos dieron su contribución a la lucha por nuestra independencia incursionando contra el poder colonial por la entonces Alta California mexicana. De entonces para acá, puede bien decirse que nuestros pueblos han estado en sintonía...

Con los actos de recordación que ahora se inician, estoy cierto, no se busca recrudecer rencores y menos aún desatar revanchas. Se trata, por el contrario, de no caer en una amnesia colectiva que con el tiempo se convierta sólo en impunidad, de no dejar que se asignen las culpas y responsabilidades a instituciones, al final de cuentas anónimas, que quedarían proscritas en el sentir colectivo, sino que quede claro quién y quienes, con nombres y apellidos, cometieron y son los únicos responsables de aquellos crímenes de lesa humanidad...

Entre los que llegaron se contaban jóvenes y niños, otros niños nacieron ya aquí de padres recién llegados y otros más son de parejas que aquí se formaron. Todos ellos se identifican como la generación de los *argenmex*, que son de allá y de aquí, argentinos—mexicanos o mexicanos—argentinos, que aquí o allá mantienen compromiso con las causas libertarias y democráticas que los trajeron a esta tierra o provocaron que nacieran aquí. Esta generación de *argenmex* y aquellos de la misma generación de mexicanos con los que aquí cotidianamente convivieron o con los que juntos se formaron, constituyen hoy día, sin duda, el vínculo más sólido y el conducto mejor de los ideales y la amistad que comparten nuestros pueblos.

Bicentenario de la Independencia y Centenario de la Revolución

Con motivo de cumplirse en 2010 el bicentenario de la Independencia y el centenario de la Revolución, a iniciativa del Senado de la República, se decretó la formación de la *Comisión organizadora de las conmemoraciones del bicentenario del inicio del movimiento de Independencia Nacional y del centenario del inicio de la Revolución Mexicana*, encabezada por el presidente de la República y de la que formaron también parte los presidentes de las dos cámaras del Congreso y el de la Suprema Corte de Justicia de la Nación, así como el jefe de Gobierno del Distrito Federal.

Para conducir en la práctica los trabajos de esta Comisión se consideró conveniente crear una coordinación. Al respecto, hacia fines de marzo o principios de abril de 2006 me reuní, acompañado por Lázaro, con el secretario de Gobernación Carlos Abascal. Me dijo que el Presidente le había encomendado consultarme sobre la posibilidad de que me hiciera cargo de esa coordinación; por su parte, había consultado ya el caso con los integrantes de la Comisión, miembros en este caso de los tres principales partidos políticos, así como con los gobernadores miembros del PRD, mostrándose todos ellos favorables a que yo aceptara el cargo. Le pedí unos días para darle una respuesta, lo comenté en casa, valoramos el caso y a los pocos días le di una contestación afirmativa, condicionada sólo a que pudiera entrevistarme y consultar con los cinco candidatos presidenciales que se encontraban en campaña. Me dijo que me avisaría para tener una reunión con el presidente, quien quería hacerme personalmente la invitación.

El 29 de mayo, a las ocho de la noche, acudí con Lázaro a Los Pinos, donde nos reunimos con el presidente y con el subsecretario de Gobernación, Arturo Chávez. Fox me reiteró la invitación para que encabezara la coordinación de las conmemoraciones. Le agradecí y le pedí, como previamente había expresado al secretario de Gobernación, que antes de darle una respuesta definitiva, me permitiera consultar con los cinco candidatos en campaña.

La mañana del día siguiente me reuní con Andrés Manuel, a quien había buscado para pedir su punto de vista sobre mi eventual aceptación para coordinar las actividades relacionadas con las con-memoraciones. Lo veía bien, que no se trataba de una cuestión de partidos y, de ganar él la elección, contara con su pleno respaldo. El 8 de junio me entrevisté con el candidato del PAN, licenciado Felipe Calderón; el 9 con el licenciado Roberto Campa, candidato de Nueva Alianza; unos días después me reuní con la licenciada Patricia Mercado, de Alternativa Socialdemócrata, y por teléfono hice la consulta con el licenciado Roberto Madrazo, candidato del PRI, quien en esos días se encontraba fuera de la ciudad de México. Todos manifestaron simpatía con que yo coordinara el programa de las conmemoraciones.

El 19 de junio, en el Museo de Antropología, se instaló for-malmente la Comisión, y en el discurso del secretario de Gober-nación se me mencionó como *titular de los Consejos Asesores Nacional e Internacional*. En esa ocasión, de manera sucinta, delinee los que consideraba objetivos de la Comisión. Dije entonces:

…El Senado de la República tomó la iniciativa de crear esta Comisión, que deberá realizar sus actividades desde ahora y hasta el 31 de diciembre del 2010. Su encomienda específica es preparar y coordinar la realización de un programa de even-tos, acciones, homenajes, calendarios cívicos, conmemoracio-nes y proyectos, en toda nuestra nación, para recordar estos dos aniversarios, tanto en lo que significaron en su tiempo como en su proyección en el presente hacia y el futuro. Los Consejos asesores nacional e internacional, previstos en el propio decreto, tendrán como tarea apoyar las actividades de la Comisión.

Se da en nuestro país la afortunada coincidencia que dos aniversarios emblemáticos, el cumplirse doscientos y cien años del inicio de dos gestas libertarias, tendrán lugar en el 2010. Y digo afortunado, porque esos movimientos, separados en el tiempo por cien años, coincidieron en el propósito emancipador que en sus respectivos momentos tuvo como ideal el pueblo mexicano. Los objetivos inmediatos de uno y otro movimiento pueden parecer diferenciados: romper las cadenas del coloniaje y acceder a una identidad nacional soberana uno, y poner fin a una dictadura opresora el otro, pero en lo mediato, ambos pretendían romper ataduras, ampliar las libertades, garantizar derechos y ofrecer un futuro de autonomía para el país, y de igualdad y progreso para todos los mexicanos, y de ahí la coincidencia en sus proyecciones y su vigencia en la actualidad.

Conmemorar estos aniversarios no será únicamente el recuerdo y la exaltación de hazañas y logros del pasado. Tendremos que ver qué fue la Independencia entonces y qué es ahora, cómo tendremos que traer al presente los orígenes, precursores y objetivos de la Revolución Mexicana en sus distintas etapas, cual ha sido su efecto en el presente y cómo sigue aportando hacia el futuro.

Es importante, como lo plantea el decreto que declara 2010 año del bicentenario y del centenario y que crea la Comisión de conmemoraciones, incorporar a éstas a la sociedad en su conjunto, a sus diferentes expresiones culturales y políticas, así como sumar a la participación institucional federal, la de Estados y municipios. Se buscará, de acuerdo con el decreto, que todo mundo participe y que haya repercusiones de estas fechas significativas en todo el territorio nacional, pero hay lugares e instituciones que por su relevancia en uno u otro movimiento o en ambos, deben tener presencia destacada en estas celebraciones: Corralejo y Dolores, hoy de Hidalgo, la Alhóndiga de Granaditas de Guanajuato, Morelia y Carácuaro, el Primitivo y Nacional Colegio de San Nicolás, forjador de los prohombres de la

Independencia, Chilpancingo y Apatzingán, San Luis Potosí, Parras, Cuatro Ciénegas y la Hacienda de Guadalupe, la Villa de Ayala, Canutillo, Querétaro de la Corregidora y de la Constitución.

Una trascendente disposición del decreto es la que se refiere a la necesaria consideración de la calidad pluriétnica y multicultural de nuestra nación en las diferentes actividades que se proyecten con motivo de estas conmemoraciones, así como la incorporación a las mismas de las comunidades de mexicanos del exterior.

2010 es, por otro lado, año también de los bicentenarios del inicio de movimientos emancipadores en varios países hermanos de América Latina: el 19 de abril en Caracas y el 20 de julio en Bogotá, en esos días del año de 1810, se instalaron las juntas criollas o de criollos, proclamando su autonomía respecto al gobierno napoleónico de España; el 25 de mayo de ese mismo año un cabildo abierto estableció un gobierno autónomo para el Virreinato del Río de la Plata en Buenos Aires y un paso similar se dio el 18 de septiembre en Santiago de Chile; en septiembre se instaló un gobierno independiente en Quito y el 11 de octubre un grupo proclamó la independencia del Ecuador; el 7 de noviembre, del mismo glorioso y turbulento 1810, el Ejército Libertador victorioso en Suipacha entró a Potosí, lo que permitió a los patriotas locales tomar el poder en Chuquisaca (hoy Sucre) y La Paz. Estos países hermanos: Venezuela, Colombia, Argentina, Chile, Ecuador, Bolivia, estarán celebrando en el 2010, como nosotros, dos siglos también de vida independiente y entre las actividades que desde aquí se propongan habrá que considerar algunas, que llevadas a cabo conjuntamente, fortalezcan las identidades e impulsen la unidad de las naciones y pueblos de la Patria Grande latinoamericana.

Los Consejos asesores nacional e internacional, que deberán tener un carácter plural en cuanto a las visiones políticas y a las actividades cotidianas de sus integrantes, habrán de quedar instalados en un plazo no mayor de noventa días y el decreto fija un plazo adicional similar para que la Comisión presente los programas que del mismo se derivan, para proceder a su inmediata puesta en marcha.

Puede bien adelantarse que entre los eventos y programas a realizar se contarán congresos y foros, exposiciones culturales y artísticas, concursos, justas deportivas, la erección de monumentos simbólicos de ambos centenarios; que se buscará que los eventos municipales y estatales se vinculen entre sí y con los proyectados por la Comisión nacional, así como la incorporación activa no sólo de personas e instituciones del medio oficial, sino de manera destacada de instituciones de educación, cultura e investigación, de niños y jóvenes, de casas editoriales, la radio, la televisión, las asociaciones de publicidad, etcétera, pero quizá lo de mayor trascendencia que pueda proponerse para estas conmemoraciones por la Comisión, constituida por las más altas representaciones de los tres poderes de la Unión, es que en el plazo que se extiende hasta el 31 de diciembre del 2010, el país y los mexicanos avancemos en alcanzar metas sociales y económicas determinadas, cuantificables, que fortalezcan la unidad y den cohesión a los mexicanos y pongan en movimiento de manera articulada a los tres poderes federales y estatales, a los gobiernos en sus tres niveles administrativos y a la sociedad en su conjunto, que tengan repercusión en objetivos y valores que fueron de aquellos dos grandes movimientos y que sin lugar a dudas mantienen vigencia, como la ampliación de nuestras libertades, garantizar la igualdad ante las oportunidades de mejoramiento y progreso o la equidad en las relaciones in-

ternacionales, lo que podría llevarnos, entre otras finalidades
—me aventuro a expresarlo aquí sólo como algunas ideas de
las muchas que habrán de considerarse para estas conmemoraciones—, a alcanzar metas en lo que hace a la erradicación
de la pobreza extrema y las enfermedades curables, del anal-
fabetismo, la nutrición de todos los niños, la cobertura y calidad de la educación, en vivienda o en infraestructuras básicas
para nuestro desarrollo, o, en otros aspectos igualmente trascendentes, a pensar muy seriamente en el replanteamiento
de nuestro pacto federal, acto fundacional de la República,
que conduzca a un proceso de revisión cuidadosa y de amplia
discusión democrática de nuestra Constitución y como resultado de ello, a la elaboración de una nueva ley suprema que
contribuya para que México y los mexicanos enfrentemos en
mejores condiciones y con éxito los retos que ya plantea este
siglo XXI en el que nos adentramos...

Por otro lado, con la designación de titular de los Consejos Asesores y la colaboración de miembros de la Fundación para la democracia, empezamos a reunir información, auscultar posibilidades
de colaboración con otras instituciones. Se procedió a elaborar
una propuesta de programa de trabajo, así como los proyectos de
reglamentos de los *Consejos Asesores*. Se consultó con el Secretario de Gobernación e hice la invitación a los integrantes de los
Consejos para que formaran parte de ellos, recibiendo de todos su
aceptación. Por otro lado, se evaluaron las necesidades de personal, equipo, espacio de oficina, etcétera, pero consideré convenía
esperar el cambio de gobierno antes de dar cualquier paso que
significara solicitar recursos del Estado para al trabajo que se me
había encomendado.

Al tiempo que se desarrollaban esas actividades, tuvieron lugar las elecciones. Los conflictos postelectorales tensaron la rela-

ción entre partidos y toda actividad se politizó y se visualizó con
sentido partidario. En esa situación, no faltaron ataques de gente
del PRD, cercana a Andrés Manuel, por haber aceptado yo el cargo,
a pesar de que sabían que él había dado su visto bueno para ello.
En esas condiciones, consideré que podía constituirme en un obstáculo para el desarrollo del programa de las conmemoraciones,
que no debían encontrar traba ninguna por cuestiones políticas
que pudieran personalizarse. Decidí, previa consulta con Celeste
y mis hijos, como hacemos siempre en los casos que en familia
valoramos como importantes, presentar mi renuncia como *titular
de los Consejos Asesores*.

Para formalizar esta decisión me entrevisté con el secretario
de Gobernación, a quien planteé la posibilidad de encontrarme
con el presidente, lo que tuvo lugar el 8 de noviembre. En esa
ocasión, además de agradecer la deferencia que se me había hecho
al designarme para el cargo y explicarle los motivos para dejarlo,
le entregué una carta en la que asentaba, entre otros, los razonamientos siguientes:

La organización de las conmemoraciones del bicentenario
de la Independencia y del centenario de la Revolución, que
tienen entre sus propósitos los de fomentar la unidad de los
mexicanos en torno a los valores de la identidad nacional y
de la cohesión social; de lograr en dichas conmemoraciones
la participación más amplia posible de los sectores de la población más significativos en la vida del país, así como de sus
estados, municipios y regiones; de analizar y discutir con pluralidad respecto a las distintas visiones culturales, políticas e
históricas las aportaciones de esos dos grandes movimientos
de nuestra historia en los momentos en que sucedieron y de
sus proyecciones hacia el presente y el futuro; de alcanzar una
mayor cercanía con los pueblos hermanos de Latinoamérica y

con los del resto del mundo, exigen como condición ineludible de éxito, llevarse a cabo en un ambiente de respeto, ajeno a todo tipo de crispaciones políticas y sociales y fuera de toda posibilidad de provocar polarizaciones y enfrentamientos entre entidades e individuos que deben ser parte, en diferentes calidades, de las propias conmemoraciones.

En la coyuntura política que actualmente vive nuestro país, no puedo dejar de reconocer que las posiciones públicas que he asumido han sido y son causa de controversia al interior del partido político en el que milito y en algunas expresiones políticas con importante presencia en la vida nacional, por lo que considero que mi presencia en la organización de esas conmemoraciones no contribuye al ambiente de pluralidad, convergencias, concordia, colaboración, tolerancia y objetividad que debe prevalecer en la organización y realización de los eventos relacionados con la recordación patriótica de los aniversarios de nuestra Independencia y de la Revolución Mexicana.

Los días previos a la elección

Al mismo tiempo que anunciaba que no participaría en el proceso para elegir candidato del PRD a la presidencia, tomé la decisión de no hacer presencia en la campaña debido, principalmente, a las diferencias que tenía con la plataforma sostenida por Andrés Manuel y respecto a la participación, como candidatos del PRD a cargos en el Congreso, de personas que habían actuado contra el partido sin hacer un deslinde público de sus pasados políticos. Decidí, también, no hacer públicas mis diferencias durante los meses de campaña, aunque algunas eran conocidas desde que se presentaron, por un lado *Un México para todos*, por el otro los

20 y los 50 puntos y *Un proyecto alternativo de nación* de Andrés Manuel.

Pero no faltaba quien quisiera verme en la campaña. Por una parte, el presidente del partido, Leonel Cota, me planteó la posibilidad de que me presentara como candidato a senador, encabezando la lista de representación proporcional del partido. Agradecí, pero consideré que se vería como premio de consolación y como que buscaba un cargo a toda costa. Así se lo hice saber al presidente del partido. Además, conocía mi opinión negativa sobre algunos de los candidatos que el partido había ya decidido postular.

Con la idea de estimular el debate sobre las políticas a aplicar a futuro, lo que no había sido relevante durante la campaña a la que faltaban unas cuantas semanas para terminar, hacia finales de mayo hice público un documento que titulé "Viendo hacia adelante: un camino democrático y progresista para México", con propuestas sobre reformas a la legislación electoral, cambios a la Ley de radio y televisión, el replanteamiento del pacto federal, una nueva política económica y varios temas más. Esperaba algún comentario, sobre todo del PRD, pero fue conscientemente ignorado por éste y sus candidatos, incluido, Andrés Manuel.

La elección del 2 de julio

Así se llegó finalmente al día de la elección, que tuvo, como bien se sabe, un resultado apretado y fuertemente cuestionado por la Coalición por el bien de todos. Planteando una salida a la situación, el 6 de julio publique un artículo en *La Jornada* en el que, entre otras cosas, expresaba:

Los resultados de la elección muestran claramente un país partido en dos. Superar los problemas que habrán de enfrentarse sobre todo en el futuro inmediato, salir del prolongado estancamiento económico y de la profunda crisis social en el plazo más corto posible, exige de los mexicanos unidad en el propósito y unidad en la acción. Y un factor decisivo para lograr esa unidad, en la situación postelectoral que estamos viviendo, es sin duda un ánimo colectivo de certeza en la precisión de las cifras electorales, esto es, certeza en la efectiva correspondencia entre los votos emitidos y los votos contados.

Una vez concluidos los cómputos distritales, hay quienes plantean dudas e inconformidades respecto a la elección, que resultan legítimas si hacemos memoria de nuestra historia electoral. Para honrar la cruenta y difícil lucha que permitió ganar el respeto al voto de los mexicanos y para dar cauce a esas dudas e inconformidades, existen los recursos jurídicos que permiten transparentar los resultados y así garantizar la salud de la nación...

... para cualquier electorado, en una elección tan apretada y más diría yo para el electorado mexicano que tuvo un comportamiento ejemplar, una participación masiva y responsable el 2 de julio pasado, es indispensable la confianza en el resultado de sus elecciones.

A quien más conviene la transparencia es a quien gana la elección. La certeza en el resultado se traducirá en el reconocimiento colectivo de la legitimidad del gobernante y en un indispensable respaldo social, que permitirá sacar bien la tarea.

Sin haber incurrido en falta, quien se resiste, quien se opone a despejar dudas, despierta sospechas innecesarias.

Pidamos a todos los candidatos y partidos que contribuyan a despejar las incertidumbres del panorama político actual, pidámosles que den pasos para que se dé la interlocución entre ellos y para la puesta en marcha de todo procedimiento que se proponga para aclarar presente y futuro, incluyendo, en su caso, la apertura de paquetes electorales del 2 de julio.

El consenso de candidatos y de partidos sería sin duda atendido responsablemente por el Tribunal Electoral del Poder Judicial de la Federación.

La certeza en el resultado de la pasada elección será la mejor forma de unir a los mexicanos y de dar fortaleza a nuestro próximo gobierno.

El resultado electoral desató polémica. En varios artículos publicados en esos días, se decía que de haber aparecido yo en la campaña de Andrés Manuel, éste hubiera superado a Calderón, que Andrés no había tenido capacidad o voluntad para convencernos a Lázaro y a mí para sumarnos activamente a su campaña y con acciones semejantes asegurar una amplia mayoría de votos.

No fue mi ausencia de la campaña lo que le hizo perder muchos puntos en las preferencias electorales, pues al iniciar la actividad electoral con una altísima intención del voto, mucho antes de entrar a los tiempos formales de campaña, yo estaba pretendiendo, al igual que él, la candidatura del PRD, esto es, cuando él contaba con una clara mayoría del voto potencial yo no estaba impulsando su candidatura sino la mía. Otras consideraciones sobre este tema las hice públicas posteriormente, en una larga carta que dirigí a Elena Poniatowska y a la que a continuación hago referencia.

Elena Poniatowska

Antes y después de mi anuncio de no participación en el proceso de elección interna del PRD, ataques interesados no faltaron, como tampoco en el curso de la campaña electoral: por qué regateaba mi apoyo a Andrés Manuel, no contaba yo con base social y no tenía por lo tanto derecho a aspirar a la candidatura (¿qué les preocupaba entonces?), no había asistido a la marcha-mitin del 7 de abril (a la que efectivamente no asistí porque se trataba en realidad de una convocatoria que tenía por objeto, no expresado explícitamente pero políticamente evidente, apoyar la candidatura de Andrés Manuel), por qué x o z persona o grupo me expresaba simpatía (cuestionando en este caso tanto la libertad para expresarse como la de tener preferencias políticas). Así transcurrió todo el periodo de campaña y ante esas críticas y ataques guardé silencio, hasta que en septiembre Elena Poniatowska declaró a *La Jornada* que si Patricia Mercado, candidata presidencial de Alternativa, Marcos, el subcomandante, y yo no nos hubiéramos "echado para atrás" y nos hubiéramos sumado al apoyo de la candidatura de Andrés Manuel, lo que no habíamos hecho "por envidia", éste hubiera ganado la elección.

Esa declaración me dio pie para enviar una carta a Elena, que hice pública, exponiendo las razones de la posición que asumí a lo largo de la campaña. Decía en la carta que la envidia no había tenido lugar en mi conducta, ni pública ni privada, y que nunca me había echado para atrás frente a compromisos que hubiera asumido y seguía un largo texto:

Con Andrés Manuel he compartido por años propósitos y episodios importantes de la lucha por la democracia en nuestro país. Nunca exigimos incondicionalidad ni subordinación en nuestra relación. El trato en los muchos encuentros de los dos, puedo decirte, ha sido cordial y respetuoso. Mis desacuerdos o desencuentros con él no son de carácter personal. Las diferencias que existen entre ambos son relativas a las formas de hacer y entender la política y sobre algunos aspectos programáticos, acentuadas, ciertamente, cuando se trata como hoy de los destinos del país y a partir de que se iniciara el proceso que debía conducir a la pasada elección del 2 de julio y respecto al cual ambos definimos con anticipación y públicamente nuestras posiciones frente al país y a la ciudadanía, él a través de sus "20 puntos", sus "50 puntos" y del libro *Un proyecto alternativo de nación*, yo mediante la publicación de *Un México para todos*, de autoría colectiva. Aun con esas diferencias, mi voto fue por todos los candidatos de la Coalición, como en su momento lo hice público.

Una de las discrepancias que resaltaría de esas publicaciones es en relación al juicio que hace, sin mencionar nombres, de la digna y firme defensa del principio de no intervención y de la paz que hizo Adolfo Aguilar Zínser[22] como miembro del Consejo de Seguridad de la Organización de las Naciones Unidas. Al respecto, Andrés Manuel escribió: "Después del triunfo de Vicente Fox nuestra política exterior se ha conducido con desmesura. El resultado más notorio ha sido la afanosa intervención en el Consejo de Seguridad de la Organización de las Naciones Unidas (ONU) que en la práctica sólo vino a complicar aún más nuestra situación internacional", lo que me lleva necesariamente a preguntar si la política exterior de México debe plegarse incondicionalmente a la de los Estados Unidos con el fin de no complicarse y olvidarse entonces de la defensa de los principios, de tomar decisiones soberanas en función de los intereses del país y de la dignidad misma de la nación, que gobierno y ciudadanos estamos obligados a respetar y a hacer valer.

Se dice también en ese proyecto: "Los sueños de ver a México como gran protagonista en el concierto de las naciones son sólo eso: espejismos protagónicos para alimentar am-

---

[22] Este hecho, fue el principio de la ruptura de Adolfo Aguilar Zínser con el gobierno de Vicente Fox.

biciones personales que nada tienen que ver con el país real", lo que me lleva a pensar que se quieren desconocer los logros de la política exterior mexicana como, entre otros, la aprobación por amplísima mayoría de la Carta de Derechos y Deberes Económicos de los Estados, el reconocimiento del derecho de los Estados a su mar patrimonial o la participación en el Grupo Contadora para lograr la pacificación de Centroamérica, que implicaron el despliegue de una gran actividad —y si se quiere llamar protagonismo— de la diplomacia mexicana.

Encuentro como una grave omisión de un candidato presidencial no tomar posiciones claras y públicas respecto a cuestiones importantes, tanto del momento como con consecuencias hacia adelante. Puedo citarte los casos siguientes, respecto a los cuales Andrés Manuel no se pronuncia todavía y que quienes consideramos prioritaria la lucha por el rescate y ejercicio pleno de la soberanía y por la cabal vigencia de un Estado de derecho consideramos fundamentales: no ha habido una toma de posición en relación a los contratos de servicios múltiples de Petróleos Mexicanos; tampoco respecto a la ilegal prisión y la extradición hace unas cuantas semanas de seis ciudadanos vascos; sobre la iniciativa Sensenbrenner, que de llevarse a la práctica vulnerará los derechos de miles o millones de mexicanos en exilio forzado en los Estados Unidos; la mayor y excesiva militarización de la frontera común del lado norteamericano, que constituye sin lugar a dudas un acto inamistoso hacia México; la iniciativa del Área de libre comercio de las Américas del Presidente Bush y la propuesta alternativa de promover un acuerdo continental de desarrollo; la iniciativa de Ley de sociedades de convivencia, bloqueada en la Asamblea Legislativa del Distrito Federal en los primeros tiempos de su gestión; la falta de tacto y de oficio diplomático en las relaciones del gobierno mexicano con los gobiernos y Jefes de Estado de Cuba, Venezuela, Argentina y Bolivia.

Reconocerás que en el círculo de colaboradores cercanos de Andrés Manuel se encuentran algunos de los que instrumentaron el fraude electoral y la imposición en 1988 desde el gobierno, el Partido Revolucionario Institucional, la Cámara de Diputados y la Comisión Federal Electoral; quien impuso la banda presidencial a Carlos Salinas el 1 de diciembre de 1988; el que instrumentó la privatización del Canal 13 de la televisión; el que ha declarado que el proyecto económico de Andrés Manuel es el mismo que el de Carlos Salinas; el que pretendió promover la reelección de éste, y a ninguno que se sepa ha pedido Andrés Manuel explicación sobre su cambio de piel política y ninguno la ha dado públicamente.

Este mismo grupo es el que ahora, con algunas adiciones, acompaña a Andrés Manuel en sus nuevos proyectos y el de quienes podría pensarse que formarían parte de su gobierno, que no sería por sus antecedentes y falta de deslindes, un gobierno identificado con los principios y las luchas del PRD y de manera más amplia con aquellos de la izquierda mexicana…

… no se podrá decir que no manifesté oportuna y públicamente mi desacuerdo con la postulación por parte de la Coalición por el bien de todos, de la que el Partido de la Revolución Democrática fue el eje, de candidatos con posiciones públicas contrarias a los principios del PRD, que nunca se deslindaron de sus pasados políticos ni han explicado las razones de su traslado al PRD o cómo concilian un pasado antagónico con los principios del PRD al haber aceptado una candidatura de éste, que no los representa por sus trayectorias y posiciones políticas públicas. Ahí están, como muestra, algunos que fueron candidatos y otros que ya son legisladores en funciones. En este caso, voces como la mía y las de muchos otros que sólo demandaban congruencia, fueron simplemente ignoradas...

Lo que hasta aquí te he expuesto son algunas de las razones que a mi juicio determinaron el número de votos que obtuvo Andrés Manuel el 2 de julio. Por estas mismas razones no creo, en contra de lo que tú has declarado, que mi ausencia de los actos públicos de la campaña haya provocado una dramática disminución de las preferencias electorales a favor de la Coalición. Seguir argumentando más sobre estas cuestiones, sería entrar a un terreno estéril de especulaciones.

Yendo a otros temas, me preocupa profundamente la intolerancia y satanización, la actitud dogmática que priva en el entorno de Andrés Manuel para quienes no aceptamos incondicionalmente sus propuestas y cuestionamos sus puntos de vista y sus decisiones, pues con ello se contradicen principios fundamentales de la democracia como son el respeto a las opiniones de los demás y la disposición al diálogo.

Me preocupa asimismo que esas actitudes se estén dando dentro del PRD y en sus cuadros dirigentes, pues se inhibe así el análisis y discusión de ideas, propuestas y alternativas entre compañeros, más allá de que esa cerrazón se extiende también a lo que pueda llegar de afuera del partido; que la conducción política y las decisiones tomadas después del 2 de julio, como el bloqueo de Madero, Juárez y el Paseo de la Reforma —excluyo la ocupación de la plancha del Zócalo— se estén traduciendo en pérdidas y desgaste del movimiento democrático en lo general y del PRD en lo particular; y me preocupan los cambios contradictorios de línea política: a un medio de información norteamericano Andrés Manuel le declaró no ser de izquierda, cuando había declarado serlo a lo largo de precampaña y campaña. Por otro lado, el 10 de agosto pasado se publicó en *La Jornada* una entrevista que hiciste a Andrés Manuel en la que preguntaste: "Si llegaras a la presidencia, ¿tendrías que moderarte?"

A lo que respondió: "Sí, la institución te lo exige, yo lo haría. Es más, durante la campaña y hasta ahora no he dicho cosas que pienso sobre mi país, porque me he autolimitado, porque mi rol es hasta ahora uno. Una vez que se resuelva este asunto [el conflicto postelectoral], ya veremos. Pero muchas cosas me las guardé porque uno tiene que actuar de una manera cuando es candidato y, desde luego, actuar de otra manera cuando se es presidente, y de otra manera como dirigente de resistencia social. Pero en cualquier circunstancia uno tiene que mantener sus principios. Es nada más un asunto de matices, de moderación."

¿Por qué entonces guardarse de fijar posiciones y hacer propuestas, cuando era precisamente en su calidad de candidato a la presidencia cuando se tenían que hacer definiciones que atrajeran con lealtad y orientaran con rectitud el voto de la ciudadanía? ¿No es principio básico de un comportamiento leal y democrático actuar con transparencia y hablar con la verdad? ¿Cómo lo explicas tú?

En reciente documento suscrito por Andrés Manuel se plantea que la Convención que él ha convocado para celebrarse el 16 de septiembre "decida si el órgano de gobierno y quien lo represente, se instale y tome posesión formalmente el 20 de noviembre o el primero de diciembre de 2006". Aquí me surge la siguiente pregunta: si se considera que el gobierno actual ha quebrantado ya el orden constitucional ¿para qué esperar al 20 de noviembre o al 1 de diciembre, por qué no empezar por desconocer a la administración en funciones, como sucedió cuando el movimiento constitucionalista encabezado por el Primer Jefe Venustiano Carranza desconoció al gobierno usurpador de Huerta, a los poderes legislativo y judicial y a los gobiernos estatales que no acataran el Plan de Guadalupe?

No pienso que así deba procederse. Hacerlo sería un craso error, de altísimo costo para el PRD y para el movimiento democrático en su conjunto. Por el contrario, estoy de acuerdo con la sensatez y sabiduría de Luis Villoro, que en artículo reciente dice que la discusión de un proyecto nuevo de nación requiere de tiempo para su debate y no puede aprobarse en un acto declaratorio en el Zócalo, al calor de un discurso, pues haría falta por lo menos la consulta y la anuencia de delegados de toda la República...

Villoro expresa también que "muchos no podemos estar de acuerdo con nombrar un nuevo presidente en rebeldía. Esto rompería, aunque sólo fuera simbólicamente, el orden constitucional. Para sostener una amplia y permanente oposición lo que menos necesitamos son actos provocadores. Lo que sí es necesario, pienso yo con muchos conciudadanos, es caminar hacia la paulatina realización de un nuevo proyecto de nación para el porvenir cercano... Un proyecto de oposición podría seguir ciertas ideas regulativas: una nueva ley electoral; una nueva legislación sobre los derechos de los pueblos indígenas; resistencia contra la privatización de los recursos naturales; lucha contra la corrupción; ampliación de la educación en todos sus niveles; lucha para disminuir radicalmente la desigualdades económicas y sociales. Una izquierda nueva podría aglutinarse, sin perder diferencias, en las líneas de un proyecto semejante".

Como ves, con esta larga carta lo que hago es defender el derecho a disentir, a pensar diferente, a pensar, que cuando se ha impedido ha conducido a dictaduras, opresión, represión, sectarismos e intolerancia, que estoy cierto, ni tu ni yo queremos ver en nuestro país.

18

HACIA ADELANTE

Casi finalizando estas notas

El texto, producto de pláticas y grabaciones, recortado por un lado y, por el otro, adicionado con párrafos de notas personales y documentos en algún momento hechos públicos, concluye en 2006. De entonces para acá, muchas cosas han sucedido y en muchos acontecimientos de la vida pública he participado directa o indirectamente o he tomado posición pública frente a ellos, como el debate sobre la política petrolera que tuvo lugar por convocatoria del Senado de la República en 2008; la debacle electoral del PRD en 2009 y la acelerada desviación y traición a sus principios y compromisos originarios al someterse y plegarse, mediante las alianzas electorales en 2010, al régimen entreguista, oscurantista y neoliberal del Partido Acción Nacional; la extinción decretada por el gobierno del organismo Luz y Fuerza del Centro y el atropello a los derechos de cuarenta mil trabajadores del Sindicato Mexicano de Electricistas, al desconocer los principios de subsistencia de la materia de trabajo y el consecuente y obligado reconocimiento de un patrón substituto; el grave sometimiento y cesión de soberanía que representa la medida, anunciada con bombo y platillos por el gobierno, de que se da validez a la visa del gobierno norteamericano para que con ella, extranjeros de cualquier parte del mundo entren a México; la expedición de la discriminatoria y racista Ley SB 1070 del Estado de Arizona.

Por otro lado, en estos años, mi madre fue distinguida con la condecoración de la Real y Distinguida Orden de Carlos III y con la Cruz de Oro de la Orden Civil de la Solidaridad Social, que le otorgó el Estado español por la ayuda y la solidaridad que el pueblo y gobierno de México, presidido por mi padre, brindaron al exilio republicano; Cuate ha estado encabezando el esfuerzo que ha colocado al Festival de Cine de Morelia entre los de la más alta calidad mundial; Lázaro concluyó su periodo como Gobernador de Michoacán, con el cariño y respeto de los michoacanos y profundo orgullo de la familia; y un muy reciente fallo de la Suprema Corte de Justicia de la Nación puso en libertad, después de cuatro años de injusto encarcelamiento, a los presos de San Salvador Atenco, en los que un Estado represor e insensible castigaba la demanda social.

Mi madre

El 12 de diciembre de 2008, a las 11:25 de la mañana, falleció mi madre. Fue un golpe duro, muy duro. Un hueco, sentimientos que se remueven cada vez que se hace un recuerdo cariñoso de ella. Fueron penosos sus últimos días, en los que se fue apagando poco a poco, sin perder la lucidez.

Su recuerdo cariñoso y el ejemplo de su vida estarán siempre presentes en mí. Hoy, el mejor retrato que puedo ofrecer de ella lo encuentro en el lúcido artículo que la revista *Milenio* pidió a Cuate, publicado el 17 de diciembre de 2008 con el título de "La magia de Amalia". Lo encabezó con una frase de ella como epígrafe, que dice: "A ustedes, mis hijos, les toca recorrer un largo trecho/Ojalá sea de luz y justicia para todos." A continuación el texto del artículo:

Morelia fue el destino del último viaje que hice con mi abuela Amalia, la Universidad Michoacana le rindió un homenaje en el Colegio Primitivo y Nacional de San Nicolás de Hidalgo, cuna de las ideas que nos dieron independencia y patria. La familia me pidió que fuera yo quien hablara en su nombre. He tomado como base para esta ocasión el texto que allí leí.

Hablar de Amalia Solórzano no resulta fácil pues es hablar de una mujer que ha estado presente, en mayor o menor medida, en las luchas de nuestro pueblo en los últimos 75 años. He tenido el privilegio de estar a su lado los 42 años que tengo de vida pero gracias a su profunda sabiduría y a su prodigiosa memoria he podido vivir mucho más, viajar en el tiempo y hacer mías historias que sucedieron mucho antes de que yo naciera. Por la memoria de Amalia, que es magia pura y buena, he podido estar presente aquel 3 de junio de 1928 en que un joven general la vio por primera vez en Tacámbaro. Recuerdo por su magia las palabras que unos años después, en franca oposición a su boda, le dijera mi bisabuelo Cándido: "Te vas a casar con un soldado y vas a andar de soldadera con un perico en el hombro". Su magia me llevó con ella a tantos y tan distintos lugares que me ha permitido verla poniendo a mi padre recién nacido dentro de la caja de un abrigo mientras llegaba su primera cuna. La acompañé en la casa mientras mi abuelo tomaba posesión en el Estadio Nacional y juntos visitamos a la viuda de León Trotsky quien la recibió siempre con flores. La vi sonriente, feliz y conmovida en Bellas Artes, aquel martes 12 de abril de 1938 en el que miles de personas comenzaron a llegar hasta ella para contribuir con el pago de las deudas que generó la expropiación petrolera.

Su magia me ha dejado verla solidaria lo mismo con los ferrocarrileros que con los electricistas de Galván, triste por la muerte de Genaro Vázquez Rojas e indignada por el asesinato de Rubén Jaramillo y su familia. Por su magia viví la emoción del triunfo de la Revolución cubana y la vi enojada por la irrupción del ejército en la Universidad Michoacana en 1966 y marchar silenciosa en 1968.

A partir de mediados de los años setenta lo de ella ha seguido siendo magia y lo mío es simple memoria. Vietnam, Chile, Nicaragua, el 88, Chiapas, en fin, innumerables lugares y acontecimientos donde ha estado presente siempre defendiendo sus principios y cuidando y perpetuando el legado del hombre con el que compartió gran parte de su vida y sus anhelos, Lázaro Cárdenas.

Recuerdo bien el jueves 20 de noviembre de 1975. En casa de Amalia nos enteramos, con mi hermano Lázaro, de la muerte de Francisco Franco. Nati Domingo, exiliada española y amiga de la familia, estaba ahí escuchando las noticias y cuando anunciaron la muerte del dictador a Nati se le vinieron encima todo tipo de sentimientos y emociones. Tanto me marcó ese momento que aún recuerdo el verde del suéter de Nati y dónde estábamos sentados cada uno y a partir de ahí, no solamente Franco pasó a ser en mi santoral laico el mismísimo demonio, sino que comencé a entender lo que había sido la Guerra Civil Española, lo que significaba el exilio y lo que debe hacer un pueblo y un gobierno cuando un país hermano está en desgracia. La magia me llevó entonces hasta el andén para recibir el tren en el que, el 8 de junio de 1937, llegaron a la ciudad de México un grupo de niños españoles a quienes sus familias habían puesto a salvo de la guerra enviándolos a nuestro país. Amalia me ha dejado ver las caras de desconcierto y temor a lo desconocido con que bajaron del tren aquellos niños a los que Morelia y la misma Amalia les devolvieron con el tiempo la sonrisa.

Hoy que te has ido, lo que nos queda es la magia, magia para todos los amigos, los miles de amigos que te han querido, para tu hijo y para Celeste, para nosotros tus tres nietos, para Mayra y Virginia y para tus bisnietos, los propios y el que generosamente también hiciste tuyo y lo menciono porque además de conmoverme en lo personal, tu generosidad ha sido una virtud que te marcó en la vida e hizo de tu casa —y de tu patria— un lugar con las puertas abiertas para todos aquellos que quisieron o se vieron obligados a llegar a ella.

Hace tiempo nos escribiste: "Mexicanos no somos nada más por haber nacido aquí, sino por querer al país y cuidarlo como se cuida a los hijos y al hogar." Has sido una mexicana ejemplar y cuando México transite por mejores caminos ahí estarás tú también, pues estoy seguro que tu magia te mantendrá entre nosotros con la mano tendida, lista para darse a quien la necesite.

Gracias por tu cariño, por tus enseñanzas y tu ejemplo y sobre todo, gracias por la magia.

¿Qué sigue?

La lucha por un México cabalmente soberano, democrático, equitativo, justo, generoso con sus hijos, no ha terminado. México es una nación que no ejerce su soberanía a plenitud, que transita a tumbos de un régimen de partido de Estado dominante a un sistema democrático; con una economía que no crece desde hace treinta años, a pesar de los recursos y potencialidades del país y del denodado esfuerzo de un pueblo valeroso y decidido, que ha visto en las últimas décadas un deterioro constante de sus niveles de vida y sus condiciones de bienestar, en el que aumentan la desigualdad y la pobreza, donde la vida en porciones importantes del territorio nacional está regida por la delincuencia. Todo ello, sucediéndose con una conducción política entreguista e incierta, a veces inexistente.

Es con la gran movilización social de 1988 cuando puede considerarse que se inicia el proceso de transición que estamos viviendo. Subsisten, como bien puede constatarse, serios rezagos sociales, económicos y políticos, a pesar de los cuales no puede desconocerse que también se han producido avances.

En el año 2000 se logró la alternancia en el ejercicio del poder, un partido político (el PAN) substituyo a otro (el PRI) a la cabeza del Ejecutivo. Cambiaron también algunas personas, y muchos creyeron que con ello llegaría un régimen político y una convivencia social democráticos, así como una era de prosperidad general a partir de una economía en crecimiento sostenido. Nada de eso sucedió, pues se mantuvo vigente un proyecto político-económico entreguista, concentrador de la riqueza en grupos cada vez más reducidos de la población, socialmente excluyente, que cumple ya tres décadas.

Hoy, sin duda, la calidad de las elecciones es distinta y mejor de la que había en 1988 y en lo general de la que se tenía con anterioridad a 1997. De ello tenemos constancia si comparamos los procesos más recientes, aun con todas sus irregularidades, dudas y reclamos, con la elección misma del 88; las locales de Veracruz y Tabasco ese mismo año; las de Congreso de Michoacán de 1989, que llenaron de violencia al estado; las municipales de Guerrero, de nuevo Michoacán, Oaxaca, Chiapas, Puebla, etcétera, etcétera, del mismo 89, envueltas igualmente en la arbitrariedad y la violencia; la extraordinaria municipal de Uruapan de 1991, que se constituyó en el ensayo para el fraude sofisticado y masivo que instrumentó el gobierno en la elección federal intermedia del propio 91 y muchas otras locales, hasta llegar a la federal del 94, marcada cuando menos por la inequidad.

Un primer paso de la democracia es tener elecciones confiables y creíbles. Existen avances al respecto, así como también logros pendientes de alcanzar.

A pesar de las reformas a la legislación electoral, las elecciones se siguen distorsionando por dos causas principales: el dinero, indebido e ilegal que interviene en ellas y se ha convertido en factor determinante de sus resultados, y las intromisiones, indebidas e ilegales también, de funcionarios en ejercicio de sus cargos, para favorecer a candidaturas determinadas.

El dinero ilegal que llega a las campañas se ha venido destinando preferentemente al pago, que se vuelve por tanto ilegal, por tiempos que se otorgan a candidatos y partidos en los medios electrónicos, a la televisión en su mayor proporción. Y el tiempo de exposición en las pantallas se ha convertido en un factor que influye de manera decisiva en la orientación del voto, como lo dejan ver las experiencias recientes.

En la última reforma a la legislación electoral se estableció que el tiempo del que disponen los partidos políticos para hacer propaganda en los medios electrónicos de información lo asigna el Instituo Federal Electoral, lo que sin duda constituye un avance respecto a la legislación anterior. Esta medida debiera complementarse con incorporar a los términos de las concesiones de televisión y radio, qué canales y estaciones consideren los tiempos asignados a los partidos sin costo para éstos o para el Estado.

Con ello, además de darse equidad a la competencia electoral, se podría generar un importante ahorro para el Estado y la ciudadanía misma, pues la prerrogativa oficial que se asigna por ley a los partidos políticos se destina en altísimo porcentaje, 80 o 90 %, a la compra de tiempos en las televisoras durante los periodos de campañas electorales. Sobre todo en aquellas en las que se disputa la presidencia de la República.

Por otro lado, un gasto indignante, un enorme despilfarro de fondos públicos, que distorsiona también fuertemente la vida política, que vemos todos los días y que podría evitarse con medidas legislativas, es el que se hace a través de los medios en campañas personalistas. Debía prohibirse que los funcionarios que ejercen cualquier cargo público aparecieran con imagen y/o con voz en televisión, radio y prensa escrita en las publicidades oficiales. Esto es, escuelas, caminos u hospitales que se construyan, una buena ley que se promulga o los buenos resultados de un programa económico o social, es importante que la ciudadanía los conozca, pero debe quedar claro que esas acciones están dentro de las funciones y obligaciones de cualquier funcionario público, que no están realizadas con recursos de su bolsa, y debieran, en todo caso, acreditarse a la actividad institucional y desde ningún punto de vista a la promoción personalista.

Los resultados de elecciones recientes se están viendo también distorsionados por intromisiones indebidas de funcionarios públicos, que ante los procesos electorales tendrían la obligación de conducirse con imparcialidad. Esas intromisiones se están dando, principalmente, mediante la imposición de prácticas clientelares en la instrumentación de las políticas públicas, sobre todo en las cuestiones sociales, e inyectando dinero ilegal para apoyos partidarios. Para frenar estas intromisiones (además de buscar mejorar la transparencia de los procesos y la efectividad de los mecanismos para exigir la rendición de cuentas) las sanciones por incurrir en este delito debieran consistir, entre otras penas, en la cancelación de la candidatura o la pérdida del cargo para quien se hubiera beneficiado de su comisión, así como en un fuerte castigo para quien lo hubiera cometido, aunque no se tratara del beneficiario directo.

***

En una democracia, el respeto y la efectividad del voto son fundamentales. Puede decirse que sin elecciones libres, sin respeto al voto, la democracia se constriñe seriamente o se torna inexistente.

Pero la democracia electoral no es lo único que constituye y determina que exista y se viva en democracia.

Una vida democrática y un sistema político democrático, para ser reales, deben estar permeados y dominados por la igualdad, que constituye el valor fundamental de la democracia.

En México hemos avanzado en la calidad de la democracia electoral, pero estamos muy lejos de alcanzar la igualdad en las condiciones de vida de los mexicanos, en las oportunidades de progreso, en las calidades de vida de los diferentes grupos sociales, en el acceso a satisfactores de necesidades básicas, en el desarrollo de nuestras ciudades y nuestras regiones.

México es una nación sumamente desigual: en materia de ingreso, por ejemplo, la desigualdad se hace evidente al comparar el 10 % de la población con ingresos mayores, con el 10 % de la población con los ingresos más reducidos: los primeros reciben 24.6 veces más que los segundos; ahora bien, si vamos más al detalle y comparamos el 1 % de los hogares con los ingresos más altos, con el 1 % con los ingresos más bajos, que concentran respectivamente 9.2 % contra 0.07 % del producto interno bruto, la diferencia es de 131.43 veces.

La desigualdad, la negación de oportunidades para muchos, se observa también en el empleo. Así, oficialmente se registra en el país un desempleo abierto del 4.9 % de la población económicamente activa[23] (2 337 000 personas), cifra que como dijera el 5 de noviembre de 1992 Felipe Calderón, refiriéndose a la correspondiente cifra oficial de aquella fecha, "es ridícula", porque:

… no considera el desempleo en el sector rural (y podemos agregar hoy, ni en ningún otro sector); porque sólo se limita a muestreos en las principales zonas urbanas del país; porque considera como trabajador a quien trabaja sin remuneración;

---

[23] *Milenio*, México, D. F., 12 de mayo del 2010.

considera como empleado a quien trabaja a la semana por lo menos una hora; porque considera como empleado a quien tiene la certeza o la creencia de conseguir empleo en un mes.[24]

A la desocupación abierta de 4.9 % de la población activa deben agregarse 9.3% más de subempleo (4.4 millones de trabajadores), 27 % de informales (12.6 millones) y 6.8 % de personas que trabajan sin recibir ingreso alguno (3.2 millones — generalmente parientes en alguna empresa familiar)[25], lo que hace ascender a 20.2 millones el número de personas carentes de empleo formal, 43.1 % de la población económicamente activa.

La pobreza en el país alcanza ya a 77.2 % de la población total, más de 82 millones de mexicanos, de los cuales puede estimarse que 11.2 millones, 10.5 %, se encuentran en condiciones de pobreza extrema, 36 millones (33.7 %) sufren pobreza multidimensional y 35.2 millones (33 %) son personas vulnerables por algunas carencias sociales, como el no tener acceso a la seguridad social, condición que afecta a 64.9 % de la población nacional, no tener acceso a servicios de salud (40.7 %) o por padecer insuficiencia alimentaria (21.6 %).

Los deterioros sociales más graves se han tenido durante los gobiernos neoliberales, de 1982 a la fecha. De la década de los años treinta a los ochenta, la pobreza había logrado reducirse de 80 a 40%. Con el neoliberalismo, la población en condiciones de pobreza (sólo la llamada multidimensional) pasó de 40 a 50%, la total llega a 77.2 %, o sea que se está prácticamente como en la década de los años treinta, con un retroceso de ochenta años, y debe señalarse que en el tiempo transcurrido de esta adminis-

---

[24] Carlos Fernández Vega, "México, S. A.", *La Jornada*, México, D. F., 15 de marzo de 2010.
[25] *Idem.*

tración, el número de pobres en el país se ha incrementado en 6 millones.

Las administraciones neoliberales, además, han sido incapaces para generar tanto crecimiento económico como empleo formal.

De 1934 a 1982 la economía mexicana creció en promedio poco más de 6 % anual respecto al PIB; de 1982 a 2000 el crecimiento cayó a 2.6 % como promedio y el desplome absoluto ha venido de 2000 en adelante, período en que el crecimiento anual promedio que registra la economía apenas alcanza 0.4 %[26] (con una caída de -6.8 % en 2009).

***

Democracia también es participación. Hoy, aunque se requiere todavía mejorar la calidad y confiabilidad de los procesos electorales, puede decirse que todo ciudadano puede participar en ellos y que su voto tiene la garantía de ser respetado. Ha sido mediante la participación electoral que se ha avanzado en una mejor y aún perfectible democracia representativa.

Pero la mayoría de los mexicanos no tiene voz en sus calidades de trabajador, consumidor de bienes básicos, usuario de servicios públicos y apenas es tomado en cuenta en su calidad de residente de un barrio o de una colonia.

Abrir paso a la democracia participativa querrá decir que se puede participar en la toma de decisiones, como trabajador, en la organización del trabajo en la fuente laboral, en las deliberaciones sobre cómo se reparten los beneficios de los incrementos de la productividad o en la revisión de las contabilidades empresariales y las asignaciones correspondientes al reparto de utilidades; como

---

[26] Ricardo Carrillo Arronte, "Hacia la reforma económica para revitalizar el proyecto nacional", Colegio Nacional de Economistas, Querétaro, Qro., 19 de febrero de 2010.

usuario de servicios públicos, en las medidas para mejorar su calidad o para discutir sus tarifas; como consumidor de bienes básicos, en que se garantice su abasto y en supervisar sus calidades y la observancia de sus precios autorizados; y como residente de una colonia, en la determinación de prioridades y supervisión del ejercicio de los presupuestos asignados a la colonia, en el funcionamiento de la escuela de los hijos, en la operación de los servicios públicos.

En otro plano, la participación ciudadana debe abrirse y garantizarse en los casos de referéndum respecto a leyes cuya trascendencia reciba el respaldo ciudadano; de plebiscito, para tener voz en el caso de medidas políticas, sociales y económicas de gran alcance, y de revocación de mandatos, así como en los mecanismos de rendición de cuentas.

Reformas pendientes, que harían avanzar la vigencia del Estado de derecho, será la creación de los mecanismos legales mediante los cuales todo ciudadano pueda exigir al Estado la posibilidad de pleno ejercicio de sus derechos constitucionales reconocidos, hoy, por ejemplo, al trabajo, a la salud, a la vivienda.

***

El crimen, la violencia, la corrupción, la arbitrariedad, constituyen formas de relación de la sociedad que en los últimos años han ganado terreno en nuestro país y que muestran cómo ha retrocedido, en partes importantes del territorio y en el desenvolvimiento de diversas actividades, la vigencia del Estado de derecho.

Recuperar el predominio del Estado de derecho en la totalidad del territorio y en el conjunto de las relaciones de la sociedad, es hoy una de las grandes prioridades y de las grandes tareas de la nación.

Se trata de atacar hasta erradicar la corrupción, de barrerla de arriba abajo; de sancionar la arbitrariedad de funcionarios mayores

y menores con el peso de la ley; de revisar con responsabilidad y
objetividad las estrategias de combate a la delincuencia de todo
tipo; de hacerlo con mejores mecanismos de inteligencia e investigación, así como de coordinación internacional, conduciendo
un ataque a fondo contra las redes patrimoniales y políticas de la
delincuencia organizada de manera principal e involucrando, mediante un plan debidamente formulado y articulado, no sólo a los
aparatos judiciales y policíacos federales, estatales y municipales,
sino también a los sistemas de salud y educación, a los medios de
comunicación e información, a la población en general, que para
ello pueda adecuadamente organizarse; y relevar a las fuerzas armadas de funciones que constitucionalmente no les corresponden
y para las cuales ni anímica, ni doctrinaria, ni profesionalmente se
encuentran preparadas.

Nos encontramos hoy con serias evidencias del quebranta-
miento del Estado de derecho y del predominio de la violencia y
el crimen en vastas porciones del territorio y en actividades trascendentes de la vida nacional. Confirman esta afirmación hechos
como los numerosos asesinatos y secuestros que día con día se
suceden por toda la República; el altísimo porcentaje de delitos
que quedan impunes; las múltiples versiones que se refieren casi a
cualquier parte del país que uno toque, que atestiguan hechos de la
vida cotidiana y que quienes los viven sufren y relatan, de grupos
delictivos que rigen la vida en amplias porciones del territorio nacional y de innumerables empresas y estructuras de la burocracia
oficial penetradas por la delincuencia organizada.

Recuperar la vigencia del Estado de derecho debe empezar por
la manifiesta voluntad política de los titulares de los Poderes del
Estado para lograrlo, lo que sólo será posible si éstos cuidan e imponen que sus actividades y decisiones se apeguen estrictamente a los
mandatos de la ley. Si con verdadera actitud republicana y grandeza
personal rectifican donde hayan procedido indebidamente y si, por

otro lado, se empieza consistentemente a reducir la desigualdad; si la gente, los jóvenes sobre todo, encuentran oportunidades de trabajo formal protegido socialmente, lo que exige que la economía crezca sostenidamente en el largo plazo; si se eleva la calidad de la educación y se garantizan al estudiante acceso y permanencia en todos los niveles del sistema, a condición de que satisfaga los requerimientos académicos; si se protege y estimula a los productores; si se respetan las diversidades y las minorías; si se hace efectiva la condición pluriétnica y pluricultural de la nación en las políticas públicas; si la calidad de vida, las oportunidades y el bienestar se tornan equivalentes en el campo y en la ciudad; si, en resumen, se instrumenta un modelo de desarrollo soberano, equitativo y democrático, muy distinto al que sometidamente han impuesto los gobiernos neoliberales a los mexicanos desde tres décadas atrás.

***

Pero México no está ni se mueve solo en el mundo. Una serie de relaciones, intercambios, interferencias, determinan en buena medida nuestras capacidades de desarrollo y del ejercicio mismo de nuestra soberanía como nación.

Desde hace tres décadas las administraciones del país han instrumentado sus políticas públicas de acuerdo con un seguimiento riguroso de los llamados consensos de Washington, que han conducido a un cada vez más grave y preocupante deterioro de las condiciones de vida de las grandes mayorías de la población y a una economía que atraviesa por una crisis permanente. De ella no habrá salida mientras se mantengan vigentes las mismas políticas que la han provocado y que periódicamente la agudizan, una economía que crece con extremada lentitud, que ha llegado incluso a paralizarse y decrecer, como sucedió en 1982, 1986-87, en 1994-95 y en 2009.

Al considerar la actual situación de apremio social y postración económica, que trae aparejada un serio debilitamiento político, podría pensarse que ha sido el objetivo conscientemente perseguido por los gobiernos del neoliberalismo, que de 1982 a la fecha, de modo sistemático, han procedido a desmantelar la obra constructiva de la Revolución Mexicana. Es decir, a desconocer los derechos a la tierra de las comunidades carentes de ella, a frenar la inversión para la expansión de la educación superior, a debilitar el sistema de seguridad social, a desmantelar la banca de fomento e instituciones para el apoyo a la industrialización y el desarrollo de nuevas tecnologías, a privatizar empresas estratégicas en las áreas de las comunicaciones, la siderurgia y los fertilizantes, a ceder al extranjero los principales bancos comerciales y, en general, a cancelar aquellas políticas de industrialización, desarrollo regional y fortalecimiento del mercado interno, que fueron los motores del crecimiento de la economía y base del mejoramiento social durante un largo periodo.

El 1 de enero de 1994 entró en vigor el Acuerdo de libre comercio de América del Norte, que ha dado para México resultados buenos en algunas áreas, malos y muy malos en otras. Entre los efectos positivos del acuerdo habría que contar el importante aumento del comercio trilateral y el muy substancial incremento de las exportaciones mexicanas, aunque la mayoría de ellas corresponden a maquiladoras de propiedad extranjera o a transacciones internas de corporaciones internacionales que operan en el país.

Entre los efectos negativos del acuerdo, deben considerarse el desastre productivo en vastas regiones del campo, el proceso de desindustrialización y el debilitamiento del mercado interno, que pueden apreciarse en el abandono de grandes extensiones de tierras de cultivo, en el incremento de la desocupación y en una creciente emigración hacia los Estados Unidos. Y si se considera, por ejemplo, que en 1983, de cada dólar exportado, 88 centavos correspondían a insumos nacionales —mano de obra, servicios, materias primas, partes, componentes—, que pasadas las dos primeras administraciones del neoliberalismo, en 1994, esa cifra había caído a 42 centavos y que hoy quizá no llegue a 20.

El acuerdo de libre comercio ha traído consigo también una mayor integración, en condiciones de dependencia, con la economía norteamericana. Al carecerse a lo largo de todo este periodo de una política efectiva de mejoramiento social, que pudiera verse en los programas de generación de empleo, educativos, de salud y expansión de la seguridad social, se ha provocado una creciente emigración de mano de obra mexicana hacia los Estados Unidos. Ello representa para la economía de nuestro vecino una muy importante contribución de mano de obra barata y en alta proporción desprotegida en sus derechos laborales.

Revertir esta situación demanda, además de un cambio radical en las políticas públicas, en las que se diera prioridad a la elevación consistente de los niveles de vida y bienestar de la población y a un crecimiento de la economía que se sostuviera en el largo plazo, incorporar al país a los procesos de integración que le permitieran insertarse, de manera positiva, en los procesos de globalización que se viven actualmente.

México es pieza clave en nuestro continente, es puente entre el norte y el sur y entre el Pacífico y el Atlántico. Pero al volcar, sobre todo en las administraciones neoliberales, todo su esfuerzo económico hacia el norte, ha desaprovechado esa condición, se ha aislado del sur, donde tienen lugar importantes procesos de integración, entre los que destacan los de Mercosur y el de la Unión de Naciones Suramericanas (Unasur), y se ha vuelto cada vez más débil su presencia en los demás continentes.

El Acuerdo de Libre Comercio de América del Norte ya dio lo que podía dar y así se le ve desde los tres países que lo suscribieron: Canadá, Estados Unidos y México. Para abrir nuevas oportunidades a nuestra economía y en el esfuerzo por construir un mundo mejor, de progreso compartido, México debe proponer a sus socios del ALCAN un *addendum* a éste, que se adoptara en el plazo más breve posible y que tenga como propósito fundamental hacer equitativas las relaciones entre los tres países, mediante la superación de las asimetrías económicas y las diferencias sociales existentes entre ellos; que considere entre sus mecanismos de acción la creación de fondos de inversión, similares a los constituidos por la Unión Europea para incorporar a ese proyecto a las naciones de menor desarrollo relativo, y la formulación de un compromiso social, en el que se destaquen las cuestiones de carácter laboral y en éstas, los derechos de los trabajadores.

México no debe seguir aislado de los procesos de integración política y económica que están llevándose a cabo en el sur del continente. No sólo por una relación histórica o por tratar de hacer realidad lo que en otras épocas se vio sólo como una idea romántica o como una utopía, sino porque las naciones que actualmente crecen y aprovechan las ventajas de la globalización son aquellas que en sí constituyen o que se han agrupado para formar grandes bloques demográficos y territoriales, cuentan con variados recursos naturales y concentran importantes estructuras productivas, como Estados Unidos, la Unión Europea, China, India y Rusia; México, en el círculo de la dependencia o de la integración asimétrica con Estados Unidos, nunca alcanzará las condiciones de desarrollo y de igualdad y vida digna para sus ciudadanos, a las que con justicia aspiramos la gran mayoría.

Corresponde, en este caso a México, buscar un mayor acercamiento con el sur y encontrar las vías para ser parte de los procesos de integración política y económica que allá tienen lugar y que en el curso de su desarrollo debe plantearse la incorporación de todos los países de Latinoamérica y el Caribe. Sin olvidar, desde luego, a Puerto Rico, país colonizado, que debe alcanzar su independencia y cabal ejercicio de su soberanía, que ha sido y nunca ha dejado de ser parte integrante de América Latina.

La integración latinoamericana y del Caribe será un proceso largo, no exento de obstáculos e interferencias, algunas con la clara intención de descarrilarlo. Por eso debe ser conducido de manera cuidadosa y con paciencia, como me parece se manejan hasta ahora los distintos proyectos de integración que están siendo exitosos.

Para consolidarse con solidez, la integración de la región debe conducirse con absoluto respeto a las diferencias en cuanto a los regímenes políticos, sistemas económicos y formas de organización de la sociedad, que cada país en ejercicio de su soberanía haya adoptado o decida adoptar. Y fijándose objetivos comunes en áreas prioritarias como educación y seguridad social, que deban plantearse como universales, el abatimiento de la desocupación y la instrumentación de políticas de generación de empleo, la garantía del pleno ejercicio y respeto de los derechos reconocidos en la *Declaración universal de los derechos humanos*, el avance en el perfeccionamiento de la democracia regional y de las correspondientes democracias nacionales.

La integración avanzará y se afianzará en la medida en que se haga posible la adopción de políticas comunes y complementarias en las distintas ramas de la economía y de la actividad social, y conforme las instituciones políticas regionales amplíen el alcance de sus decisiones.

En el caso de México, además del primer paso que constituye la decisión de participar en los proyectos de integración, para impulsar éstos debieran aprovecharse las relaciones establecidas con gente de los sectores políticos y económicos afines de las naciones hermanas, que hasta ahora se han limitado a ámbitos que bien pueden considerarse individuales, y extenderlos para transformarlos en relaciones institucionales entre gobiernos, parlamentos, instituciones académicas, partidos políticos, asociaciones de productores, etcétera. Y en el caso particular de los sectores políticos progresistas de nuestro país, ampliar las relaciones personales para tornarlas también institucionales con organizaciones políticas y sociales de los demás países de Centro y Sudamérica y del Caribe, con las que haya coincidencia de intereses, para proponerse y llevar a cabo esfuerzos comunes.

***

2010 es el año en que se cumple el bicentenario del inicio de la Independencia y el centenario del estallido de la Revolución Mexicana. Si consideramos las condiciones sociales y económicas actuales, poco o nada hay que festejar, sí mucho que conmemorar, es decir, revisar en conciencia y a fondo cómo se encuentra el país, cómo está la gente, dónde hay avances y dónde retrocesos, por qué estamos así y hacia dónde y cómo orientar el desenvolvimiento.

Es oportunidad para revisar cuáles han sido las contribuciones de nuestros grandes movimientos sociales, en particular para el México que hoy tenemos. Oportunidad también para buscar salidas a la profunda crisis actual, aprovechando los legados y experiencias de los movimientos cuyos inicios estamos rememorando en este año.

La Independencia nos legó, en primer lugar, la independencia misma, la separación de México de la Corona española, y de la independencia surgen nuestra nacionalidad y nuestra identidad como mexicanos. Esa misma lucha reivindica el derecho de todo hombre a ser libre y reconoce a todos como iguales, a partir de que Hidalgo decretara la abolición de la esclavitud en Valladolid, el 19 de octubre de 1810, principios de los que bien podemos considerar nace nuestra democracia.

Hidalgo, por otro lado, en su andar revolucionario, empieza a describir una nación soberana y justa, así como un orden internacional equitativo y de paz, cuando plantea la constitución de un congreso cuyas leyes "destierren la pobreza, moderando la devastación del reino y la extracción de su dinero; fomenten las artes y la industria para que los mexicanos podamos hacer uso libre de las riquísimas tierras de nuestro país".[27]

Morelos, inspirado en los mismos ideales y compartiendo las convicciones de Hidalgo, expresó en el punto 12° de sus *Sentimientos de la Nación*: "[Que] como la buena ley es superior a todo hombre, las que dicte nuestro Congreso deben ser tales, que obliguen a constancia y patriotismo, moderen la opulencia y la indigencia, y de tal suerte se aumente el jornal del pobre, que mejore sus costumbres, alejando la ignorancia, la rapiña y el hurto". Los *Sentimientos* encuentran continuidad en el Decreto Constitucional de Apatzingán, del 22 de octubre de 1814, en el que se declaró formalmente la Independencia de la nación y se afirmó que "la soberanía reside originariamente en el pueblo y su ejercicio en la representación nacional compuesta de diputados elegidos por los ciudadanos" (Art. 5°), el que definía a la ley como "la expresión de la voluntad general en orden a la felicidad común" (Art. 18) y explicaba que esa felicidad del pueblo y de cada uno de los ciudadanos consistía "en el goce de la igualdad, seguridad, propiedad y libertad..." (Art. 24).[28]

De la Independencia, como puede verse en los textos anteriores, nos llegan el espíritu igualitario de nuestra democracia y el principio de que la soberanía, que en la colonia radicaba en el rey, residiría en adelante en el pueblo.

---

[27] Agustín Cué Cánovas, *Historia social y económica de México* Editorial F. Trillas, S. A. México, 1967.

[28] "Decreto Constitucional para la libertad de la América Mexicana" en *México a través de los siglos*. Obra única en su género publicada bajo la dirección del general don Vicente Riva Palacio. México/Ballescá y Comp. Editores. Barcelona/Espasa y Comp. Editores.

La Reforma, la otra gran lucha libertaria de nuestra historia, que hace poco llegó a su 150 aniversario, logró que la nación se consolidara como tal. Nos legó, como derechos de todo mexicano, las libertades de conciencia y pensamiento, y como gran reforma estructural, la separación de la Iglesia y el Estado.

De la Revolución Mexicana recibimos estabilidad política y social, con el deseo de que se consolidara con la Reforma Agraria y el reconocimiento de los derechos de los trabajadores, asentados en la Constitución de 1917, carta precursora, la primera constitución social de los tiempos modernos.

La Revolución recuperó y reafirmó en su Constitución el dominio de la nación sobre su territorio y los recursos naturales; estableció los derechos sociales —a la tierra, para los poblados desposeídos o carentes de tierra; a la huelga, a un salario suficiente y digno, a condiciones de trabajo seguras, para los trabajadores—; fijó el carácter laico de la educación, como garantía de equidad; condicionó las modalidades de la propiedad al interés público; prohibió los monopolios, salvo aquellos que reconoció como instrumentos del Estado; y garantizó el pleno ejercicio de las libertades individuales.

Desde el lado oficial, adelantando juicios, parece que estas conmemoraciones sólo habrán generado espectáculos, festejos estériles y un enorme dispendio de recursos, perdiéndose la oportunidad, que debió haberse empezado a aprovechar desde que en el 2006 el Senado de la República creó la Comisión para conmemorar estos aniversarios, para convocar a una amplia discusión sobre el rumbo del país y el modelo de nación por alcanzar en el curso del siglo que está por delante, así como para empezar a generar avances sociales y económicos tangibles en las condiciones de vida de las grandes mayorías de la población y para sentar bases sólidas para progresos mayores en el futuro inmediato y mediato.

Enmarcado en las grandes líneas de autonomía, participación e igualdad trazadas por los grandes movimientos populares de nuestra historia, ante la falta de iniciativa del Estado, la sociedad debiera plantearse abrir un amplio debate nacional sobre la situación actual, las vías de solución a nuestros grandes problemas y hacia dónde y cómo debe orientarse el desarrollo para garantizar en el largo plazo avances sostenidos en el rescate del ejercicio de la soberanía, en la vigencia plena del Estado de derecho, en la elevación de las condiciones de vida de la población, el crecimiento de la economía y la expansión de la democracia.

De ese esfuerzo de creatividad debiera surgir un sólido compromiso colectivo para terminar con la incertidumbre y recuperar la ética en la conducción política, para frenar y revertir el creciente deterioro social y el grave rezago de la economía, así como para incorporarnos como nación, activa y efectivamente, a los procesos de integración política y económica de Latinoamérica y el Caribe. Debiera igualmente surgir una mayoría, con amplia pluralidad, que se proponga y se decida a ser artífice del cambio trascendental y de gran proyección que la nación está demandando.

***

Esta narración tiene necesariamente un principio y un final en el tiempo. Acaba la narración pero el tiempo y la vida siguen su curso. Tengo la intención de mantenerme activo en la política, impulsando desde las trincheras a las que tenga acceso y en las oportunidades que se me presenten, las causas con las que he hecho compromiso personal: el rescate hasta lograr el ejercicio pleno de la soberanía nacional, el aprovechamiento del petróleo y los recursos energéticos para fortalecer la soberanía del país y mejorar sostenidamente en el bienestar de la población, profundizar y expandir nuestra democracia, avanzar en la equidad y en poner fin a exclusiones y marginaciones, pugnar por la integración política y económica de América Latina, por un orden internacional justo y equitativo y por la paz.

Son muchas causas, son muchos frentes, pero todas y todos están vinculados entre sí, por lo que si en una o en uno se avanza, se avanza en todos las demás.

Mantengo mi compromiso con las posiciones avanzadas de la Revolución Mexicana, con aquellas causas por las que denodadamente luchó mi padre, mi compromiso por hacer de México un país de iguales ante la vida, ante la ley, las oportunidades, el Estado y la sociedad, un país de libertades cada vez más amplias, un país generoso con sus hijos.

Sobre la coyuntura, sobre la circunstancia que se vive y que se viva, sobre los temas del momento, ya habrá oportunidad de fijar las posiciones. Serán materia de otros discursos, de otros escritos.

Estas notas aquí acaban.

APÉNDICE I

"MENSAJE A LOS REVOLUCIONARIOS DE MÉXICO"
LÁZARO CÁRDENAS

Se presenta en este Apéndice el documento que preparaba mi padre, según se desprende del texto, para el 60° Aniversario de la Revolución, que se cumpliría el 20 de noviembre de 1970.

En otras publicaciones se ha titulado ese documento como "Mensaje a los revolucionarios de México" y hay quienes se refieren a él como el testamento político de Lázaro Cárdenas.

A continuación, el documento en sus partes esenciales:

Sesenta años nos separan desde que se inició la Revolución y ha transcurrido casi medio siglo de pacífico esfuerzo constructivo.

La evolución política y el progreso material, los avances sociales y educativos como fruto de la Revolución iniciada por Madero, interrumpida por Huerta y continuada por Zapata y Carranza, están presentes en la vigencia de las instituciones democráticas, en un mejor nivel de vida y cultura y un cambio positivo en la mentalidad el pueblo, capaz hoy de alcanzar metas con mayores proyecciones.

La no reelección, fruto de la experiencia histórica, ha contribuido a liberar a la ciudadanía de la inercia que produce el continuismo y, en general, cada gobierno ha podido ejercer una acción administrativa de perfiles propios que, aunque no exenta de errores y contradicciones, ha tenido efectos más favorables para el país que la permanencia indefinida de personas en los órganos del poder público y que la reiteración de métodos de gobierno que suelen hacer que aquél pierda el pulso de la evolución de la sociedad y cobre inevitables síntomas de rigidez.

Es necesario, a mi juicio, completar la no reelección en los cargos de elección popular con la efectividad del sufragio, pues la ausencia relativa de este postulado mina los saludables efectos del otro; además, debilita en su base el proceso democrático, propicia continuismos de grupo, engendra privilegios, desmoraliza a la ciudadanía y anquilosa la vida de los partidos...

Quizá en el empeño de fortalecer la unidad nacional se ha permitido la presencia de elementos extraños a la Revolución en las propias filas del Partido. Considero que ello ha estorbado para consolidar los logros y acelerar la marcha de la Revolución.

Valdría meditar y determinar si la flexibilidad que se ha tenido, hasta culminar con la aceptación de esos elementos, habrá ayudado a consolidar los logros y acelerar la marcha de la Revolución...

***

La autonomía política del país descansa en su plena independencia económica.

Para llegar a obtener ésta cabalmente, habría que examinar objetivamente la situación en que se encuentran las finanzas y, en general, la economía del país, y disponer de las armas para reiniciar su defensa con insobornable criterio nacionalista, resistiendo las presiones externas y, asimismo, las internas que se han venido ejerciendo por aquellos sectores que tienen la mente fija en las ganancias particulares, generalmente ya ligados o permeables a la influencia de intereses extranjeros, especialmente norteamericanos. Desafortunadamente, la obsecuencia hacia éstos no tan sólo proviene de elementos de la iniciativa privada sino también del sector público, que olvidan los intereses permanentes de la nación al escoger el camino del enriquecimiento ilícito y al poner su inteligencia y su poder a disposición del capital extranjero.

La política tendiente a obtener cuantiosos créditos y préstamos del exterior, en la confianza excesiva de nuestra capacidad de pago por el desarrollo que promueven, tendría también que considerar la pesada carga que esa política hace incidir sobre la economía del pueblo; el hecho de que condiciona y acentúa la malsana unilateralidad del comercio exterior y mina las bases del desarrollo independiente; que impone al país una obligada paciencia ante mal disimuladas represalias económicas y ruinosas situaciones que determinan intereses ajenos en zonas agrícolas; y, en ciertas ocasiones, la política referida hace que se cierna un ominoso silencio ante actos violatorios de la soberanía e indebidas presiones políticas y económicas que el imperialismo ejerce sobre México.

Considero que de sostener el monto y el ritmo del endeudamiento externo que hace más de dos décadas se practican, se otorgaría innecesariamente un arma que perpetúa la dependencia y, en cuanto a sus efectos, la historia de México es muy elocuente...

Hay que hacer la salvedad de que los préstamos y créditos europeos y asiáticos no revisten peligrosidad porque están lejos de establecer hegemonía y, ayudando al desarrollo del país, no lesionan su soberanía como ha sucedido en varias instancias con la desmedida afluencia de capital norteamericano.

Más grave aun que la penetración de capital norteamericano, si cabe, es la inevitable consecuencia de que para consolidar su posición extiende su influencia, como la mala hierba, hasta los centros e instituciones de cultura superior, pugnando por orientar en su servicio la enseñanza y la investigación; y, asimismo, se introduce en las empresas que manejan los medios de información y comunicación, infiltrando ideas y normas de conducta tendientes a desnaturalizar la mentalidad, la idiosincrasia, los gustos y las costumbres nacionales y a convertir a los mexicanos en fáciles presas de la filosofía y las ambiciones del imperialismo norteamericano.

México, sin duda, tiene grandes reservas morales para defender sus recursos humanos y naturales, y es tiempo ya de emplearlas para cuidar en verdad que el país se desenvuelva con su propio esfuerzo.

Fieles intérpretes de esas reservas son la letra y el espíritu del artículo 27 constitucional promulgado en 1917, y el sano y auténtico nacionalismo con el que los mexicanos respaldan su dinámico contenido, que faculta a la nación a regular el aprovechamiento de la riqueza, velar por su conservación, procurar su distribución justa y renovar y transformar pacíficamente sus estructuras en desuso.

En efecto, en su esencia y definición como fuerza integrante de la nacionalidad, la Revolución y sus leyes primigenias, promovieron un profundo e imprescindible cambio implantando la redistribución de la propiedad territorial, haciendo a los mexicanos más dueños de su propio suelo y, con el dominio directo de la nación sobre sus recursos, ésta afirmó su autonomía proyectándola hacia el futuro, al ir sumando a su patrimonio y manejo las industrias básicas necesarias para el desarrollo independiente del país.

Por lo tanto, bastaría cumplir empeñosamente los preceptos de la Constitución para proteger el patrimonio del país y establecer una política de franca cooperación externa diversificada y en el respeto y provecho recíprocos, mas vigilando que los financiamientos y las inversiones foráneas encuentren cauce y taxativas adecuadas para que su proporción y su campo de acción sean determinados legalmente, para que así actúen en forma efectivamente complementaria en la economía mexicana, y que las aportaciones técnicas, científicas y culturales obren en provecho del país.

***

La concentración de la riqueza no es, por cierto, una meta de la Revolución Mexicana y, sin embargo, es necesario reconocer que es un fenómeno en proceso ascendente.

Esto obedece, en lo que se refiere al campo, a un nuevo acaparamiento de la tierra, del agua y del crédito en manos de modernos terratenientes y llamados pequeños propietarios. En efecto, estimulados por las reformas contrarrevolucionarias introducidas en la Constitución y las leyes agrarias en el año de 1946, que ampliaron las dimensiones de la llamada pequeña propiedad agrícola y que otorgaron inafectabilidades improcedentes con el recurso de amparo que aprovechan los que más tierra tienen, los propietarios favorecidos se han dedicado a compra o alquilar fraudulentamente terrenos ejidales, auténticas pequeñas propiedades y minifundios, extendiendo el sistema capitalista de explotación rural, con mano de obra ejidataria o de trabajadores aleatorios, y creando con ello un nuevo proletariado del campo que vive en el desamparo, sin la protección de las leyes del trabajo, pues ni siquiera está organizado en sindicatos como los que existían cuando se empezó a aplicar la Reforma Agraria.

Esta vertiginosa reversión hacia un neolatifundismo opera contra la organización y consolidación del sistema ejidal y, naturalmente, de los objetivos básicos, socioeconómicos, de la Reforma Agraria, pues ante el incentivo de lucro, los grandes y medianos agricultores, paradójicamente llamados pequeños propietarios, en un país de rápido incremento demográfico y crecientes necesidades agrarias, vuelven a concentrar la propiedad o el uso de la mejor tierra y, disponiendo de los elementos técnicos y pecuniarios suficientes para trabajarlas óptimamente, se instituyen en rectores de la producción, de los precios y del mercado, con los consiguientes perjuicios para los ejidatarios y los auténticos pequeños propietarios...

Concretamente, los ejidatarios, auténticos pequeños propietarios y jornaleros, que componían [en 1963] el 82.8 % de la población, recibían el 45 % del ingreso, y los empresarios y medianos y grandes productores que constituían el 17.2 % de los productores del campo recibían el 52 % del ingreso. En estos últimos años los datos al respecto deben ser aun más negativos, pues el fenómeno de la concentración de la tierra y la dispersión social es más agudo.

El desequilibrio en el ingreso se debe lo mismo al abandono del espíritu agrarista en algunas leyes, como a prácticas ajenas a las disposiciones positivas que perviven; asimismo, a la falta de orientación, organización, enseñanza agrícola elemental, vigilancia, ayuda técnica y financiera que el régimen tiene compromiso de proporcionar a quienes mayor derecho tienen a la protección social y económica del gobierno, puesto que los campesinos y los obreros agrícolas, además de ser los más necesitados, son los que en toda circunstancia trabajan y hacen producir la tierra, alimentan a la población y abastecen de materias primas a la industria doméstica y al comercio exterior mexicano.

Entre algunos sectores existe el criterio de que la producción agrícola bajo el sistema ejidal será siempre menor y menos productiva que en las pequeñas propiedades y las empresas modernas; también se piensa que de reducir la extensión territorial de la llamada pequeña propiedad, el volumen general de la producción agropecuaria decaería.

En realidad las formas más eficientes de producción y organización del trabajo pueden ser aplicadas en los ejidos colectivos y estas unidades serían más productivas que los demás sistemas de tenencia si el Estado, además de atenderlas permanentemente como arriba se indica, comprendiera a fondo la importancia socioeconómica y agrícola del ejido colectivo y no lo abandonara a su suerte, sino facilitara su organización en toda instancia propicia o requerida por los campesinos, y exigiera estricta responsabilidad a los encargados de dirigir la técnica de los cultivos y a quienes manejan el crédito público, haciendo que el privado operara bajo disposiciones específicas del gobierno y con su estrecha vigilancia para evitar, en uno y otro caso, indebidas especulaciones y transgresiones a la ley...

***

Toda verdadera manifestación de democracia, ya sea en el orden político, social o cultural, se nutre en la democracia económica que produce un cambio profundo de las estructuras.

La acentuación de las diferencias sociales señala la lejanía de ese objetivo y es otro síntoma de que la riqueza se concentra con la correlativa depauperación de los trabajadores y conturba la conciencia popular ante los evidentes efectos del grave y ascendente desequilibrio entre los factores de la producción, el que obstruye seriamente la ruta de la democracia económica.

Para citar solamente al sector que más fielmente refleja la exagerada concentración de la riqueza, cabe considerar que mientras la banca privada y sus grandes socios sigan ensanchando sus actividades e influyendo decisivamente sobre las más diversas ramas de la economía, sin cortapisa alguna ni cauce legal que permita al gobierno intervenir en la forma de canalizar los recursos bancarios en la producción y los servicios de la mayor importancia y beneficio popular, el desarrollo económico del país estará a expensas de los grupos financieros y su poderosa periferia, los que han demostrado más de una vez carecer de todo sentido nacional y cuyos móviles son meramente lucrativos.

En el auge de las finanzas privadas, producto del desarrollo pero también de la especulación, se observan claras tendencias monopolistas y aunque la cuantía de sus recursos podría deslumbrar a quienes piensan que los banqueros y sus socios se dispondrán a invertir considerable sumas para impulsar un desarrollo rural y urbano equilibrado, hasta la fecha, las exhortaciones amistosas en tal sentido sólo han encontrado de parte de los sectores financieros y, en general, de la iniciativa privada, la búsqueda de nuevos campos de inversión de altos rendimientos o mayores precios para sus manufacturas y artículos comerciales, sin atender las razones de interés nacional y social que el gobierno aduce para que promuevan actividades productivas útiles a la colectividad o hagan un esfuerzo disminuyendo sus precios en beneficio del consumidor y acepten obtener rendimientos moderados, razonables...

Volviendo a las finanzas privadas, a los productores y comerciantes, la experiencia muestra que aprovechan el sistema de la libre empresa y sacan ventaja de una economía mixta alienada por prestanombres, lo que les permite acumular un poder económico de tal envergadura que, inexorablemente, llegan a ejercer considerable influencia sobre el poder público.

El gobierno posee instrumentos eficaces y legítimos para canalizar útilmente la riqueza acumulada y promover el progreso económico con justicia; para ello bastaría decretar una reforma fiscal profunda que hiciera recaer una proporción considerable del costo del desarrollo sobre los sectores adinerados, y nacionalizar la banca para encauzar los recursos que haya menester a la producción industrial, agropecuaria y forestal planificadas, en el respeto a las leyes que protegen las riquezas naturales y las garantías y los derechos sociales, considerando las necesidades internas del país y de su población, así como las de la exportación.

***

Por hoy, la fuerza que han adquirido los sectores patronales motiva que impunemente violen el espíritu de justicia de las leyes del trabajo y, en innumerables instancias su propia letra, ya sea estableciendo un sistema de contratación temporal que exime a los patrones de numerosas responsabilidades; eludiendo incorporar a sus trabajadores al Seguro Social o en completa despreocupación por establecer los servicios médicos y escolares que la ley reclama para éstos y sus familiares; por las condiciones mínimas de higiene en los centros de trabajo y se resisten a cumplir con los modestos alcances de la ley sobre el reparto de utilidades.

Éstas y otras formas en que los patrones ignoran sus deberes se hacen más evidentes para los trabajadores, al sostener aquéllos la tesis de que sólo con el aumento de la productividad del trabajo se justificaría el aumento de los salarios y mejores prestaciones, tesis completamente falsa, ya que la productividad crece continuamente y los patrones jamás elevan espontánea y proporcionalmente a sus ganancias, los salarios de los trabajadores.

En verdad, las diferentes capas de trabajadores urbanos, a pesar de que disfrutan de mejores ingresos y condiciones de vida que los campesinos, pasan por un proceso de depauperación por el alza continua y hasta hoy incontrolada de los precios de numerosos artículos de consumo y en especial los de primera necesidad, lo que provoca además un malestar general. Los efectos de endebles aumentos salariales se ven nulificados o aun agravada la situación de los trabajadores de ingresos fijos por un hecho que podría prevenirse por el camino de la ley y de su estricto cumplimiento, con el control de precios de artículos necesarios, pues dejar sin freno los actos socialmente delictuosos que produce la carestía de la vida, puede sumir a la inmensa mayoría de la población en una penuria que, además de totalmente injusta, puede convertirse en elemento de inestabilidad.

Los obreros han carecido de defensa gremial combativa y consecuente respecto a sus derechos de usufructuar una mayor parte de la riqueza que producen.

La inoperancia de los sindicatos como organizaciones de resistencia, debido en parte al abatimiento del ejercicio de la democracia interna y, también, a la inacción de sus dirigentes, hace que ese sector de la sociedad se encuentre abandonado a la rutinaria revisión de sus contratos de trabajo, en un estado de conformismo compulsivo perjudicial a sus propios intereses. En peores condiciones aun se encuentran los trabajadores carentes de organización, pues en esos casos las leyes son regularmente violadas y aquéllos permanecen al arbitrio de los patrones en la determinación de sus salarios y sus condiciones de trabajo, sin las garantías y prestaciones que la ley determina.

Se podría argüir que no es responsabilidad del gobierno sino de los trabajadores conquistar la democracia interna en los sindicatos y, en el caso de los no agrupados, que existen garantías para organizarse de acuerdo con la ley. Esto sería verdad en la medida que las condiciones de abatimiento social de los trabajadores dejaran de responder a indebidos privilegios de que disfrutan sus dirigentes para mantener en la inmovilidad a las masas organizadas y al hecho de haber dejado en el desamparo a las que no están organizadas. Hay que considerar que la explotación patronal se ha recrudecido porque las organizaciones obreras han perdido su independencia y, con ello, los demás trabajadores, todo estímulo.

Estas situaciones son por completo anormales en el régimen de la Revolución Mexicana, cuyo significado perdurable y más valedero reside en la reivindicación social y económica de las clases proletarias.

En México valdría resolver las contradicciones entre el capital y el trabajo con un cambio estructural más profundo, que haga posible cumplir con la Constitución de la República, la que determina el dominio de la nación sobre los recursos naturales, que condiciona la propiedad privada a las modalidades que dicta el interés público y faculta al Estado a regular el aprovechamiento de los elementos susceptibles de apropiación particular, para cuidar su conservación y hacer una distribución justa de la riqueza. En vez de seguir acariciando la falsa perspectiva del inevitable transcurso del ciclo capitalista de desarrollo, pues la urgencia de realizar hondas transformaciones para alcanzar la justicia y la propia presencia del imperialismo que descapitaliza, no lo permiten.

***

La reforma educativa tiene que corresponder a las necesidades del desarrollo independiente y a las exigencias de una sociedad que sabe ya valorar el trabajo justamente compensado, la adquisición universal de la enseñanza y la salud en la solidaridad social como principales premisas para una fructífera convivencia.

Ante las previsibles circunstancias históricas que actualmente imperan, se instituyó hace treinta y cinco años la educación socialista en México bajo esos lineamientos. El camino entonces trazado hubiera hecho menos difícil el tránsito a un orden social que hoy se abre paso en medio de violentas contradicciones.

¿Por qué no relacionar la preparación de la juventud con el desenvolvimiento económico y social del país, con la apertura de oportunidades de trabajo productivo y útil, lo mismo para los jóvenes técnicos y profesionales que para los que no tengan capacitación especializada, pues todos tienen la misma responsabilidad y los mismos derechos ante la nación, para hacer grande y justa a la patria mexicana?...

Para corresponder a un imperativo humano y social y a una necesidad absoluta para avanzar, es perentorio universalizar en la práctica la enseñanza primaria, aun cuando fuese menester allegarse los elementos necesarios de fuentes privadas de todos los niveles sociales, con aportaciones sustanciales de quienes más tienen, a fin de que la educación pública elemental llegue a todos los rincones del país, sin descuidar las zonas en que niños y padres indígenas claman por tener escuela y con ella esperanza de redención.

Los pueblos indígenas que habitan en distintos lugares de la República, a pesar de la diversidad del medio en que viven y de las características que los distinguen, tienen todos en común su estado de atraso y abandono y la explotación de que son objeto.

Después de treinta años puede repetirse, sin variaciones, lo que se dijo de los indígenas y su condición, pues a pesar de algunos esfuerzos esporádicos hechos en su favor, la situación que guardan sigue siendo muy deprimente.

En el año de 1940, al inaugurar el Primer Congreso Indigenista Interamericano, entre otros aspectos de la situación de la población indígena se manifestó:

[...] No es exacto que el indígena sea refractario a su mejoramiento, ni indiferente al progreso. Si frecuentemente no exterioriza su alegría ni su pena, ocultando como una esfinge el secreto de sus emociones, es que está acostumbrado al olvido en que se le ha tenido; cultiva campos que no compensan su esfuerzo; mueve telares que no lo visten; construye obras que no mejoran sus condiciones de vida; derroca dictaduras para que nuevos explotadores se sucedan y, como para él sólo es realidad la miseria y la opresión, asume una actitud de aparente indiferencia y de justificada desconfianza.

La fórmula de "incorporar al indio a la civilización", tiene todavía restos de los viejos sistemas que trataban de ocultar la desigualdad de hecho, porque esa incorporación se ha entendido generalmente como propósito de desindianizar y de extranjerizar, es decir, de acabar con la cultura primitiva; desarraigar los dialectos regionales, las tradiciones, las costumbres y hasta los sentimientos profundos del hombre apegado a su tierra. Por otra parte, ya nadie pretende una resurrección de los sistemas indígenas precortesianos o el estancamiento incompatible con las corrientes de la vida actual. Lo que se debe sostener es la incorporación de la cultura universal al indio, es decir, el desarrollo pleno de todas las potencias y facultades naturales de la raza, el mejoramiento de sus condiciones de vida agregando a sus recursos de subsistencia y de trabajo todos los implementos de la técnica, de la ciencia y del arte universales, pero siempre sobre la base de la personalidad racial y el respeto de su conciencia y de su entidad. El programa de emancipación del indio es en esencia el de la mancipación del proletario de cualquier país, pero sin olvidar las condiciones especiales de su clima, de sus antecedentes y de sus necesidades reales y palpitantes. Para mejorar la situación de las clases indígenas, se pueden trazar los lineamientos de una campaña que debe ser realizada por una serie de generaciones y un conjunto de gobiernos que estén inspirados por una finalidad común.

Referirse a los indígenas es, también, remitir la imaginación a los bosques, ese inmenso bien con que la naturaleza dotó a México, tan irracionalmente explotado ante la indiferencia casi general y cuyos verdaderos dueños, junto con los trabajadores forestales, son tan mal retribuidos.

En materia forestal considero que, constituyendo ese recurso un bien nacional y cuya conservación es de interés público debiera corresponder al Estado la extracción y comercialización de la madera a través de un organismo nacional, descentralizado, para cuidar que los bosques se exploten racionalmente, proteger los derechos de sus dueños y otorgar las garantías de ley a los trabajadores; asimismo, para repoblar los bosques en mayor magnitud que su aprovechamiento, cuando menos duplicando el número de árboles restituidos, como se ha hecho durante muchos años y se sigue haciendo en Canadá y otros países. Así, se defienden los suelos de la erosión, se preserva el régimen de lluvias, se multiplica el aprovechamiento de las obras hidroeléctricas y se conserva una de las riquezas renovables más grandes que tiene el país, con las múltiples ventajas que para la población y las nuevas generaciones significa el contar con amplias áreas boscosas.

***

Pocas circunstancias tan propicias para hacer una crítica constructiva de la trayectoria que ha seguido la Revolución Mexicana y un severo juicio sobre la situación existente, pues las transgresiones a sus nobles objetivos están llegando al límite en la conciencia popular, en los momentos precisos en que nuevas generaciones desean conducir al país hacia una nueva etapa revolucionaria, pacífica por dinámica para impartir justicia y abolir privilegios.

Medio siglo de experiencia ha hecho obvio que la Ley Suprema de la República, la Constitución, puede esgrimirse con distinto espíritu, no tanto por su interpretación subjetiva como por los intereses que se hacen representar en el poder con mayor fuerza. Y es inútil ignorar que de tiempo atrás los intereses conservadores han adquirido señalada influencia debido a la aceptación tácita de la tesis, falsa por incompleta, de que para repartir la riqueza hay que producirla primero con la afluencia de recursos financieros, sin considerar que quienes extraen y transforman la riqueza han dado origen e incrementado con su trabajo tales recursos.

Con la tesis antedicha se han seguido otorgando máximas facilidades a los inversionistas nacionales y extranjeros sin oponer al criterio empresarial de la mayor ganancia, la necesidad de que los trabajadores compartan en justa proporción los beneficios y obtengan las prestaciones que la ley señala.

Con la política de unidad nacional sin distingos sociales, de liberalismo económico, de colaboración de clases y la irrestricta penetración de capital foráneo se puede prolongar la idea, más aparente que real, de que se vive una etapa de desarrollo con justicia y paz sociales. Más la propia mecánica con que operan las fuerzas económicas está demostrando que, sin correctivos, esa política produce la concentración de la riqueza, mediatizando el sentido y la vigencia de las leyes revolucionarias.

En México, a diferencia de los demás países de América Latina, las repercusiones de una revolución popular que reestructuró las bases de la economía y modificó las relaciones de clase, aun subsisten, y las mejorías logradas mantienen una estabilidad que, sin embargo, de no encontrar el régimen pronta solución a los ingentes problemas de las masas rurales y urbanas, tarde o temprano el país se verá arrastrado por la vorágine de una lucha entre las clases necesitadas y la que disfruta del poder económico, como viene sucediendo en el continente entero.

Paralelas, las luchas de emancipación nacional y de la juventud, unidas en el tiempo, tienen ya también proporciones universales.

En América, la primera abarca desde el Canadá hasta la Patagonia. Ningún pueblo, ni aun el propio norteamericano, son ajenos al fenómeno del imperialismo, que depaupera a los países bajo su influencia y que aplica una política de agresividad múltiple cuando así conviene a sus egoístas intereses.

La independencia económica es un objetivo que ha rebasado prejuicios y limitaciones de estadistas y sectores medios latinoamericanos que hoy se disponen, en mayor cercanía a las masas, a organizar una resistencia nacionalista ante el comprobado espejismo de lograr un verdadero desarrollo en la dependencia, cuando en realidad sólo deja la descomposición nacional y miseria entre las grandes mayorías nativas.

Es bien cierto que la juventud estudiosa y trabajadora requiere capacitación para integrarse a la sociedad en que vive, pero habrá que tener presente que su problema es también de conciencia y que, si llega a manifestarlo en actos de desesperación, es por su violenta inconformidad con un mundo en que conviven, impunemente, la opulencia y los privilegios de unos cuantos con la ignorancia y el desamparo de muchos. Es natural que en la juventud se acentúe, en razón de su generosa disposición, una preocupación humana por la suerte de sus semejantes.

Por sus antecedentes históricos y la proyección de sus ideales, México se debe a la civilización universal que se gesta en medio de grandes convulsiones, abriendo a la humanidad horizontes que se expresan en la fraterna decisión de los pueblos de detener las guerras de conquista y exterminio, de terminar con la angustia del hambre, la ignorancia y las enfermedades; de conjurar el uso deshumanizado de los logros científicos y tecnológicos y de cambiar la sociedad que ha legitimado la desigualdad y la injusticia.

APÉNDICE II:
CRONOLOGÍA BIOGRÁFICA

Familia:

Lázaro Cárdenas del Río (Jiquilpan de Juárez, Mich., 21 de mayo de 1895-México, D. F., 19 de octubre de 1970).

Amalia Solórzano Bravo (Tacámbaro, Mich., 10 de julio de 1911-México, D. F., 12 de diciembre de 2008).

Cuauhtémoc Cárdenas Solórzano (México, D. F., 1 de mayo de 1934).

Celeste Barbato Batel (Lisboa, 9 de enero de 1944).

Lázaro (Jiquilpan de Juárez, Mich., 2 de abril de 1964).

Cuauhtémoc Francisco (La Orilla, Municipio de Lázaro Cárdenas —antes Melchor Ocampo del Balsas—, Mich., 6 de octubre de 1966).

Camila Luciana (Morelia, Mich., 8 de marzo de 1983).

Estudios:

1940 Jardín de Niños "Brígida Alfaro", México, D. F.

1941 Escuela Federal Tipo "Francisco I. Madero", Jiquilpan, Mich. y "Escuela Hijos del Ejército", Pátzcuaro, Mich.

1942 Segundo año de primaria: Escuela Federal Tipo "Francisco I. Madero", Jiquilpan, Mich., Escuela (¿?), Mazatlán, Sin. y Escuela "Progreso", Ensenada, B. C.; tercer año de primaria: Escuela Federal Tipo "Francisco I. Madero", Jiquilpan, Mich., Escuela "Guadalupe Victoria", México, D. F. y Escuela "Porfirio Parra", México, D. F.

1943-1948 Colegio "Williams", México, D. F.

1949-1950 Primitivo y Nacional Colegio de San Nicolás de Hidalgo, Morelia, Mich.

1951-1955 Escuela Nacional de Ingenieros (actualmente Facultad de Ingeniería), Universidad Nacional Autónoma de México. Título de Ingeniero Civil, obtenido el 22 de enero de 1957 con la tesis "Aprovechamiento de los recursos del bajo río Balsas".

1957-1958 Becario del Ministerio de Asuntos Exteriores de Francia. Visitas técnicas a proyectos de desarrollo urbano, desarrollo regional e hidroeléctricos.

1958 Visitas técnicas a industrias siderúrgicas de Alemania (de las empresas Krupp, Siemens y Gutehofnunghütte) y a proyectos de desarrollo regional en Italia.

Actividades profesionales, gremiales y técnicas:

1962-1964 Sociedad Mexicana de Planificación.- Presidente.

1964-1969 Comisión del Río Balsas.- Ingeniero Residente de la Presa de La Villita (José María Morelos), sobre el río Balsas.

1968-1970 Sociedad Interamericana de Planificación (SIAP), con sede en San Juan, Puerto Rico.- Miembro de la Junta Directiva.

1969-1974 Siderúrgica Lázaro Cárdenas-Las Truchas.- Subdirector General.

1970-1974 Sociedad Interamericana de Planificación, con sede en San Juan, Puerto Rico y posteriormente en Bogotá, Colombia.- Presidente de la Junta Directiva.

1973-1976 Fideicomiso Ciudad Lázaro Cárdenas.- Gerente.

1974-1978 Sociedad Interamericana de Planificación, con sede en México, D. F.— Miembro de la Junta Directiva.

Actividades políticas:

1961-1965 Movimiento de Liberación Nacional.- Miembro del Comité Nacional.

1967-1968 Consejo Técnico Consultivo de la Confederación Nacional Campesina.- Presidente.

1970 Instituto de estudios políticos, económicos y sociales (IEPES) del Partido Revolucionario Institucional (PRI).- Miembro de la Comisión de Estudios de la Región de los Ríos.

1973 Precandidato a Gobernador de Michoacán (PRI).

1976-1982 Senador de la República, representando al Estado de Michoacán.

1980-1986 Gobernador del Estado de Michoacán.

1986-1988 Miembro de la Corriente Democrática dentro del PRI, que se transformó en movimiento independiente a partir de octubre de 1987.

1987-1988 Candidato a Presidente de la República postulado por el Frente Democrático Nacional, integrado por los partidos Auténtico de la Revolución Mexicana (PARM), Popular Socialista (PPS), del Frente Cardenista de Reconstrucción Nacional (PFCRN) y Mexicano Socialista (PMS), así como por varias organizaciones políticas y sociales más.

1988-1990 Partido de la Revolución Democrática (PRD).- Coordinador.

1990-1993 Partido de la Revolución Democrática.- Presidente.

1993-1994 Candidato a Presidente de la República postulado por el PRD.

1997-1999 Jefe de Gobierno (Alcalde) del Distrito Federal (Ciudad de México).

1999-2000 Candidato a Presidente de la República postulado por la Alianza por México, coalición integrada por el PRD, Partido del Trabajo (PT), Partido Alianza Social, Convergencia, partido político nacional y Partido de la Sociedad Nacionalista.

1995 a la fecha Fundación para la democracia —alternativa y debate—, A. C.- Presidente.

2003-2008 Internacional Socialista.- Vicepresidente.

2008 a la fecha Internacional Socialista.- Presidente Honorario.

Actividades docentes:

2003 Universidad de Chicago.- Profesor visitante (Tinker Visiting Professor).

2006 Centro de Estudios Latinoamericanos de la Universidad de California-Berkeley.- Profesor visitante.

2010 Centro de Estudios Latinoamericanos de la Universidad de California-Berkeley.- Profesor visitante.

Publicaciones:

"Algunos problemas actuales de la reforma agraria" en *Neolatifundismo y explotación*, Editorial Nuestro Tiempo, México, 1968.

Presencia política en Michoacán, México, 1976.

Radiografía del fraude. Análisis de los datos oficiales del 6 de julio, Coautor con José Barberán, Adriana López Monjardin y Jorge Zavala, Editorial Nuestro Tiempo, México, 1988.

Nuestra lucha apenas comienza, Editorial Nuestro Tiempo, México, 1988.

Nace una esperanza, Editorial Nuestro Tiempo, México, 1990.

El proyecto nacional de la Revolución Mexicana, un camino a retomar, Editorial Nuestro Tiempo, México, 1990.

Integración económica para el desarrollo. Hacia un nuevo orden mundial, justo y estable, Grupo parlamentario del Partido de la Revolución Democrática, H. Cámara de Diputados-LV Legislatura, México, 1992.

"Si loin de Dieu, si près des États-Unis", en *Nôtre Amérique métisse*, Editions La Découverte, Paris, 1992.

"Mexico: political freedom and economic development", en *Review of Radical Political Economics*, Summer, 1992.

"Free trade, the environment and the need for a social charter", en *Loyola of Los Angeles International Comparative Law Journal*, December, 1992.

"The false hopes of economic reform", en *Political economic liberalization in Mexico*, Lynne Riener Publishers, 1993.

"Moving peoples and nations", en *Global Visions. Beyond the New World Order*, South End Press, Boston, 1993.

"The necessary transition of Mexico", en *World Affairs Journal*, Los Angeles World Affairs Council, 1994.

"Où va le Mexique", en *Amérique Latine. Démocratie et Exclusion*, Editions L'Harmattan, Paris, 1994.

Entrevista de Donato di Santo y Giancarlo Summa, en *Rivoluzzione addio. Il futuro della "nuova sinistra" latino americana*, Ediesse, Roma, 1994.

¡No a la venta de la petroquímica! Una política petrolera patriótica, Editorial Grijalbo, México, 1996.

"La democracia latinoamericana posible" en *Globalización, exclusión y democracia en América Latina*, Editorial Joaquín Mortiz, México, 1997.

La esperanza en marcha. Ideario político, Editorial Océano, México, 1998.

Palabras de Cárdenas, Editorial Grijalbo, México, 1999.

ALCA e integración latinoamericana y Plan Puebla Panamá: sumisión a Estados Unidos o desarrollo regional, Fundación para la democracia.

A puerta cerrada: entrevista con Cuauhtémoc Cárdenas Solórzano, entrevistan Eduardo Torreblanca, coordinador, Julio Brito, Salvador Corro, Salvador García, Edgar González Martínez y Víctor Sánchez Baños, Miguel Ángel Porrúa, librero-editor, México, 2004.

Un México para todos. Construyamos un país de iguales, con justicia, libertad y soberanía, coordinador y coautor con Enrique Calderón Alzati, René Coulomb Bosc, Roberto Eibenschutz Hartman, Carlos Lavore Herrera, Jorge Martínez y Almaraz, Julio Moguel Viveros, Salvador Nava Calvillo, Telésforo Nava Vázquez, Francisco Pérez Arce, Emilio Pradilla Cobos, Carlos San Juan Victoria e Iris Santacruz Fabila, Editorial Planeta Mexicana, México, 2005.

México frente a la crisis. Hacia un nuevo curso de desarrollo, coautor con Eugenio Anguiano Roch, Rolando Cordera Campos, Saúl Escobar Toledo, Gerardo Esquivel Hernández, Carlos Heredia Zubieta, David Ibarra Muñoz, Leonardo Lomelí Vargas, Prudencio López Martínez, Mauricio de Maria y Campos, Ciro Murayama Rendón, Jorge Eduardo Navarrete López, Norma Samaniego Breach, Jesús Silva Herzog Flores, Francisco Suárez Dávila, Carlos Tello Macías y Enrique del Val Blanco, Universidad Nacional Autónoma de México, 2009.

ÍNDICE